Knaurs Geheimnisse
und Rätsel des Meeres

Silberschiffe

Knaurs Geheimnisse und Rätsel des Meeres

Jacques-Yves Cousteau und Philippe Diolé

Silberschiffe

Tauchen nach versunkenen Schätzen

Mit 163 Abbildungen,
davon 112 in Farben

Droemer Knaur

Ins Deutsche übertragen von Heidewig Fankhänel

1. bis 15. Tausend

Gesamtherstellung Mohndruck Reinhard Mohn OHG, Gütersloh
Printed in Germany
ISBN 3 426 04527 3

Inhalt

Bildnachweis

Mit Ausnahme der unten angeführten Fotos stammen alle in diesem Buch wiedergegebenen Aufnahmen von Jean-Jerome Carcopino, Bernard Chauvelin, Ron Church, Raymond Coll, Michel Deloire, François Dorado, Frederic Dumas, Guy Richard, Ludwig Sillner und Guy Ventouillac.
Einige der über Wasser aufgenommenen Fotos sind den Privatsammlungen von Mitgliedern der *Calypso*-Crew entnommen.
Die ikonographische Arbeit besorgte Marie-Noelle Favier.

Folgende Quellen standen dankenswerterweise zur Verfügung:
Bibliothèque Nationale, Paris: 13, 15, 16, 17, 43, 149, 151
Giraudon, Paris: 23, 25, 40, 42, 51
Louros-Giraudon, Paris: 12
Rickfot-Giraudon, Paris: 101
Musée de la Marine, Paris: 50, 69, 150, 156, 159
Musée de l'Homme, Paris: 39
Bulloz, Paris: 24
Roger Viollet: 41, 153
Bibliothèque du Fort de Montrouge, Paris: 72
Office National du Tourisme Espagnol, Paris: 74
British Museum, London: 108, 109
Parke Bernet, New York: 126
Archives Flammarion: 155
Mariners Mirror, London: 160
Claude Artaud und François Hébert-Stevens *(L'Art des Conquistadors,* Artaud): 46
Foto der *Wasa* von Anders Franzen (Nordstedt & Bonnier, Stockholm): 164
Zeichnungen von Pierre Lepetit: 10, 31, 34, 86, 91, 92, 118
Karte von Gustave Tocqueville

Die spanischen Besitzungen in Westindien.

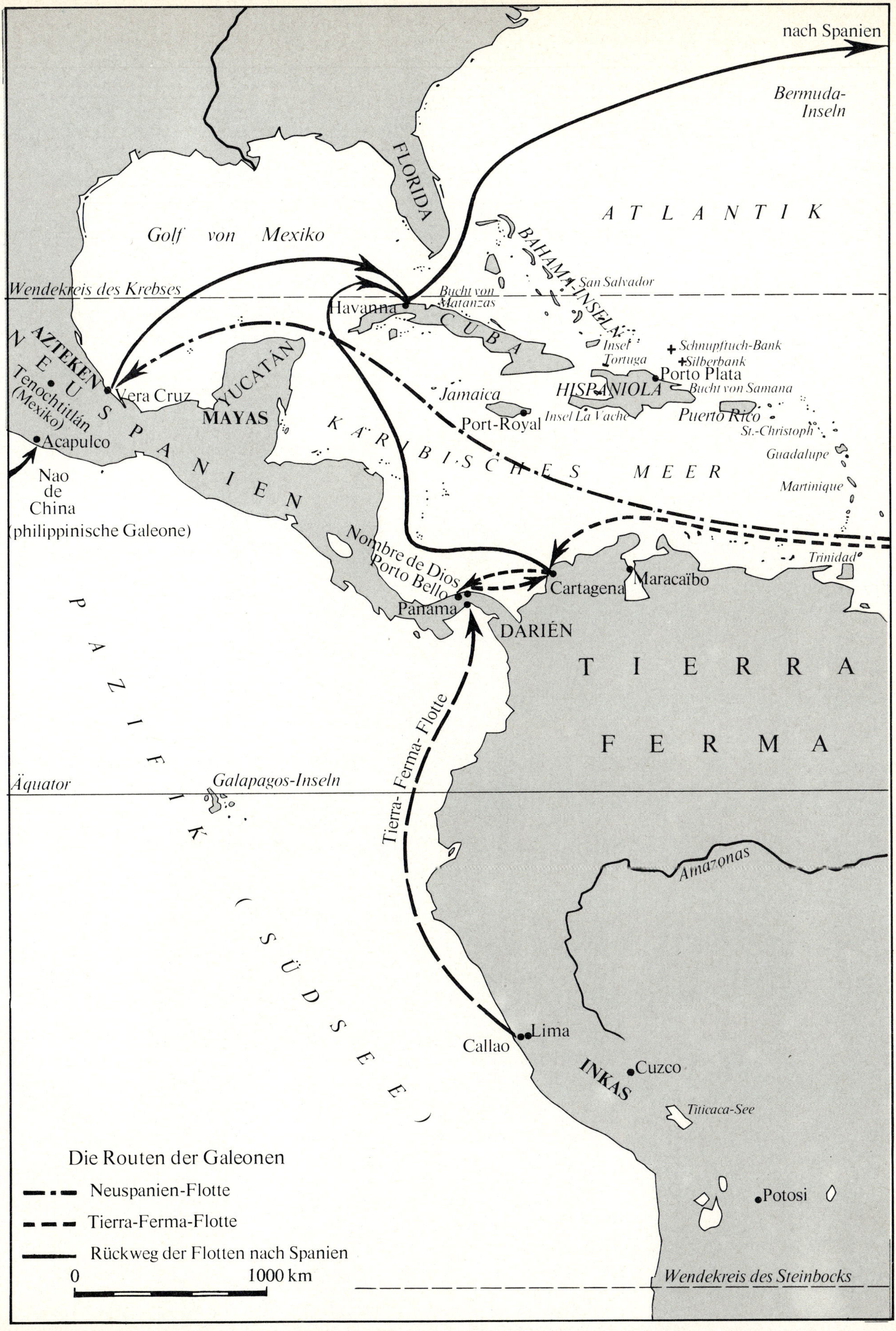

nach Spanien
Bermuda-Inseln
FLORIDA
ATLANTIK
Golf von Mexiko
BAHAMA-INSELN
San Salvador
Wendekreis des Krebses
Bucht von Matanzas
Havanna
CUBA
AZTEKEN
NEU SPANIEN
Tenochtitlán (Mexiko)
Vera Cruz
YUCATÁN
MAYAS
Insel Tortuga
Schnupftuch-Bank
Silberbank
Porto Plata
Jamaica
HISPANIOLA
Bucht von Samana
Port-Royal
Insel La Vache
Puerto Rico
St.-Christoph
Acapulco
KARIBISCHES MEER
Guadalupe
Martinique
Nao de China (philippinische Galeone)
Nombre de Dios
Porto Bello
Panama
Cartagena
Maracaïbo
Trinidad
DARIÉN
TIERRA FERMA
PAZIFIK (SÜDSEE)
Tierra-Ferma-Flotte
Äquator
Galapagos-Inseln
Amazonas
Lima
Callao
INKAS
Cuzco
Titicaca-See
Potosi
Wendekreis des Steinbocks
Die Routen der Galeonen
Neuspanien-Flotte
Tierra-Ferma-Flotte
Rückweg der Flotten nach Spanien
0
1000 km

1 Ein Schiffsfriedhof

Herausforderung und Aufgabe: ein modernes Abenteuer. Seeräuber im Karibischen Meer. Das Geheimnis der Korallen – ein Zaubergarten

18. Juli 1968. Um 8.30 Uhr befindet sich die *Calypso* bei verminderter Geschwindigkeit auf nördlichem Kurs. Ein fast wolkenloser Himmel breitet sich über der ruhigen, blaugrünen See. Hin und wieder kräuselt sich das kristallklare Wasser unter einer leichten Brise. Unter uns ist in 15 Meter Tiefe der Meeresgrund deutlich zu sehen, während um uns im strahlenden Sonnenlicht die Korallen weiß und golden leuchten. Einige Korallenspitzen ragen über die Wasseroberfläche hinaus, andere enden knapp unter ihr; sie wirken wie der Köder in einer von Neptun gestellten Falle für unvorsichtige Fahrensleute. Von unseren Expeditionen im Roten Meer und im Farasanen- und Suakin-Archipel her wissen wir sehr gut, welch tödliche Gefahren diese traumhaft schönen Korallenformationen in sich bergen. An Bord herrschen höchste Spannung und Wachsamkeit, denn ein einziger kleiner Fehler, ein Augenblick nachlassender Aufmerksamkeit genügen, um den Rumpf der *Calypso* an dem messerscharfen Korallengestein aufzureißen.

Das Karibische Meer ist ein Korallengebiet unter vielen, ebenso zauberhaft-schön wie gefährlich, und unterscheidet sich darin kaum von anderen Korallenmeeren, die wir befahren

An Bord der *Calypso* macht sich Kommandant Cousteau fertig für den Taucheinsatz.

haben. Korallen gibt es in allen Weltmeeren; das Gebiet, in dem sie vorkommen, ist etwa zwanzigmal so groß wie Europa oder die Vereinigten Staaten. Es ist eine Welt für sich, in der besondere Gesetzmäßigkeiten und Lebensformen herrschen. Wir haben dieses Korallenreich mit der *Calypso* eingehend erforscht und befinden uns nun im Karibischen Meer, um diese Forschungsarbeit in anderen Breiten und zu anderen Zwecken fortzusetzen. Wir wollen ins Innere eines der gefährlichsten Korallenriffe im Karibischen Meer vordringen; es liegt nordöstlich der Insel Hispaniola.

Beim Blick auf die verzweifelten Sprünge des Tiefenmessers wird mir klar, daß wir uns mitten im Riffgebiet befinden. Rund um die *Calypso* erhebt sich ein Wald senkrechter Säulen vom Meeresgrund bis knapp drei Meter unter die Wasseroberfläche. Ein Labyrinth aus Korallentürmen und -mauern umgibt uns; jeder dieser massiven Korallenstöcke kann uns beim kleinsten Navigationsfehler ein böses Leck in die Schiffswand reißen. Zum erstenmal, seit wir im Karibischen Meer kreuzen, haben wir unseren Wachtturm besetzt, der bei uns »*portique*« heißt. Dies ist natürlich kein eigentlicher Turm, sondern eine Beobachtungsplattform aus Leichtmetall, die ich über dem Vorderdeck der *Calypso* habe errichten lassen. Sie beherbergt unsere Radaranlage und bietet noch Platz für fünf bis sechs Besatzungsmitglieder, die nach Riffen und Untiefen Ausschau halten. Wenn das Wasser klar und blau ist und die Sonne scheint wie heute, kann man vom *Portique* aus die Korallenspitzen und Felsenriffe sehr leicht erkennen und die deutlichen »Wasserpfade« über dem sandigen Grund ausmachen, die uns in das Innere des Riffs führen sollen. In Korallengewässern steht und fällt unsere Navigation mit den Informationen, die uns die Männer vom Ausguck geben können. Auf die Idee, die *Calypso* mit einem *Portique* auszurüsten, kam ich durch eine Abenteuergeschichte von Henri de Monfreid. Darin schickte der Kapitän eines arabischen Schmugglerschiffes den Schiffsjungen hinauf ins Krähennest, sobald sich ihm Verfolger näherten. Der Junge im Ausguck lotste das Schiff in verwegener Flucht durch scheinbar unbefahrbare Riffe, in die sich kein Verfolger wagte. Neben den Kameraden im Ausguck hielten auch noch zwei Mann am äußersten Ende des Vorderstevens Wache und beobachteten den Meeresgrund unmittelbar vor uns, um gefährliche Riffspitzen auch noch in letzter Minute ausmachen und melden zu können. Solche Manöver setzen allerdings besonders günstige Bedingungen voraus, denn bei unruhiger See, starken Strömungen oder Wasserwirbeln kann man die Untiefen und Riffspitzen nicht mehr mit Sicherheit erkennen.

An diesem Tage meinen es See und Wind jedoch gut mit uns, so daß wir gute, wenn auch langsame Fahrt machen. Die angestrengte Aufmerksamkeit erzeugt – wie immer bei schwierigen Navigationsmanövern – auch heute eine ganz besondere Spannung an Bord, die aber diesmal nicht nur auf die Gefahren des Riffs zurückzuführen ist. Die *Calypso* ist mit einer schwierigen, neuen Mission unterwegs, die jeder an Bord kennt und deren Erfüllung uns allen sehr am Herzen liegt. Ob wir es wohl schaffen werden? Die Antwort auf diese Frage liegt vor uns im Labyrinth der Silberbank: Wir sind auf der Schatzsuche und träumen von dem versunkenen Gold im Korallenriff.

Neben mir steht Remy de Haenen, der Initiator dieser Schatzsucher-Fahrt mit der *Calypso,* und läßt den Tiefenmesser nicht aus den Augen. Wenn er überhaupt den Mund aufmacht, so nur, um uns zu einer noch verwegeneren Fahrt ins Korallenriff anzuspornen; hier zeigt es sich ganz deutlich, daß er in erster Linie Flieger und nicht Seemann ist. Ich lasse die Maschinen drosseln und das vor uns liegende Korallengewirr im Halbkreis umfahren. Remy sieht aus, als wolle er vor Enttäuschung jeden Augenblick in Tränen ausbrechen, doch in diesem Riffgebiet sind unserer Verwegenheit Grenzen gesetzt. Das Korallenlabyrinth vor uns scheint in eine Sackgasse auszulaufen, an der die Riffspitzen wie Schildwachen stehen und bis an die Oberfläche der ruhigen, blauen See reichen. Von der Brücke der *Calypso* aus können wir in der Ferne wieder sandigen Grund sehen, von dem uns aber ein malvenfarbener Korallenwald trennt. Dieses wirre Geäst können nur die farbenprächtigen Tropenfische durchdringen, deren Reich es ist.

Eine halbe Drehung mit der *Calypso* auszuführen, ist mitten im Riff ein sehr schwieriges Unternehmen. Im Augenblick sieht es so aus, als hätte ich meine Entscheidung zu lange verzögert, als steckten wir schon zu tief im Korallendschungel, um noch abdrehen zu können. Selbst de Haenen spürt jetzt den Ernst der Lage und schweigt. Während Jean-Paul Bassaget vom Bug und das Ausguckteam vom *Portique* her Anweisungen zu uns herüberrufen, dreht sich das Schiff unter wechselndem Einsatz unserer beiden Maschinen langsam, sehr langsam und gleitet durch das Gewirr von Korallenspitzen zurück, ohne auch nur einmal anzustoßen. In de Haenens Gesicht spiegelt sich noch immer brennende Ungeduld, doch es fällt kein Wort. Ich möchte jetzt auch lieber nichts von Remy hören, denn meine ganze Aufmerksamkeit ist auf dieses schwierige Manöver gerichtet. Wir müssen so langsam wie möglich fahren – aber auch nicht zu langsam, wenn die *Calypso* noch auf das Steuerruder reagieren soll. Schon sind wir gefährlich nahe an einer der stahlharten Korallenspitzen . . .

Sobald wir uns aus dem endlos scheinenden Korallendickicht herausgewunden haben, lasse ich dreihundert Meter vor dem nächsten Riff Anker werfen. De Haenen ist ganz verzweifelt und glaubt, ich hätte unseren Durchstoßversuch schon aufgegeben. Ich versuche ihn mit der Erklärung zu trösten, daß wir hier nur eine Weile vor Anker liegen wollen, bis wir einen anderen Weg ins Innere der Silberbank gefunden haben.

Erst jetzt kann ich wirklich verstehen, warum dieses Riff seit Kolumbus' Zeiten unter den Fahrensleuten einen so außerordentlich schlechten Ruf hat. Die Silberbank ist eine Ansammlung wahrhaft mörderischer Riffe, die sogar unserer *Calypso,* einem jahrelang in schwierigen Korallengewässern erprobten und bewährten Schiff, eine eiserne Grenze zu setzen scheinen.

Obwohl die Silberbank bei der »christlichen Seefahrt« seit Jahrhunderten bekannt, ja berüchtigt ist und daher von den Seeleuten tunlichst gemieden wurde, ist sie ein wahrer Schiffsfriedhof. Die Kapitäne und Steuerleute der Galeonen, die das Gold der Neuen Welt nach Spanien brachten, nannten das Gewirr der bis an die Wasseroberfläche ragenden Riffe *Abreojos* – das Riff, das einem die Augen öffnet.

Unsere ersten Taucheinsätze bei der Silberbank erschließen eine unterseeische Zauberwelt, die uns immer wieder in staunende Bewunderung versetzt.

Wir hatten uns zufällig auch noch eine besonders ungünstige Jahreszeit für unsere Expedition gewählt, als wären die Tücken der Silberbank allein nicht genug. Das Karibische Meer ist im Juli nicht gerade angenehm zu befahren, denn um diese Zeit beginnt die Periode der großen Wirbelstürme, die regelmäßig den Golf von Mexiko und Florida heimsuchen und sich oft weit an der Atlantikküste hinaufziehen. Eben diese Stürme trieben die Segelschiffe des 16. und 17. Jahrhunderts gegen die Silberbank; so manche Galeone ging verloren, weil ihr Steuermann bei den ungenügenden Navigationsmitteln jener Zeit den falschen Kurs nahm. Die Schiffe selbst waren langsam und schwerfällig. Wir können uns heute wohl kaum in die Lage der Seeleute versetzen, die mit diesen Fahrzeugen umgehen mußten, und uns nicht annähernd vorstellen, unter welchen Bedingungen die Schiffsbesatzungen navigieren mußten.
Man vermutet, daß Sturm und Wellen in der Zeit zwischen dem 16. und dem 18. Jahrhundert an die 50 Schiffe auf die Silberbank geworfen haben. In diesem Riffgebiet liegen mehr gesunkene Schiffe und damit auch mehr Schätze als an jeder anderen vergleichbaren Meeresstelle. Es gibt wohl kaum einen Taucher, Abenteurer und Schatzsucher, der nicht irgendwann in seinem Leben davon geträumt hätte, die Reichtümer der Silberbank zu bergen. Historiker und Wirtschaftswissenschaftler vermuten, daß ein beträchtlicher Teil der

unermeßlichen Gold- und Silberschätze, Edelsteine und Kunstwerke, die die Spanier aus der Neuen Welt in ihre Heimat schleppen wollten, im Meer versunken ist und nun (ein Wert von mehr als drei Milliarden DM!) unter einem schweren Panzer aus Korallenkalk begraben liegt.

Diese Schatzgrube übt auf die Männer von der *Calypso* einen sehr merkwürdigen Zauber aus. Keinem von uns bedeuten Geld und Reichtum sonderlich viel, sonst hätten wir uns wohl kaum für das Leben an Bord der *Calypso* entschieden. Unsere Lebensweise ist äußerst einfach und bescheiden, ohne Luxus und Bequemlichkeit, und unser Denken, Fühlen und Handeln gilt der See. Meine Kameraden und ich haben von unseren Freunden in Amerika jedoch so viel über die ungeheuren Reichtümer der Silberbank gehört, so vielen Geschichten über Goldstücke gelauscht, die an den Küsten von Florida angeschwemmt worden sein sollen, so viele Bücher amerikanischer Taucher über Schiffsuntergänge an der Ostküste gelesen, daß wir geradezu besessen sind – nicht vom Goldrausch, sondern vom Entdeckerfieber. All das Seemannsgarn, das über die versunkenen Schätze der Silberbank

Diese phantastische Unterwasserlandschaft breitet sich beim ersten Einsatz an der Silberbank vor unseren Tauchern aus. Im Vordergrund sieht man Schwämme in verschiedenen Größen und Formen.

gesponnen wurde und noch wird, all die Sagen und phantastischen Geschichten, die sich um dieses Thema ranken, haben unsere Neugier geweckt und in uns den Entschluß reifen lassen, der Sache auf den Grund zu gehen. Mit anderen Worten: Wir konnten den Versuchungen einer abenteuerlichen Schatzsuche nicht mehr widerstehen.

Die treibende Kraft hinter unserer Expedition ist, wie gesagt, Remy de Haenen. Seit wir Anker geworfen haben, ist Remy von seinem Posten am Tiefenmesser auf das Beobachtungsdeck übergewechselt. Dort steht er nun, als wäre er festgewachsen, und sucht das Korallengewirr mit dem Fernglas nach einem Weg zu der Galeone und deren Schätzen ab, denen unser Abenteuer gilt.

Remy de Haenen – ein moderner Abenteurer – hat von seinen nordischen Ahnen den eisernen Willen geerbt, der See so viel von ihrem Reichtum abzuringen wie möglich. Das Seebärennaturell seiner holländischen Vorfahren ist in ihm noch durch bretonische Einflüsse potenziert, da seine Familie lange Zeit auf der Insel Brehat bei Paimpol in der Bucht von St. Malo an der Nordwestküste von Frankreich lebte.

Remy ist zwar erst fünfzig, hat aber das gegerbte und zerfurchte Gesicht eines Menschen, der jahrelang der Tropensonne und den Stürmen des Meeres ausgesetzt war. Er ist in London geboren, lebt aber seit vielen Jahren am Karibischen Meer, wodurch seine Verwegenheit und Abenteuerlust sicher noch gesteigert wurden. Remy wohnt mit seiner Familie auf Saint Barthélemy, einer kleinen, franko-schwedischen Insel zwischen Guadeloupe und Puerto Rico. (Saint Barthélemy entwickelt sich immer mehr zu einem amerikanischen Ferienort, während es die wenigsten Franzosen auch nur dem Namen nach kennen.) Auf dieser Insel spielt Remy de Haenen als Gastwirt und Bürgermeister eine wichtige Rolle – vor allem aber als Pilot, der mit seiner Cessna die Nachrichten- und Transportverbindung mit der Insel Saint Martin, mit Puerto Rico und Guadeloupe herstellt.

Die Geschichte unserer Schatzsuche im Karibischen Meer begann an einem Abend im französischen Teil der Westindischen Inseln, als Remy mir von »seinen« gesunkenen Schiffen erzählte. Manche Männer treibt die Leidenschaft zum Spieltisch, andere zur Jagd nach verborgenen Schätzen; an jenem Abend wurde mir klar, daß Remy entschieden zu den letzteren gehörte. Ich kenne eine Reihe von »Schatzsuchern« wie Remy, Männer aller Altersstufen und von ganz unterschiedlicher Herkunft, bin aber noch keinem begegnet, der jemals den leidenschaftlich erträumten und gesuchten Schatz wirklich gefunden hätte. Vielleicht kommt es darauf aber auch gar nicht an, vielleicht ist das Abenteuer einer Schatzsuche weit wichtiger als der Schatz selbst. Diese Schatzsucher sind eine ganz eigene »Rasse«, die letzte aus den zahllosen Generationen abenteuerlicher Fahrensleute, vielleicht die letzten Romantiker der See.

Remy wollte von einem Schiff erfahren haben, das Schätze im Wert von fünf Millionen Franc (etwa fünf Millionen DM) an Bord haben sollte. Wenn es ihm auch nicht gelang, mich mit seiner Schatzsucherleidenschaft oder seinem Goldrausch anzustecken, so machte ich ihm doch den Vorschlag, an Bord der *Calypso* zu kommen und uns zum Schauplatz dieses sagenhaften Schiffsunterganges zu führen.

Remy ist seit Jahren damit beschäftigt, die Silberbank per Schiff und Flugzeug zu erforschen, und hat sogar eine Karte angefertigt, auf der alle in diesem Gebiet gesunkenen Schiffe verzeichnet sind. Er ist auch zu vielen dieser Wracks hinabgetaucht, denn er ist – neben all seinen anderen Talenten – ein hervorragender Taucher. Das Schiff, um das es Remy hier ging und dem seine ganze Schatzsucherleidenschaft gehörte, lag wie so viele andere tief im Korallendickicht versteckt: die berühmte Galeone *Nuestra Señora de la Concepción*. Remy hatte die *Nuestra Señora* nie gesehen, aber viel Zeit und Mühe aufgewendet, um ihre Lage genau zu bestimmen. Er hatte nicht nur mit seiner Cessna aus der Luft nach ihr gesucht, sondern auch Londoner und Madrider Archive nach Hinweisen durchstöbert. Remy war davon überzeugt, daß das Wrack der *Nuestra Señora de la Concepción* am Fuß eines halbmondförmigen Riffes lag. De Haenen hatte lange mit dem Flugzeug nach diesem Halbmondriff gesucht und war nun ganz sicher, es in der Silberbank gefunden zu haben.

Die Taucher bahnen sich durch einen Wald von Fächerkorallen ihren Weg.

Remys Angaben über die *Nuestra Señora* und deren Lage schienen mit allem übereinzustimmen, was über das Schiff bekannt war. Die Galeone war tatsächlich an einem halbmondförmigen Riff gestrandet und gesunken. Sie war inzwischen zweifellos von den Kalkabsonderungen der Meeresfauna zugedeckt, doch wir können ihre ungefähre Position durchaus bestimmen. Englische Freibeuter – eine Art »Bergungskommando« – hatten das Schiff im 17. Jahrhundert bereits aufgespürt, vor allem aber William Phips, der sich ein beträchtliches Vermögen aus dem Schiffswrack herausholte und der überhaupt einer der erfolgreichsten Schatzsucher gewesen sein dürfte, die je zur See gefahren sind. Phips mußte wegen der unzureichenden technischen Mittel seiner Zeit den größten Teil der unschätzbaren Ladung im Wrack zurücklassen. Seine Bergungsarbeiten würden uns nun zweifellos zugute kommen; er hatte sicher einen Teil der Schiffswand abgetragen. Außerdem hinterließ er eine Art Inventar der Schätze, die er und seine Mannschaft zurücklassen mußten. Alles, was zu seiner Zeit über das Schiff bekannt war, war in diese Schätzungen eingeflossen, so daß der restliche Schatz der *Nuestra Señora* für die Bergungsleute des 20. Jahrhunderts eine beinahe unwiderstehliche Versuchung und Herausforderung darstellt.

Wir saßen noch lange in der klaren Tropennacht, umrahmt von Hibiscus und Bougainvillea, und blickten auf die glitzernde See, auf die versteckte Bucht, in der vor langer, langer Zeit Piraten Unterschlupf suchten, während Remy de Haenen seine Geschichten spann. Remy verstand es, den Genius loci unserer Umgebung für seine Erzählungen auszunutzen. Er verdankt die vielen Abenteuer, die er erlebt, und die vielen Freunde, die er gewonnen hat, gewiß zum großen Teil seiner unvergleichlichen Fähigkeit, Bilder und Eindrücke zu beschwören, die seine Zuhörer verzaubern und die fast sinnlich wahrnehmbare Qualität wahrer Begebenheiten annehmen. An jenem Abend erzählte er von stolzen Galeonen, schwer mit Gold beladen; von Seeräuberkapitänen, die ihre kleinen, schnellen Schiffe unglaublich geschickt manövrierten; von blutbefleckten Perlen und Smaragden, die in langen, schweren Kämpfen errungen und in einer kurzen Stunde der Leidenschaft wieder vertan wurden. Remys reiche Geschichtskenntnis und sein großes Erzählertalent verschmolzen zu einem faszinierenden Bild des Karibischen Meers, des Schauplatzes zahlloser menschlicher Tragödien. Die Geschichte dieses Meeres umweht ein Duft von Blumen und Sonne und Rum, der Schatten versunkener Kulturen und der Geruch von Blut und Tod. In Remys Erzählungen lag der gleiche Zauber, der seit Jahrhunderten in so vielen Menschen eine fieberhafte Sehnsucht nach diesem Meere weckt.

Ich habe mich oft gefragt, ob ich an jenem Abend nicht einfach dem Glanz spanischer Golddukaten und Dublonen erlegen bin, kam aber immer zu dem Schluß, daß dem keineswegs so ist. Ich bin keine Spielernatur, was immer man darunter verstehen mag, sondern eher ein Skeptiker, der nie das Bedürfnis verspürte, sich aufzumachen und »das Glück zu suchen«. Andererseits reizt mich jedoch jedes neue Unternehmen, das irgendwie mit der See und ihren Tiefen zu tun hat. Eine Aufgabe, wie Remy de Haenen sie mir hier bot, hatte sich mir noch nie gestellt und war für mich etwas Neues und ganz und gar Einmaliges.

Ich will damit nicht sagen, daß wir auf der *Calypso* bis dahin noch keine Erfahrung mit der Meeresarchäologie gehabt hätten – ganz im Gegenteil. Wir hatten am Grand Congloué bei Marseille fünf Jahre lang an »Ausgrabungen« unter Wasser gearbeitet und das Wrack eines römischen Schiffes aus der Flotte des Marcus Sestius untersucht. Wir mußten uns damals mit einer rauhen See, mit dem *Mistral* – jenem kalten, trockenen Nordweststurm Südfrankreichs – und der großen Tiefe, in der wir arbeiteten, herumschlagen und plagten uns damit ab, Tausende von Amphoren – die großen, mit zwei Henkeln versehenen Tonkrüge aus dem Altertum – vom Meeresgrund an die Oberfläche zu bringen. All diese Mühen wurden jedoch überreich belohnt. Wir entdeckten nicht nur kostbare Gefäße, sondern gewannen sehr wichtige Aufschlüsse über das Leben im Mittelmeerraum im 3. Jahrhundert vor Christus sowie über die damaligen Handels- und Schiffahrtswege zwischen Italien, Griechenland und Gallien.

Remy de Haenens Vorschlag betraf jedoch etwas ganz anderes: Eine Expedition zu einem Schiff, das erst seit 300 Jahren auf dem Meeresgrund liegt und dessen Geschichte hinreichend bekannt ist. Es war ein Wechsel vom Altertum zur Renaissance, vom Mittelmeer zur Karibischen See, von einem römischen Handelsschiff zu einer spanischen Galeone. Sicher spukten mir auch ein gut Stück Seeräuberromantik, der Entdeckerdrang der alten Seefahrer und die abenteuerlichen Wechselbeziehungen zwischen der Alten und der Neuen Welt im Kopf herum. Schon allein die Möglichkeit, etwas mehr über dieses Kapitel der Menschheitsgeschichte zu erfahren, ließ unser Unternehmen gerechtfertigt erscheinen. Es ist ein noch längst nicht abgeschlossenes Kapitel, dessen Fortsetzungen von den Revolutionen und Ambitionen Lateinamerikas ins Buch der Geschichte geschrieben werden.

All dies bestimmte jedoch nur einen Teil meiner Überlegungen, denn der für meinen Entschluß entscheidende Faktor war die Koralle. Ich war mir von allem Anfang an darüber im klaren, sobald de Haenen begann, das Netz seiner Erzählungen nach mir auszuwerfen. Vor meinem geistigen Auge erschien ein von Haien bewachtes und von zentnerschweren Korallenstöcken erdrücktes Wrack, ein verwunschenes Schiff in einer Gruft aus Stein-, Gehirn- und Geweihkorallen, fast unauffindbar und in allen Umrissen bis zur Unkenntlichkeit entstellt. Die Galeone mußte uns wie eine Vision erscheinen, die sich nicht in die Wirklichkeit heben ließ, sich unserem Zugriff entzog. Genau das reizte, ja berauschte mich. Niemand hatte je ein gesunkenes Schiff gehoben, das unter einem Berg von Korallen begraben lag. Der Grund dafür liegt auf der Hand, denn es ist ein ungeheures, beinahe unmögliches Unterfangen.

Die *Calypso* hat mich Tausende von Meilen über die Korallenmeere unserer Erde getragen, sei es das Rote Meer, der Indische Ozean, das Karibische Meer oder der Pazifik. Meine Freunde und ich haben mit Atemgeräten oder in der »Tauchenden Untertasse« (Mini-U-Boot) in all diesen Gebieten Tauchereinsätze unternommen und kehrten oft Jahre später an diese oder jene Meeresstelle zurück, um das Wachstum der Koralle zu erforschen. Als wir beispielsweise vier Jahre nach unserem »Siedlungsexperiment« im Roten Meer nach Shab Rumi zurückkehrten, fanden wir unsere Unterwasser-Unterkünfte

Nach dem Versuch, ins Innere der Silberbank vorzudringen, hat die *Calypso* am Rande eines Unterwasserplateaus Anker geworfen.

von Korallenformationen überwuchert. In zehn Jahren wird die Koralle aller Wahrscheinlichkeit nach auch die letzten Spuren unseres Unterwasseraufenthaltes getilgt haben. Bei den Suakin-Inseln und im Indischen Ozean stießen wir auf Wracks aus Eisen, die erst seit 20 bis 50 Jahren auf Grund lagen und trotzdem schon völlig von der Meeresfauna in Besitz genommen waren. Einige dieser gesunkenen Schiffe waren über und über mit Seefedern bedeckt, wie das »weißhaarige Wrack«, das ich in meinem Buch »Korallen – Bedrohte Welt der Wunder« (Droemer Knaur, München 1971) beschrieben habe, andere wirkten wie ein Alpinum oder kunstvolle japanische Gärten. Was mochte wohl aus der *Nuestra Señora de la Concepción* geworden sein, die seit Jahrhunderten im Reich der Steinkoralle auf dem Meeresboden liegt? Eine Antwort auf diese Frage zu suchen, erschien mir als

Links oben: Die üppig wuchernden Korallen begraben alle Spuren gesunkener Schiffe unter einer massiven Kalksteinschicht.

Links: Die Korallenwand, an deren Fuß unser gesunkenes Schiff begraben liegt.

unendlich lohnende Aufgabe; das Gold, das dort zu finden war (oder auch nicht), war dabei nur ein zusätzlicher Reiz.
Sobald ich mich endgültig zu einem Entschluß durchgerungen hatte, ging es an die Ausarbeitung eines vernünftigen Einsatzplanes. Unsere *Calypso* war seit mehr als drei Jahren nicht mehr in ihrem Heimathafen Monaco gewesen, da wir immer viel zu sehr damit beschäftigt waren, diese oder jene Expedition durchzuführen. Wir sind sehr stolz darauf, daß unser Schiff ständig einsatzbereit und fortwährend in Gebrauch ist. Für das »Unternehmen *Nuestra Señora*« im Karibischen Meer waren jedoch besondere Vorbereitungen erforderlich, die den Beginn der Expedition ein wenig verzögerten. De Haenen und ich arbeiteten noch am gleichen Abend einen Einsatzplan aus, so daß dem Start unseres Unternehmens nicht mehr viel im Wege stand. Dann flog ich zurück zur *Calypso,* wo meine Kameraden im Indischen Ozean eifrig damit beschäftigt waren, das Verhalten der Meeresschildkröten zu studieren.
In dem Seefahrerleben, das meine Freunde und ich führen, gibt es immer den besonders aufregenden Augenblick, in dem sich mit der Ankunft der *Calypso* und der 29 Mann Besatzung Pläne und Vorhaben in die Wirklichkeit umsetzen, wenn dem Gedanken endlich die Tat folgt. Erst dann wird unser Vorhaben, das bis dahin nur in unseren Köpfen existiert, real und greifbar. Dieser große Augenblick ist nun gekommen. Es ist mir gelungen, die Suche nach der *Nuestra Señora* (»Unternehmen Schatzsuche« genannt) mit unseren anderen Aufgaben im Karibischen Meer zu verbinden. Die *Calypso* nimmt nun Kurs auf die Silberbank. Um uns erstreckt sich, so weit das Auge reicht, eine blaugrün glitzernde See. Unter der Wasseroberfläche liegen schon die Korallenfelsen der Silberbank und vielleicht auch das Goldschiff, das wir suchen.
Bevor wir mit dem Tauchen beginnen können, müssen noch eine Reihe von Vorarbeiten geleistet werden, bei denen wir uns auf Remy de Haenens unermüdliche Hilfe voll verlassen können. Remy fiebert vor Ungeduld wie ein leidenschaftlicher Jäger am Abend vor der Eröffnung der Jagdsaison. Gemeinsam mit unserem Kameramann Michel Deloire hatte er die Silberbank noch einmal überflogen, um Luftaufnahmen von dem teuflischen Riffgewirr zu machen. Von diesem Gebiet gibt es nämlich keine verläßlichen Seekarten. Zweimal flogen Remy und Michel von Puerto Rico aus über die Silberbank, während die *Calypso* in der Nähe kreuzte. Die Filmaufnahmen, die die beiden dabei machten, sollen Remys Farbfotos vom Vorjahr ergänzen. Diese Aufklärungsflüge erlauben es uns außerdem, mit Sicherheit festzustellen, daß es in der Silberbank tatsächlich ein Halbmondriff gibt – genauer gesagt, sogar mehrere. Remy ist fest überzeugt, daß nur ein bestimmtes Halbmondriff sowohl der vermutlichen Position der *Nuestra Señora* als auch all den Hinweisen, die er aus Bibliotheken und Archiven zusammengetragen hatte, entsprechen kann. Dieses Riff gilt es nun zu finden.
Ich bin nun in der Lage, mir mit den Ergebnissen der Erkundungsflüge sowie den von Remy gelieferten Informationen und Fotos ein klares Bild von Form und Lage der Silberbank zu machen und eine Karte anzufertigen, die Ausmaß und Beschaffenheit dieses

Gebietes ziemlich genau wiedergibt. Die Silberbank ist im ganzen Karibischen Meer das ausgedehnteste Korallenmassiv auf offener See, ein riesiges Plateau, das sich in etwa 25 Meter Tiefe mehr als tausend Meilen dahinzieht und sich senkrecht vom über 1000 Meter tiefen Meeresgrund erhebt. An der Nordseite verläuft ein 40 Kilometer langes, fast undurchdringliches Barriereriff, das so manchem Schiff der spanischen Goldflotte zum Verhängnis wurde. Die großen, schwerfälligen Galeonen, bis zum Rande überladen mit den geraubten Schätzen der Neuen Welt, trieben hier hilflos auf der sturmgepeitschten See und waren in diesen Untiefen – häufig noch durch Navigationsfehler ihrer Steuerleute in die Irre geführt – rettungslos verloren.

Die Korallenformationen des Karibischen Meeres sind weit weniger massiv als die im Roten Meer oder im Indischen Ozean und haben vergleichsweise präzise, weitverzweigte Formen. Sie sehen für den seefahrenden Schatzsucher allesamt wie die Umrisse gesunkener Schiffe aus. Diese Erfahrung machten auch wir, als wir, noch weit von der Silberbank entfernt, in einem Korallenkomplex namens Navidad-Bank vor Puerto Rico tauchten. Es war, als müßte jeder Korallenzweig ein Stück Takelage der alten Spanier umschließen, als enthalte jede der aufstrebenden Korallensäulen den Mast einer Galeone.

Trotz aller Probleme und Schatten, die unsere Suche nach der *Nuestra Señora de la Concepción* vorauswarf, glüht in Remy de Haenens Augen die Gewißheit, daß der Traum seines Lebens dank der *Calypso* nun im Begriffe ist, Wirklichkeit zu werden. Unser erster Tauchereinsatz hat ihm gestern einen ersten Eindruck von der Tüchtigkeit unserer Mannschaft und den technischen Möglichkeiten der *Calypso* und ihrer Ausrüstung gegeben. Seitdem haben seine Zuversicht und seine Ungeduld ihren Höhepunkt erreicht.

Heute morgen, als wir an der Nordseite der Silberbank keinen Weg durch das Barriereriff finden konnten, wurde Remys Zuversicht allerdings etwas erschüttert, wenn seine Ungeduld auch unvermindert anhält. Die Crew der *Calypso* und ich sind aber durch jahrelanges Navigieren in Korallengewässern reichlich »phlegmatisch« geworden; wenn wir heute an der einen Stelle nicht durchkommen, probieren wir es eben morgen an einer anderen. In solchen Situationen empfiehlt es sich, ein Beiboot – meist unsere Zodiak oder eine Barkasse – auszusenden, um eine Fahrtrinne auszukundschaften. Diese leichten Boote können sich gefahrlos durch beinahe jedes Korallendickicht schlängeln; ihre Besatzung liefert uns dann alle Informationen, die wir an Bord für die Weiterfahrt brauchen. Diesmal besteigen Remy de Haenen, Jean-Paul Bassaget, Raymond Coll und Marcel Forcherie ein Floß und machen sich auf den Weg. Nach dem zweiten Frühstück folgen ihnen Bernard Delemotte und Jean-Clair Riant in der Zodiak. Remy und die übrige Floßbesatzung wollen die Riffe an der Nordseite der Bank auskundschaften, während das Zodiak-Team die unmittelbare Umgebung der *Calypso* erkundet.

Gegen zwei Uhr nachmittags bat uns Remy de Haenen über Funk, ihm doch »eine Spitzhacke und alle möglichen Brechwerkzeuge« hinauszuschicken. Wir dachten zuerst, Remy wolle uns verkohlen, denn so nützlich derartige Werkzeuge auch sein mögen – wir haben keine einzige Spitzhacke an Bord. Ich nahm aber trotzdem Funkverbindung mit der

Zodiak auf und bat Delemotte, zum Schiff zurückzukehren. Wenige Minuten später machte die Zodiak längsseits fest und übernahm Michel Deloire sowie ein reiches Sortiment an Hämmern und Brechstangen für Remy.
Als die Boote in der Dämmerung zurückkamen, stiegen ihre Besatzungen mit freudestrahlenden Gesichtern an Bord der *Calypso*. Remy ist wieder außer sich vor Begeisterung und berichtet von seinen Entdeckungen. Er hat ein halb zerfallenes, korallenverkrustetes Stück Takelage von einem alten Segelschiff und eine verwitterte Eichenplanke gefunden. Außerdem haben die Taucher einen geheimnisvollen, im Riff eingeschlossenen Gegenstand gesichtet, möglicherweise eine sehr alte Handpumpe. All das gilt natürlich als gutes Omen. Die Begeisterung schlägt so hohe Wellen, daß ich – allerdings ziemlich erfolglos – versuche, diesen überschäumenden Optimismus etwas zu dämpfen, denn auf einen guten Anfang folgt nur allzu oft die Enttäuschung.
Sobald diese unsere ersten »Schätze« an Bord gebracht sind, machen wir Filmaufnahmen davon, denn sie könnten uns später eventuell die Identifizierung des Wracks, von dem sie stammen, erleichtern. Im Augenblick wissen wir jedoch im Grunde genommen gar nichts, und ich warne meine Freunde noch einmal davor, sich allzu große Hoffnungen zu machen.
Heute sehen wir uns nach dem Abendessen die Luftaufnahmen von der Silberbank an, die Remy im vorigen Jahr von seiner Cessna aus gemacht hat. Von diesen Dias pausen wir uns eine Karte ab, die genau die Riffteile zeigt, die unsere Taucher am Nachmittag erkundet haben. Dann schicken wir das Großboot an die Stelle zurück, an der die Taucher die Wrackteile gesichtet haben, und verfolgen seinen Weg auf dem Radarschirm. Auf diese Weise können wir die Position des Wracks bestimmen. Da die *Calypso* bei 20°41' nördlicher Breite liegt, dürfte die Position des gesunkenen Schiffes 20°42' nördlicher Breite betragen. William Phips gab für das Wrack, aus dem er seine Schätze barg, 20°43' an, so daß also zwischen seinem Wrack und dem unsrigen eine Positionsdifferenz von einer Minute besteht – ein sehr unbedeutender Unterschied. Es ist durchaus möglich, daß wir die sagenhafte *Nuestra Señora* mit ihrer Ladung aus Gold nach der Beschreibung von William Phips aus dem Jahre 1687 aufgespürt haben. Vielleicht aber liegen wir auch völlig falsch, denn die Holz- und Metallteile, die unsere Taucher heraufgeholt haben, sind noch lange kein Beweis dafür, daß es an der Meeresstelle 20°42' nördlicher Breite überhaupt ein Schiffswrack gibt oder daß es – falls doch vorhanden – aus dem »richtigen« Jahrhundert stammt.
Nach unseren Berechnungen liegt der Ankerplatz der *Calypso* knapp drei Kilometer von der Stelle entfernt, an der Remy seinen Fund gemacht hat, doch es sind 3000 Meter Riffgebiet mit einem fast undurchdringlichen Korallendickicht. Sollte es sich morgen früh herausstellen, daß dort tatsächlich ein gesunkenes Schiff liegt, so müßten wir mit der *Calypso*

Für den Taucher sieht jeder Korallenbrocken wie ein Teil der gesunkenen Galeone aus.

bis genau an diese Stelle vordringen, um die Bergungsarbeiten sinnvoll beginnen zu können. Das bedeutet, daß wir mitten ins Zentrum der Silberbank vorstoßen müßten. Wir können nur hoffen, daß während dieser Zeit nicht gerade ein Sturm aufkommt, denn in diesem Fall könnte unsere *Calypso* das gleiche Ende finden wie einst die *Nuestra Señora de la Concepción* . . .

Heute morgen sind mir mehrere Korallenformationen aufgefallen, die Remy de Haenens »Halbmondriffen« einigermaßen entsprechen. Sie sind zwischen zwanzig und dreißig Meter lang und schließen mit der Wasseroberfläche ab, während sich einzelne Ausläufer auch über den Meeresspiegel erheben. Der umliegende Grund ist dicht bewachsen mit Bäumen und Büschen aus Korallengestein, die häufig riesige Ausmaße erreichen und – wie gesagt – eine erstaunliche Ähnlichkeit mit gesunkenen Schiffen haben, deren Masten und Rahen von Kalkablagerungen bedeckt sind.

Wachstum und Formenbildung der Koralle können sehr seltsam und sehr unterschiedlich sein. An der einen Stelle vermehren sich diese Tierkolonien ohne jeden ersichtlichen Grund ins Uferlose, während oft in nächster Nähe kein einziger Korallenstock mehr zu finden ist. Aller Wahrscheinlichkeit nach ist die *Nuestra Señora* heute eine derartige Stelle üppigsten Korallenwuchses, denn die koloniebildenden Meerestiere brauchen als wichtigste Wachstumsvoraussetzung genügend Flächen, an denen sie sich festsetzen können. Dies ist so lebenswichtig, daß die Korallenpolypen sich auf den Gehäusen ihrer Artgenossen niederlassen, wenn sie keine andere Unterlage finden. Schiffswracks sind daher für koloniebildende Tiere ein idealer Unterbau, da ihre Masten und Aufbauten, ihre Decks, Planken und Sparren wie zum Festsetzen gemacht sind. Die Koralle braucht darüber hinaus sehr viel Sauerstoff, der auf dem Meeresgrund – vor allem in größeren Tiefen – sehr knapp ist, während ein in einer Untiefe liegendes Wrack mit seinen Winkeln und Kanten herrlich luftige »Bauplätze« bietet. Kein Wunder also, daß gesunkene Schiffe wahre Oasen der See bilden, in denen sich die Meeresfauna außerordentlich gut entwickeln kann. Diese Erfahrung läßt mich auch befürchten, daß die *Nuestra Señora de la Concepción* bereits Schicht um Schicht im Korallenkalk eingemauert liegt und sich nur unter größten Schwierigkeiten von ihrem Panzer befreien lassen wird. Noch habe ich diese Befürchtung im Gespräch mit meinen Kameraden zurückgehalten, denn ich kann mich schließlich irren; der Schiffsrumpf unserer Galeone ist möglicherweise völlig unbewachsen, und vielleicht stoßen wir auf Balken und Planken, die uns wichtige Indizien für unsere »Ausgrabungen« liefern.

Wir sitzen mit Claude Caillart, Christian Bonnici und Yves Omer bis in die Nacht hinein über unserem Einsatzplan für den nächsten Tag und überlegen, welche Arbeiten morgen fällig sind. Meine Freunde glauben so zuversichtlich an die Existenz einer goldbeladenen Galeone, daß ich nun einfach mitspiele. Meine Vorbereitungen für den Arbeitseinsatz am nächsten Morgen sind daher so angelegt, als glaubte ich inzwischen fest daran, daß wir einen Schatz heben werden, denn schließlich ist das »Unternehmen *Nuestra Señora*« für die Männer von der *Calypso* in jedem Fall das Abenteuer ihres Lebens.

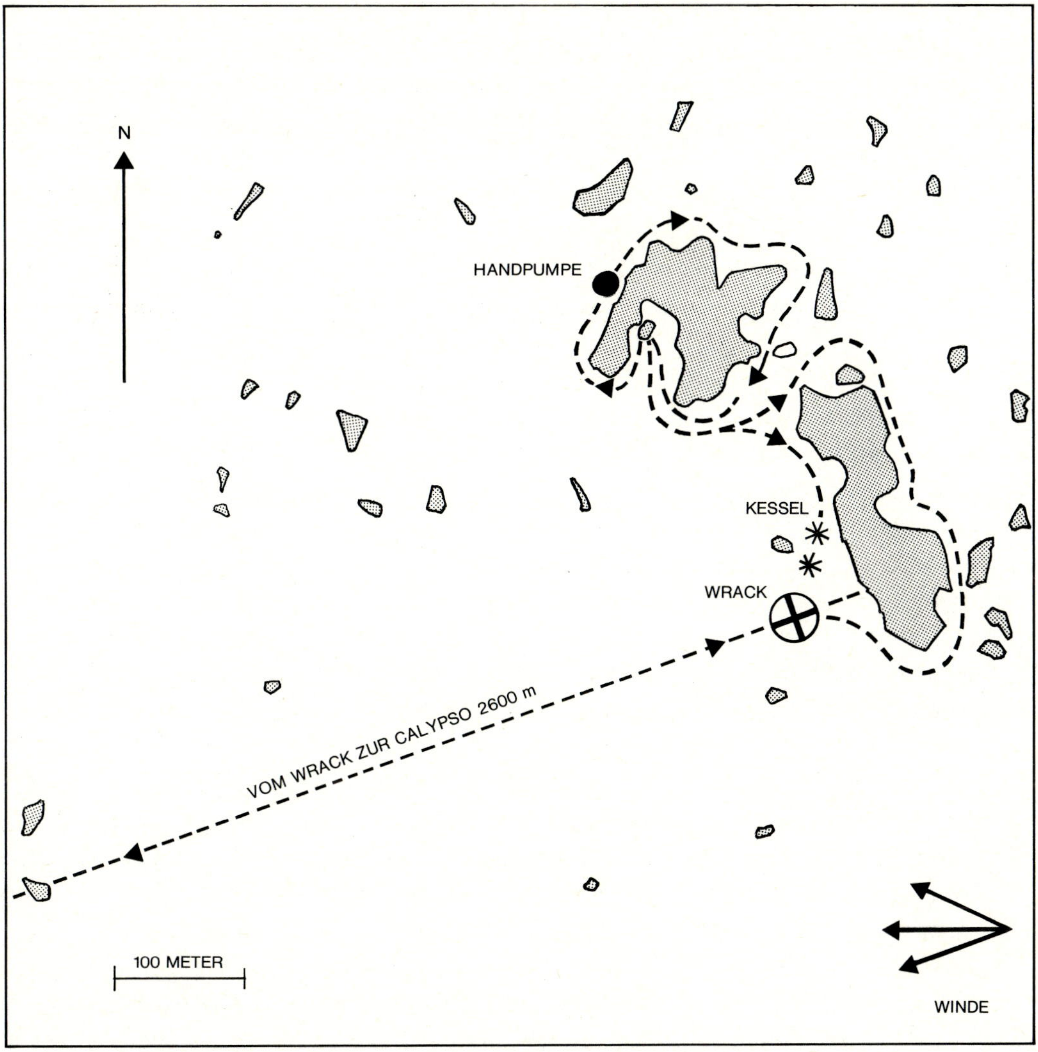

Gesamtansicht der Silberbank mit der durch Bojen markierten Fahrtrinne für die *Calypso*.

Im Laufe unseres Gespräches beginnen sich unsere Pläne wie von selbst zu ordnen. Zuerst gilt es zu entscheiden, an welcher Stelle der Silberbank wir mit der Arbeit anfangen sollen; danach müssen in dem betreffenden Gebiet alle Korallenstöcke beseitigt und gründlich darauf geprüft werden, ob sie irgendwelche historischen Reste oder Hinweise enthalten – gleichgültig, wie wertvoll oder wertlos diese Funde sein mögen. Jeder der Akroporenstöcke, die wir auf dem Meeresgrund gesehen haben, könnte mehrere Gold- oder Silberbarren umschließen oder ein Smaragdband »geschluckt« haben. Wir werden die Korallenblöcke daher in Stücke zerlegen und an Bord hieven müssen, um sie in Ruhe aufschlagen und durchsuchen zu können. Es wird beschlossen, prinzipiell jedes Korallenstück von einer bestimmten Größe an an Bord der *Calypso* zu bringen und zu zerklopfen. Auf uns wartet eine wahre Herkulesarbeit, doch ich weiß, daß die Männer von der *Calypso* ihr gewachsen sind.

Der 14. Juli – unser Nationalfeiertag – ist ein strahlender, wolkenloser Tag. Nach dem Frühstück mache ich mich mit einigen anderen Tauchern voller Tatendrang auf und springe in das klarblaue Meer. Der herrliche Anblick, der sich uns nun bietet, dämpft meine Stimmung jedoch erheblich. Vor uns tut sich ein wahres Märchenland auf, ein glitzernder Zaubergarten, den Korallenbildungen in allen Formen und Farben erfüllen. Und dieses Meeresparadies sollen wir nun zerstören, nur um ein altes Wrack aufzustöbern, das vielleicht nicht einmal die *Nuestra Señora de la Concepción* ist! Mich schreckt nicht die mühevolle Arbeit, die damit verbunden ist, sondern der Gedanke, daß wir mit unseren Spitzhacken all die kostbaren Gebilde zerschlagen sollen, deren einzigartige Schönheit Jahrhunderte überdauert hat. Diese Korallenformationen sind das Ergebnis eines außerordentlich komplexen Zusammenspiels unzähliger koloniebildender Tiere und Ausdruck eines stets bedrohten biologischen Gleichgewichts zwischen einer Vielzahl hochdifferenzierter Lebensformen. Ihre bloße Existenz ist ein Schöpfungswunder der Natur; die kleinste Veränderung an Temperatur oder Salzgehalt des Wassers, ja schon ein ungewöhnlich heftiger Regenschauer genügen, um die Silberbank in eine Wasserwüste zu verwandeln.

Die Riffe, zwischen denen die *Calypso* vor Anker liegt, bestehen natürlich nicht ausschließlich aus Korallen, doch machen diese ihren Hauptbestandteil aus. Vor uns liegen weite Geweihkorallenfelder und die zarten Schirme der Akroporen, die blättrigen Ballen der Pilzkorallen und riesige Löcherkorallenklumpen. Doch inmitten dieser lebenden Kalkmauern stößt man auf die mannigfaltigsten anderen Tierkolonien: Kerzen- oder kelchförmige Schwämme, die sich ganz fleischig anfühlen, Feuerkorallen, an denen man sich schmerzhafte Wunden zuziehen kann, Seeanemonen mit giftigen Tentakeln und vor allem Wälder aus gelben und malvenfarbenen Seefedern, deren lange Arme sich wie Straußenfedern neigen und sich leise im klaren Wasser wiegen, wenn man zwischen ihnen hindurchschwimmt.

Dieser unterseeische Garten Eden wird auch von größeren Tieren bewohnt. In einer Korallengrotte haust ein großer Zackenbarsch, der sich schon an uns gewöhnt hat und uns gelassen beobachtet, während Schnapper- und Makrelenschwärme in wohlgeordneter Formation vorbeiziehen. Ein Fledermausfisch *(Platax)* versucht sogar ganz unbefangen, Freundschaft mit uns zu schließen. Die Fische haben hier natürlich nichts von uns zu befürchten, doch der Gedanke an die Verwüstungen, die das »Unternehmen Schatzsuche« in der Korallenwelt dieser Tiere anrichten wird, bedrückt mein Gewissen. Soll ich noch einmal mit meinen Freunden darüber sprechen? Vielleicht mit de Haenen? Aber nun ist es zu spät – ich hätte all das bedenken sollen, bevor wir uns in dieses Abenteuer einer

Bernard Delemotte sucht zwischen den vielfältigen Lebensformen, die den Meeresgrund überziehen, nach den Resten einer gesunkenen Galeone.

Schatzsuche auf dem Meeresgrund stürzten. Morgen aber müssen wir mit der eigentlichen Arbeit beginnen und uns zunächst einmal durch einen Wall aus lebenden Korallen hindurchschlagen.

Wir wollen selbstverständlich keine sinnlosen Verwüstungen anrichten und müssen daher schon im voraus genau wissen, wonach wir suchen und was es hier zu finden gibt. Im Meer entdeckt man auf dem Gebiet der Biologie und der Archäologie meist nur Dinge, die man auf Grund seiner Vorkenntnisse zu finden erwartet. In unserem Fall müssen wir also über Art und historische Bedeutung des gesuchten Schiffes genau Bescheid wissen und uns vergegenwärtigen, was vor 300 Jahren hier im Karibischen Meer geschah.

2 Ein Goldstrom zieht über den Ozean

Reichtum und Elend. Auf dem Weg nach Europa. Die Gefahren der Seefahrt

Die Galeonen Seiner Allerkatholischsten Majestät Karl V., des Heiligen Römischen Reiches Kaiser, Königs von Spanien, lagen in Portobelo vor Anker. Portobelo oder Porto Bello war jedoch trotz des Namens, den Kolumbus selbst ihm gegeben hat, kein wirklicher Hafen, sondern nur eine tiefe, ruhige Bucht, in der die spanischen Schiffe nicht anlegen konnten, sondern praktisch auf offener See Anker werfen mußten. Man konnte den Ort Portobelo wohl kaum als Stadt bezeichnen. Er diente den Spaniern wegen seiner günstigen Lage am Golf von Darién lediglich als Endstation für die Maultiertransporte, mit denen die Schätze der Inkas aus Peru zur Küste gebracht wurden. Portobelo selbst bestand aus einer Handvoll am Ufer verstreuter Schuppen und Lager und war auf drei Seiten vom Urwald eingeschlossen.

Der Morgen dämmerte, als die Vortoppwinden der spanischen Flotte die letzten Schiffsladungen an Bord hievten, während wendige Barkassen zwischen den drei vor Anker liegenden Schiffen und dem Ufer hin und her eilten. Um die drei Galeonen *Santa Ana, Nuestra Señora del Rosario* und die 600 Tonnen schwere *Margarita* drängten sich zahlreiche kleinere Handelsschiffe, die im Konvoi mit der Tierra-Ferma-Flotte auf deren alljährlicher Fahrt in die Neue Welt und zurück nach Spanien Schutz suchten. Auf der

Santa Ana wehte die Flagge des Generalkapitäns Don Francisco Rodriguez; die *Margarita* hatte den Admiral der Flotte, Don Gaspar de Vargas, an Bord.

Die Galeonen und die kleineren Schiffe der Flotte lagen bereits bis zur Tiefladelinie im Wasser, doch noch immer waren die lauten Rufe der Soldaten am Ufer zu hören, mit denen die Indianer beim Beladen der Barkassen zu noch größerer Eile angetrieben wurden; ab und zu gellte ein Schmerzensschrei übers Wasser, wenn die Spanier diesen »Aufforderungen« durch Schläge Nachdruck verliehen, dann wieder klangen Gelächter und Sauflieder betrunkener Matrosen auf. In der Nacht vor dem Auslaufen der Flotte wurde jedesmal fleißig gezecht; einige gewannen und verloren beim Glücksspiel ganze Vermögen, andere vergnügten sich mit der »holden Weiblichkeit« von Portobelo, an der jedoch ein empfindlicher Mangel herrschte. Einige aus Europa mitgebrachte Mädchen und indianische Sklavinnen waren die einzigen »verfügbaren« Frauen, um die beständig und erbittert gekämpft wurde – häufig auf Leben und Tod. Diese letzte Nacht an Land war jedoch nur Abschluß und Höhepunkt einer drei Wochen dauernden Massenorgie in Portobelo. Die aus Peru geraubten und in die Stadt gebrachten Schätze waren dazu bestimmt, Pracht und Herrlichkeit Seiner Allerkatholischsten Majestät von Spanien zu erhalten und seinen Kampf gegen Ketzer und Ungläubige weiterhin zu finanzieren. Doch Spanien war weit, und die Untertanen Seiner Majestät in Portobelo und an Bord der königlichen Galeonen fanden nichts dabei, von den für eine so »heilige« Sache bestimmten Gold- und Silberbarren auch etwas für den eigenen Bedarf abzuzweigen.

Portobelo war den größten Teil des Jahres so gut wie verlassen, doch für die drei Wochen, in denen die spanische Flotte hier vor Anker lag, erwachte es zum Leben. Das Silber lag dann buchstäblich auf der Straße (denn die Barren wurden im Freien auf dem Boden gestapelt), und ein lebhafter Tauschhandel mit Waffen, Geräten und Kleidern aus der Alten Welt, mit Kakao, Indigo und Bauholz verlieh den schäbigen Hütten Portobelos einen festlichen Glanz. Kaum aber war die Flotte wieder ausgelaufen, fiel die Niederlassung in ihre gewohnte Trostlosigkeit und Einsamkeit zurück.

Die *Flota* hatte diesmal verhältnismäßig wenig Waren aus Spanien mitgebracht. Es gab wenig Linnen, Kleidungsstücke und Schuhe, dafür aber um so mehr Wein und Waffen – Lanzen, Schwerter und Schilde – und vor allem Tausende von Kerzen für die spanischen Kolonisten. All diese Waren stapelten sich vor den Hütten von Portobelo auf dem Boden und wurden von Wachposten vor Plünderungen geschützt. Der größte Teil der Vorräte wurde aber trotz aller Bewachung von Siedlern gestohlen, die keine Tauschwaren zu bieten hatten und die Kleidung und Schuhzeug dringend benötigten. Diese simplen Güter waren für die Kolonisten lebenswichtig, denn sie durften weder eigene Waren produzieren noch mit den französischen, englischen oder holländischen Schmugglern Handel treiben, die die spanische Wirtschaftsmacht zu unterlaufen suchten. Handel und Verkehr im Gebiet der Westindischen Inseln waren das Monopol des Königs von Spanien. Jeder noch so bescheidene Warenaustausch war den Siedlern strengstens verboten; in den spanischen Kolonien durften weder Stoffe gewebt noch Kleider genäht, weder Schuhe noch Haushaltsgegenstände angefertigt, noch Getreide angepflanzt werden. Wenn man entdeckte, daß ein findiger Siedler für seinen eigenen Gebrauch Wein anbaute, so wurden die Weinstöcke ausgerissen und der »Übeltäter« bestraft. Selbst die Indianer mußten ihre Kleidung aus Spanien beziehen. Die Lage war um so prekärer, als die spanische Flotte nicht annähernd ausreichte, um die in Spanien produzierten Schuhe und Kleidungsstücke über den Atlantik zu schaffen. Das gestrenge Mutterland konnte daher nicht einmal die elementarsten Bedürfnisse seiner Untertanen in der Neuen Welt befriedigen: Die spanischen Siedler lebten in einem Land, aus dem Gold und Silber alljährlich tonnenweise nach Spanien verschifft wurden, barfuß und in Lumpen.

In diesem Jahr waren die Gold- und Silbertransporte rechtzeitig eingetroffen. Es war sehr schwer, sie mit der Ankunft der Schiffe zeitlich zu koordinieren. Wegen der ständigen Gefahr von Piratenangriffen auf den Hafen, war es für die Spanier auch nicht ratsam, ihre Schätze dort zu lagern, bis die Flotte eintraf. Kaum hatten die ersten spanischen Galeonen die Neue Welt erreicht und in Cartagena festgemacht, als Eilkuriere nach Panama, Guayaquil und Lima entsandt wurden, um die Pazifikflotte zu benachrichtigen. Die spanischen Schiffe aus Arica, Antofagasta, Coquimbo und Valparaiso hatten sich zu dieser Zeit in Callao, dem Hafen von Lima, versammelt. Sie waren mit den Schätzen des südamerikanischen Kontinents beladen, führten Gold und Edelsteine aus dem fernen, sagenumwobenen Reich der Inkas, das seit seiner Eroberung durch Cortez von Spanien ausgebeutet wurde. Mit geraubten Schätzen schwer beladen, segelten die Galeonen der Südsee – die heute als Pazifik bekannt ist – nach Panama. Am Ende der dreiwöchigen Seefahrt wurde die kostbare Beute in Lederbeuteln, den sogenannten *tortas,* fest verschnürt und auf Maultiere geladen. Der schwerbewachte Transport brauchte 22 Tage, um die Landenge von Darién zu überqueren, und mußte ständig gegen Indianerüberfälle verteidigt werden. Die größten Schwierigkeiten aber bereitete der mühsame Weg durch den dichten tropischen Urwald. Die Spanier mochten sich noch so sehr damit abplagen, einen gangbaren Pfad durch den Dschungel zu schlagen – im darauffolgenden Jahr war keine Spur mehr davon zu sehen. Die üppigen Tropenpflanzen füllten beinahe über Nacht jede Lücke, die mühsam von Menschenhand geschaffen worden war.

Weit gefährlichere Feinde als die Indianer aber waren die furchtbaren Tropenkrankheiten wie Malaria, Gelbfieber und Ruhr, die alljährlich die Reihen der Spanier lichteten und gegen die es kein Mittel gab. Die Medizin steckte in jener Zeit noch in den Kinderschuhen, und selbst einfachste Maßnahmen der Hygiene waren damals so gut wie unbekannt. Die Lebensweise der Spanier in diesen Äquatorialgebieten trug zweifellos sehr wesentlich zu der hohen Sterblichkeitsrate unter den Soldaten und Kolonisten bei: Man lebte so, als sei man in Sevilla oder Madrid, aß und trank fast alles, was einem in die Finger kam, und schwitzte sich unter seinen schweren Harnischen, die in der Tropenhitze von Mittel- und Südamerika zu wahren Bratröhren wurden, fast zu Tode. Es wäre eines stolzen Spaniers unwürdig gewesen, die Küsten der Neuen Welt anders als im bestickten Wams, mit seidenen Beinkleidern und silbernen Schnallenschuhen zu betreten. Die prächtigen Gewänder, stolzen Federhüte und Spitzenhemden aus feinstem Linnen waren dem Dschungel ebensowenig gewachsen wie die großen Hidalgos, die sie trugen, dem Leben zwischen Schlangen, Giftpfeilen und tropischen Wolkenbrüchen.

Die unsagbaren Entbehrungen, die die Spanier in der Neuen Welt auf sich nahmen, die vielen Gefahren, die ihnen dort begegneten, und die schrecklichen Todesarten, die ihnen drohten, bilden einen Teil des düsteren Hintergrundes, vor dem das Gold und Silber Seiner Majestät von der Westküste Amerikas zur Ostküste gebracht und von dort nach Spanien verschifft wurde.

An Bord gab es im Innersten der Schatzschiffe einen eigenen, mit schweren Eisenstäben vergitterten Lagerraum, in dem sich die Säcke voll kostbarer Münzen, die Silberbarren und das eingeschmolzene Gold der Inkas häuften. Eine ständige Wache von zehn Mann hütete die Schatzkammer, deren einziger Zugang durch die Kajüte des Generalkapitäns führte.

Die königlichen Beamten hatten die sorgfältig gezählten Säcke mit den Schätzen geöffnet und ihren Inhalt bereits abgewogen: Piaster aus Gold mit einem Prägezeichen, das aus einem Kreuz und dem Wort *Potosi* bestand – dem Namen der peruanischen Mine, aus der dieses Goldstück stammte. Die kostbaren Metalle erhielten vor dem Transport nach Portobelo in einer der vielen, über den karibischen Raum verstreuten königlichen Münzanstalten ein Stempelzeichen aufgeprägt, das sie als Eigentum des Königs auswies. Die erste dieser Münzanstalten entstand vermutlich in Hispaniola; ihr folgten die in Lima, Mexiko und Santa Fe de Bogotá. Auch Perlen wurden in großen Mengen verladen und ebenso scharf bewacht wie die Metalle. Die Spanier nannten die Perlen *margaritas* und brachten sie – sinnigerweise – an Bord der gleichnamigen Galeone.

Als die Schiffe zum Auslaufen bereit waren, hörten die in Portobelo zurückbleibenden Männer Gesänge über das Wasser herüberklingen. Es waren keine Sauflieder wie zuvor, als die Matrosen ihren »Landurlaub« genossen hatten, sondern Kirchenlieder und Hymnen, denn Seine Allerchristlichste Majestät hatte sehr fromme Untertanen. Wie sündhaft ihr Landaufenthalt in Portobelo auch gewesen sein mochte – an Bord nahmen sie es mit der Erfüllung ihrer religiösen Pflichten sehr genau. Jedes Schiff hatte seinen eigenen Kaplan, der nun Matrosen und Soldaten, Offiziere und Passagiere zum Frühgottesdienst rief und ihre Morgenliturgie anführte. Später zelebrierte der Generalkaplan der Flotte an Bord des Flaggschiffes eine Messe an Deck. So kam es, daß die mit dem Segelsetzen und Ankerlichten betrauten Matrosen bei der Arbeit Kirchenlieder sangen.

Es war nicht leicht, eine Galeone auslaufbereit zu machen. Die Kunst, mit mehreren kleineren Segeln zu fahren, war damals noch nicht bekannt, so daß die Masten (oder »Mastbäume«) riesige Vierecksegel mit dem Jerusalemer Kreuz trugen. Diese großen Tuchbahnen von Hand zu hissen, war äußerst mühsam – um so mehr, als die Flotte nur unzureichend bemannt war. Wie immer hatten die Spanier in der Neuen Welt einen beträchtlichen Teil ihrer Schiffsmannschaften verloren, denn bei jeder Fahrt fielen zahlreiche Matrosen den Tropenkrankheiten zum Opfer oder desertierten. Selbst unter den günstigsten Voraussetzungen war mit diesen Männern, von denen die wenigsten als Seeleute ausgebildet sein konnten, nicht viel Staat zu machen. Die meisten von ihnen dürften ohnehin Vagabunden und Kriminelle gewesen sein, die man in allen Häfen Spaniens und der Neuen Welt wahllos und in aller Eile anheuerte. Dennoch waren die Bewegungen der Matrosen gut aufeinander abgestimmt, als die Männer das Fall des schweren Großsegels ergriffen und dieses im Rhythmus von Kirchengesängen am Mastbaum hochzogen. (Die Besegelung ließ sich später noch dadurch vergrößern, daß man zwei zusätzliche Bahnen setzte. Die untere Ecke des Großsegels und die beiden Seitenbahnen trugen jeweils die gestickte Buchstabenreihe A. V. M. G. P. = *Ave Maria gratia plena.* Die Initialen dienten einem doppelten Zweck; einmal ließ sich an ihnen erkennen, ob die Seitenbahnen auch in richtiger Position zum Großsegel gesetzt wurden, zum anderen stand ein Schiff, dessen Segel die Anfangsbuchstaben des Englischen Grußes trug, unter dem besonderen Schutz der Jungfrau Maria. Während noch das Großsegel gesetzt wurde, holten andere Matrosen den letzten Anker ein; es war ein eiserner Anker von mehr als acht Meter Höhe und einer Tonne Gewicht.

Bald füllte eine leichte Brise die Segel. Die großen Galeonen setzten sich langsam, sehr langsam in Bewegung, während die Rudergänger alle Hände voll zu tun hatten, um den Bug ihres Schiffes aufs offene Meer gerichtet zu halten. Rudergänger (Steuermann) auf einer spanischen Galeone zu sein, war gewiß ein schwerer und undankbarer Beruf. Ein so schwerfälliges Schiff reagiert bei so geringer Geschwindigkeit kaum noch auf die Bewegungen des Steuerruders. Der einzige Antrieb der Galeonen (wie aller anderen Fahrzeuge der Flotte) bestand in ihren windgefüllten Segeln; man konnte mit diesen Viermastern aber meist nur dann manövrieren, wenn der Wind von achtern oder seitlich kam. Trotzdem konnte ein tüchtiger Kapitän oder Steuermann die Bewegungen seines Schiffes durch den Einsatz des quadratischen Bugsprietsegels und des dreieckigen Hecksegels einigermaßen unter Kontrolle halten.

Die plumpen und schwer zu manövrierenden Galeonen waren den Naturgewalten fast schutzlos preisgegeben und beim Kampf mit wendigeren feindlichen Schiffen sehr im Nachteil. Dazu kam noch eine andere, den Männern an Bord stets gegenwärtige Gefahr: Die Leichtigkeit, mit der diese Holzschiffe Feuer fingen. Eine große mit Schnörkeln verzierte Eisenlaterne am Heck der *Santa Ana* war die einzige ständige Lichtquelle, die es in dieser Flotte bei Nacht gab. Sie war ein Zeichen besonderer Würde und Autorität, das nur der Generalkapitän führen durfte. Unter Deck gab es wegen der großen Feuersgefahr weder Lampe noch Kerze; nur der Kompaß in der *bitacora* (dem Nacht- oder Kompaßhaus) war beleuchtet.

Alle an Bord dieser Schiffe freuten sich über die ruhige See und die sanfte Brise. Bei schwerer Dünung hätten sich die *Santa Ana,* die *Margarita* und *Nuestra Señora del Rosario* in großer Gefahr befunden. Sie trugen eine so schwere Fracht, daß die unterste Decklinie

Tizians Porträt von Karl V., »in dessen Reich die Sonne niemals unterging«. (Prado, Madrid.)

in der Mitte keine zwei Meter über der Wasseroberfläche lag. Das »Kastell« vorne und achtern lag wesentlich höher, was aber nur einen weiteren Nachteil brachte. Die hohe Bug- und Heckpartie beeinträchtigte die Stabilität der Schiffe bei hohem Seegang erheblich, vor allem bei den Stürmen im Karibischen Meer und der schweren Dünung im Atlantik.

Theoretisch bestand die Aufgabe der Galeonen darin, bestimmte Güter – den Quintal des Königs – für den Monarchen zu transportieren, denn die spanische Krone erhielt ein Fünftel der Schätze aus der Neuen Welt. Die übrigen vier Fünftel der Gold- und Silberbarren und Juwelen blieben im Besitz derjenigen Untertanen seiner Majestät, die die Schätze im Bergbau gewonnen oder den Inkas geraubt hatten. Theoretische Grundlage dieses Abkommens war die Vorstellung, daß die Ausbeutung und Kolonisierung der Neuen Welt der Initiative privater Interessenten zu überlassen sei und daß dem König ein bestimmter Anteil am Gewinn dieser Unternehmungen – modern ausgedrückt, eine Art »Einkommensteuer« – zustehe.

Soweit die offizielle Theorie; die Praxis sah allerdings etwas anders aus. Der Zugang zu den Westindischen Inseln hatte begreiflicherweise eine fieberhafte und häufig chaotische Handelstätigkeit ausgelöst. König Ferdinand und Königin Isabella von Spanien schufen daher im Jahre 1503 ein eigenes Marineamt namens *La Casa de Contratación*, um Ordnung in das drohende Chaos zu bringen. Die *Casa* war eine Art Kontor und zugleich Kontrollbehörde der Handelsmarine; sie diente den Spekulanten, Schiffskapitänen und anderen Interessenten, die miteinander ins Geschäft kommen wollten, außerdem als Agentur und Kontaktstelle und lieferte wichtige Informationen.

Da die *Casa* ihren Sitz in Sevilla hatte, mußte jedes in die Neue Welt auslaufende oder von dort zurückkommende Schiff in diesem Binnenhafen am Guadalquivir anlegen. Im Laufe der Zeit begannen jedoch wandernde Sandbänke im Guadalquivir die Schiffahrt auf dem Fluß zu gefährden. Für die immer größer werdenden und tief im Wasser liegenden Schiffe waren die seichten Fahrrinnen unpassierbar. 1680 wurde Cadiz an der Mündung des Guadalquivir als neuer Anlegehafen ausgewählt; das Hauptquartier der *Casa de Contratación* wurde allerdings erst 1717 dorthin verlegt.

Es gehörte zu den Pflichten der *Casa,* jede Einzelheit für die Seereise einer Galeone festzulegen. Ihre Beamten bestimmten Zeitplan und Route der Fahrten, entschieden Disziplinarfragen an Bord und stellten verbindliche strategische Pläne für die Galeonen in Kampfsituationen auf. Da es über die großen Entfernungen hinweg nur unzureichende Nachrichtenverbindungen gab, mußte vor Antritt der Seefahrt an alles gedacht, für alles Vorsorge getroffen werden. (Man versuchte zwar, durch den Einsatz leichter und schneller Schiffe die Verbindung zwischen den einzelnen Flottenteilen aufrechtzuerhalten, hatte aber keine Möglichkeit, bei größeren Entfernungen von unterwegs Nachrichten zu übermitteln.) Wie so oft, waren all die minuziösen Anweisungen und Vorschriften für jedes noch so winzige Detail der Handelsschiffahrt von Beamten ausgearbeitet worden, die von der Neuen Welt nur sehr wenig, vom Leben auf See gar nichts verstanden; es war also kein Wunder, daß man ihre Instruktionen herzlich selten befolgte.

Der komplizierte bürokratische Apparat der *Casa* sollte den sicheren Transport der Güter gewährleisten, die für Spaniens Wirtschaft lebenswichtig waren. Dieser Aufgabe waren weder die technischen Möglichkeiten jener Zeit noch die Fähigkeiten der *Casa*-Beamten gewachsen, deren Bestechlichkeit und mangelnde Sachkenntnis sie für ihr Amt keineswegs qualifizierten. Die *Casa* verfiel daher dem Schicksal so vieler allzu bürokratischer Organisationen und wuchs sich zu einem Verwaltungspolypen aus, der bald jeden Teilbereich der spanischen Seefahrt mit seinen Fangarmen durchzog. Sie plante und reglementierte alles, »von der Größe der Hüte, die die Sklaven trugen, bis zur Art der Gebete im Sturm auf See«, und hatte in jedem Hafen, den die spanischen Galeonen anliefen, einen ihrer Vertreter, um die Einhaltung ihrer Vorschriften zu überwachen. In Portobelo hatten die Beamten der *Casa de Contratación* jedes Goldstück und jeden Silberbarren gezählt und die Galeonen bis in den letzten Winkel durchsucht, bevor die Flotte auslaufen konnte. Dabei hatten sie geflissentlich übersehen, daß die Laderäume auch mit Handelswaren vollgestopft waren, die mit dem Quintal des Königs gar nichts zu tun hatten. Der Generalkapitän Don Francisco Rodriguez und der Admiral Gaspar de Vargas führten große Gütermengen als persönlichen Besitz mit, und es gab wohl keinen Matrosen an Bord, der nicht seinen eigenen »Schatz« auf den Galeonen Seiner Majestät gelagert hätte: Gewürze, edle Hölzer, seltene Früchte wie Bananen und Ananas, Papageien, Affen und Truthähne, vielleicht auch hie und da einen kostbaren Smaragd und andere Juwelen.

Die Beamten der *Casa* konnten kaum gegen diese Verstöße einschreiten, denn neben dem »Gepäck« der Schiffsbesatzung und der Offiziere befand sich auch ihre eigene Beute auf den Galeonen; sie wußten, daß ihre Kollegen in Sevilla oder Cadiz ein Auge zudrücken würden, solange sie nur ihren Anteil bekamen . . .

Kurz gefaßt: man war hauptsächlich »in eigener Sache unterwegs«. Die *Casa de Contratación* war durch und durch korrupt, voller bestechlicher Beamten und Intriganten, Betrüger und Diebe, die den Reichtum der Neuen Welt ausbeuteten und in die eigene Tasche fließen ließen. Der König erhielt zwar einen Anteil, hatte aber de facto wenig Verfügungsgewalt und Kontrolle über das Ganze.

Neben dem Schmuggelgut, mit dem die drei Galeonen beladen waren, befanden sich auch Hunderte von Passagieren an Bord. Man gewährte ihnen die Passage für sich und ihre Waren recht gerne, denn die Admirale der *Casa* erhielten ihren Anteil am Erlös der Fahrgelder. Eine zeitgenössische spanische Chronik erwähnt einen Fall, in dem eine einzige Galeone – das Flaggschiff des Flottenadmirals – 700 Mann an Bord hatte, von denen sich 400 illegal auf dem Schiff befanden.

Bei Sturm war es äußerst gefährlich, so viele Menschen an Bord zu haben. Durch den hohen Seegang wurden die Passagiere jeweils auf die tieferliegende Seite des Schiffes geworfen, so daß sich die Galeonen noch schwerer als sonst manövrieren ließen, und bei Piratenüberfällen behinderten die überall im Wege stehenden Fahrgäste die Verteidigung erheblich. Dazu kam, daß die meisten Passagiere »Landratten« waren und in kritischen Situationen häufig die Nerven verloren; so manche Meuterei ist darauf zurückzuführen.

Ein spanisches Schiff aus der Sicht der Indianer. (Aus einer mexikanischen Handschrift der Bibliotheque Nationale in Paris.)

An Bord unserer drei Galeonen ging es im Augenblick ruhig und friedlich zu. Während es immer weiter ins offene Meer hinausging, wurde auf dem Poopdeck eine Messe zelebriert, denn es befanden sich immer mehrere Priester an Bord jeder Galeone. Einige davon waren *conquistadores a lo divino* – »Eroberer Gottes« oder Missionare –, die unter den Indianern gearbeitet hatten und nun nach Spanien zurückkehrten. Andere waren Schiffskaplane, die die Soldaten und Matrosen ständig begleiteten, um die Beichte zu hören, die Sakramente zu spenden und ganz allgemein darauf zu achten, daß Moral und Frömmigkeit der Untertanen Seiner Allerkatholischsten Majestät keinen allzu großen Schaden nahmen.

Unter den vornehmen Spaniern, die bei der Messe ministrierten, befanden sich Don Francisco, der Generalkapitän persönlich, mit mehreren Rittern in Samt und Seide, die Hand am Schwert, sowie hohe königliche Beamte, die an ihren Schärpen als wichtige Würdenträger zu erkennen waren. Mittschiffs stand oder kniete das gemeine Volk, Abenteurer im zerrissenen Wams, Kaufleute, Schreiber, Invaliden und auch einige grell geschminkte

Die *Calypso* auf dem Weg zur Silberbank.

Frauen, die sich in der Neuen Welt ein Vermögen verdient hatten und nun in die Heimat zurückkehrten. Am weitesten vom Altar entfernt, drängte sich am Vorderdeck eine noch buntere Menge. Auf ihren schmutzigen Lumpen ausgestreckt, lagen die Kranken, gemeine Soldaten, die von Fieber und Erschöpfung gezeichnet waren, und zum Marinedienst gezwungene Matrosen, darunter auch Indianer und Neger.

Man erflehte mit großer Inbrunst Gottes Gnade, denn alle wußten, welch lange und gefährliche Reise ihnen bevorstand. Mit etwas Glück konnte die Flotte in zweieinhalb bis drei Monaten Cadiz anlaufen, doch bis dahin gab es Stürme zu bestehen, vielleicht auch Piratenüberfälle und ganz gewiß die fürchterlichsten Entbehrungen und Strapazen, denn für die illegal an Bord Befindlichen gab es keinen Proviant. Wer über einige Erfahrung mit Seefahrten auf Galeonen verfügte, hatte sich Wasser und Verpflegung für die Reise mitgebracht und verbrachte die Zeit der Überfahrt damit, diese Vorräte ebenso scharf zu bewachen wie seine unter Deck gelagerten Schätze. Es war allgemein bekannt, daß die Passagiere sich die Zeit vorzugsweise mit Glücksspielen und Diebereien vertrieben. Man mußte sich jedoch nicht nur vor zweibeinigen Räubern in acht nehmen, sondern auch vor den unzähligen Ratten, die es auf jedem Schiff gab – ganz zu schweigen von anderem Ungeziefer wie Läusen, Flöhen, Kakerlaken, Getreidekäfern und Würmern.

Die *Santa Ana* und ihre Schwesterschiffe nahmen zunächst nicht Kurs auf Spanien, sondern auf Kuba. In Havanna sollten sie sich mit der Flotte Neuspaniens vereinigen und gemeinsam ihren Weg über den weiten Atlantik nehmen. Die spanischen Flotten segelten prinzipiell mit der größtmöglichen Zahl von Schiffen, denn im größeren Verband fühlte man sich sicherer. Dazu kam, daß ein stattlicher Konvoi nicht so leicht von Piraten überfallen wurde wie einzelne Schiffe. Auf dem Weg nach Havanna mußten die *Santa Ana* und ihre Begleitschiffe jedoch ein Gebiet passieren, in dem es von Piraten und Freibeutern wimmelte. Zudem hatten sich auf Jamaica die Engländer und auf der Insel La Tortue (Tortuga) die Franzosen festgesetzt, die sich häufig auf der Insel La Vache, südlich von Hispaniola, gegen die Spanier zusammenschlossen.

Kuba blieb während der spanischen Herrschaft in Lateinamerika Mittelpunkt aller Handels- und Eroberungszüge. Sein Hafen Havanna hatte massive Befestigungen und Verteidigungsanlagen, wie es seiner Rolle innerhalb des spanischen Imperiums zukam. Die Stadt war ganz aus Stein erbaut und dürfte sich im 16. Jahrhundert wohl kaum von irgendeinem vergleichbaren Ort in Spanien unterschieden haben. In Havanna vereinigten sich die Segnungen der Zivilisation Europas mit tropischer Vitalität und Lebensfreude, so daß es infolge seiner großen Bedeutung und seines fast märchenhaften Rufes mehr und mehr zum Sammelbecken von Abenteurern aller Art wurde, die hier ihr Glück machen wollten.

In Havanna, dem »Verkehrsknotenpunkt« des Karibischen Meeres, hatte sich die Flotte von Neuspanien versammelt. Sie bestand aus mehreren Galeonen – der *Almirante de Honduras,* der *Nuestra Señora de Atocha* und der *San Josefe* – und einigen kleineren Handelsschiffen, die alle aus Vera Cruz gekommen waren. Diese am Golf von Mexiko gelegene Stadt war – ähnlich wie Portobelo – ein wichtiger Anlegehafen für die spanischen Schiffe und (genau wie ihr panamesisches Gegenstück) ein recht ungastlicher Ort. Vera Cruz lag auf einem flachen Sandstreifen, auf den von Mai bis September eine glühende Tropensonne niederbrannte. Süßwasser gab es nur im Tenoya, einem schlammigen Fluß im Südosten der Stadt, und das umliegende Land bot wegen seiner mangelnden Vegetation einen düsteren, abweisenden Anblick. Die Siedlung selbst bestand aus ein paar erbärmlichen Hütten und konnte die Seeleute weder vor Orkanen im Sommer noch vor den rauhen Winterstürmen schützen. Für die in Vera Cruz anlegenden Galeonen bot eine kleine Insel, die sich kaum über den Wasserspiegel hinaushob, die einzige Zufluchtsmöglichkeit. Hier befanden sich auch die Befestigungsanlagen, das Fort San Juan d'Ulloa, das Stadt und Hafen schützte. Dieser ohnehin trostlose Anlegeplatz war wegen der vielen sich in Küstennähe dahinziehenden Riffe nur unter erheblichen Gefahren zu erreichen und wimmelte von Moskitos, die Malaria und *vomito orieto* – Gelbfieber – übertrugen.

Die Fahrt aus dieser Hölle ins vergleichsweise paradiesische Havanna dauerte mehrere Wochen, da man mit dem Wind segeln mußte und Kuba daher nicht auf direktem Weg über den Golf von Mexiko erreichen konnte. Man mußte zunächst auf Nordkurs gehen, an der Küste des heutigen Louisiana entlangsegeln und schließlich, in südlicher Richtung die östlichen Gewässer Floridas durchfahrend, Kuba ansteuern. Die schwerbewaffneten Galeonen und Handelsschiffe der Flotte von Neuspanien hatten diesmal vier Wochen dazu gebraucht und damit für damalige Begriffe recht gute Fahrt gemacht; häufig vergingen über der halbkreisförmigen Reise von Vera Cruz nach Havanna fünf Wochen und mehr. Neben den widrigen Winden mußte man ständig mit Sturm und schwerem Seegang rechnen. So manche Galeone lief in diesem Gebiet bei plötzlichen Unwettern auf Grund.

Hatten die Schiffe die feindlichen Naturgewalten und Piratenangriffe heil überstanden und näherten sich Havanna von Norden, so konnten sie eines begeisterten Empfangs in der Stadt gewiß sein. Die Matrosen, die monatelang unter größten Entbehrungen und Gefahren gelebt hatten, konnten hier Laster und Luxus einer Stadt genießen, in der es alle Annehmlichkeiten der damaligen Zivilisation gab und in der eine beispiellose Verschwendungssucht herrschte. Dazu kam, daß die Bewohner von Havanna alles taten, um den spanischen Seeleuten ihre Dankbarkeit zu beweisen. Der Gouverneur und andere Würdenträger wetteiferten im Veranstalten prunkvoller Empfänge, mit denen sie die Ankömmlinge an Bord der Galeonen und in ihren prächtigen Palästen willkommen hießen. Während die spanischen Edlen in Luxusgemächern mit kostbaren Wandteppichen und Gold- und Silbergefäßen offiziell gefeiert wurden, gingen in weniger formellen Kreisen beim Karten- und Würfelspiel ganze Vermögen verloren; man betrank sich beim Klang von Gitarren und Liedern und trug hitzige Duelle untereinander aus. Vor allem aber wurde mit allem gefeilscht und gehandelt, dessen man habhaft werden konnte, besonders mit Gütern aus den Kolonien, wie Edelsteinen und Rum. Kurz – das Leben in Havanna, dem wichtigen Bindeglied zwischen der Alten und der Neuen Welt, war ebenso luxuriös wie turbulent.

Die Flotte, die nun im Hafen von Havanna vor Anker lag, hatte sich bereits verspätet und wurde durch die Festlichkeiten noch mehr aufgehalten. Und doch war dieser Aufenthalt für Schiffe, Besatzungen und Passagiere äußerst wichtig, denn nur in Havanna gab es das Trinkwasser und die Lebensmittelvorräte, die man für die lange Fahrt über den weiten Atlantik brauchte. Man hatte allerdings schon so viele Waren und Passagiere geladen, daß es nicht einfach war, all die zusätzliche Fracht noch unterzubringen.

Ein weiterer Grund für den langen Aufenthalt in Havanna lag darin, daß viele der Schiffe noch überholt werden mußten, denn die meisten spanischen Handelssegler waren alt oder in aller Eile nachlässig zusammengebaut (beziehungsweise beides!). An unzähligen Stellen lief das Wasser in die hoffnungslos überladenen Galeonen. Die zu jener Zeit gebräuchlichen Pumpen bestanden aus Holz und Leder und konnten derartige Wassermengen nicht bewältigen. Auch schienen die *taredos* – Schiffswürmer – eine besondere Vorliebe für die morschen Schiffswände zu haben, die zudem von außen dicht mit Barnakkels und Algen bewachsen waren. Es war daher unumgänglich, ein gewisses Minimum an Reparaturarbeiten durchzuführen, auch wenn sich dadurch das Auslaufen der Flotte wei-

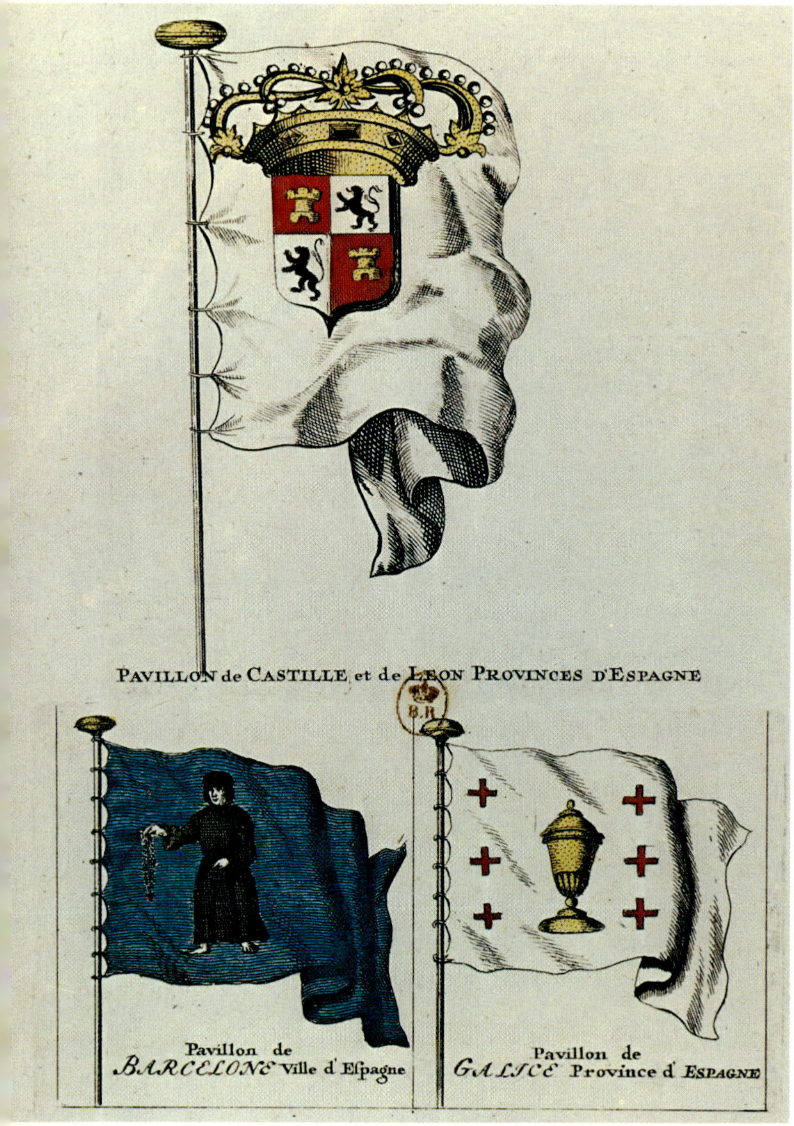

Fahnen, die von spanischen Schiffen geführt wurden:

1. Die Fahne des spanischen Königs mit den Wappenzeichen von Kastilien und León, Aragon, Sizilien, Granada und Portugal. Der Schild ist mit dem Orden vom Goldenen Vlies und einer Königskrone geschmückt.

2. Die Flagge der spanischen Galeonen mit einem gekrönten schwarzen Adler und dem Band des Ordens vom Goldenen Vlies.

3. Die Fahne von Kastilien und León; die Fahne von Barcelona mit einem rosenkranzhaltenden Mönch; die Fahne von Galicien mit einem Kelch.
(Aus der Bibliotheque Nationale in Paris.)

Die Spanier kämpften in den Tropen in voller Rüstung und werden von Indianern auch so wiedergegeben. (Codex d'Histoire chichimeque, Bibliotheque Nationale, Abteilung für orientalische Handschriften, Paris.) ▷

quex
yao
cazru
Collection E. Eug. GOUPIL à Paris
Ancienne Collection J. M. A. AUBIN

ter verzögerte. Havanna war ohnehin der einzige Hafen, in dem man die Schiffe überholen konnte, ja seine Werften waren die besten in der Neuen Welt. Die Spanier waren gewiß keine guten Seeleute – die Engländer, Franzosen und Holländer waren ihnen diesbezüglich weit überlegen – und konnten sich auch als Schiffbauer keine großen Lorbeeren verdienen; aber eines muß man ihnen lassen: Sie verstanden es, ihre abwrackreifen Kähne instand zu halten. Ihre Schiffszimmerleute vollbrachten wahre Wunder, sei es nun an Bord der Fahrzeuge selbst oder in den verschiedenen Anlegehäfen – Havanna, San Juan d'Ulloa, Cartagena oder San Juan de Puerto Rico –, wenn sie die nach schlechten Entwürfen schlecht gebauten und durch ständiges Überladen aus allen Fugen platzenden Schiffe wieder einigermaßen seetüchtig machten.

Die Flotte war inzwischen auf 80 Fahrzeuge angewachsen: die sechs genannten Galeonen und Dutzende von Schiffen, die verschiedenen Handelsfirmen, spanischen Adligen und unternehmungslustigen Kaufleuten gehörten. Die letzteren hatten die Auflage, ein ihrer Größe entsprechendes Waffenarsenal mit sich zu führen, obwohl ihre Fahrten nur dem »friedlichen Handel« dienten. Im allgemeinen schrieb die *Casa de Contratación* vor, daß man jeweils ein Dutzend Kanonen an Bord hatte. Doch auch hier wurden die Regeln recht großzügig angewendet; die Handelsschiffe verließen sich vollständig auf den Schutz der Kanonen an Bord der Galeonen. Man nutzte den für Waffen vorgesehenen Raum lieber für gewinnbringendere Fracht und war offenbar der Ansicht, daß man durch Bezahlen der *averia* (einer Gebühr für die Teilnahme am Konvoi) des kollektiven Schutzes sicher sein könne. Nach den Vorschriften der *Casa* sollte eigentlich jeder Passagier eine Arkebuse oder ein »Arbalest« (eine mechanisierte Form der Armbrust) samt Munition für seine Waffe mit sich führen.

Die spanischen Schiffe folgten auf dem Rückweg nach Europa einer ebenso genau festgelegten Reiseroute wie zuvor auf der Fahrt nach Amerika. Beide Schiffahrtslinien beruhten teils auf jahrelanger Beobachtung und Erfahrung, teils auf Regeln und Vorschriften. Von Spanien aus segelten die Schiffe zuerst mit südlichem Kurs zu den Kanaren, drehten dann nach Westen, um den Passat für die Atlantiküberquerung auszunutzen, und erreichten schließlich den Golf von Mexiko. Auf dem Rückweg mußten die Galeonen von Havanna aus nordwärts über die Bahama-Inseln an der Küste des heutigen Süd- und Nordkarolina entlang fahren bis sie – etwa in Höhe der Bermudas – auf die Westwinde trafen und den Golfstrom ausnutzen konnten. (Der letztere wirkte sich auf die Reisedauer beim Heimweg sehr günstig aus, da er eine Geschwindigkeit von 3 Knoten hat.) Die Azoren bildeten die nächste Etappe; von hier aus konnte die Flotte in gerader Linie Kurs auf Spanien nehmen, wo sie gewöhnlich zum Jahresende irgendwann im Dezember einlief.

Wenn alles gutging, dauerte die Hin- und Rückreise etwa acht Monate – nur ging eben nicht immer alles gut. Im Jahre 1565 sank die gesamte Neuspanien-Flotte im Sturm; 1572 gingen fünf Galeonen unter, eine brannte vollständig aus, und zwei weitere mußten von ihren Besatzungen abandonniert werden, und 1581 blieben sieben Galeonen und das Admiralsschiff spurlos verschwunden.

Als die Flotte schließlich aus dem Hafen von Havanna auslief, dachte wohl jeder an Bord der Schiffe, wie unsicher und gefährlich die Fahrt über den weiten Atlantik werden mochte. Äußerlich jedoch bot der Konvoi ein Bild freudiger Zuversicht und Tapferkeit. Eine Galeone um die andere feuerte Salutschüsse aus allen Rohren ihrer Bordkanonen, als die stolzen Schiffe majestätisch aufs Meer hinausglitten. Ihr Gruß wurde von den Kanonieren des Forts El Moro, das den Hafen überblickte, erwidert, während eine jubelnde Menschenmenge die Kaimauern säumte, Fahnen und Schärpen schwenkte und ihren scheidenden Freunden und Gästen Glückwünsche für die Reise zurief. Der Konvoi wurde vom Flaggschiff des Generalkapitäns der Flotte angeführt, den Seine Allerkatholischste Majestät von Spanien persönlich ernannt hatte. Die Leitgaleone war schon von weitem als solche zu erkennen, denn sie führte eine Standarte aus rotem Damast, die auf der einen Seite mit einem Kreuz, auf der anderen mit den Wappenzeichen Spaniens und des Generalkapitäns Don Francisco Rodriguez kostbar bestickt war. Diese offiziellen Insignien der Würde eines obersten Flottenführers hatten 1 000 *escudos* gekostet und waren ein Geschenk des Königs von Spanien. Es gab drei besondere Anlässe, bei denen die wertvolle Fahne gehißt wurde: beim Auslaufen der Flotte, während der Schlacht und am Festtag des heiligen Jakob, des Schutzpatrons Spaniens. Für die übrige Zeit befand sich das kostbare Stück in Gewahrsam eines hohen Beamten, des *Alferez Major,* der die ihm anvertraute Standarte wie seinen Augapfel hütete – denn die kleinste Nachlässigkeit in der Erfüllung seiner Pflichten konnte ihn den Kopf kosten. Die Fahnen der übrigen Galeonen waren weit weniger prachtvoll und zeigten drei waagerechte Streifen in Rot, Weiß und Gelb. In der Mitte thronte auf weißem Grund ein schwarzer Adler, über dem eine Krone schwebte, und den das Band des Ordens vom Goldenen Vlies umwand.

Don Francisco erhielt trotz der stolzen Insignien seiner Würde keinerlei Bezahlung für seinen Rang als Generalkapitän, sondern mußte im Gegenteil die Bordkanonen, Lebensmittelvorräte und Navigationsinstrumente aus eigener Tasche bezahlen. Bei seiner Ernennung durch den König war außerdem eine größere Schenkung an die königliche Privatschatulle fällig geworden sowie größere und kleinere »Zuwendungen« an die Beamtenhierarchie, die seine Berufung gefördert hatte. Es war aber allgemein bekannt, daß eine einzige Seereise zu den Westindischen Inseln dem Generalkapitän ein riesiges Vermögen einbringen würde.

Hinter dem Flaggschiff des Generalkapitäns segelten in geordneter Formation die übrigen Galeonen, die (angeblich!) offiziell erlaubte Passagiere, Handelswaren aus den Kolonien und den Quintal des Königs an Bord hatten. Das Schiff des Admirals Don Gaspar de Vargas bildete den Schluß des Konvois und sicherte den Geleitzug von hinten, während leichte, wendige Segelkutter zwischen den Galeonen kreuzten, um die über 60 Handelsschiffe in geordneter Formation zu halten und dafür zu sorgen, daß sie sich nicht zerstreuten. Die Handelsfahrzeuge waren nach Größe und Gewicht sehr verschieden; ohne die Schäferhundfunktionen der schnellen Kutter hätte der erste stärkere Wind sie in alle Himmelsrichtungen zerstreut. Trotz aller Wachsamkeit auf den Kuttern geschah dies auch ge-

Links: Unser Kameramann Michel Deloire macht seine Ausrüstung für einen Taucheinsatz bereit.

Rechts oben: Vom Beobachtungsdeck der *Calypso* aus, auf dem auch unser Radargerät montiert ist, suchen wir eine freie Fahrtrinne durch die Korallenspitzen.

Rechts unten: Unser Arbeitsgebiet ist mit Korallenwucherungen übersät, von denen jede etwas Wichtiges enthalten kann. Wir müssen daher jede einzelne untersuchen und mit Echogeräten »abhorchen«.

legentlich, wenn Stürme oder Piratenüberfälle den Geleitzug sprengten. Die *Casa de Contratación* hatte für solche Fälle bestimmte Meeresstellen vorgesehen, an denen sich der Konvoi sammeln und wieder formieren sollte.

Dies war im Prinzip eine sehr vernünftige Maßnahme, die sich aber wegen der primitiven Navigationsmittel der Zeit als in der Praxis so gut wie nutzlos erwies. Sollte sich ein zerstreuter Konvoi an einer von der *Casa* vorgesehenen Stelle wieder zusammenfinden, so mußten Kapitän und Steuermann der betreffenden Schiffe in der Lage sein, die Position ihres Fahrzeuges jederzeit genau zu bestimmen. Diese Voraussetzung war jedoch bei den damaligen Navigationskenntnissen nicht zu erfüllen. Mit viel Erfahrung, etwas Glück und sorgfältigem Kompaßeinsatz konnten die Seeleute den Breitengrad ihrer Position einigermaßen genau bestimmen, doch mit der Bestimmung der geographischen Länge haperte es häufig. Es gab damals noch kein Instrument (und sollte es auch für fast zweihundert Jahre bis zur Erfindung des Chronometers nicht geben), mit dem man den Unterschied zwischen dem Festlandmeridian und dem jeweiligen Längengrad auf See genau messen konnte. Das wichtigste Hilfsmittel war zu jener Zeit ein einfaches Stundenglas, das als

Schiffsuhr diente. Es mußte alle halbe Stunde, wenn der Sand durchgelaufen war, umgedreht werden – eine verantwortungsvolle Aufgabe, die den Seekadetten oblag.
Diese Navigationsprobleme wurden noch dadurch verschärft, daß die *Casa de Contratación* noch kein Seevermessungsamt, keine zentrale Seekartenstelle, noch nicht einmal eine Marineakademie eingerichtet hatte. Die Spanier konnten ihre Galeonen daher nur selten mit gutgeschulten Kapitänen und wirklich qualifizierten Steuerleuten bemannen. Der Mangel an gründlich ausgebildeten Steuerleuten wog um so schwerer, als die Verantwortung für den Kurs der Schiffe ganz in Händen dieser Offiziere lag. Heutzutage ist der Kapitän sowohl für die Navigation als auch für das Gesamtkommando seines Fahrzeugs zuständig; zur Zeit der spanischen Galeonen waren diese beiden Funktionen jedoch getrennt, wobei der Steuermann voll und ganz für die Navigation verantwortlich war: er legte den Kurs fest und hielt ihn. Die Arbeit des Steuermanns beruhte auf einer Mischung aus Erfahrung und Intuition und stützte sich auf herzlich wenig theoretische Kenntnisse. Dies ist verständlich, denn der Mensch hatte ja gerade erst begonnen, sich von der vertrauten Nähe der europäischen Küstenlinien zu lösen und sich der Weite eines unbekannten Ozeans anzuvertrauen. Kein Wunder also, daß seinem Mut und seiner Abenteuerlust noch keine entsprechende Sachkenntnis zur Seite stand. Als Steuermann einer spanischen Galeone verließ man sich eben mehr auf eigene Erfahrung, auf sein gutes Gedächtnis und auf eine Fülle geheimnisvoller »Zeichen« und »Gefühle« als auf Seekarten; das war wohl auch gut so, denn die letzteren waren äußerst unzuverlässig. Dazu kam, daß jeder Seemann seine nautischen Erkenntnisse und Erfahrungen als persönlichstes Geheimnis wie einen Schatz hütete. Es wäre keinem Steuermann eingefallen, einen anderen an seinem kostbaren Wissen über Wind, Strömung und Untiefen teilhaben zu lassen.
Der Grund, aus dem die spanischen Schiffe immer im Konvoi segelten, ist nicht nur in der Gefahr von Piratenüberfällen zu suchen; er liegt vor allem darin, daß sich infolge der Beschränktheit und Exklusivität der damaligen Navigationskünste nicht jeder Schiffseigner einen wirklich kompetenten Steuermann leisten konnte. Damit tauchte aber wieder ein neues Problem auf: die Unstimmigkeiten und Meinungsverschiedenheiten der Steuerleute untereinander. Bei einer Überfahrt von Spanien zu den Karibischen Inseln ließ ein Flottenadmiral beispielsweise mehrere Steuerleute seines Konvois zu sich rufen und stellte ihnen die Frage, wie weit sie wohl noch von Kuba entfernt seien. Einige meinten, die Insel müsse innerhalb der nächsten 24 Stunden in Sicht kommen, andere dagegen behaupteten, man hätte noch eine gute Woche zu fahren. Noch am selben Abend liefen drei der Schiffe an den Riffen vor Kuba auf Grund . . .
Den Generalkapitän Rodriguez dürfte die Nachricht, daß mehrere Handelsschiffe noch vor Verlassen der amerikanischen Gewässer abgetrieben und verschwunden seien, daher nicht sonderlich überrascht haben. Der Admiral de Vargas, der als »Schlußlicht« des Konvois die Aufgabe hatte, die kleineren Flottenfahrzeuge im Auge zu behalten, ließ sich seine Fahrt nicht dadurch aufhalten, daß er etwa zu lange auf die Verschollenen gewartet und ihnen den Weg zurück zum Konvoi gewiesen hätte; schließlich wollte er ein gut Stück

Wir können keinen einzigen Korallenstock unbeachtet lassen, sondern müssen alles sorgsam nach archäologischen Funden durchsuchen.

Atlantik hinter sich gebracht haben, bevor die nächste Schlechtwetterperiode einsetzte. Der riesige Schiffskonvoi bewegte sich nur langsam voran. Seine Fahrtgeschwindigkeit lag bei nur vier Knoten, denn die rundbäuchigen Galeonen (von den Franzosen schon damals *barriques* oder *bailles* – Waschzuber – genannt) waren ebenso langsam wie schwerfällig. Ihre großen Vierecksegel waren inzwischen durch jeweils zwei Dreiecksegel ergänzt worden, da man mit den Großsegeln allein auf offener See kaum Kurs halten konnte. Das eine Dreiecksegel wurde am Kreuzmast, das andere am Achtermast gehißt; daneben gab es noch kleinere Bahnen wie das Bugsprietsegel, die ebenfalls mehr die Manövrierfähigkeit der Schiffe als ihre Fahrtgeschwindigkeit erhöhten. Doch all dies nützte wenig, als sich bald darauf Seitenwinde erhoben und die Flotte hoffnungslos vom Kurs abtrieben. Man konnte nichts anderes tun, als sich Tag um Tag treiben zu lassen und zu hoffen, daß man wenigstens annähernd auf Heimatkurs blieb. So unangenehm diese widrigen Winde auch gewesen sein mögen – sie waren immer noch besser als eine Flaute. Eine Windstille in dieser Situation war bei den alten Seefahrern fast noch mehr gefürchtet als schwerer Seegang, denn bei Segelschiffen, die schon bei günstigen Bedingungen unter Trinkwassermangel zu leiden hatten, bedeutete jede Flaute eine unerträgliche Fahrtverzögerung.
Die Rückfahrt aus der Neuen Welt nach Spanien war ein Alptraum, dessen Ende sich nicht absehen ließ und für alle Beteiligten entsetzliche Strapazen mit sich brachte. Die Schiffsbesatzung war ein wilder, zusammengewürfelter Haufe unterschiedlichster Nationalität und sozialer Herkunft. Zwar waren die Schiffsoffiziere (mit Ausnahme des Steuer-

manns, der häufig Italiener oder Portugiese war) durchweg Spanier, aber die übrige Crew stammte aus allen Ländern Europas; manche Schiffe hatten nicht weniger als zwölf Nationalitäten an Bord. Die Folge davon war ein babylonisches Sprachengewirr, in dem kaum einer den anderen verstehen konnte und in dem aus den nichtigsten Anlässen ständig wilde Streitereien ausbrachen. Viele der Matrosen, seien es Freiwillige oder Zwangsverpflichtete, waren sehr zweifelhafte Charaktere. (Kolumbus selbst hatte beispielsweise einen englischen und einen irischen Sträfling an Bord.)

Man kann sich vorstellen, wie es unter diesen Umständen auf einem Schiff zuging, das bei einer Länge von nur 40 Meter und einer Breite von knapp zwölf Meter 600 bis 700 Menschen an Bord hatte. Jedermann, vom vornehmsten Edelmann bis zum gemeinen Matrosen, war dem gleichen Mangel an Intimsphäre, den gleichen Krankheiten, Schmutz und Ungeziefer ausgesetzt, mochte er nun im Vorder- oder Achterkastell untergebracht sein. Für das ganze Schiff gab es am Vorderdeck eine einzige Latrine . . .

Soldaten, Seeleute und Passagiere schliefen allesamt an Deck und waren dort Wind und Wetter ausgesetzt. Die meisten von ihnen konnten während der dreimonatigen Reise kein einziges Mal die Kleider wechseln. (Es gab natürlich weder für die Soldaten noch für die Matrosen Uniformen; die letzteren trugen rote, spitz zulaufende Hüte – die in Toledo hergestellt wurden – und, sofern sie es sich leisten konnten, graue Kapuzenumhänge, um sich ein wenig vor Gischt und Regen zu schützen.) Nur bei starkem Sturm suchten Passagiere und Mannschaften unter Deck Schutz, wo sie, auf engstem Raum zusammengepfercht, noch mehr zu leiden hatten als oben. Gelegentlich kam es vor, daß man die gesamte Überfahrt unter Deck verbringen mußte. Dort saß man monatelang dicht zusammengedrängt und atmete den erstickenden Dunst menschlicher Ausscheidungen, ohne das Tageslicht sehen oder frische Luft in die gequälten Lungen füllen zu können (denn es gab keine Luken oder sonstige Entlüftungsmöglichkeiten).

Der Zustand der Schiffe entsprach genau der Verfassung ihrer Besatzungen und Passagiere. Die Galeonen bestanden natürlich aus Holz; überladen und überbeansprucht, wie sie waren, hatten sie eine undichte Stelle neben der anderen, durch die unablässig das Wasser einströmte. Die Pumpen vieler Schiffe mußten pausenlos in Betrieb gehalten werden. Sie befanden sich in einem eigens dafür konstruierten Raum, in dem das eingedrungene Wasser aus dem ganzen Schiff zusammenlief. Dort unten war die Luft so schlecht, daß man eine Kerze hinablassen mußte, bevor man das Pumpenkommando hinunterschicken konnte. Erlosch die Flamme, so konnte man daraus schließen, daß man den Pumpenraum nicht betreten konnte, bevor man die Luft nicht »gereinigt« hatte. Das Reinigungsverfahren war denkbar einfach: Man ließ frisches, mit Essig oder Urin versetztes Wasser ein.

Eine der größten Qualen der langen Seefahrt war die Langeweile. Edelleute und Matrosen versuchten daher gleichermaßen, sich während der halsbrecherischen Reise über den Atlantik durch allerlei Vergnügungen und Feiern die Zeit zu vertreiben. Dazu gehörten auch religiöse Veranstaltungen. Jeden Morgen wurde auf der Kommandobrücke die

Messe gelesen, sonntags ein Hochamt zelebriert und an den Feiertagen der diversen Heiligen mit unverminderter Inbrunst und Begeisterung gefeiert.

Man widmete auch weniger frommen Beschäftigungen viel Zeit und Enthusiasmus. Es gab Schweinerennen (deren »Teilnehmer« für die Tafel der wohlhabenderen Passagiere bestimmt waren), Hahnenkämpfe und Stierrennen – wobei die Stiere von Soldaten und Matrosen gespielt wurden, die einander überall an Deck, wo es noch ein freies Eckchen gab, umherhetzten. Auf die siegreichen Schweine, Hähne und »Stiere« wurde natürlich hoch gewettet.

Einige Schiffe, vor allem die Handelssegler, hatten auch Frauen an Bord. Nach den Vorschriften der *Casa* sollten sie von den männlichen Passagieren streng getrennt gehalten werden, doch die Ritter und Schiffsoffiziere waren die ersten, die diese Bestimmungen übertraten. Es herrschte ein reger »Damenaustausch« an Bord, der auf den Achterdecks der Galeonen Seiner Allerkatholischsten Majestät gelegentlich zu Orgien ausartete.

Im großen und ganzen hatte man wesentlich mehr an Hunger als an Langeweile zu leiden. Die vorhandenen Lebensmittel waren kaum geeignet, die von Tropenaufenthalt, Reisestrapazen und Infektionen ausgemergelten Menschen bei Kräften zu halten, zumal der größte Teil des mitgeführten Proviants unterwegs verdarb, von Schädlingen gefressen wurde oder aus anderen Gründen ungenießbar war. Die Passagiere litten beständig Hunger und Durst und starben reihenweise an Unterernährung und Entkräftung. Noch mehr Menschen fielen bei den fehlenden sanitären und medizinischen Einrichtungen an Bord Krankheiten wie Skorbut zum Opfer. Viele hatten noch dazu Tropenkrankheiten aus den Kolonien eingeschleppt, so daß Gelbfieber und Ruhr ganz alltägliche Erscheinungen waren. Man entging eigentlich nur durch großen Zufall der Ansteckung. Unter solchen Bedingungen wurde man dem Tod gegenüber gleichgültig. Kaum hatte ein Passagier oder Matrose seinen letzten Atemzug getan, als man ihm in aller Eile die Letzte Ölung verabreichte und ihn über Bord gehen ließ. Dann setzte man sich wieder in seinem Winkel zurecht und freute sich darüber, daß nun wieder ein wenig mehr Platz an Bord war . . .

Von den ursprünglich 80 Schiffen des Konvois gingen schließlich zwei Drittel bei den Azoren vor Anker. Niemand hatte zu hoffen gewagt, daß es so viele von ihnen schaffen würden. Mit etwas Glück konnte auch das restliche Drittel mit der Zeit in Europa eintreffen; Gott allein wußte, ob und wann das sein würde. Die Schiffe aber, die die Azoren erreichten, hatten das Schlimmste überstanden (so schien es). Die einzige Gefahr, die es jetzt noch zu meistern galt, lag in den scharfen Westwinden und den Stürmen vor der spanischen Küste. Sie war keineswegs auf die leichte Schulter zu nehmen, denn erst wenige Jahre zuvor waren mehrere Schiffe der Flotte, darunter auch die Galeone des Admirals, im Sturm vor dem heimatlichen Ufer gesunken. Die offizielle Ladung im Wert von 150 000 Piaster, der Quintal des Königs, konnte später geborgen werden. Daneben stieß man auf weitere 350 000 Piaster, den Gewinn einiger hochgestellter Persönlichkeiten aus den Kolonien. So kam es, daß der bedauerliche Schiffbruch zumindest für den König ein erfreuliches Ende nahm: Seine Majestät geruhten, die gesamte Summe zu konfiszieren.

Die Erinnerung an vergangene Katastrophen konnte jedoch die laute Freude an Bord der vor den Azoren liegenden Schiffe nicht trüben. Admiral de Vargas entsandte einen schnellen Kutter zum Hafen von Cadiz, um die frohe Kunde von der glücklichen Heimkehr der Flotte Seiner Majestät voranzutragen.

Jeder Spanier, der etwas auf sich hielt, erwartete das Eintreffen dieser Nachricht mit großer Spannung, vom König angefangen bis hinunter zum letzten Hilfsschreiber der *Casa*. Mit der Ankunft des Botenschiffes begannen auch die Feierlichkeiten zu Ehren der heimkehrenden Flotte, die alsbald im Hafen einlief. Alles stand zu einem triumphalen Empfang bereit; bevor jedoch die Weinflaschen geöffnet werden konnten, gab es noch eine Reihe von Formalitäten zu erledigen, die von der *Casa de Contratación* vorgeschrieben waren.

Passagiere und Frachtgut mußten so lange an Bord bleiben, bis die königlichen Beamten die gesamte Ladung der Schiffe gründlich inspiziert hatten. Diese Inspektion sah allerdings weit respekteinflößender aus als sie war. Die Beamten sahen gerne über die illegal mitgeführten Passagiere und die Warenberge hinweg, die reichen Edelleuten und Handelsherren gehörten und sich ebenfalls illegal an Bord befanden – solange sie wußten, daß ihre wohlwollende Blindheit gegenüber diesen Gesetzesübertretungen von den Beteiligten entsprechend honoriert wurde. Man erledigte diese Geschäfte in aller Freundschaft in der Kajüte des Generalkapitäns Don Francisco Rodriguez, wo man sich gegenseitig den Preis seiner Komplizenschaft nannte und diesen mit entwaffnendem Lächeln und tiefen Verbeugungen versüßte.

Die Flut von Kostbarkeiten, die sich trotz aller Unterschlagungen durch Schiffsoffiziere, Mannschaften, Kaufleute und *Casa*-Beamte aus den Laderäumen der Galeonen ergoß, schien unerschöpflich. Gold und Silber, Perlen und Edelsteine, Gewürze und Tabak, Zukker, Kakao und Indigo stapelten sich an Land – und doch war all der Reichtum nicht für die spanischen Schatzkammern, Schatullen und Tafeln bestimmt. Kaum war die Fracht gelöscht, registriert und in großen Lagerhäusern gespeichert, als auch schon ihre Weiterverteilung in andere europäische Länder begann. Die Schätze der Neuen Welt dienten als Bezahlung für Güter, die Spanien dringend benötigte: flandrische Leinwand für die Segel der Galeonen, nordisches Eisen für spanische Anker, Schwerter und Werkzeuge. Denn Spanien selbst produzierte fast nichts von alledem.

So kam es, daß nicht Sevilla, in das der Reichtum von Cadiz aus gebracht wurde, den europäischen Handel beherrschte, sondern außerspanische Städte wie Antwerpen im 16. und Amsterdam im 17. Jahrhundert. Ein bekanntes Sprichwort der damaligen Zeit besagte: »Spanien frißt die Neue Welt, und die Niederlande werden fett davon.« Doch die Niederlande waren nicht die einzigen, die von den Schätzen der spanischen Kolonien profitierten. Der König von Spanien war so verschuldet, daß er einer deutschen Bankiersfamilie, den Welsern, die Schürfrechte seiner Bergwerke in Venezuela überlassen mußte, um wenig-

Darstellung eines Schiffes aus dem 16. Jahrhundert von Pieter Breughel (1525–1569) auf dem Bild »Der Sturz des Ikarus« (Musée des Beaux-Arts, Brüssel).

Blick auf den Hafen von Havanna mit der Festung El Moro.

stens einigen seiner Verpflichtungen nachzukommen. Neben Antwerpen und Amsterdam zogen auch Genua, Bourges, Ostende, Rouen, Nürnberg, Augsburg und London ihren Nutzen aus den Schätzen der Neuen Welt, die Spanien nach Europa brachte . . .

Die Kostbarkeiten des neuentdeckten Amerika brachten Spanien nicht nur keinen Reichtum, sondern stürzten das Land in eine Jahr um Jahr größer werdende Teuerung. Seit Beginn des 16. Jahrhunderts hatte Spanien die höchsten Preise in ganz Europa. Die abenteuerliche Kolonisierung und Ausbeutung der Neuen Welt zehrten an der Substanz der Nation und vergeudeten die Jugend Spaniens in tropischen Abenteuern und Kämpfen. Christoph Kolumbus' Entdeckung, die der Nation unermeßlichen Reichtum und grenzenlose Macht in Europa verheißen hatte, brachte Spanien in Wirklichkeit Stagnation und Erstarrung. Die wilde Jagd nach den Schätzen Amerikas lähmte das innere Wachstum des Landes, verhinderte die Weiterentwicklung der spanischen Wirtschaft, unterdrückte den handwerklich-technischen Fortschritt und führte die Nation in eine soziale und ökonomische Starre, die mehr als drei Jahrhunderte andauern sollte. Dies war der Fluch des spanischen Goldes aus der Neuen Welt.

3 Das gesunkene Schiff

Im Herzen der Silberbank: Neuland in der Archäologie des Meeres. Goldrausch. Zwischenbilanz

Montag, 15. Juli. Heute morgen statten zwei Einsatzgruppen in voller Ausrüstung der Silberbank einen Besuch ab. Wir können von der *Calypso* aus die Riffe liegen sehen und das wechselnde Farbenspiel der bald blaugrünen, bald malvenfarbenen Korallenmassive mit dem sich in der Ferne verlierenden Klarblau des offenen Meeres erkennen. Eines der Teams fährt unter Führung von Remy de Haenen mit einem Großboot nach Norden. Es soll herausfinden, ob es dort ein über den Wasserspiegel hinausragendes Riff gibt, auf das sich die spanischen Schiffbrüchigen gerettet haben konnten. Das Gebiet, das unsere Männer erkunden wollen, entspricht der von Phips angegebenen Position von 20 Grad 43 Minuten nördlicher Breite.

Gegen 11.30 Uhr trifft Remys Team wieder bei der *Calypso* ein und hat wenig zu berichten. Man ist trotz sorgfältigster Suche weder auf ein aus dem Wasser ragendes Riff noch auf irgendwelche Fremdkörper in den Korallenmassiven gestoßen.

Wenig später fahre ich mit Bernard Delemotte, Michel Deloire, Serge Foulon und Riant im Großboot hinaus und nehme Kurs auf den halbkreisförmigen Korallenfelsen, den wir gestern entdeckt haben und den ich mir genauer ansehen möchte. Delemotte taucht als erster und hängt sich an ein Gewicht, das vom Begleitboot geschleppt wird. Auf diese

Drei Meisterwerke der Inka-Kultur: Zwei Gefäße aus getriebenem Gold und eine ebenfalls goldene Figur einer weiblichen Gottheit. (Die Gefäße befinden sich im Anthropologischen Nationalmuseum von Lima; die Figur in der gleichen Stadt in Privatbesitz.) Phips fand im Wrack der *Nuestra Señora de la Concepción* unter anderem auch Götterfiguren und Gefäße aus Gold peruanischen Ursprungs.

Weise kann er sich in aller Ruhe unter der Oberfläche durchs Wasser ziehen lassen. Zunächst konzentriert sich unsere Suche auf die geschützte, kahle Innenseite des Riffs, an der die Koralle nur wächst, wenn sie eine geeignete Unterlage findet – ein gesunkenes Schiff zum Beispiel.

Der Meeresgrund auf der unter dem Wind liegenden Südseite unterscheidet sich sehr deutlich von dem Boden der luvwärts gelegenen Ostseite. Leewärts ist das Wasser tiefer, denn das Saumriff fällt hier 30 bis 40 Meter senkrecht ab. Wir stoßen überall auf goldgelbe Akroporen; es ist unmöglich, hier die Umrisse eines – noch dazu vor mehr als 300 Jahren gesunkenen – Schiffes auszumachen. Auf der gegen den Wind liegenden Seite des Riffs wächst die Koralle weitaus dichter. Das Wasser ist hier flacher, der Meeresboden ebenmä-

ßiger als drüben. Wir finden zwar auch einige sandige Stellen mit toten Korallenstöcken, aber ansonsten alle Lebensformen, die für Korallengewässer charakteristisch sind: Riesenmuscheln, Seefedern, Röhrenwürmer und viele andere festsitzende Tiere. Doch kein Korallengebiet gleicht jemals genau einem anderen; dieses hier unterscheidet sich für das geübte Auge deutlich von den Riffen, die wir etwa im Roten Meer oder im Indischen Ozean gesehen haben. Es zeigt eine wesentlich andere Streuung und Gruppierung der Korallenarten in ihrer Form und Größe und erhebliche Abweichungen in den Farbschattierungen sowie in der Kalkalgenbildung und im Bewuchs mit Schwämmen. Man hat im Meer übrigens nie das Gefühl, daß man irgend etwas anderswo schon einmal gesehen habe; die Situation ist immer wieder neu und einmalig.

Da taucht Delemotte plötzlich auf und berichtet, er habe ein gesunkenes Schiff gefunden. Leider ist es aus Eisen und daher jüngeren Ursprungs.
Nun ist Michel Deloire an der Reihe zu tauchen. Wenige Minuten später kommt er aber wieder an die Oberfläche, fuchtelt ganz aufgeregt mit den Armen und ist offensichtlich völlig aus dem Häuschen. »Da drüben links ist so 'ne Art Hügel. Die Korallen darauf haben so eine komische Form; ich könnte wetten, es ist eine Kanone.«
Er klettert an Bord, packt eine Hacke und taucht sofort wieder unter. Kurz darauf ist er wieder oben und strahlt. »Es ist wirklich eine Kanone! Ein Stückchen weiter weg sehe ich noch zwei!«
Drei Kanonen, denke ich; vielleicht liegt hier doch ein gesunkenes Schiff, das spanisches Gold an Bord hat. Delemotte und ich begleiten Michel und suchen die angegebene Unterwasserstelle ab. Wir können drei größere Korallen- und Schuttberge erkennen, die ziemlich weit auseinanderliegen. Ihr Umfang beträgt 40, 65 und 80 Meter, und ihre tiefsten Punkte liegen knapp 20 Meter unter der Wasseroberfläche. In der Ferne erhebt sich ein vierter, kleinerer Hügel. Ich entdecke auf dem Kamm des nördlichsten Korallenberges ein Stück Eisen – den Handgriff einer Kurbel – und auf dem größten der vier Hügel mehrere Teile einer alten Takelage, einige große Schiffsnägel und ein paar Metallgegenstände, die vermutlich Werkzeug darstellen. Sie sind nicht leicht zu erkennen, da sie alle von Korallen fast überwuchert sind.
Eines scheint nun sicher: An dieser Stelle muß ein Schiff gesunken sein, und zwar vor sehr langer Zeit. In mir steigt freudige Erregung hoch, das Entdeckerfieber eines Menschen, dem ein Schatz zu Füßen liegt.
Michel und Bernard geben mir durch ungeduldige Handzeichen zu verstehen, daß sie endlich weitermachen wollen.
Da sehe ich plötzlich Deloires Kanonen. Über der einen liegt eine dünne Kette, die an Bord der Galeone vermutlich zum Befestigen eines Rettungsboots gedient hatte, bei dem Unglück aber gerissen und auf den Grund gesunken war.
Zwei weitere Kanonen, eine kleine und eine große, befinden sich an der Flanke des dritten Hügels, an dessen Fuß zwei Verschlußstücke der Geschützrohre nebeneinander aus dem Boden ragen. In einiger Entfernung liegt zerbrochenes Geschirr am Meeresgrund verstreut. Weiter östlich können wir zwei kraterförmige Vertiefungen – offensichtlich jüngeren Datums – erkennen, von denen einer mehrere Lehmziegel enthält. Sie stammen zweifellos von der Feuerstelle in der Kombüse, so daß wir uns jetzt vermutlich in Höhe des Vortopps befinden.
Michel findet auf dem Grund einer anderen Senke im Boden mehrere Eichenplanken. Und dann entdecken wir noch etwas anderes, einen metallischen Gegenstand in der Form eines Säulenabschnittes von fast 50 Zentimeter Länge und mit einem Durchmesser von 30 Zentimetern. Michel gibt mir durch Zeichen zu verstehen, daß er das Ding für eine Kassette hält, und schlägt mit seiner Hacke dagegen. Eine kleine Rostwolke erhebt sich; Michel schlägt wieder zu, diesmal etwas kräftiger. Da springt ein Nagel ab und läßt erkennen, daß

sich unser geheimnisvolles Fundstück aus zahlreichen aneinandergerosteten Vierecknägeln zusammensetzt, die sich vermutlich in einem mit der Zeit verrotteten Beutel befunden hatten. Wir sind nun allem Anschein nach in der Werkstatt des Schiffszimmermanns.
In der Nähe dieser Vertiefung liegen zwei große Anker, von denen jeder gut vier Meter mißt und einen gebrochenen Haken hat. Unter ihnen finden wir weitere Kanonen und, weiter nördlich, noch einen Anker von über drei Meter Länge.
Dann aber stoßen wir auf etwas sehr Seltsames. Um die Stelle, an der diese Anker liegen, verläuft im Umkreis von etwa 20 Metern eine Schnur, so als habe sich jemand ein Arbeitsfeld abgesteckt. Die Schnur besteht aus Baumwolle oder Nylon und dürfte fünf bis sechs Jahre alt sein. Auf dem Boden finden wir mehrere Längen Elektrodraht, den Beweis dafür, daß hier vor nicht allzu langer Zeit Dynamit verwendet wurde.
Weiter draußen zeigt sich der Meeresboden unberührt und, soweit das Auge reicht, mit Korallenbildungen überzogen. Bernard und Riant machen aber noch eine erstaunliche Entdeckung; sie finden ein Stück von einem Kühlaggregat, einen Vergaser, eine Kreiselpumpe und das Armaturenbrett eines Motorbootes.
Wir können uns das Ganze zunächst nicht erklären. An Bord unseres Großbootes reihen wir alle Fakten und Beobachtungen aneinander und bemerken bald, wie sich das Puzzle zu einem Bild zusammenfügt. Die einzig mögliche Erklärung muß lauten: Auf dem Meeresgrund unmittelbar unter uns liegt ein sehr großes und sehr altes Schiff, vermutlich aus dem 17. Jahrhundert. Irgend jemand hat dieses Wrack ganz offensichtlich vor uns entdeckt und es bei dem Versuch, es auszuschlachten, wahrscheinlich erheblich beschädigt. Die Tiefe, in der das alte Schiff auf Grund liegt, dessen Nähe zu einem halbmondförmigen Riff und die Position stimmen mit den Angaben überein, die William Phips über die gesunkene Galeone gemacht hat. Es dürfte sich also aller Wahrscheinlichkeit nach um das gleiche Schiff handeln.
Die drei größeren Bodenerhebungen und der kleinere Hügel aus Korallenbrocken scheinen aus Abräumschutt zu bestehen, der bei früheren Versuchen, das Wrack freizulegen, angefallen sein dürfte. Es ist durchaus möglich, daß sie noch von Phips' Expedition stammen. Es gibt aber andererseits eindeutige Anzeichen dafür, daß auch in jüngster Zeit Bergungsarbeiten stattgefunden haben. Man ist dabei offenbar in aller Eile und mit ziemlicher Brutalität vorgegangen und hat trotzdem nur oberflächliche Erfolge erzielt. Aus irgendeinem Grund scheint die Bergungsarbeit dann abrupt abgebrochen worden zu sein; vielleicht waren die Taucher unvorsichtig und übereifrig genug, aus Versehen ihr Boot in die Luft zu jagen.
An diesem Punkt unserer Überlegungen trifft Remy mit seinem Team bei uns ein und inspiziert sofort die am Wasserspiegel liegende Oberfläche des Riffs, wo er zwei kesselförmige Vertiefungen entdeckt. Die größere der beiden Wannen ist auf der leicht abfallenden Seite des Riffs teilweise von Korallen verschüttet und steht etwa zwei Meter unter Wasser. Wir können nur vermuten, daß die spanischen Schiffbrüchigen hier zu überleben versuchten und die Vertiefungen vielleicht als Trinkwasserspeicher benutzten. Es ist durchaus

Der Grund des Karibischen Meeres bietet eine Fülle verschiedenster Lebensformen. Das Bild zeigt einen Lippfisch (Familie *Labridae*) und den Papageifisch *Scarus taeniopterus* (Familie *Scaridae*) zwischen Fächerkorallen und Schwämmen.

denkbar, daß sich die Männer auf dem Riff eine Art Plattform gebaut haben, die dann im Lauf der Zeit samt den kesselförmigen Vertiefungen vom Wasser überspült und teilweise eingerissen wurde. Die Existenz dieser Wannen legt die Vermutung nahe, daß die gestrandeten Seeleute geraume Zeit auf dem Riff überleben konnten. Ganz plötzlich wird mir klar, wie sicher ich inzwischen bin, daß wir auf der richtigen Spur sind; ich beschließe, alles in meinen Kräften Stehende zu tun, um unsere Schatzsuche zu einem glücklichen Ende zu führen.

Die notwendigen Vorarbeiten nehmen den ganzen Nachmittag in Anspruch. Ein Team unter der Leitung von Bernard und Michel macht sich daran, das ganze Gebiet mit Kompaß und Metermaß auszumessen und jeden einzelnen Fundort auf einer rasch angefertigten Skizze einzutragen. Yves Agostini und Riant bannen das ganze Gelände auf Farbfilm. Wir hoffen, bis zu unserer Rückkehr auf die *Calypso* genügend Material gesammelt zu haben, um anschließend eine genaue Karte über unser archäologisches Feld anfertigen zu können.

Ganz plötzlich bricht die Dämmerung herein; es wird dunkel über dem Wasser. Für heute müssen wir es daher gut sein lassen.

Soweit wir die Situation schon überblicken können, sind die Bedingungen für unser Werk sehr gut, wenn auch nicht ideal. Die Wassertiefe beträgt hier nicht mehr als 12 bis 15

Meter, so daß wir mit dem Tauchen keine Schwierigkeiten haben werden. Es gibt jedoch starke Gezeitenströmungen, die recht unangenehm werden können, und natürlich all die vielen Korallenbildungen – doch damit mußten wir rechnen.

Wir haben heute einen guten, ja einen beinahe triumphalen Tag hinter uns, zumindest aber einen erfolgversprechenden Anfang. Alle an Bord strahlen vor Freude, mich inbegriffen. Seltsamerweise rührt meine Hochstimmung nicht so sehr von der Vorfreude auf den »Schatz« her, als vielmehr von der einhelligen Begeisterung meiner Freunde auf der *Calypso* und der Aussicht auf eine faszinierende und ungewöhnliche Arbeit. Für mich persönlich liegt das wirklich Aufregende unserer Schatzsuche im Kampf mit der Koralle, der wir das Geheimnis eines dreihundert Jahre alten Schiffes entreißen wollen. Daran gemessen wäre die Bergung eines tatsächlichen Schatzes eine beinahe unwichtige Dreingabe.

An Bord der *Calypso* bilden die Entdeckungen des heutigen Tages das einzige Gesprächsthema. Wir sind alle fest davon überzeugt, ein großes, altes Schiff gefunden zu haben. Warum sollte es eigentlich nicht die *Nuestra Señora de la Concepción* sein? Skepsis und Zurückhaltung sind recht und schön; es gibt aber Zeiten, zu denen man seine Zweifel besser ruhen läßt. Remys Erfahrung und Recherchen sowie Deloires Luftaufnahmen von dem in Frage kommenden Riffgebiet scheinen reiche Früchte zu tragen. Natürlich hatten wir auch ein gehöriges Quentchen Glück dabei.

Meine Kameraden brennen vor Ungeduld, sich endlich an die Arbeit machen und den »Schatz« heben zu können, und zweifeln keinen Augenblick daran, daß das Schiff dort unten die *Nuestra Señora* ist. Ich teile den Optimismus meiner Freunde, wenn auch aus etwas anderen Gründen. Ich bin nicht annähernd so sicher wie die anderen, daß uns am Ende unserer Mühen das Gold Seiner Allerkatholischsten Majestät, des Königs von Spanien, erwartet. Ich bin aber fest davon überzeugt, daß wir archäologische Schätze finden werden, und bringe es nicht übers Herz, den Enthusiasmus meiner Freunde dadurch zu dämpfen, daß ich weniger Begeisterung zeige als sie – oder besser gesagt, weniger Gewißheit, daß es danach von uns heißen würde wie im Märchen: ». . . und waren reich ihr Lebtag lang.«

Während alle fröhlich durcheinanderreden und den Erfolg des heutigen Tages feiern, denke ich über das bereits Geleistete und über die vor uns liegenden Aufgaben nach. Angesichts der Tatsache, daß wir das Wrack eines alten Schiffes gefunden haben – schon allein die Ankergröße erlaubt diesen Schluß –, könnte es sich tatsächlich um eine Galeone handeln. Welch aufregender Gedanke: Eine wirkliche Galeone, deren Grab auf dem Meeresgrund von ihren Bordkanonen und anderen Waffen umkränzt ist!

Mir liegt sehr viel daran, so schnell wie möglich zu den hölzernen Schiffswänden vorzustoßen, die uns wichtige Aufschlüsse über die einzuschlagende Richtung und den erforderlichen Arbeitsaufwand geben können. Genauere Hinweise auf die Bauweise des Schiffes könnten uns außerdem verraten, um welche Zeit das Schiff entstanden ist.

Unsere nächste Aufgabe wird es sein, die *Calypso* von ihrem bisherigen Ankerplatz durch ein fast drei Kilometer langes Korallendickicht an den Schauplatz unserer Schatzsuche zu bringen. Ich lasse ein Taucherteam mit Paul Zuena in der Barkasse nach einer Durchfahrrinne für unser Schiff suchen. Aus ihren Funkberichten geht hervor, daß das Manöver zwar durchführbar, aber langwierig und schwierig sei. Keiner meiner Freunde läßt sich jedoch dadurch entmutigen, denn selbst die schwierigsten Navigationsübungen sind jetzt, da wir das Wrack glücklich gefunden haben, für sie nur noch »kleine Fische«.

Ich kann diesen Optimismus allerdings nicht so recht teilen, denn ich weiß, daß wir erst am Beginn aller Schwierigkeiten stehen. Seit ich Remy de Haenen meine Zustimmung zu einer gemeinsamen Suche nach der *Nuestra Señora* gegeben habe, tritt bei mir der Traum vom Schatzschiff immer mehr zurück und wird durch angestrengtes Nachdenken über die Frage ersetzt, welche Probleme sich uns in den Weg stellen und wie wir diese meistern werden. Es hat mich sehr überrascht, mit wieviel weniger Aufwand an Zeit und Mühe wir unsere beiden ersten Aufgaben lösen konnten, ins Innere der Silberbank vorzustoßen und die Position des Wracks auszumachen, als ich vorausgesehen hatte. Doch wir stehen nun noch immer ganz am Anfang, und ich bin mir über den nächsten Schritt völlig im klaren: Vor uns türmt sich die Herkulesarbeit, das unter einer Korallenmauer begrabene Wrack freizulegen. Mir wäre wesentlich wohler zumute, wenn ich sicher sein könnte, daß meine Freunde von unseren Funden am Ende nicht enttäuscht sein werden. Auch wäre mir lieber, auf der *Calypso* würde keine Goldrauschepidemie ausbrechen . . .

Um ganz ehrlich zu sein – ich hatte wohl auch nichts anderes erwartet. Wenn man so alt und an einer Schatzsuche innerlich so wenig beteiligt ist wie ich, tut man sich leichter, seine Vorfreude mehr auf archäologische Funde als auf spanische Goldbarren zu richten. Für unsere Männer – Taucher, Kameraleute und Techniker – sieht die Sache natürlich sehr viel anders aus. Sie sind alle noch jung, außerordentlich begeisterungsfähig und restlos hingerissen von der Vorstellung, »versunkene Schätze« zu heben. Sicher trage ich ein gerüttelt Maß Verantwortung dafür; schließlich habe ich ihnen mit einem breiten Lächeln damals eröffnet, daß es diesmal auf Schatzsuche geht. Nun aber haben sie dieses Lächeln vergessen und denken nur noch an die Schatzsuche; vielleicht sollte ich es ihnen nachdrücklich ins Gedächtnis rufen. Meine Frau Simone war von allem Anfang an entschieden gegen die Idee mit der Schatzsuche gewesen. Sie befürchtete für den Fall, daß wir tatsächlich Erfolg hätten, negative Auswirkungen auf das Zusammengehörigkeitsgefühl unserer Mannschaft und wollte dieses Risiko nicht für ein paar Goldstücke gutheißen. Sie teilt unser Leben an Bord der *Calipso* und fühlt sich für unser aller Gesundheit und Wohlbefinden verantwortlich, so daß sie verständlicherweise gegen alles ist, was die menschlichen Beziehungen der Expeditionsteilnehmer untereinander gefährden könnte.

Nach dem Abendessen bitte ich alle Mann in die Schiffsmesse und erläutere unsere Situation bis ins kleinste Detail. Anschließend mache ich den Vorschlag, einen Monat und keinen Tag länger – die Zustimmung aller vorausgesetzt – hierzubleiben und das Wrack auszubuddeln. Ich mache meine Kameraden mit allem Nachdruck darauf aufmerksam, daß wir vielleicht die ganze Zeit über wie besessen arbeiten werden, ohne auch nur eine Spur von dem Schatz zu finden, an den alle so unbeirrbar glauben.

Da sitzen sie nun alle vor ihren Rumgläsern und hören mir mit großen, glänzenden Augen andächtig zu. Meine eindringlichen Worte haben ihren überschäumenden Optimismus nicht dämpfen können, ganz im Gegenteil, ihr Enthusiasmus ist eher noch gewachsen. In der Messe unserer guten, alten *Calypso* herrscht eine Atmosphäre wie auf einem Freibeuterschiff des 17. Jahrhunderts. In den Köpfen dieser jungen Leute spukt das Gold der spanischen Galeonen, aber auch die brennende Neugierde auf all die Dinge, die sie dort unten in einer Gruft aus Korallengestein, auf einem Geisterschiff aus jenem berühmt-berüchtigten Zeitalter, zu finden hoffen. Je nach Temperament und Herkunft setzen sie sich wie bei einem Kriminalroman oder Puzzlespiel Steinchen um Steinchen der Geschehnisse zusammen, die sich vor dreihundert Jahren hier zugetragen haben. Wir verfügen über nur sehr wenige konkrete Anhaltspunkte und müssen noch weit mehr Hinweise finden, um uns ein einigermaßen zutreffendes Bild des Ganzen machen zu können. Dann aber werden wir aus unseren Funden dort unten im Reich der Korallen unsere Schlüsse ziehen können.

Bis spät in die Nacht sitzen wir, ins Gespräch vertieft, in unserer Schiffsmesse. Über uns breitet sich eine lautlose Tropennacht, um uns her eine ruhige See. Eine leichte Brise weht über das Meer. Ich habe allerdings keinerlei Illusion über die Launen der Natur, denn ich weiß sehr wohl, wie schnell die See von einem Extrem ins andere fällt. Wir werden alle Vorsichtsmaßnahmen treffen müssen, damit die *Calypso* inmitten der Silberbank nicht in einer tödlichen Falle sitzt, falls das Wetter plötzlich umschlagen sollte. Dazu gehört, daß wir die heute nachmittag entdeckte Rinne zwischen unserem augenblicklichen Ankerplatz und dem Wrack sorgfältig mit Bojen markieren.

Remy de Haenen ist felsenfest davon überzeugt, daß es sich bei dem gesunkenen Schiff um die *Nuestra Señora de la Concepción* handelt, und hat mit seinem unerschütterlichen Optimismus alle an Bord angesteckt. Ich für meinen Teil will erst einmal handfeste Beweise sehen, bevor ich mir ein Urteil bilde. Gleichzeitig bin ich mir darüber im klaren, daß ein solcher Beweis wohl noch einige Zeit auf sich warten lassen wird. Ich bin kein Pessimist, aber ein Realist. In Untiefen und an gegen den Wind liegenden Felsen können die Korallen gut anderthalb Zentimeter im Jahr wachsen. Falls es sich bei unserem Wrack tatsächlich um die *Nuestra Señora* handeln sollte, liegt das Schiff seit 329 Jahren auf dem Meeresgrund und dürfte inzwischen einen Korallenpanzer tragen, der zwischen drei und fünf Meter dick ist. Zum ersten Mal in der Archäologie werden hier »Ausgrabungen« an einer Stelle vorgenommen, die von Korallenbildungen so überwuchert ist wie die Untiefen der Silberbank. Wir werden sicher bald vor die besonderen Probleme gestellt werden, die der Archäologie in Tropengewässern eigen sind.

Meiner Ansicht nach muß sich unsere Arbeit auf zwei verschiedenen Ebenen abspielen. Als erstes müssen wir jede Phase unserer Entdeckungen vom Vortag auf Film festhalten, bevor wir den Schauplatz des Geschehens durch irgendwelche Maßnahmen verändern. Anschließend muß der Bereich unserer bevorstehenden Arbeiten systematisch und mit größter Sorgfalt umrissen werden; schließlich werden wir zu entscheiden haben, welchen

Ankerplatz unsere *Calypso* über dem gesunkenen Schiff mitten im Korallenriff einnehmen soll.

Ich habe gestern abend lange über die Gefahr nachgedacht, daß die *Calypso* bei einem plötzlichen Wirbelsturm in der Silberbank festsitzen könnte. Wenn wir also in die Wasserrinne einfahren, die Paul Zuena und seine Taucher gestern entdeckt haben, so müssen wir unseren Weg mit Bojen markieren, um im Notfall schnell zurück ins offene Meer zu finden, ohne kostbare Stunden mit mühsamem Suchen zu vergeuden. Zuena und Remy de Haenen sind gerade damit beschäftigt, mit einigen Mitarbeitern Radarstangen und Ankerbojen in der Fahrrinne anzubringen. Am Hauptriff wird eine Metallplatte von etwa 1,50 Meter Breite (15mal so breit wie der Radarflügel) am Ende eines senkrecht aufgestellten, verzinkten Rohrs von etwa 6 Meter Länge montiert. Danach sichern wir die gefährlichsten Riffe mit fünf bunten, aufblasbaren Bojen und stellen ihre relative Position gegenüber der *Calypso* durch unsere Funk- und Radaranlagen fest. Anschließend machen wir uns daran, eine verläßliche Karte dieses Gebietes anzufertigen.

Das Unterwasserplateau, an dessen Rand die *Calypso* verankert ist, liegt an seiner tiefsten Stelle nur 30 Meter unter der Wasseroberfläche. Es ist außerordentlich reich an weitverzweigten Korallenbildungen, deren »Äste« sich wie Türme und Säulen gotischer Kathedralen oft bis dicht unter den Meeresspiegel erheben.

An dieser Stelle gibt es kein Barriereriff; man kann mit dem Schiff über das Plateau fahren, ohne es überhaupt zu bemerken. Der Meeresgrund wirkt hier wie ein Wald, der bald sehr dicht, bald von zahllosen Lichtungen unterbrochen ist. Ein Reich der Phantasie tut sich auf, in dem prunkvolle Gebäude wahllos und planlos verstreut sind. Die Korallentierchen scheinen in ihrem Wachstum keinerlei Regeln unterworfen. An der einen Stelle ist im Umkreis von 500 Metern kaum ein Korallenstock zu finden, während das »Dickicht« unmittelbar daneben so stark ist, daß sich unsere Taucher kaum einen Weg bahnen können.

Dieses Korallenlabyrinth ist offensichtlich so gut wie undurchdringlich, selbst wenn man es sehr gut kennt und ein gerüttelt Maß an seemännischem Fingerspitzengefühl mitbringt. Zwischen all diesen mörderischen Korallenzinnen kann man sich unmöglich zurechtfinden.

Die Silberbank läßt sich weder mit den Farasanen noch mit dem Suakin-Archipel im Roten Meer vergleichen, die wir so gut kennen. In der Farasanengruppe gibt es beispielsweise Korallentürme, die sich senkrecht vom 250 Meter tiefen Meeresgrund erheben und deren Bau wir mit unserer Echolotausrüstung und unseren Mini-U-Booten eingehend untersucht haben. Weniger als 150 Meter vor dem Riff fällt der Meeresgrund auf fast 300 Meter

Oben: Die Papageifische lassen sich durch unsere Anwesenheit nicht stören und haben sich an die Taucher von der *Calypso* gewöhnt.

Unten: Michel Deloire bearbeitet einen Korallenblock mit dem Brecheisen und vergewissert sich, daß unter dem Kalksteinpanzer keine Kanone begraben liegt.

ab; wir wissen, daß die Korallentürme sich unmittelbar aus großen Tiefen erheben. Hier in der Silberbank dagegen wächst der Wald aus Korallenspitzen aus einem Plateau empor; all die unzähligen, riesigen Kalksteinablagerungen aller Größen und Formen erwecken meine Sorge wegen der übernommenen Aufgabe aufs neue. Wir werden diese aufgetürmten Massen Stück für Stück abtragen und den Schutt wegräumen müssen – eine unglaubliche, mühselige Arbeit, die vielleicht sogar ganz umsonst ist. Habe ich überhaupt das Recht, aus unseren prächtigen Taucherteams Steinbruchkommandos zu machen? Die einfachste und sicher auch beste Lösung dieser Frage ist, die Betroffenen selbst über ihre Meinung dazu zu befragen.

Das Achterdeck der *Calypso* ist ein einziges Diskussionsforum. Seit unserem Gespräch gestern abend befinden sich alle in höchster Aufregung, vor allem Remy de Haenen, Michel Deloire und Bernard Delemotte.

Remy zieht mich auf ein Wort unter vier Augen beiseite und erinnert daran, daß er seit zwei Jahren nach diesem Wrack sucht und sehr viel Zeit und Geld in diese Suche investiert hat. Er sagt, er wolle sehr gern bei uns bleiben und uns sein Boot und sein Flugzeug zur Verfügung stellen. Als Gegenleistung möchte er die Hälfte seiner Auslagen ersetzt haben und mit 20 Prozent an unseren eventuellen Funden beteiligt werden. Ich erkläre mich unter der Voraussetzung, daß das Team als Ganzes seine Zustimmung dazu gibt, mit diesem Vorschlag einverstanden.

Wieder wird in der Schiffsmesse eine Vollversammlung einberufen. Ich versuche noch einmal, den Goldrausch meiner Kameraden zu dämpfen; diesmal indem ich all die mühevolle Arbeit besonders betone, die mit unserem Vorhaben verbunden ist:

»Wie ihr alle wißt, steht uns hier wesentlich mehr Arbeit bevor, als wir angenommen haben. Es wird sehr viel Zeit und Mühe kosten, Tonne um Tonne von Korallenstöcken abzutragen. Ich weiß, wie tapfer und tüchtig ihr alle seid, aber ich weiß auch, wie sehr all die Plackerei euch ermüden wird. Mit der Erschöpfung aber wird die große Ernüchterung und Entmutigung kommen. Bevor wir überhaupt mit der eigentlichen Arbeit beginnen, möchte ich daher möglichst genau über eure Einstellung Bescheid wissen. Wir werden jetzt darüber abstimmen. Zuvor aber möchte ich nochmals darauf hinweisen, daß dieses gesunkene Schiff möglicherweise gar keine Schätze an Bord hat. Selbst wenn das Gold tatsächlich vorhanden sein sollte, wissen wir noch lange nicht, ob wir auch zu ihm vorstoßen können. Wir wissen ja noch nicht einmal, ob es sich hier um das Wrack der *Nuestra Señora de la Concepción* handelt. Ihr alle kennt meine Meinung zu diesem Thema. Wichtig ist nur, daß dort unten ein Schiff liegt, ein sehr altes Schiff; ob daneben auch Gold zu finden ist oder nicht, ist völlig nebensächlich. Ich kann nur hoffen, daß sich keiner von euch in die Zwangsvorstellung verrennt, dort unten in der Silberbank müsse unbedingt ein Schatz begraben liegen.

Ich möchte euch nun bitten, mit ›Ja‹ oder ›Nein‹ darüber abzustimmen, ob wir diese Expedition fortsetzen sollen oder nicht. Falls ihr euch dafür entscheidet, werden wir uns noch eine Reihe von Ausrüstungsgegenständen aus Puerto Rico kommen lassen müssen. Ich

werde in diesem Fall auch Frederic Dumas telegrafisch bitten, sich uns anzuschließen, denn seine große Erfahrung als Taucher und Unterwasserarchäologe wird uns sehr zustatten kommen. Wie ihr euch erinnern werdet, ist Dumas damals zum Wrack der *Andrea Doria* in fast hundert Meter Wassertiefe hinabgetaucht.
Fangen wir mit der Abstimmung an!«
Es wird natürlich geheim gewählt; in unserer Schiffsmesse breitet sich eine geradezu feierliche Atmosphäre aus, die durchaus dem Anlaß entspricht. So ähnlich mag es vor 300 Jahren auch an Bord der Seeräuberschiffe zugegangen sein, deren Kapitäne keineswegs autokratisch regierten. Die Piraten führten ein sehr freies Leben und regelten ihre Angelegenheiten auf dem Wege der direkten Demokratie.
Bei uns in der Schiffsmesse der *Calypso* werden die abgegebenen Stimmen eben in einem Hut eingesammelt. Während der Auszählung reißen die einen – je nach Temperament – ihre Witze, andere sitzen mit ernstem Gesicht schweigend da und warten. Alle Stimmen lauten auf »Ja«: Die Crew der *Calypso* hat einstimmig beschlossen, unter die Schatzgräber zu gehen.
Später am Abend stelle ich auf einer Liste die zusätzliche Ausrüstung zusammen, die wir unbedingt noch brauchen. Einiges davon können wir in Puerto Rico besorgen, verschiedene Dinge müssen uns jedoch aus Frankreich geschickt werden. Wir brauchen aber auch noch mehrere Fachleute für die notwendigen Spezialarbeiten; dies ist auch der Grund dafür, daß ich vorhin bei meiner kleinen Ansprache in der Schiffsmesse Frederic Dumas erwähnt habe. »Didi«, wie wir ihn nennen, ist ein Experte auf dem Gebiet der Meeresarchäologie, dessen Veröffentlichungen über antike Schiffswracks in Fachkreisen große Beachtung gefunden haben. Im Laufe der Nacht gelingt es mir, mit dem Kommandanten Brenot, einem guten Freund von mir in Frankreich, Funkkontakt aufzunehmen. Brenot soll sich in meinem Auftrag mit Dumas und zwei weiteren Experten in Verbindung setzen, mit dem Koproduzenten unserer Filmserie, Alan Landsburg, der über eine große Dokumentationsabteilung verfügt, und mit unserem Produktionsdirektor John Soh. Anschließend schreibe ich mit Caillart Telegrammtexte für Brenot und Fred Imbert, unseren Kontaktmann in Puerto Rico, und gebe eine lange Liste mit unseren Bestellungen auf.

Mittwoch, 17. Juli: Wieder ein herrlicher Tag mit Schäfchenwolken, die über den blaugrünen Wassern der Silberbank am Horizont dahinziehen.
Begeisterung und Arbeitseifer der Crew halten unvermindert an; seit Sonnenaufgang sind alle pausenlos beschäftigt.
Schon heißt die Stelle, an der das gesunkene Schiff liegt, bei uns nur noch »der Steinbruch«. Im Augenblick arbeiten dort zwei Teams; das eine – bestehend aus Deloire und Delemotte – hält den noch unveränderten Fundort auf Zelluloid fest, wobei Delemotte das Wrack fotografiert und dabei von Deloire gefilmt wird; das andere Team erkundet nochmals das ganze Gebiet, damit wir eine möglichst genaue Karte davon anfertigen können.

Nachdem der Taucher die erste Kanone mit einer roten Boje markiert hat, schwimmt er zu einem anderen Geschütz hinüber, um dieses in der gleichen Weise zu kennzeichnen.

Eine dritte Gruppe, zu der auch ich gehöre, hat damit begonnen, den »jüngsten« Ausgrabungsschutt im Süden des »Steinbruches« beiseite zu räumen, darunter die Motorteile, Pumpen, Kompressoren und anderen Bruchstücke, die wir hier gefunden haben.

Die Geschichte dieser Fundgegenstände bleibt uns weiterhin ein Rätsel. Man hat sie offensichtlich erst vor relativ kurzer Zeit hier verloren, denn eine der Pumpen beispielsweise hat noch kaum Rost angesetzt. Warum haben unsere Vorgänger hier nur so viel Material zurückgelassen? Hat sich hier ein weiteres Schiffsunglück abgespielt, und wenn ja – wo ist das neue Wrack? Hat seine Besatzung vielleicht den Schatz gehoben? Die Antwort auf diese Fragen werden wir wohl nie finden.

Caillart ist heute in aller Frühe mit einem Boot voller Bojen hinausgefahren, um passende Ankerplätze für die *Calypso* auszuwählen. Er macht bei der Rückkehr ein sehr zufriedenes Gesicht: Er hat sechs Bojen ausgesetzt und genügend Platz für die Wendemanöver der

Kommandant Cousteau gibt den Tauchern vor ihrem Einsatz unter Wasser Anweisungen für ihre Arbeit.

Calypso gefunden. Die Karte der Durchfahrtrinne ist inzwischen auch fertig und trägt alle Markierungen. Leider werden wir aber einen gefährlichen Korallenvorsprung mit Dynamit beziehungsweise TNT absprengen müssen. De Haenen übernimmt diese Aufgabe und läßt sechs TNT-Ladungen mit den dazugehörigen Zündvorrichtungen vorbereiten. Gegen 15.00 Uhr wird die Sprengung gezündet; es gibt glücklicherweise saubere, begrenzte Explosionen, die keine unnötigen Verwüstungen anrichten. Der Korallenvorsprung ist nun beträchtlich verkürzt und zum Teil vom Massiv abgelöst. Wir werden ihn allerdings morgen noch einmal angehen müssen, da wir mindestens 1,80 Meter Spielraum unter dem Kiel der *Calypso* haben wollen.
Später machen de Haenen und Serge Foulon mit der Zodiak eine Erkundungsfahrt in das südöstlich von uns liegende Riffgebiet. Sie stoßen dort in etwa 15 Kilometer Entfernung von der *Calypso* auf einen Zweimaster, der vor 100 Jahren gesunken sein dürfte, und brin-

gen ein paar unbedeutende Fundstücke mit: eine bronzene Kausche, eine Messinglampe und verschiedene Teller und Krüge.

In der Zwischenzeit sind die Teams in unseren beiden Barkassen eifrig damit beschäftigt, am Korallenbrocken auf dem Meeresgrund Stahltrossen anzubringen, um einen sicheren Ankerplatz für die *Calypso* zu schaffen. Caillart, der Kapitän der *Calypso,* ist für diese Operation verantwortlich; Paul Zuena, Delemotte, Raymond Coll, Riant und Marcel gehören zu seinem Team. Am Spätnachmittag ist diese mühsame Arbeit schließlich beendet. Marcel bastelt aus Afcodur dünungssichere Alinat-Bojen. Morgen werde ich mir die in Frage kommenden Ankerplätze unter Wasser ansehen und hoffe, daß wir sie noch im Lauf des Tages erproben können.

Ein Telegramm von Kommandant Brenot kündigt Dumas' Ankunft an; Didi wird am 24. Juli um 4.00 Uhr morgens mit den gewünschten Ausrüstungsgegenständen in Puerto Rico eintreffen. Es wird gar nicht so leicht sein, auf der bereits überbelegten *Calypso* noch Platz für Didi und John Soh zu finden – aber irgendwie wird es schon gehen.

Donnerstag, 18. Juli. Remy und Serge Foulon machen sich um 7.30 Uhr mit einer Batterie von zehn TNT-Ladungen daran, den Rest des Korallenvorsprungs abzusprengen. Gegen 9.00 Uhr haben sie ihre Arbeit bereits mit Erfolg beendet, während Deloire, Delemotte und ich die Fotos durchsehen, die Agostini gestern gemacht hat. Die Aufnahmen bestätigen uns zwar, was wir bereits wissen oder vermuten, verraten uns aber nichts Neues.

Um 10 Uhr bin ich mit Deloire und Jean-Clair Riant im Großboot auf dem Weg ins Innere der Silberbank; Foulon, Remy und Agostini mit seiner Kamera begleiten uns mit der Zodiak.

Am Schauplatz unserer Unterwasserausgrabungen angekommen, mache ich Bernard Delemotte auf eine Bodenstelle jenseits der von unseren Vorgängern angebrachten Markierungen aufmerksam. Wir vermuten, daß sich hier die Steuerbordseite des Schiffes in Höhe der Buganker befindet. Bernard stellt mit Hilfe seines Echolotgerätes fest, daß die Schlammschicht über dem Boden nur etwa 20 Zentimeter dick ist; auch der darunterliegende Grund scheint relativ weich zu sein und besteht mit Sicherheit nicht aus Korallenkalk. Wir fangen mit bloßen Händen an zu graben und stoßen nach kurzer Zeit auf mehrere Planken, deren Lagerichtung zu den gestern gefundenen parallel läuft. Wir schließen daraus, daß die Achse des Wracks ostwestlich liegt.

Als nächstes sehe ich mir den für die *Calypso* vorgesehenen Ankerplatz an und prüfe die Stahlschlingen, die Caillart und seine Teamkameraden gestern um massive Korallenblöcke gelegt haben. Die östliche Trosse ist fest verankert, doch die westliche hat sich bereits gelockert und muß verlegt werden. Wir müssen daher unseren »Umzug« zu dem neuen Ankerplatz auf morgen verschieben.

Im Laufe des Nachmittags wird ein weiteres Team hinausgeschickt, um an der Südseite des Riffs eine Stahlschlinge am Meeresboden anzubringen und mit Hilfe von Funk und Radar einen Tiefwasserankerplatz im Südosten zu suchen.

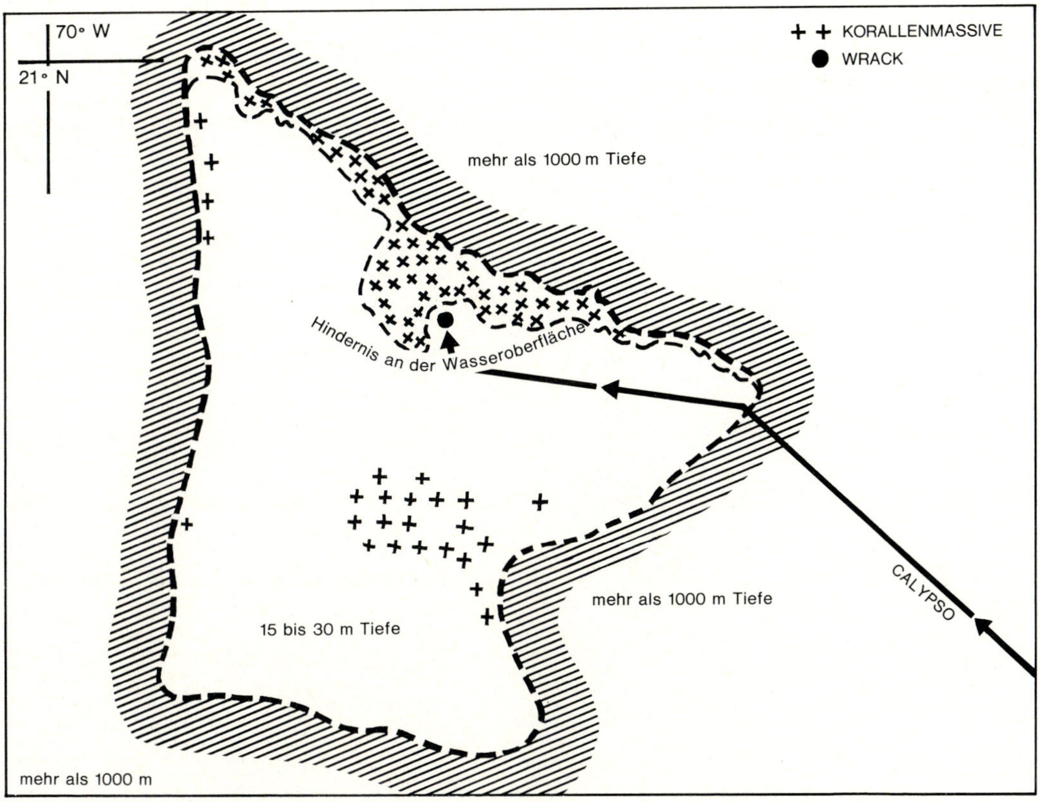

Detailkarte von der Silberbank mit Lageort des Wracks.

Bernard Delemotte, Michel Deloire und einige andere Taucher haben sich inzwischen mit der Barkasse auf den Weg gemacht, um die Stelle zu untersuchen, die wir für das Vorschiff der Galeone halten. Michel stößt auf weitere Planken – vermutlich Innenspanten –, die ebenfalls in Ost-West-Richtung liegen.

Im Laufe des Abends stellen wir in meiner Kajüte eine Karte von unserem Arbeitsgebiet zusammen und hängen diese in der Schiffsmesse auf. Es dauert nicht lange, bis das »Schatzschiff« von der findigen Besatzung der *Calypso* einen Spitznamen erhalten hat: *Nuestra Señora de la Sanctissima Recuperacion.*

Das wichtigste Ereignis des Tages steht uns aber noch bevor. Nach dem Abendessen trifft sich die gesamte Crew bei ein paar Flaschen Rum. Es wird der lebhafteste Feierabend, den ich in meiner gemischten Laufbahn als Seemann, Taucher oder Schatzsucher je erlebt habe.

Ich habe diese neue Vollversammlung einberufen, um Unstimmigkeiten und Spannungen an Bord vorzubeugen und zu verhindern, daß unsere freundschaftlichen Beziehungen un-

Folgende Seite: Fächerkorallen und Riesenschwämme am Rande der Silberbank.

tereinander durch diese Schatzsuche belastet werden. Für den Fall, daß wir tatsächlich Goldbarren, Piaster oder sonstige Kostbarkeiten finden, muß von allem Anfang an Einigkeit darüber bestehen, wie die Beute verteilt werden soll. Dies entspricht auch allen Traditionen und Formen klassischer Schatzsuche.

Eine zweite geheime Abstimmung findet statt – diesmal über den Gewinnanteil, den jeder (einschließlich des Schiffseigners) erhalten soll. Das Ergebnis sieht folgendermaßen aus: Nach einstimmigem Beschluß aller Beteiligten erhält Remy de Haenen 20 Prozent unserer eventuellen Funde; 40 Prozent gehen an den Schiffseigner (Les Campagnes Océanographiques Françaises); die restlichen 40 Prozent werden gleichmäßig unter die Crew der *Calypso* verteilt. Auch Frederic Dumas, der am kommenden Mittwoch eintreffen soll, erhält seinen vollen Anteil.

Anschließend schreiten wir zur Wahl eines dreiköpfigen Ausschusses, der ein Inventar unserer Schätze aufstellen und deren Verteilung nach den soeben gefaßten Beschlüssen der Versammlung vornehmen soll. Gewählt werden Paul Zuena, René Robino und Raymond Coll, die ältesten und erfahrensten Mitglieder unseres Teams, was für die Vernunft und Sachlichkeit des »Wahlvolkes« spricht. Remy de Haenen und ich werden zu »Ehrenvorsitzenden« des neugebildeten »Schatz-Ausschusses« gemacht. Es gibt langanhaltenden, herzlichen Applaus, und alle scheinen höchst zufrieden und zuversichtlich.

Freitag, 19. Juli. Während unseres bisherigen Aufenthaltes an der Silberbank war das Wetter ziemlich wechselhaft. Am 14. und 15. Juli wehte der Ostpassat mit 20 Knoten; an unserem Ankerplatz herrschte eine leichte Dünung, und das Wasser war sehr unruhig. An der Stelle, an der das gesunkene Schiff liegt, war die Dünung so gut wie gebrochen. Am 16. und 17. Juli fiel der Passat auf 15 Knoten, am 18. Juli gar auf 10 Knoten ab. Es herrschte ruhiges, klares Wetter. Im Laufe der Nacht drehte der Wind jedoch auf Südost und stieg auf 30 Knoten. Auch die Dünung verstärkte sich, so daß die *Calypso* zu schlingern begann. Heute morgen ist der Himmel dicht mit grauen Wolken verhangen; die Windgeschwindigkeit liegt bei 25 Knoten.

Gestern hat sich unser Schiffsarzt Dr. Tassy beim Tauchen einen Trommelfellriß zugezogen, als er mit einer Rolle Stahltrossen nach unten ging, um eine Schlinge an einem Korallenmassiv zu befestigen. Die Kabelrolle war so schwer, daß er wie ein Bleiklotz absank. Dr. Tassy hat sich noch dazu das rechte Bein an einem Korallenstock aufgeschürft und eine heftige Allergie entwickelt, die durch eine Infektion noch verschärft wird. Er ist todunglücklich darüber, daß er nun einen Monat lang nicht tauchen kann. Wir versuchen ihn zu trösten, indem wir ihm – nicht ohne Hintergedanken – verschiedene Arbeiten an Bord als Beschäftigungstherapie vorschlagen. Er kann beispielsweise Postbeamter werden, Tabak verkaufen, die Karten vom Ausgrabungsgebiet immer auf dem neuesten Stand halten und die Fundstücke, die wir (vielleicht!) vom Meeresgrund heraufholen werden, entgegennehmen und verwalten. Wenn wir erst unsere Leuchtbojen an der Fahrrinne der *Calypso* angebracht haben, kann er außerdem jeden Abend als »Laternenanzünder« fungieren und das Licht am Morgen wieder löschen. (Dr. Tassy sollte diese Aufgabe übrigens

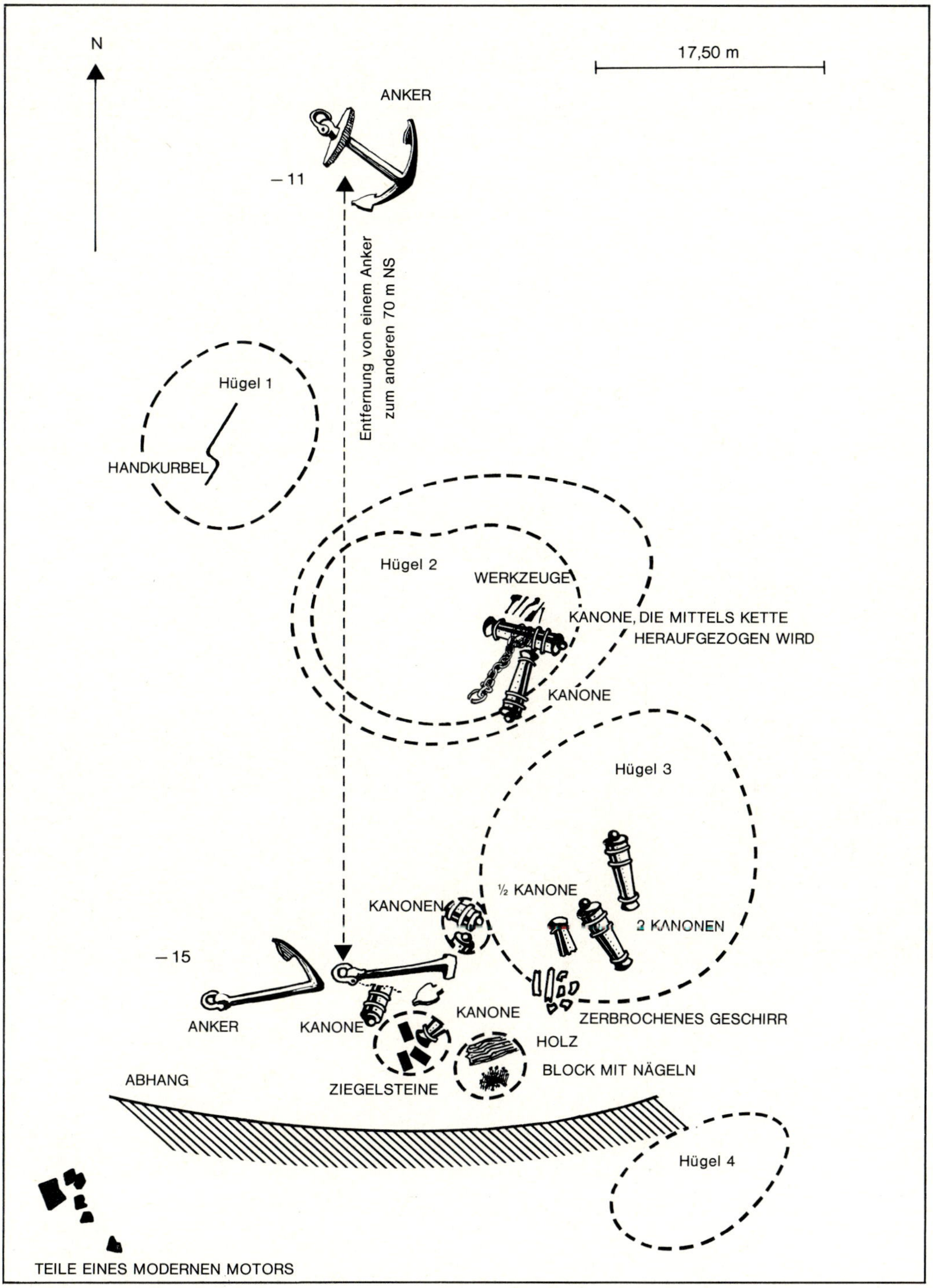

Die vier »Korallenhügel« unseres Arbeitsbereichs, in denen wir Ausgrabungen vornehmen wollen.

Die Korallenfische kehren nach anfänglicher Scheu in unser Ausgrabungsgebiet zurück und gewöhnen sich sehr rasch an die Gegenwart unserer Taucher.

Überall sind wir von den außerordentlich farbenprächtigen Fischen der Korallengewässer umgeben. Das Bild zeigt einige rote *Myripristis* aus der Verwandtschaft der Soldatenfische (Familie *Holocendriae*), einen blau-weiß gestreiften *Fissilabrus* und einen kleinen *Chromis* (Familie *Pomacendriae*). Bei dem gelben Exemplar im Vordergrund handelt es sich vermutlich um einen Doktorfisch.

für den Rest unseres Aufenthaltes bei der Silberbank mit großem Eifer übernehmen.) Trotz der recht bedrohlichen Wetterlage wird die Arbeit heute morgen unbeirrt fortgesetzt. Drei Teams befinden sich im Einsatz. Deloire und Delemotte sind damit beschäftigt, weitere Einzelheiten in die Karte von unserem Ausgrabungsgebiet einzutragen, während Coll und Riant mit einem kleinen Sauggerät (das wir »Bic« nennen) Holzteile vor der Ankerpartie an der Schiffsachse aufspüren. Sie finden weder das Bugspriet noch den Vordersteven, stoßen aber außerhalb des von unseren geheimnisvollen Vorgängern markierten Arbeitsfeldes auf verschiedene, zum Teil zersplitterte Planken, die ebenfalls in Ost-West-Richtung liegen.

Nach dem Mittagessen lichten wir trotz schlechter Sicht die Anker und manövrieren die *Calypso* in die knapp zwei Meilen lange Fahrrinne, die uns, so hoffen wir, sicher an den Schauplatz unserer Unterwasserausgrabungen führen wird. Die großen, roten Bojen zu beiden Seiten des Kanals sind ein sehr beruhigender Anblick. Bald haben wir die Durchfahrt glücklich hinter uns und sind am Ziel, wo sich Caillart und einige andere Männer in den Großbooten sofort an die Arbeit machen, um die *Calypso* an sechs Stellen sicher zu verankern. Es dauert nicht lange, bis unser Schiff schließlich im Zentrum eines sechsstrahligen Sterns von Stahltrossen fest vertäut ist; Bug und Heck sind an je drei Trossen befestigt. Der Vordersteven der *Calypso* schwimmt über dem Korallenmassiv, dessen Vorsprünge wir zuvor mit TNT abgesprengt haben. Wir liegen nun sicher im Herzen der Silberbank, so undurchführbar das vor einigen Tagen auch scheinen mochte.

Wir liegen noch nicht richtig vor Anker, als Raymond Coll auch schon ins Wasser taucht. Er hat das Miniatur-Sauggerät mit Hilfe eines Nargileh-Rohres an einen Reserveluftbehälter angeschlossen und will die Bodenvertiefung, in der ich die Lehmziegel gefunden hatte, nach dem Kiel oder sonstigem Schiffsholz durchsuchen. Serge Foulon, der mit Raymond hinuntergetaucht ist, um die ganze Operation zu filmen, kommt mit verschiedenen Gegenständen zurück, die das Sauggerät ans Tageslicht befördert hat: Geschirrscherben, einem Schweinezahn, einer Kaffeekanne und zwei Gürtelschnallen, von denen die kleinere sogar noch ihren Dorn hat. Ich kratze ein wenig an der größeren Schnalle und entdecke dabei, daß sie aus massivem Silber gemacht ist. Es ist zwar ein recht bescheidener Schatz, aber immerhin der erste silberne Gegenstand, den wir in der Bank mit dem vielversprechenden Namen gefunden haben. An Bord der *Calypso* herrscht eitel Freude und Zuversicht.

Raymond arbeitet eindreiviertel Stunden lang mit dem Sauggerät unter Wasser und wird danach von Delemotte abgelöst, der wegen der schnell hereinbrechenden Dunkelheit bereits bei Scheinwerferlicht arbeiten muß. Ich kann es meinen Kameraden einfach nicht antun, die Suche für heute abzubrechen.

Das Abendessen ist schon fast vorüber, als Delemotte endlich wieder nach oben kommt. Er hat zwei Scheiben gefunden, die er – meines Erachtens fälschlicherweise – für die Räder einer Kanone hält, sowie einen Flaschenzug mit einer Rolle, die wesentlich kleiner ist als die beiden anderen Scheiben. Delemotte berichtet, er habe außerdem ein Gestell aus

Eisenholz entdeckt, vermutlich den Untersatz einer Kanone. Auch den Lehmziegelofen hat er gefunden und auseinandergenommen.

Später sitzen wir alle beisammen und beraten, wie wir unsere Ausgrabungen beschleunigen könnten. Die beiden grundlegenden Vorgehensweisen werden natürlich beibehalten werden müssen: Wir werden weiterhin mit dem Sauggerät arbeiten und jeden Fund sorgfältig säubern und zu identifizieren versuchen. Vor allem aber müssen wir die Bedeutung der Wrackteile verstehen – und das ist uns bisher noch nicht so recht gelungen. Wir wissen zwar, daß wir irgendwo im Vorschiff sind, tappen aber hinsichtlich unseres genauen Standortes noch völlig im Dunkeln, so daß wir nicht gezielt nach dem Rest der Galeone suchen können.

Weit mehr als diese Überlegungen brennt uns das noch immer bedrohliche Wetterproblem auf den Nägeln. Die Vorstellung, unsere *Calypso* könnte in diesem Korallenlabyrinth festsitzen, ist nicht gerade sehr angenehm; falls sich die Wetterlage weiter verschlechtert, werden wir die Silberbank durch unsere mit Leuchtbojen markierte Fahrrinne schleunigst verlassen und auf hoher See auf bessere Zeiten warten müssen.

Samstag, 20. Juli. Deloire, Delemotte, Coll, de Haenen und ich sind schon sehr früh wach und diskutieren das Problem, wie man am besten an das restliche Schiff herankommt. Wenig später sind Delemotte, Coll und ich mit unsrem Mini-Sauggerät unterwegs und haben in dem klaren Wasser den Schauplatz unserer gestrigen Ausgrabungen schnell gefunden. Von hier aus schwimme ich an die Stelle, an der ich den Vordersteven der Galeone vermute, und suche nach den Konturen des gesunkenen Schiffes. Die einzig mögliche Erklärung für unsere Ortungsschwierigkeiten scheint mir darin zu liegen, daß der Rumpf des Wracks zwischen dem dritten und dem vierten Hügel unter Korallenbrocken und Schutt begraben ist. Ich arbeite mich nach hinten durch, bis ich auf eine um etwa einen halben Meter höher gelegene Stelle stoße, die sehr gut das Schiffsheck sein könnte. Ungefähr 50 Meter vom Vordersteven des Wracks entfernt – wo eigentlich das Achterdeck liegen sollte – ist außer einem riesigen Feld von Dörnchenkorallen nichts zu sehen. Zugegeben – die Antipatharia kann sicher auf den Holzteilen gesunkener Schiffe wachsen, aber dazwischen? Auch der Einsatz unseres Sauggerätes bringt uns keinen Erfolg.

Danach suchen wir eine Stelle vier Meter vor dem am weitesten östlich liegenden Anker ab und stoßen sofort auf eine lange Planke. Ich ziehe eine gedachte Linie von diesem Fundstück zum Fuß des dritten Schutthügels und setze nochmals das Sauggerät an. Obwohl wir fast einen Meter tief graben, finden wir keine weiteren Holzteile.

Deloire filmt, wie der am ersten Tag unserer Suche entdeckte zusammengerostete Nagelklumpen an einer Leine befestigt und an Deck der *Calypso* gehievt wird. Remy und mir war schon zuvor aufgefallen, daß das Fundstück in der Mitte mit Elektrodraht umwickelt ist; nun finden wir auch noch eine nicht gezündete Dynamitladung daran. Unsere Vorgänger haben aus einem mir unerfindlichen Grund ganz offensichtlich versucht, den Nagelblock auseinanderzusprengen. Bei genauerem Hinsehen kann man erkennen, daß dieser ursprünglich in einem Faß aufbewahrt worden war, dessen Überreste an der Unterseite des Klumpens noch gut erhalten sind. Jeder an Bord kommt herbei, um sich den Fund genauer anzusehen; dabei entdeckt Gaston an der freiliegenden Oberseite zahlreiche regelmäßige Einkerbungen und schließt daraus, daß die Nägel innerhalb des Fasses nochmals durch einzelne Beutel getrennt waren.

Innerhalb von zwei Tagen ist die *Calypso* von Bug bis Heck mit Korallenbrocken übersät. Das Schiff ist völlig verschmutzt und geradezu unbewohnbar. Wir haben eine Art Wechselschicht eingerichtet, so daß niemand länger als zwei Stunden hintereinander unter Wasser arbeitet, um in der Umgebung des Wracks Korallenstöcke abzuschlagen und auf das Achterdeck der *Calypso* hieven zu lassen. Alle anderen sind dort emsig damit beschäftigt, die Brocken mit dem Hammer zu zerkleinern und die Bruchstücke wegzuräumen. Der anfallende Schutt muß in sicherer Entfernung versenkt werden, damit unser Ausgrabungsbereich nicht mit Korallenabfällen zugefüllt wird.

Das Ergebnis all dieser Mühen ist denkbar dürftig. Die Ausbeute des heutigen Tages besteht lediglich in dem Lehmziegelofen aus der Kombüse, dem Vorrat an Nägeln aus der Werkstatt des Schiffszimmermanns und ein paar Krügen. Wir haben zwar auch mehrere Holzteile gefunden, sind aber nicht in der Lage, ihre einstige Funktion zu bestimmen oder sie einem bestimmten Schiffsteil zuzuordnen.

Bernard Delemotte hielt diesen Gegenstand zuerst für einen interessanten archäologischen Fund, stellte dann aber fest, daß es sich nur um einen riesigen Schwamm handelte.

Abends gibt es wahre Marathondiskussionen über die jeweiligen Tagesereignisse; wir brüten abwechselnd über der Karte unseres »Steinbruchs«, während die Filmkameras beständig surren, um diese unsterblichen Szenen für die Nachwelt festzuhalten. Auch historische Themen, die Geschichte der Segelschiffahrt und die Beziehungen zwischen Europa und der Neuen Welt bieten reichen Gesprächsstoff für uns und halten uns trotz unserer Müdigkeit nach des Tages Mühe und Plage bis spät in die Nacht in der Schiffsmesse versammelt. Jeder steuert auf seine Weise zu diesen Gesprächen bei, sei es durch sein entsprechendes Fachwissen oder dadurch, daß man seine Phantasie schweifen läßt.
Noch halten Unternehmungslust und Optimismus unter meinen Kameraden unvermindert an. Ich finde es allerdings fast ein wenig entmutigend, wie quälend langsam die Arbeit vorangeht und wie unendlich viel noch zu tun ist. Unsere Ausrüstung ist in manchen Dingen recht unzulänglich, so zum Beispiel das Sauggerät. Es ist so schwach, daß es praktisch nur Sand »schluckt« und sofort blockiert, wenn es einen noch so kleinen Gegenstand erfaßt. Die Löcher, die man damit graben kann, fallen angesichts der noch zu leistenden Ausgrabungen kaum ins Gewicht. Auch können wir die Korallenstücke an Bord der *Calypso* nicht schnell genug aufschlagen, obwohl die gesamte Besatzung – einschließlich des Schiffskoches – fieberhaft daran arbeitet. (Trotzdem gibt es auf der *Calypso* kaum

Je nach Wetterlage müssen wir unsere Hilfsfahrzeuge entweder an Bord der *Calypso* hieven oder wieder zu Wasser lassen.

noch ein Eckchen, in dem keine Korallenbrocken herumliegen.) Wir haben nicht genügend Hämmer, und die Zahl der zur Verfügung stehenden wird ständig kleiner, da uns häufig die Stiele abbrechen. Leider haben wir keine schweren Vorschlaghämmer, Bohrer, Schubkarren und Schutzbrillen für die »Korallenaufklopfer«.

Trotz all dieser Schwierigkeiten ist die Stimmung an Bord ausgezeichnet. All unsere jungen Männer scheinen von einer Abenteuerlust gepackt, für die es keine Hindernisse gibt, und sind wild entschlossen, jedes anfallende Problem zu meistern. Sie arbeiten unermüdlich und sind nicht unterzukriegen.

Auch wenn sie es nie zugeben würden, sei es aus Aberglauben oder aus Vorsicht: sie glauben fest an das, was sie tun, und sind völlig davon überzeugt, daß hier wirklich ein Schatz zu heben ist. Der unerschütterliche Arbeitsdrang wird beflügelt von ihrem sportlichen Ehrgeiz, von ihrer Freude an der Auseinandersetzung mit der Tücke des Objekts und dem Wunsch zu beweisen, daß ihrem Können und ihrer Erfahrung trotz äußerer Hindernisse keine Grenzen gesetzt sind und daß sie sich weder von der See noch von ein paar Korallenbergen schlagen lassen.

So bleibt es also mir überlassen, nüchtern und realistisch dafür zu sorgen, daß unser Team nicht an der Wirklichkeit vorbeigeht, sondern bei aller Schatzsucherbegeisterung doch immer wieder die Tatsachen sieht. Ich muß meine Kameraden nun davon überzeugen, daß unsere Ausrüstung für eine so großangelegte Bergungsaktion nicht ausreicht und daß wir uns entweder adäquate technische Hilfsmittel beschaffen oder aber das »Unternehmen Schatzsuche« aufgeben müssen. Mein zweites Anliegen aber ist weit komplizierter und problematischer. Was wird geschehen, wenn wir wirklich auf Gold stoßen? Wie wird sich ein eventueller Schatz auf das Zusammengehörigkeitsgefühl und die freundschaftlichen Beziehungen auswirken, die unsere Mannschaft zu einer positiven und leistungsfähigen menschlichen Gemeinschaft gemacht haben? Gewiß, ich habe eben dieses Problem dadurch zu entschärfen versucht, daß ich alle Beteiligten über die Verteilung der Fundstücke abstimmen ließ – aber wer kann schon sagen, was geschehen wird, wenn einmal die ersten Goldstücke an Deck der *Calypso* glitzern!

Samstag, 20. Juli. Heute müssen wir unseren Aufenthalt an der Silberbank unterbrechen, um Frederic Dumas und unseren Nachschub in Puerto Rico abzuholen. Wir lösen die sechsfache Verankerung der *Calypso* und stechen in See, nachdem wir uns vorsichtig durch die mit roten Bojen und Radarstangen markierte Fahrrinne ins freie Meer hinausgetastet haben.

Sonntag, 21. Juli. Wir befinden uns auf dem Weg nach Puerto Rico und machen trotz starken Gegenwindes und rauher See gute Fahrt. Ich nutze die Arbeitsunterbrechung, um auszuruhen und nachzudenken. Mich beschäftigt noch immer die Frage, ob es richtig war, mich auf dieses Unternehmen einzulassen, und ob ich nicht besser auf meinen anfänglichen Bedenken gegen die »Schatzexpedition« hätte bestehen sollen. Es ist natürlich durchaus möglich, daß all die Schwierigkeiten, Tragödien und Gewalttätigkeiten, die ich mit dem Thema »Schatzsuche« verbinde, im Grunde nur Vorurteile sind, die aus der Lektüre von

Abenteuergeschichten stammen. Selbst wenn diese Erzählungen auf Wahrheit beruhten, beziehen sie sich gewiß nur auf hartgesottene, selbstsüchtige Goldgräbertypen. Bei längerem Nachdenken sehe ich eigentlich keinen Grund, warum eine Gruppe zivilisierter und ehrlicher Menschen ein derartiges Unternehmen nicht auf zivilisierte und ehrliche Weise angehen und durchführen sollte. Es bleibt allerdings abzuwarten, ob unser Vorhaben auch zu verwirklichen ist oder ob wir uns – wie 1953 am Grand Congloué – eine endlose und undurchführbare Aufgabe gestellt haben.

Auch das Wetter bereitet mir einiges Kopfzerbrechen, denn wir befinden uns am Beginn der Wirbelsturmsaison. Es scheint mir reichlich zweifelhaft, daß wir all unsere zusätzlichen Ausrüstungsgegenstände beschaffen, unsere Arbeitseinsätze organisieren und mit den Ausgrabungen ein gutes Stück vorankommen können, bevor uns der erste Hurrikan inmitten der Silberbank überrascht. Ich tröste mich jedoch mit dem Gedanken an die seemännische Erfahrung und Intuition von Caillart, dem Kapitän der *Calypso,* der die amerikanischen Wetterberichte mit größter Aufmerksamkeit verfolgt.

Ein goldener Brustpanzer aus Kolumbien als Beispiel für die Kultur der Chibcha. Kunstwerke dieser Art wurden von den Spaniern zu Goldbarren eingeschmolzen. (Musée de l'Homme, Paris.)

4 Blut und Gold

El Dorado.
Die Konquistadoren.
Elisabeth I. und Philipp II.
Das Ende der goldenen Zeiten

An Bord der beiden spanischen Galeonen, die in der Mündung des großen Orinoco-Flusses kreuzten, entstand einige Aufregung. Man hatte soeben im sumpfigen Brackwasser am Rande des Dschungels ein offenbar herrenlos treibendes Kanu gesichtet. Auch ein so geringer Anlaß wie dieser genügte, die an Bord herrschende Langeweile zumindest vorübergehend zu unterbrechen, denn obwohl die Spanier sich bereits als Herren beider Amerika fühlten, gab es in der Neuen Welt für sie doch noch viel Fremdartiges und Unbekanntes.

Eine der Galeonen schickte sofort einen Schiffsoffizier mit einer Barkasse ans Ufer, der am Boden des indianischen Bootes einen Menschen ausgestreckt fand. Es war aber kein Indianer, sondern ein Weißer, ein Spanier, wie sich herausstellte, als er in reinstem Kastilisch zu sprechen begann. Er verweigerte jede Auskunft darüber, woher er stammte und wie er in die Orinoco-Mündung gekommen war. Noch geheimnisvoller als sein Schweigen war sein Gepäck, zwei ausgehöhlte Kürbisse, die bis an den Rand mit Goldkörnern von der Größe von Rosenkranzperlen gefüllt waren.

Die Galeonen nahmen den Mann an Bord und setzten ihn auf eigenen Wunsch im nächsten Anlegehafen – San Juan de Puerto Rico – an Land, von wo aus er ein Schiff nach Spanien nehmen wollte. Er gab sich dort ebenso wortkarg wie auf See und ließ seine kostbaren Kürbisse nicht aus den Augen. Bald darauf befiel ihn eine schwere Krankheit; als er das Ende nahen fühlte, beichtete er als guter Katholik dem Priester seine Geschichte.

Der Sterbende berichtete, er heiße Martinez und habe an einer von Don Diego Ordaz geleiteten Expedition nach Guayana als Offizier teilgenommen. Don Diegos 600 Mann starke Truppe war in der Weite des unbekannten Landes verschollen. Die einzige Spur, die – von Martinez abgesehen – jemals von dieser Expedition gefunden wurde, lieferte ein verrosteter Anker, der zu einem der beteiligten Schiffe gehörte und den man im Orinoco-Delta entdeckt hatte.

Martinez gestand, eine schwere Schuld auf sich geladen zu haben, für die er auch gerecht bestraft worden sei. Man hatte ihm den Pulvervorrat der Expedition anvertraut, in dessen Nähe er eines Nachts unvorsichtigerweise ein kleines Lagerfeuer anzündete. Es gab eine schwere Explosion. Don Diego verhängte über den Schuldigen die Todesstrafe, ließ das Urteil jedoch nicht auf die übliche Art vollstrecken, sondern befahl, den Delinquenten ohne Lebensmittel in einem Kanu auf dem Orinoco auszusetzen.

Martinez wurde kurz darauf von einer Horde Indianer aufgegriffen, die noch nie einen Weißen gesehen hatten und das fremde Wundertier mit sich nahmen, um es ihrem Stamm zu zeigen. Fünfzehn Tage lang schlug sich die Gruppe durch den Dschungel. Am letzten Tag wurden Martinez die Augen verbunden; als die Binde bald darauf wieder abgenommen wurde, glaubte Martinez zu träumen. Vor ihm erhob sich eine riesige Stadt, die in der Sonne wie pures Gold funkelte. Ihre Paläste und Hausdächer, ja selbst die Straßen schienen aus diesem edlen Metall zu bestehen. Martinez erfuhr von den Eingeborenen, daß diese Stadt Manóa heiße und die Residenz eines großen Häuptlings und mächtigen Königs sei, der Inka genannt werde.

Zwei weitere Tage vergingen, bis die Stadt schließlich erreicht war. Dort angekommen, begriff Martinez, daß ihn keine Fata Morgana genarrt hatte, sondern daß die Wirklichkeit noch viel phantastischer war als alle Träume. Vor ihm erhoben sich riesige Türme und Paläste aus gediegenem Gold, deren Bauweise seltsam fremdartig und doch weit schöner war als alles, was er selbst in seinem heimatlichen Kastilien je gesehen hatte.

Martinez war der erste Europäer, der den Palast des Inka zu Gesicht bekommen hatte. Er berichtete von dem unermeßlichen Reichtum der Residenz, von unzähligen Statuen aus Gold in Gestalt von Säugetieren, Vögeln, Fischen, Bäumen und Pflanzen. Alle Einrichtungsgegenstände, ja selbst die Wasserstellen bestanden aus Gold oder Silber; auch das Geschirr im Palast des Herrschers war aus massivem Gold gemacht.

In der Stadt wurde gerade ein großes Fest gefeiert, so berichtete Martinez weiter. Der Inka und sein Hofstaat waren dabei nackt, aber über und über mit Goldstaub bedeckt, so daß sie nicht mehr wie lebende Wesen, sondern wie sich bewegende Statuen wirkten. Der Inka erschien Martinez als der im wahrsten Sinne des Wortes goldene König – *el Dorado,* und diesen Namen gab der sterbende Spanier auch der Stadt des Inka. El Dorado sollte Martinez' Landsleute für die nächsten beiden Jahrhunderte bis in alle Träume verfolgen.

Das Europa des 16. Jahrhunderts lechzte nach Gold. Man glaubte, daß Spanien im Besitz des Schlüssels zu einer goldenen Welt sei, so daß die ersten Hidalgos bei ihrer Ankunft in Hispaniola fest davon überzeugt waren, sie brauchten die Goldklumpen nur am Strand zwischen den Kieselsteinen aufzulesen. (Sie hatten damit gar nicht so unrecht, denn die Flußläufe glänzten buchstäblich von dem edlen Metall, das die Eingeborenen für sehr gewöhnlich hielten und das daher auch kaum Beachtung fand.) Viele Spanier machten sich auf, die von Martinez beschriebene goldene Stadt zu suchen und kamen dabei ums Leben, sei es durch Hunger, Krankheit oder feindliche Indianer.

Martinez' El Dorado und die Geschichten von den Goldstränden Espaniolas waren nicht ganz aus der Luft gegriffen. Es gab tatsächlich eine Stadt, in der sich das Gold häufte und deren Bewohner sich mit Goldstaub bemalten – nur lag sie auf der anderen Seite des Kontinents. Sie wurde 1531 von Francisco Pizarro entdeckt, dem Bastard eines spanischen Generalkapitäns. Pizarro war ein verwegener, brutaler Abenteurer, dessen erste Maßnahme nach seinem Einzug in die goldene Stadt die Gefangennahme des Inka war. Er ließ diesen bald darauf wegen »Rebellion gegen Seine Allerkatholischste Majestät, Kaiser Karl V.«, hinrichten und plünderte die Schätze der Inka, derentwegen er gekommen war.

Von da an beschränkte sich die spanische Eroberung der Neuen Welt nicht mehr auf den karibischen Raum, sondern dehnte sich bis an die Küsten der Südsee, des Pazifik, aus. Amerika hatte nun zwei Gesichter, eins nach Westen und eins nach Osten zu.

Vom Jahre 1540 an unterhielt Spanien eine ständige Flotte im Pazifik, die für den Transport der Schätze aus Chile und Peru nach Panama zuständig war. Von dort aus wurde die Beute über Kuba und den Atlantik nach Spanien verschifft.

Spanien dürstete aber nicht nur nach dem Gold und Silber der Inkas, sondern auch nach anderen ebenso kostbaren »Kolonialwaren«, deren Ausbeute in der Neuen Welt jedoch enttäuschend gering war: Gewürze. Das eigentliche »Land, in dem der Pfeffer wächst«, war nicht Amerika, sondern Ostindien, eine Domäne der Araber und Portugiesen.

Die Spanier waren zwar enttäuscht, aber keineswegs entmutigt. Hernando Cortez, der Eroberer Mexikos, ließ in Zacatula vier Karavellen bauen und diese über den Pazifik zu den Philippinen segeln. Schon 1565 hatten die Spanier diese Inseln zu einem festen Stützpunkt gemacht und schalteten sich höchst aktiv in den fernöstlichen Handel ein. Von diesem Zeitpunkt an fuhr jedes Jahr eine schwerbeladene Galeone von den Philippinen nach Osten. Dieses Schiff, *Nao de China* genannt, hatte zwar wenig Gold, dafür aber wohl die exotischste Fracht an Bord, die von der spanischen Flotte befördert wurde: kostbare Kunstwerke, berühmte Juwelen und vielfältigste asiatische Waren. Chinesische Dschunken verbanden die Handelsmetropole Manila mit Japan, China und Indien und brachten Seide und Brokat, Elfenbein und Porzellan, Federn, Parfüm und – vor allem – Gewürze auf die Philippinen, wo spanische Kaufleute die begehrten Waren in Empfang nahmen. Die Gewürzladung bestand hauptsächlich aus Ingwer, Nelken, Muskat, Schwarzem und Weißem Pfeffer sowie Zimt und stellte einen außerordentlichen Reichtum dar. Zeitgenössische Chroniken erwähnen als Beispiel unerhörter Verschwendung, der Augsburger

Bankier Fugger habe anläßlich eines Vertragsabschlusses mit Kaiser Karl V. – eine Zimtstange abgebrannt.
Die Rückfahrt der *Nao de China* von Manila nach Acapulco ging verhältnismäßig schnell. Sobald die Galeone nach zehnwöchiger Seereise in dem mexikanischen Hafen einlief, wurde ihre Fracht auf Maultiere verladen und auf dem Landweg nach Vera Cruz gebracht, einem wichtigen Stützpunkt der Neuspanien-Flotte.
Es gab in jedem Jahr nur eine Südseeüberquerung, die wiederum nur eine einzige Galeone unternahm. Dies geschah auf besonderen Befehl des Königs, denn Spanien litt an einem chronischen Mangel an Schiffen und Schiffsbesatzungen und wollte seine Handelsmarine nicht auf zwei Meeren zersplittern. Die Hauptflotte blieb daher für den Verkehr zwischen der Alten und der Neuen Welt reserviert. Die »Philippinische Galeone« war aber immer das größte Schiff, das die Spanier einsetzen konnten; im 16. Jahrhundert hatte sie 700 Tonnen, im 17. schon 1500 Tonnen und im 18. Jahrhundert 2000.
Die ruhmreichsten Eroberungszüge der Spanier in Amerika und im Fernen Osten waren nicht die offiziellen vom König befohlenen und finanzierten Expeditionen, sondern private Unternehmen. Sie wurden von einem (meist adligen) Kapitän in Zusammenarbeit mit Kaufleuten, Bankiers und Schiffseignern durchgeführt. Der Kapitän heuerte sich seine Mannschaft selbst an und führte das Oberkommando, während seine Teilhaber die Schiffe samt Proviant und Waffen stellten. Der Erlös des Raubzuges in die Neue Welt wurde je nach Vertrag unter den Beteiligten aufgeteilt.
Für diese Expeditionen, deren Sinn und Zweck in einem möglichst großen Profit bestand, wurden zwei Kategorien von Soldaten rekrutiert: *Caballeros* und *Peone,* Berittene und Fußvolk. Pferde waren in Amerika völlig unbekannt und bedeuteten für die Spanier in den Kolonien einen wertvollen Besitz. Auch Feuerwaffen, die zu jener Zeit noch rar waren, boten ihren Trägern die Chance, in der Privatarmee eines Kapitäns einen entsprechenden Rang zu erhalten.
Der große Bedarf an Kavalleristen, die mit Leib und Seele an ihren Pferden und Waffen hingen und ohne die Cortez' oder Pizarros berühmte Eroberungszüge kaum denkbar wären, erklärt auch zum Teil die dürftigen Leistungen der Spanier als Seefahrer. Die Spanier scheinen in ihrer Flotte nie etwas anderes gesehen zu haben als ein Transportmittel für Soldaten und Beute. Diese Einstellung dürfte auch der Grund für den hartnäckigen und häufig unsinnigen Widerstand gewesen sein, der jeder Neuerung und jedem Zeichen von Eigeninitiative seitens der Kapitäne und Steuerleute entgegengesetzt wurde. Spanien hat im Gegensatz zu England nie die Bedeutung seemännischer Fertigkeiten, der Verbesserungen im Schiffbau, neuer Erkenntnisse auf dem Gebiet der Navigation und eines Stammes von erfahrenen und qualifizierten Seeleuten für die Entwicklung einer bedeutenden Seemacht erkannt.
Spaniens kostbare Schiffsladungen waren auf dem Weg von der Neuen Welt nach Europa nicht nur wegen des schlechten Zustands seiner Flotte und auf Grund der Tatsache gefährdet, daß man die alljährlichen Transporte ausgerechnet in die Zeit der großen Wirbel-

Zwei Handelsschiffe aus dem 16. Jahrhundert mit auffallend hoher Heckpartie. (Gemälde von Lemoyne de Morgues aus dem Jahre 1564; Service Hydrographique de la Marine, Paris.)

stürme legte. Sie weckten auch die Habgier der anderen europäischen Nationen, die den alljährlichen spanischen Goldstrom über den Atlantik nach Kräften in ihre eigenen Kanäle zu lenken suchten.

Die Habgier der anderen war um so größer, als das Gold und Silber in den spanischen Münzanstalten der Neuen Welt bereits zu Münzen geprägt war, bevor es verschifft wurde. Die ersten Geldstücke aus den Kolonien kamen 1537 in Umlauf, wurden *Real* genannt und in den Werteinheiten 1, 2, 3 und 4 geprägt. Sie hießen gelegentlich auch *Escudos* (Schilde), da sie als Zeichen einen Schild mit dem königlichen Wappen (den Burgen von Kastilien und den Löwen von León) trugen, oder *Doblones* (Dublonen), weil sie doppelt soviel wert waren wie die *Pistole*.

Wie mit allen Unternehmungen in den spanischen Kolonien wurde auch mit der Münzprägung in der Neuen Welt ein unglaublicher Mißbrauch getrieben. Für jeden Spanier bedeutete es die Chance seines Lebens, Vorstand einer Münzanstalt zu sein (und so war es auch). Ein gewisser Luis de Rivera erkaufte sich 1580 den Posten des Gouverneurs einer mexikanischen Münze für 160000 Pesos und verkaufte ihn ein Jahr später für 260000 Pesos. Dieses Amt und über 150 weitere wurden vom Vizekönig von Mexiko vergeben, dem die reichen Einkünfte aus seiner eigenen Pfründe nicht genügten, so daß er sich am Erlös aller anderen Posten beteiligt sehen wollte. Man muß dabei jedoch berücksichtigen, daß derartige Praktiken zu jener Zeit gang und gäbe waren und daß das Austeilen von »Pfründen« und »Schmiergeldern« durch den unglaublichen Reichtum der ausgebeuteten Kolonien stark begünstigt wurde.

Die Münzanstalt des Vizekönigs von Mexiko war natürlich nicht die einzige in der Neuen Welt. 1545 waren im früheren Inkareich (im heutigen Bolivien) die Potosi-Minen eröffnet worden, zu denen auch eine Münze gehörte. Es folgten bald darauf Santa Fé in Neugranada (Kolumbien), Lima und Cartagena. Die Münzanstalten waren – wie es sich für eine Goldquelle gehörte – kaum weniger prunkvoll ausgestattet als die Kirchen.

In diesen Prägeanstalten oder *Monedas* wurden riesige Mengen von Münzen hergestellt. Das gebräuchlichste Geldstück hatte einen Wert von acht *Real* und war überall außerordentlich begehrt. Drei Jahrhunderte lang galt diese Münze, der aus zahlreichen Piratengeschichten bekannte Piaster, als meistgeschätztes Zahlungsmittel in Europa und Amerika. Sie ist außerdem der Vorgänger des heutigen US-Dollars. Die großen Handelshäuser der damaligen Zeit kennzeichneten den Piaster in ihren Büchern mit einem eigenartigen Symbol, das sich durch die Ineinanderschreibung des Buchstabens *P* und der Ziffer *8* ergab. Im Laufe der Zeit wurde das Zeichen der Einfachheit halber von der Acht auf ein *S* und von dem *P* auf einen geraden, senkrechten Strich reduziert, so daß die auch heute noch gebräuchliche Abkürzung *$* entstand. Der Begriff *Dollar* stammt jedoch nicht aus dem Spanischen, sondern aus dem Deutschen. Zu Beginn des 16. Jahrhunderts bürgerte sich in Europa eine Silbermünze ein, die in der böhmischen Stadt Sankt Joachimsthal geprägt und danach *Joachimsthaler* genannt wurde. Aus der Abkürzung *Taler* entwickelte sich schließlich der Begriff *Dollar.* Der Piaster besaß den gleichen Wert wie ein Taler.

Die Spanier prägten ihren Piastern das Zeichen ihrer stolzen Kolonialmacht auf – zwei wellenumspülte Säulen, die als Symbol für Gibraltar die Säulen des Herkules darstellten und der Welt kund und zu wissen gaben, daß dem Herrn der Meere das Mittelmeer nicht mehr genügte und daß das stolze Spanien im Begriffe war, sich weiter auszudehnen und in unbekannte Welten vorzustoßen: Die Säulen standen so auch als Symbol für Spaniens Herrschaft über Amerika. Während der Regierungszeit von Philipp II., der von 1556 bis 1598 herrschte und Sohn und Erbe von Kaiser Karl V. war, erhielten die Münzen noch die Aufschrift *Plus ultra* – »weiter voran«. Auf der Rückseite des Piaster standen die Worte: *Philippus II Hispaniarum et Indiarum Rex,* »Philipp II., König von Spanien und Westindien«, wobei das Wort »Indiarum« stets auf Münzen erschien, die in der Neuen Welt geprägt worden waren.

Die Spanier verstanden trotz ihrer Vorliebe für symbolträchtige und würdige Inschriften herzlich wenig von der Münzprägung. Die Geldstücke aus der Neuen Welt wurden bis zum Ende des 18. Jahrhunderts buchstäblich »geschlagen«, und zwar mit dem Hammer, und enthielten häufig weit weniger Gold, als ihrem Nominalwert entsprach. Die Ursache dafür lag im Gewinnstreben der Münzbeamten, die es verstanden, die umständliche Hammertechnik für ihre Zwecke auszunutzen.

Die Beamten der königlichen Münzstätten und jeder andere, dem sich auch nur die geringste Möglichkeit für Unterschlagungen bot, veruntreuten während der ganzen spanischen Herrschaft in Mittel- und Südamerika astronomische Geldsummen. Im Laufe der Zeit nahm die Korruption solche Ausmaße an, daß das königliche Schatzamt sich selbst nicht mehr auf die Echtheit der an Bord der königlichen Galeonen beförderten Schätze verlassen konnte, denn die Silberbarren bestanden häufig nur aus versilbertem Blei oder Kupfer. Das scheibenförmig eingeschmolzene Gold hatte bisweilen einen massiven Platinkern – und dieses Metall galt zu jener Zeit als völlig wertlos. Für die Gold- und Silberfälscher ergab sich jedoch das Problem, wie sie ihre Beute ungeschoren nach Spanien bringen konnten. Die Generale, Admirale und Kapitäne Seiner Majestät bewiesen in diesem Punkt jedoch eine beträchtliche Erfindungsgabe. Man fand beispielsweise heraus, daß ein hoher Beamter des Königs sein Gold hatte einschmelzen und in eine Ankerform gießen lassen. Der kostbare Anker trug einen Überzug aus einer eisenhaltigen Substanz.

Die Untertanen des spanischen Königs waren aber keineswegs die einzigen Nutznießer der Goldflut, deren Gier angesichts all der ungeheuren Schätze geweckt wurde. Man kann die Wechselbeziehungen zwischen der Alten und Neuen Welt in jener Zeit nur verstehen, wenn man die Einstellung der anderen europäischen Länder gegenüber dem spanischen Reichtum gebührend berücksichtigt. Die Interessen dieser Nationen lagen auf der Hand: Engländer, Franzosen und Holländer – die in den seemännischen Fähigkeiten den Spaniern allesamt weit überlegen waren – wollten an den Schätzen der Neuen Welt teilhaben und machten sich sehr bald daran, sie den Spaniern abzujagen. Der Einsatz von leichten, schnellen und wendigen Schiffen bot ihnen die Möglichkeit dazu, denn die Piraten und Freibeuter der »Spanischen See«, wie das Karibische Meer damals genannt wurde, erkannten sehr bald, wie man den langsamen, schwerfälligen Galeonen der Spanier beikommen konnte. Die Galeonen führten normalerweise jeweils 60 bis 70 Kanonen mit, während die Piratenschiffe höchstens fünf oder sechs Geschütze an Bord hatten. Die Seeräuber mußten sich bei ihren Überfällen auf die Spanier daher auf die Schnelligkeit und Wendigkeit ihrer Fahrzeuge verlassen können.

Die waffenmäßige Überlegenheit der Galeonen stand jedoch meist nur auf dem Papier, denn die von der *Casa de Contratación* geforderte Anzahl von Bordkanonen wurde häufig zugunsten wertvoller Handelswaren erheblich verringert. In Cartagena, Havanna und Vera Cruz gab es beispielsweise geschäftstüchtige Kaufleute, die kurzfristig Kanonen an die spanischen Schiffskapitäne vermieteten. Auf diese Weise konnte man bei Schiffsinspektionen durch die Beamten der *Casa* die vorgeschriebene Anzahl von Bordkanonen

Königin Elisabeth I. von England. (Kupferstich aus dem Jahre 1596.)

Rechts: Philipp II., König von Spanien, nach einem Porträt von Tizian (Palazzo Pitti, Florenz). Philipp II. zeigte nur wenig Verständnis für die Belange der Seefahrt.

vorweisen, die Geschütze anschließend ihren Besitzern zurückgeben und den freigewordenen Raum für gewinnbringendere Fracht nutzen.

Die Piratenschiffe hatten eine Besatzung von nur 70 bis 80 Mann, während sich an Bord der Galeonen meist über 800 Menschen befanden. Auch dieser Umstand war für die Seeräuber günstig. Wurde ein Schiff geentert, so konnten sich die spanischen Offiziere und Mannschaften nur selten auf einen Kampf einlassen, da ihnen überall Passagiere und Warenballen im Weg standen.

Die spanischen Schiffe waren ihren Angreifern jedoch nicht ganz schutzlos ausgeliefert. Auf den Galeonen spannte man Enternetze, die den eindringenden Piraten den Weg zur Schiffsladung beträchtlich erschwerten, und versah die Spitzen der Rahen von Groß- und Fockmast mit Haken, die beim Nahkampf die Segel des feindlichen Schiffes zerrissen. Außerdem trug der lange Bugspriet am äußersten Ende einer Galeone immer einen Enterdreggen oder Bootshaken.

Die Engländer hatten ihre Seefahrttechnik im 16. Jahrhundert weit vorangetrieben und darin die Spanier längst überrundet. Ihre niedrigen Schiffe waren leicht, schnell und wendig und den spanischen Galeonen in jeder Beziehung überlegen. Da die Kolonien in Übersee nur auf dem Meer zu erreichen waren, konnte Spanien sein Weltreich schon um die Mitte des 16. Jahrhunderts nicht mehr voll beherrschen. Seine Macht begann bald überall zu wanken, seine Galeonen waren zunehmend gefährdet.

Die Schuld für diesen Niedergang wird zum größten Teil dem König von Spanien zugeschrieben. Philipp II. war ein außerordentlich gewissenhafter Mann, der sein schweres Amt sehr ernst nahm, hatte sich jedoch nie für die Seefahrt interessiert und verstand daher wenig oder nichts von deren Problemen. Er wies zum Beispiel zweimal die Dienste eines namhaften englischen Seefahrers, Sir John Hawkins (eines Verwandten von Sir Francis Drake), zurück, der ihm – gegen entsprechenden Lohn versteht sich – anbot, die spanische Flotte vor Piraten und Freibeutern zu schützen. Von der ablehnenden Haltung des Monarchen enttäuscht und erbost, begann Sir John darauf, die Galeonen des Königs zu überfallen, statt sie zu beschützen. Er tat dies mit so durchschlagendem Erfolg, daß seine Aktionen zum offenen Bruch zwischen Spanien und England führten.

Die Mittel der englischen Monarchin, Königin Elisabeth I., waren weitaus geringer als die ihres Zeitgenossen Philipp I. Ihr Land war jedoch reich an kühnen und kundigen Seefahrern, die nichts weiter wollten, als Seine Allerkatholischste Majestät um dessen amerikanisches Gold zu bringen. Elisabeth ermutigte diese Unternehmungslust ihrer seefahrenden Untertanen jedoch zunächst nicht, da zwischen England und Spanien kein Krieg herrschte und die Monarchin den Ausbruch eines offenen Konfliktes nach Möglichkeit vermeiden wollte. Die englischen Freibeuter arbeiteten daher als »Privatunternehmer« in eigener Regie. Ihre Aktionen wurden von reichen Adligen und Kaufleuten finanziert, die ihnen gegen Gewinnbeteiligung Schiffe und Waffen zur Verfügung stellten.

Am 24. Mai 1572 verließ ein rotbärtiger, kleiner Mann von kaum 30 Jahren mit zwei lächerlich kleinen Schiffen den Hafen von Plymouth. An Bord der *Pasha* (70 Tonnen) und der *Swan* befanden sich insgesamt nur 73 Mann, keiner davon älter als ihr Kommandant, der auf den Namen Francis Drake hörte. Drake stammte aus einer strenggläubigen Protestantenfamilie und besaß neben seinen seemännischen Fähigkeiten und seinem tollkühnen Freibeutergeist einen gehörigen Schuß religiösen Fanatismus. Das Europa des 16. Jahrhunderts war von heftigen und erbitterten religiösen Streitigkeiten zerrissen; Katholiken und Protestanten verfolgten einander mit unversöhnlichem Haß, der im Falle von Francis Drake einen naheliegenden Kristallisationspunkt fand: im katholischen Spanien, dem damals mächtigsten Staat der Welt.

Während Philipp II. alle Hände voll zu tun hatte, in seinem Reich die Ketzer zu unterdrükken und Intrigen gegen die protestantischen Länder Europas zu spinnen, wurde im Karibischen Meer ein ganz anderer, nicht weniger blutiger Religionskrieg ausgetragen. Auf der Seite der Engländer kämpften auch die protestantischen Holländer und eine große Zahl französischer Hugenotten gegen das katholische Spanien und rechtfertigten ihre Piratenüberfälle und Plünderungen theologisch. Der glühendste Kämpfer für die Sache der Protestanten gegen die spanische Großmacht aber war Francis Drake selbst.

Die Atlantiküberquerung Drakes bedeutete für die damalige Zeit einen absoluten Geschwindigkeitsrekord: 25 Tage für die Fahrt von Plymouth nach Nombre de Dios (das Drake einnahm, aber nicht lange halten konnte). Um diese Zeit schlugen sich bereits 28 offizielle und eine Reihe privater Maultierzüge von je 50 Tieren durch den Dschungel von

Ein *Real,* eines der begehrtesten Goldstücke jener Zeit. Die hier abgebildete Münze stammt aus der Regierungszeit von Philipp III. und wurde in Potosi geprägt. Sie zeigt auf der einen Seite das Kreuz, die Türme von Kastilien und die Löwen von León, auf der anderen die Säulen des Herkules, Atlantikwellen und das Wort *Potosi.* Zwischen den Säulen steht die Zahl 8 und der Spruch *Plus Ultra* – »weiter voran«. (Bibliotheque Nationale, Paris.)

Panama; sie wurden vorn und hinten durch Truppen gesichert. Für Francis Drake war der große Augenblick gekommen.

Seine Ausgangsposition für das ehrgeizige Unternehmen schien alles andere als günstig. 28 seiner ursprünglich 73 Gefolgsleute waren bereits umgekommen, viele der Überlebenden litten an schweren Krankheiten, vermutlich an Gelbfieber, so daß ihm nur 18 kampffähige Männer zur Verfügung standen. Drake ließ sich dadurch in keiner Weise entmutigen, sondern machte sich mit seiner kleinen Schar auf den Weg, gefolgt von einem Franzosen namens Guillaume Le Testu, einem Hugenotten aus Le Havre, den er in Nombre de Dios kennengelernt hatte und der als einer der besten Hydrographen seiner Zeit bekannt war. Er ließ sich von *cimarrones,* entlaufenen indianischen Sklaven, den Weg zeigen und schlug sich mit der Machete mühsam durch die tropische Vegetation, ohne den Kolibris, Orchideen oder Schlangen des Urwaldes auch nur einen Blick zu schenken, und gelangte so in kurzer Zeit an die Pazifikküste. Hoch im Geäst eines Baumes sitzend, blickte er dort auf die Stadt Panama und auf den unbekannten Ozean und schwor sich, als erster Engländer auf der Südsee Segel zu setzen.

Es war allgemein bekannt, daß die Spanier die Hitze des Tages mieden und vorzugsweise bei Nacht durch den Dschungel zogen. Drake gab den Befehl, noch in der gleichen Nacht anzugreifen. Um in der Dunkelheit zwischen Freund und Feind unterscheiden zu können, ließ er seine Männer das Hemd nach außen tragen.

Als die Dämmerung anbrach, berichteten die *cimarrones,* daß sich der Mauleselzug nähere. Bald konnten die Engländer auch die Glöckchen der Tiere klingen hören. Der Zufall wollte es, daß die Maultiertreiber auf eben dem Hügel das Signal zum Anhalten gaben, auf dem Drake und seine Männer sich versteckt hatten. Drake gab fast im gleichen Augenblick das Zeichen zum Angriff, und eine Wolke von Pfeilen und Musketenkugeln brach über die Begleitmannschaft des Konvois herein. Die Engländer schritten darauf zum Sturm. Da die spanischen Soldaten völlig überrumpelt waren und die Zahl der Angreifer

weit überschätzten, zerstreuten sie sich in wilder Flucht in den Dschungel, während sich Drake und seine Gefolgsleute sofort daranmachten, den Maultieren die Sehnen zu durchschneiden.

Mit kastilischen Dukaten und *Pistolen,* mit Goldbarren und Münzen aller Art schwer beladen, traten die Abenteurer ihren Rückweg durch den Dschungel an. Unterwegs vergruben sie 15 Tonnen Silber und wurden bald darauf von einem rasch heranrückenden 50 Mann starken Trupp spanischer Soldaten angegriffen. Le Testu machte sich mit acht Musketenschützen auf, um den Freibeuterzug von hinten zu decken. Es gelang ihm zwar, die Spanier abzuwehren, doch kostete ihn dies selbst das Leben. Le Testu war das einzige Opfer auf seiten der Engländer.

Drake und seine Gefolgsleute setzten ihren Treck durch den Dschungel fort – eine Handvoll zu Tode erschöpfter Männer, vom Fieber geschüttelt und mit so viel Gold beladen, wie sie nur schleppen konnten. Zwei Tage und zwei Nächte kämpften sie sich unter der glühenden Tropensonne und plötzlichen Wolkenbrüchen voran, bis sie schließlich den Rio Magdalena erreichten. Der Unterstand, den sie sich dort auf dem Weg zum Ort des Überfalls gegraben hatten, war inzwischen von den Spaniern eingenommen und verwüstet worden. Drake befahl seinen Männern, ein Floß zu bauen, und machte sich mit drei Begleitern auf den Weg, um Hilfe zu holen. Eine englische Fregatte stieß auf die Truppe und nahm sie an Bord, doch einige der verwegensten Engländer bestanden darauf, in den panamaischen Dschungel zurückzukehren und die dort vergrabenen Silberbarren mitzunehmen. Sie hatten Glück; ohne auf spanische Soldaten gestoßen zu sein, kehrten sie, mit großen Schätzen beladen, zu der Fregatte zurück. England sah Francis Drake und die dreißig anderen Überlebenden im Besitz ungeheurer Reichtümer wieder.

Bis dahin hatten sich die englischen Freibeuter darauf beschränkt, die spanischen Schiffe bei den Antillen zu überfallen. Drake war wesentlich weitergegangen und hatte die Spanier an Land in Nombre de Dios und Panama angegriffen und die stolze Kolonialmacht in einem Gebiet geschlagen, in dem sie sich für unbesiegbar gehalten hatte: in der Südsee.

So kam es, daß Drake 1577 wieder aus dem Hafen von Plymouth auslief, diesmal aber mit vier Schiffen, von denen eines im Sturm verlorenging. Das Unwetter trieb Drake weit nach Süden ab und machte ihn zum Entdecker von Kap Hoorn. Ein weiteres Schiff kehrte nach England zurück, das dritte lief im Rio La Plata bei dem Versuch, ein Gleiches zu tun, auf Grund. Drake selbst gelangte mit seinem Schiff *Golden Hind* nach Peru, wo er zahlreiche spanische Galeonen enterte und ausraubte. Mit Schätzen reich beladen, hielt er den Rückweg über Kap Hoorn für zu gefährlich und fuhr daher über den Pazifik. Er erreichte England nach einer Erdumseglung am 26. September 1580, drei Jahre nach seinem Auslaufen aus Plymouth.

Königin Elisabeth zögerte zunächst, die Leistungen dieses großen Kapitäns anzuerkennen und gebührend zu belohnen, da sie keinen offenen Konflikt mit Spanien provozieren wollte. Drake hatte jedoch am englischen Hof sehr mächtige Freunde, die von seinen geraubten Schätzen profitierten und die sich daher bei der Königin für ihn einsetzten. Kein

Die Jungfrau Maria von Potosi, nach einem spanischen Stich aus dem 16. Jahrhundert. Der Mantel fällt in Form eines Silberberges; auch Lamas, Inkas und Goldsucher sowie der Papst und der Kaiser (unten) sind abgebildet.

Jules, der Barrakuda. Er kann sich offensichtlich von unserem Ausgrabungsteam nicht trennen.

Unsere Ausgrabungen in der Silberbank wurden durch die Fülle von Korallenstöcken, Fächerkorallen und festsitzenden Tieren, die in diesen Gewässern außerordentlich gut gedeihen, sehr erschwert.

Wunder, daß sich die Königin im Jahr darauf mit großem Gefolge zu einem Bankett an Bord der *Golden Hind* begab, in dessen Verlauf sie Drake niederknien ließ und seine Schultern mit einem goldenen Schwert berührte. Der Mann, der sich nach dieser Zeremonie erhob, hieß nunmehr Sir Francis Drake.

Drake hatte mit seinem abenteuerlichen Unternehmen aller Welt gezeigt, daß man die Macht der Spanier in der Neuen Welt mit ein paar Schiffen und einer kleinen Schar von entschlossenen Männern in ihren Grundfesten erschüttern konnte. Für Spanien als Seemacht begann in der zweiten Hälfte der Regierung von Philipp II. eine Zeit der Gefahr

Unsere Taucher stoßen auf weitere Kanonen. Wir haben insgesamt 13 Geschütze ausgegraben, die alle von dem gleichen Wrack stammen.

Eine niederländische Flotte unter Piet Heyne kapert in den Gewässern vor Havanna 1628 die gesamte spanische Flotte. (Musée de la Marine, Paris.)

und des Verfalles. Es fanden sich für die spanischen Werften immer weniger erfahrene und kompetente Schiffsbauer, so daß der Bau von Galeonen mehr und mehr zurückging, bis die Spanier schließlich alles, selbst ihre Schiffe, aus dem Ausland beziehen mußten.
Der Todesstoß für Spaniens Seemacht erfolgte 1588 mit dem Untergang der als unbesiegbar geltenden Armada, als 69 Schiffe verlorengingen. Gegen Ende des 16. Jahrhunderts, des Goldenen Zeitalters des frühen Kolonialismus, war Englands Stern im Aufsteigen und Spaniens Macht im Untergehen. 1597, ein Jahr vor Philipps Tod, mußten die Spanier für ihre Transatlantikflotte bereits mehr als zwanzig Galeonen von Holland kaufen. Man hatte nicht erkannt, daß der Reichtum einer Nation nicht so sehr nach den Goldvorräten als vielmehr nach den Produktivkräften ihrer Bevölkerung gemessen wird. Dieser schicksalhafte Irrtum bedeutete für Spanien den Anfang vom Ende seiner Seemacht.
Die Konquistadoren in ihrer unersättlichen Habgier hatten die Bewohner der Neuen Welt praktisch zu Sklaven gemacht und sie zu jeder Art von Fronarbeit gezwungen, so daß die Indianer, die weder an Knechtschaft noch überhaupt an schwere Arbeit gewöhnt waren, starben wie die Fliegen oder ihren grausamen Herren entliefen. Gegen Ende des Goldenen Zeitalters war die Bevölkerung Kubas, Hispaniolas und Puerto Ricos so dezimiert, daß man Sklaven aus Afrika heranschaffen mußte. In diesem Geschäft taten sich besonders die Engländer und Franzosen hervor und schufen sich damit neue und intensive Handelsbeziehungen zur Neuen Welt. Spanien hielt sich nicht etwa aus moralischen Skrupeln auf dem Gebiet des Sklavenhandels zurück; es war ja nicht einmal in der Lage, seinen Kolonien Schuhe zu liefern, geschweige denn Sklaven.

Holztafel aus dem 16. Jahrhundert, auf der vermutlich Cortez abgebildet ist. (Aus »L'Art des Conquistadors« von C. Arthaud und François Hebert-Stevens. Arthaud, Paris.)

Durch die Schwäche der spanischen Seemacht und die Korruption der Beamten von der *Casa de Contratación* wurden die Beziehungen der westindischen Kolonien zu ihrem Mutterland zunehmend schwieriger und gespannter. Auch der Austausch innerhalb der Kolonien, etwa zwischen Peru und Mexiko, ging immer mehr zurück, während sich Schmuggel und Schleichhandel durch die Engländer, Franzosen und Holländer entsprechend ausbreiteten. Gleichzeitig setzten die tollkühnen Überfälle zahlloser Freibeuter den Spaniern so zu, daß deren Position in Amerika fast unhaltbar wurde und dem König die Macht über die Karibischen Inseln mit Ausnahme von Kuba und Puerto Rico bald völlig aus den Händen geglitten war: Spanien war damit von der Quelle seines Reichtums abgeschnitten.
Die Holländer waren dabei ebenso erfolgreich wie die Engländer. Am 8. September 1628 kaperten holländische Freibeuter unter Piet Heyne in der Bucht von Matanzas an der kubanischen Nordküste zum ersten und einzigen Mal die gesamte Neuspanien-Flotte. Den Freibeutern fielen dabei 24 Schiffe, die unter dem Befehl des Generalkapitäns Juan de Benavides y Bazan standen, samt einer Beute von 12 Millionen Gulden oder 14 Millionen Pesos in die Hände.
Für die Piraten und Freibeuter waren jedoch um diese Zeit die »fetten Jahre« schon fast vorüber, zumindest hinsichtlich ihrer spanischen Beute, denn nach dem Tode Philipps II. (1598) ging die Silberproduktion in Mexiko und Peru stark zurück und versiegte bis 1630 fast vollständig. Um die Mitte des 17. Jahrhunderts war bereits mehr als die Hälfte aller Minen in der Neuen Welt geschlossen, teils wegen technischer Schwierigkeiten, teils infolge des Mangels an Arbeitskräften. Die Geschäftsleute, die diese Bergwerke als Privatunternehmer ausbeuteten, gaben ihre Minen sofort auf, wenn sich damit keine enormen Profite mehr erzielen ließen.
Die Rivalität zwischen Elisabeth I. und Philipp II., zwischen den beiden großen Seemächten und Konfessionen, durchzog das ganze 16. Jahrhundert. England ging schließlich als Sieger in diesem Machtkampf hervor, weil Königin Elisabeth klug genug war, die Bedeutung einer leistungsfähigen, großen Flotte in diesem Kräftespiel rechtzeitig zu erkennen und den Bau von Schiffen mit allen Mitteln voranzutreiben. Um ihr gestecktes Ziel zu erreichen, brauchte die Monarchin jedoch mehr als nur Klugheit und Voraussicht – sie brauchte (und fand) vor allem eine große Zahl von fähigen Seeleuten und Schiffsbauern, deren Namen uns zum größten Teil überliefert sind. Die besten Schiffe der englischen Flotte, die 1588 die spanische Armada besiegte, waren das Werk des meisterhaften Zimmermanns Matthew Barker, der im Gegensatz zu den Spaniern sofort begriff, worauf es bei einem guten Kriegsschiff vor allem ankommt: auf Schnelligkeit und damit auf eine leichte Bauweise. Seine Fahrzeuge erhielten daher keine übertrieben hohen Heckpartien wie die spanischen Galeonen, sondern zeichneten sich durch eine lange, elegante Linienführung und geringe Höhe aus. Auch Phineas Pett war ein namhafter Schiffsbaumeister und Ahnherr einer berühmten Architektendynastie. Von Pett sind mindestens zwei besondere Meisterwerke bekannt: die *Prince Royal* und die *Sovereign of the Seas,* die 100 Kanonen an Bord hatte und ihrer Zeit um mindestens 150 Jahre voraus war.

Galeonen im Hafen. (Gemälde von Lemoyne de Morgues, 1564. Service Hydrographique de la Marine, Paris.)

Der Unterschied zwischen den englischen und den spanischen Schiffsbesatzungen jener Zeit war ebenso gravierend wie die andersartige Bauweise der Fahrzeuge selbst. Während die Galeonen mit Soldaten bemannt waren, die – wenn überhaupt – nur beim Entern als wirkungsvolle Abwehr eingesetzt werden konnten, hatten die englischen Schiffe ausschließlich Seeleute an Bord. Sie ließen sich nur selten auf das riskante Unternehmen ein, wohlbewachte Galeonen zu entern, sondern hielten sich in erster Linie an ihre Bordgeschütze. Dieser Faktor spielte bei der Niederlage der Armada eine entscheidende Rolle. Die Engländer hatten als erste begriffen, daß für den Mittelmeerraum gebaute Schiffe den Bedingungen einer Seeschlacht in den sturmgepeitschten Meeren der Neuen Welt nicht gewachsen waren. Dieser Einsicht hatte England es zu verdanken, daß aus dem armen Inselreich von Königin Elisabeth I. in kurzer Zeit die »Herrin der Meere« wurde.

5 Was ein Schatzsucher alles braucht . . .

**Das lärmende Ungetüm.
Letzte Vorbereitungen.
Das Durcheinander lichtet sich.
Ein Unfall**

Montag, 22. Juli 1968. Hier im Hafen von San Juan herrscht eine beinahe unerträgliche Hitze, die uns sehnsüchtig an die kühle Brise der Silberbank denken läßt.
Um acht Uhr morgens nehmen Remy und ich ein Taxi und fahren in die Stadt, um weitere Ausrüstungsgegenstände einzukaufen, nachdem wir unseren Verbindungsmann in Puerto Rico beauftragt haben, die aus Frankreich erwarteten Leuchtbojen und Saugmundstücke abzuholen.
Wir suchen zwei Baumateriallager auf, um ein Rohr für unser Druckluft- und Sauggerät zu besorgen, können uns aber nicht auf die Größe der benötigten Leitung einigen. Wir entscheiden uns für einen Durchmesser von 24 Zentimetern, müssen uns aber sagen lassen, daß man unter Wasser bestenfalls mit einer 18-Zentimeter-Röhre zurechtkommen kann. Also kaufen wir wider Willen die kleinere und treiben außerdem einen biegsamen Ansaugschlauch von besonders guter Qualität auf, der ebenfalls 18 Zentimeter im Durchmesser mißt und 17 Meter lang ist.
Remy und ich trennen uns gegen elf Uhr, da mein Freund noch verschiedene Besorgungen zu machen hat und Sperrholz, Bretter, Nägel, Schrauben, Leim, Mastix und Werkzeug einkaufen muß. Am Spätnachmittag möchte er seine Familie auf St. Barthélemy besuchen,

von wo er spätestens morgen abend mit einer Kiste Rum an Bord der *Calypso* zurückzukehren verspricht.

Chefingenieur Philippe Sirot, außerdem Zuena, Bassaget und Delemotte haben sich mit langen Einkaufslisten in die Stadt aufgemacht. Wir haben zwei Autos gemietet und kommen gerade damit aus. Obwohl jeder von uns wild entschlossen seine Einkäufe tätigt, sehnen wir uns doch alle nach unseren herrlichen, kühlen Korallengewässern zurück, denn die Mittagssonne brennt erbarmungslos auf uns nieder. Überall in der Stadt fällt uns die fieberhafte Eile und Geschäftigkeit der Menschen und die vielen abgehetzten Gesichter auf – ein Phänomen, das sich immer einstellt, wenn wir lange auf See gewesen sind und dann wieder an Land kommen. Vielleicht aber ist all das geschäftige Treiben in der Stadt auch der Ausdruck einer anderen Art von Goldfieber.

Jeder von uns will seine Einkäufe und Besorgungen in San Juan so schnell wie möglich hinter sich bringen und wieder an Bord der *Calypso* zurückkehren, denn dieser Landaufenthalt verzögert unser Vorhaben an der Silberbank, zu dem wir alle auf dem schnellsten Weg zurückkehren wollen, um weiter unseren unterbrochenen Träumen vom Gold im Korallenmassiv nachzuhängen.

Ich glaube kaum, daß die Taucher, Techniker und Ingenieure an Bord der *Calypso* vor ein paar Wochen überhaupt einen Gedanken an die Konquistadoren oder an die zur Entdeckung der Neuen Welt führenden historischen Ereignisse verschwendet hätten. Nun aber ist in allen eine Art Historikerleidenschaft erwacht. Auch ich warte ungeduldig auf die Ankunft von Didi Dumas und John Soh, die uns weitere Informationen über den geschichtlichen Hintergrund des karibischen Raumes bringen sollen. Abends gibt es an Bord immer lange Gespräche und einen regen Wissensaustausch über dieses Thema. Cortez, Pizarro und Drake sind für uns inzwischen fast zu alten Bekannten geworden, denen wir uns irgendwie verbunden fühlen, da sie vor Jahrhunderten die gleichen Meere befuhren wie wir und um Inseln kämpften, auf denen auch wir an Land gehen. Der Ort so vieler und so dramatischer Ereignisse übt auch auf uns seinen Zauber aus. Heute morgen beobachtete ich Bassaget und Delemotte, als sie die *Calypso* verließen und durch die vor Hitze flimmernden Straßen der Stadt schlenderten. Der abwesende, fast stolze Ausdruck auf ihren Gesichtern verriet, daß sie tief in Gedanken versunken waren und ein Geheimnis mit sich herumtrugen, das sie von allen anderen Passanten, Spaziergängern und amerikanischen Touristen unterschied. Sie sind auf der Suche, Verschworene in einem ein wenig verrückten Unternehmen . . .

Ich bin den beiden in Tagträume versunkenen Freunden heute mittag auf dem Achterdeck der *Calypso* wieder begegnet. Am Kai stand ein dicker puertorikanischer Junge, der zu ihnen herübersah und Gesichter schnitt. Es gelang ihm jedoch nicht, ihre Aufmerksamkeit zu erregen, denn sie waren nur körperlich in San Juan, und ihre Gedanken waren weit weg von hier.

Beim Anblick dieses jungen Einheimischen fällt mir plötzlich ein, wie bunt gemischt die Abstammung der hiesigen Bevölkerung ist. Puerto Rico hat die Karavellen des Christoph

Kolumbus erlebt, bildete die Schwelle zum Reichtum für die Konquistadoren und das Ziel zahlloser Piratenangriffe, bis es den Seeräubern schließlich ganz in die Hände fiel. Puerto Ricos Geschichte ist reich an Gold und an vergossenem Blut; ihre Akteure waren bildschöne Kreolen, kühne Hidalgos und Abenteurer aller Art – eine würdige Ahnenreihe für diesen kleinen Jungen, der nicht weiß, daß wir auf dem Grund des Karibischen Meeres in die Fußstapfen seiner Vorfahren getreten sind.

Die Insel Puerto Rico wurde schon 1493, am Beginn der Erschließung Amerikas durch die Europäer, entdeckt und blieb, zusammen mit Kuba, von allen karibischen Kolonien am längsten unter spanischer Herrschaft. Puerto Rico trennte sich erst 1898 von seinem Mutterland; es ist daher nicht verwunderlich, daß seine Bewohner besonders treu an der Sprache und den Gebräuchen der Spanier festhalten.

Dienstag, 23. Juli. John Soh ist heute früh am Morgen angekommen und hat uns viel Informationsmaterial über spanische Galeonen und über William Phips, den größten Wrackausbeuter seiner Zeit, mitgebracht. Ich kann es kaum erwarten, endlich mit Lesen zu beginnen. Vorläufig muß ich mich aber noch um unsere neuen Ausrüstungsgegenstände kümmern und mich vergewissern, daß wir alle Besorgungen auf unseren langen Einkaufslisten erledigen, bevor wir auslaufen. Der Weg aus der Silberbank und wieder zurück ist trotz unserer markierten Fahrrinne zu riskant und das Verankern der *Calypso* mitten im Riffbereich zu mühsam, als daß wir öfter zum Einkaufen nach Puerto Rico fahren könnten. Das ist sehr schade, denn San Juan ist eine außerordentlich faszinierende Stadt, durch die auch heute noch der Geist ihrer bewegten Vergangenheit weht. Man findet hier die modernsten Luxushotels des karibischen Raumes, aber auch die älteste Kirche des gesamten amerikanischen Kontinents, San José. Innerhalb des Burgfriedens von Fort El Moro ist ein ausgezeichneter Golfplatz angelegt, doch das Fort San Geronimo steht noch und trägt die Schießscharten, durch die einst die Spanier ihre Geschütze abfeuerten, wie Pockennarben in einem verwitterten Gesicht. La Fortalezza, eine Befestigungsanlage aus dem Jahr 1530, wird noch immer benutzt – heute allerdings als Verwaltungsgebäude der Regierung. Wie überall in der Welt wurden die kühnen *Hidalgos* auch hier vom Amtsschimmel abgelöst. Es kostet mich einige Anstrengung, in die Gegenwart zurückzufinden und zu bedenken, daß wir uns in San Juan nicht auf einer historischen Bildungsreise oder als erholungsuchende Touristen befinden, sondern sehr handfeste, praktische Aufgaben haben.

Ein glücklicher Zufall hat es mir ermöglicht, einen großen Kompressor Marke »Worthington« mit 200 PS zu mieten, der so gut wie neu ist. Die Verhandlungen um das Preßluftgerät zogen sich endlos in die Länge, da ich dem Besitzer immer wieder versichern mußte, daß ich die Maschine nicht der Luftfeuchtigkeit aussetzen, sondern unter Deck unterbringen werde. Wir wurden uns schließlich doch einig. Der Kompressor wurde uns, wie vereinbart, heute nachmittag um 15 Uhr zur Pier 5, unserem Liegeplatz, geliefert.

Ich zweifle keinen Augenblick daran, daß uns diese wunderschöne Maschine das Leben zur Hölle machen wird. Was Preßluftgeräte betrifft, so scheint eine direkte Beziehung zwischen Lärmintensität und Leistungsfähigkeit zu bestehen. Ich versuche mich damit zu trö-

Bernard Delemotte bei der Arbeit mit unserem zusätzlichen Ansauggerät, das wir »pointe Bic« nennen.

sten, daß unser Exemplar außerordentlich wirkungsvoll sein wird. Wir werden uns seinem infernalischen Dröhnen keine Sekunde entziehen können, solange es läuft; jede einzelne Planke der *Calypso* wird in seinem Rhythmus schwingen. Wir werden zwölf Stunden am Tag nicht nur an Bord, sondern auch in weitem Umkreis auf und unter dem Wasser mit dem Kompressorlärm leben müssen. Doch es lohnt sich, denn dieses dröhnende Ungetüm wird uns die Korallen tonnenweise wegschaffen helfen.

Mittwoch, 24. Juli. Um vier Uhr morgens kam Didi Dumas planmäßig mit dem Flugzeug in San Juan an – und keiner war da, um ihn abzuholen. Der gute Didi war »stocksauer« und hatte allen Grund dazu. Unser Verbindungsmann auf Puerto Rico, der ihn hätte in Empfang nehmen und zu uns auf die *Calypso* bringen sollen, war aus irgendeinem Grunde nicht erschienen.

Seit Didi an Bord der *Calypso* ist, hat sich seine Stimmung zusehends gebessert. Dumas ist viel zu erpicht darauf, mit der Arbeit zu beginnen, als daß er uns nachtragen würde, daß wir ihn mutterseelenallein auf dem Flugplatz haben stehenlassen. Er sprudelt geradezu vor Ideen, wie man unser gesunkenes Schiff am besten freilegen könnte.
Dumas hat in seinem Buch »Epaves Antiques« (Gesunkene Schiffe der Antike) ausgeführt, wie man komprimierte Luft bei Ausgrabungen auf dem Meeresgrund anwenden kann. Das von ihm außerdem für bestimmte Fälle vorgeschlagene Ansaugverfahren, das er für praktikabel und zweckmäßig hält, ist bisher in der Praxis noch kaum erprobt worden. Seine gespannte Erwartung ist daher sehr verständlich, denn er sieht in der Bergung unseres Schatzschiffes eine ausgezeichnete Gelegenheit, seine Theorie anzuwenden und zu prüfen. Didi erläutert mir seine Vorstellungen an Hand einer Skizze und steckt mich mit seiner Begeisterung förmlich an. Die Vorrichtung besteht aus einer großen und sehr schweren Röhre, deren Gewicht es erlaubt, sie senkrecht im Wasser aufzustellen und am Meeresgrund fest zu verankern. An ihrem unteren Ende ist ein 10 bis 15 Meter langer, beweglicher Schlauch angebracht, der ständig mit Wasser gefüllt bleibt. Die benötigte Preßluft tritt ebenfalls am Fuß der festen Röhre ein. Mit derartigen Geräten hat es bisher immer die Schwierigkeit gegeben, daß sich im Auspuffrohr alle möglichen Substanzen festsetzen und dessen äußerstes Ende blockieren, das immer mehr oder weniger horizontal liegt. Didis Idee ist deswegen so interessant, weil sie eben diese Blockierungen ausschließt – so hoffen wir wenigstens.
Die *Calypso* ist unter der Glut der Tropensonne zu einem wahren Backofen geworden, so daß wir es beinahe als Erholung empfinden, zurück auf die drückend heißen Straßen von San Juan zu kommen. Wir müssen dies ohnehin tun, denn unsere Einkaufslisten enthalten viele Einzelheiten, die noch zu besorgen sind, zum Beispiel Hammer, Schlegel, Nylonschnur zum Abstecken unserer Planquadrate am Ausgrabungsort und Kabeltonnen zum Hochhieven des ausgegrabenen Materials. Die Einkaufsartikel werden verteilt, und alle eilen in die Stadt, sie zu besorgen.
Dumas verkündet mit einem breiten Grinsen, er habe sich eine Spezialliste zusammengestellt. Seine lange Erfahrung auf dem Gebiet der Meeresarchäologie hat ihn an Dutzende von Gegenständen denken lassen, auf die ich nie gekommen wäre. Wir beide machen daher einen besonderen Einkaufsbummel durch alle möglichen Geschäfte, vom Straßenbazar bis zur Drogerie, und erstehen Kunststoffschaufeln, mit denen Didi die Korallenbrokken zurechttrimmen will, eine ganze Kollektion Besen jeder Art und Größe, Straßen-, Haushalts-, Stroh- und Nylonbesen, die (wie ich staunend erfahre) unbedingt zur Ausrüstung eines Korallenriff-Archäologen gehören, sowie eine Reihe von Mülleimern, in denen unsere Fundstücke in frischem Wasser »eingeweicht« werden sollen.
Da wir befürchten, unsere kostbaren Einkäufe nicht rechtzeitig an Bord der *Calypso* geliefert zu bekommen, schleppen wir alles selbst zum Hafen. Auf den schmalen Bürgersteigen der Altstadt zwängen wir uns durch gaffende Touristengruppen und Puertorikaner in geblümten Hemden, die sich königlich über uns amüsieren. Schließlich wanken wir schweiß-

gebadet, unsere Mülleimer und ein Gewirr von Besenstielen krampfhaft umklammernd, an Bord, wo man uns mit einigem Erstaunen und vielen Frotzeleien erwartet.
»Laß sie nur reden«, knurrt Didi. »Sie werden mir noch einmal auf Knien für das Zeug danken!«
Remy de Haenen kam gestern abend mit seiner Cessna nach San Juan zurück und ist heute in aller Frühe mit Caillart, Deloire und Agostini zu einem weiteren Erkundungsflug über die Silberbank aufgebrochen.
In der Zwischenzeit geht das geschäftige Treiben an Bord unvermindert weiter. Wir haben mit dem Bau von großen Metallkörben begonnen, in die das Ansauggerät seine Beute vom Meeresgrund entleeren soll, und arbeiten den ganzen Tag fieberhaft daran. Bei Einbruch der Dunkelheit wechseln wir auf die Pier hinüber, um dessen Beleuchtung auszunutzen. Alle sind mit großem Eifer bei der Sache und löten, schneiden und hämmern drauflos. Wir sind zum großen Erstaunen und Gaudium unserer zahlreichen Zuschauer bis ein Uhr nachts damit beschäftigt.
Dienstag, 25. Juli. Das Verladen unserer Einkäufe hat bis in den frühen Morgen gedauert. Unser Preßluftgerät befindet sich fest vertäut im Laderaum, wie wir es seinem Besitzer zugesichert haben. All die Röhren, Schläuche, Körbe, Bretter, Nägel, Schrauben, Riemen, Leitungen, T-Stücke und Verbindungsteile sowie Trinkwasser, Proviant und die Kiste Rum aus St. Barthélemy sind nun ordnungsgemäß verstaut. Ich habe unsere beiden »Seeflöhe«, unsere Mini-U-Boote, samt Zubehör an Land schaffen lassen, um mehr Platz an Bord zu bekommen. Das Verladen der Fahrzeuge von der *Calypso* auf die Pier und von dort zu einem sicheren Lagerplatz in San Juan war für die auf dem Dock versammelten Zuschauer eine kleine Sensation.
Gegen 12.30 Uhr können wir bereits auslaufen. Ich bin sehr zufrieden, denn die Lademanöver waren in erstaunlich kurzer Zeit abgeschlossen, wenn man bedenkt, wieviel Fracht auf der *Calypso* verstaut werden mußte.
Noch ist die Silhouette der Insel Puerto Rico mit ihren alten Befestigungsanlagen und den umwölkten, waldbedeckten Bergen im Hintergrund nicht ganz verschwunden, als ich vom Achterdeck her schon das Geräusch von Sägen und Hämmern vernehmen kann. Remy baut dort mit Foulon, Coll und Gaston ein Arbeitsfloß, das er »Ausleger-Korbträger« nennt. Allenthalben werden Zweifel laut, ob dieses unförmige Ding überhaupt schwimmen könne.
Es herrscht eine solche Dünung, daß die Navigation sehr erschwert ist. Im Laufe der Nacht passieren wir die Navidad-Bank, ohne sie auf dem Radarschirm bemerkt zu haben.
Remy teilt uns am späten Abend mit, sein Werk nähere sich nun langsam der Vollendung. Alle ehemaligen Kritiker des Projekts werden beim Betrachten des fast fertigen Floßes zu Bewunderern und erkennen nun, daß Remy ganz genau weiß, was er tut. Remys Konstruktion sollte sich bei der nächsten Etappe unserer Ausgrabungen als eines der unentbehrlichsten Hilfsmittel erweisen. Vorläufig aber versucht jeder von uns, dem tüchtigen Baumeister Anregungen und Verbesserungsvorschläge für die Konstruktion zu geben.

Die *Calypso* verläßt Puerto Rico und nimmt Kurs auf die Silberbank.

An Bord der *Calypso*. Wir arbeiten fieberhaft am Zusammenbau der *James and Mary*.

Freitag, 26. Juli. Früh am Morgen passiert die *Calypso* die Untiefe, die wir beim letzten Mal übersehen hatten, da die Seekarten von diesem Gebiet sehr ungenau sind und die Strömungen um diese Jahreszeit stark variieren. Wir drehen nach Norden ab, scheinen aber an der gesuchten Rifflinie vorbei und zu weit nach Westen gefahren zu sein, so daß wir wieder auf Südostkurs gehen. Nach einiger Zeit zeigt sich ein Lichtpunkt auf dem Radarschirm. Die Entfernung beträgt fünf Meilen – ein ausgesprochener Glückstreffer. Wenig später haben wir unsere markierte Fahrrinne erreicht, die uns ins Herz der Silberbank führt. Es wird jedoch sehr spät, bevor wir Anker werfen können, denn trotz aller Vorsichtsmaßnahmen beim Markieren des Kanals ist die Einfahrt wesentlich schwieriger, als wir erwartet haben. Ich denke mit Schaudern an die Situation, in der wir uns beim plötzlichen Hereinbrechen eines Unwetters befinden würden, wenn einer der berühmt-berüchtigten Wirbelstürme aufkäme, die das Karibische Meer vier- bis fünfmal im Jahr zwischen Juli und Oktober heimsuchen. Hoffentlich bleibt uns das Glück auch weiterhin treu.

Die Silberbank beherbergt zahlreiche Tierkolonien verschiedenster Arten.

Samstag, 27. Juli. Heute morgen taucht Didi, dessen Arbeitseifer nicht zu bremsen ist, zu unserem »Steinbruch« hinunter, um das Wrack zu inspizieren. Beim Auftauchen wird er sofort von der gesamten Mannschaft umringt, denn jeder möchte die Meinung unseres Experten zu den Unterwasserausgrabungen und deren Aussichten hören. Didi aber zuckt nur die Schultern. Wie ein von der Last seiner Staatsgeheimnisse gebeugter Minister verweigert er jeden Kommentar und meint, es sei noch zu früh, sich ein Urteil zu bilden. Er möchte sich außerdem erst einmal gründlich mit den Örtlichkeiten vertraut machen.
Die Spannung, mit der jeder an Bord auf ein Wort von Didi wartet, liegt beinahe greifbar über dem Schiff. Unsere Besatzung besteht zum größten Teil aus jungen Männern, für die Didi mit seiner großen Erfahrung und seinem internationalen Ruf *die* Autorität und Bewertungsinstanz für die Chancen ihres abenteuerlichen Vorhabens darstellt. Dies zeigt sich schon allein darin, daß sie ihn auch im Gespräch untereinander stets *Monsieur* Dumas nennen.
Es ist sehr schwer für sie, die durch Didis Schweigen entstandene Spannung zu ertragen, denn sie sind alle fest davon überzeugt, einen Schatz oder doch wenigstens einige Goldbarren und sonstige Wertgegenstände zu finden. Es muß ja nicht unbedingt eine Schatztruhe à la Hollywood sein! Sie haben zum Teil auch schon ganz konkrete Vorstellungen, was sie mit ihrem Anteil an den wertvollen Funden anfangen werden: Morgan, unser Schiffskoch, will sich ein Rennpferd zulegen und es sich leisten können, einmal wirklich hohe Wetten abzuschließen. An Bord der *Calypso* kann er nicht auf Pferde setzen, und das fehlt ihm doch sehr.
Im Laufe des Tages verankern wir die drei norwegischen Blinkbojen, die ich aus Marseille habe kommen lassen.
Remys Floß für den Transport unserer großen Körbe ist inzwischen fertiggestellt und wird auf den Namen *James and Mary* getauft. Es soll uns Glück bringen, denn *James and Mary* hieß das Schiff, das William Phips mit den Schätzen der *Nuestra Señora de la Concepción* beladen konnte und das nach dem englischen Königspaar jener Zeit benannt war. Philippe Sirot und Dr. Tassy, der noch immer nicht tauchen darf und sich überall an Bord nützlich macht, haben den Namen in vielfarbigen Inschriften auf mehrere Stellen des Floßes gepinselt. Bald können wir unsere *James and Mary* über Bord hieven und zu Wasser lassen. Es stellt sich heraus, daß das Floß trotz seines seltsamen Aussehens und all der Unkenrufe bei seiner Entstehung durchaus seetüchtig ist.
Die in San Juan begonnenen Metallkörbe sind inzwischen ebenfalls fertig und an ihren Einsatzort gebracht. Sie sollen alles auffangen, was unsere Ansaugpumpe auszuspucken geruht, und sind mit feinem Maschendraht ausgelegt, damit uns kein Piaster entschlüpfen kann.
Didi, den die archäologischen Probleme bei der Bergung unseres Wracks nicht zur Ruhe kommen lassen, stattet dem Schauplatz unserer Ausgrabungen einen zweiten Besuch ab. Seinen Anweisungen folgend, messen Bernard Delemotte und Michel Deloire das ganze Gebiet und außerdem die Entfernung zwischen mehreren Punkten aus, die Didi abge-

steckt hat. Dumas vermutet eine Übereinstimmung zwischen diesen markierten Stellen und bestimmten Teilen der Galeone. Ich habe mit ihm über dieses Thema bisher noch kein Wort gesprochen, denn ich möchte sein Urteil so wenig wie möglich beeinflussen. Wir werden noch Zeit haben, unsere jeweiligen Schlußfolgerungen zu vergleichen.

Sonntag, 28. Juli. Dumas hat heute den ganzen Vormittag im Wasser verbracht und den Ausgrabungsort sorgfältig mit unserem Mikro-Sauggerät untersucht, um den Umkreis für unsere Suche genau bestimmen zu können. Sein besonderes Interesse gilt dabei dem Südostteil, wo er mehrere Holzteile und einige Teller gefunden hat. Er bringt noch einen besonders schönen Eßteller nach oben, der vom 300 Jahre langen Liegen im Salzwasser ganz schwarz ist. Wir wollen versuchen, ihn mit einer Säurelösung zu reinigen.

Beim Mittagessen erzählt uns Philippe Sirot etwas sehr Beunruhigendes. Er hat heute nacht während der Wache ein großes Schiff majestätisch und ruhig mitten durch die Riffe der Silberbank ziehen sehen. Caillart und ich sehen uns betroffen an. Nach allem, was wir über dieses Gebiet wissen, standen die Chancen für das Schiff, heil durch das Korallengewirr zu kommen, bestenfalls eins zu zehn. Vermutlich war sich der Kapitän über seine Position nicht im klaren (und wir wissen aus eigener Erfahrung, wie schwierig es in diesem Gebiet ist, seine Position genau zu kennen) und glaubte beim Anblick der friedlich vor Anker liegenden *Calypso,* er befinde sich in sicherem Fahrwasser – jedenfalls steuerte das Schiff mitten durch die gefährlichsten Riffe des Karibischen Meeres. Wir hätten uns sicher furchtbare Vorwürfe gemacht, wenn dem Dampfer etwas zugestoßen wäre.

Am Nachmittag schicke ich Bernard und Michel wieder nach unten, um weitere Messungen vorzunehmen. Nach Bernards Rückkehr an Bord trage ich die neuen Daten auf einer Karte ein, deren Maßstab zwei Zentimeter pro Meter beträgt. Plötzlich klärt sich das Durcheinander – ein deutliches Bild unseres Ausgrabungsortes entsteht.

Während mir Bernard über die Schulter sieht, zeichne ich die Maße einer typischen Galeone jener Zeit: 50 Meter Länge (einschließlich Bugspriet), 12 Meter Breite und 25 Meter Kielhöhe. Anschließend skizziere ich die Umrisse des Schiffes mit roter Tinte auf der Karte, und siehe da – es paßt alles zusammen, wenn man die Schlagseite nach Steuerbord berücksichtigt. Das Vorschiff der Galeone liegt auf Höhe der beiden Anker, die auf der Steuerbordseite gefunden wurden. Auch die Kanonen der unteren und oberen Geschützbatterie vom Vorder- und Achterdeck sind vorhanden, wobei die letztere aller Wahrscheinlichkeit nach mit der Kanone aus dem Korallenhügel Nummer 3 identisch ist.

Eine Reihe von Fragen bleibt allerdings noch offen. Warum liegen zum Beispiel auf dem zweiten Berg zwei Kanonen und wo ist vor allem das Achterdeck der Galeone? Zur letzteren Frage habe ich drei Hypothesen anzubieten: Erstens, die Poop könnte unter dem dritten Korallenhaufen begraben liegen (doch dies ist reichlich unwahrscheinlich); zweitens, der Hügel ist die Poop; und drittens, die Heckpartie der Galeone wurde nicht wie der Rest des Schiffes unter Korallen begraben, sondern lag auf dem Riff. In diesem Fall hätte Phips diesen damals leicht zugänglichen Teil ausschlachten können, der in der Folgezeit von Sturm und Seegang zerstört wurde und nun gänzlich verschwunden ist. Ich lege den ande-

Im Navigationsraum der *Calypso* wird der Ausgrabungsplan bearbeitet. Links im Bild Frederic Dumas.

ren diese dritte Hypothese vor und löse damit leidenschaftliche Diskussionen an Bord aus, die den ganzen Tag anhalten.

Am Nachmittag haben wir die schwierige Aufgabe, den Ankerplatz der *Calypso* nochmals zu erweitern, denn im Westen liegt ein bis an die Oberfläche reichendes Riff, das aus Sicherheitsgründen unbedingt entfernt werden muß. Leider stellt sich trotz einer kräftigen Explosion heraus, daß wir eine weitere Sprengung vornehmen müssen, da sich der Korallenschutt an der gleichen Stelle, an der zuvor das Riff aufragte, zu einem großen und gefährlichen Hügel aufgehäuft hat. Wir verpulvern 30 TNT-Ladungen, bis wir endlich mit dem Ergebnis der Sprengungen zufrieden sind.

Ich bin über all diese Unterwasserexplosionen recht unglücklich und habe mich mit Nachdruck geweigert, irgend etwas damit zu tun zu haben. Zuerst war ich fest entschlossen, keine weiteren Sprengungen zuzulassen, doch später mußte ich wohl oder übel meine Zustimmung zu dieser bedauerlichen, aber notwendigen Maßnahme geben. Kapitän Caillart, der für die Sicherheit der *Calypso* verantwortlich ist, hat seine ganze Überredungskunst und seinen Einfluß geltend gemacht, so daß ich mich schließlich widerstrebend fügte. Ich empfinde jede Zerstörung der Meeresfauna als ungeheuerlich, ja fast als Sakrileg – auch wenn sie im Interesse unserer Sicherheit notwendig erscheint.

Ein Taucherteam vertäut nun Backbordanker und Trossen am Meeresgrund, so daß unser Schiff bestens stabilisiert ist. Ich muß trotz meiner harten Worte gegenüber Caillart wegen der Unterwasserexplosionen zugeben, daß ich mir nun weniger Sorgen um die *Calypso* mache.

Bernard Delemotte entdeckt noch eine Kanone.

Die neuen Bojen sind inzwischen alle an Ort und Stelle gebracht und von Dr. Tassy beleuchtet worden, dessen Aufgaben alles andere als ein Ruheposten sind.
Auch unsere große Saugvorrichtung ist mit Hilfe der in San Juan besorgten Röhren und Schläuche zusammengebaut und voll einsatzbereit.
Heute abend gibt es eine Kinovorstellung auf dem Achterdeck; gezeigt werden unser Film über Haie und die Aufnahmen von der Silberbank, die John Soh mitgebracht hat. Anschließend findet eine neue Vollversammlung statt, in der eine im Prinzip schon gebilligte Angelegenheit verbindlich beschlossen werden soll: Frederic Dumas' Anteil an dem Schatz. Das Treffen ist seither unter uns als »die Teilung des Bärenfelles« bekannt. Es wird folgender Antrag eingebracht: »Wegen der großen Bedeutung von Mr. Dumas' technischem Beitrag zum ›Unternehmen Schatzsuche‹ soll der Genannte den gleichen Anteil an der zu erwartenden Beute erhalten wie alle übrigen Beteiligten.« Nach vollzogener Abstimmung wird bekanntgegeben, daß Dumas gleichberechtigt in den Kreis der Goldsucher aufgenommen ist. Ich werde beauftragt, Didi die frohe Mär zu überbringen.
All dies ist natürlich halb spaßhaft gemeint – aber auch nur halb. Im Grunde seines Herzens ist wahrscheinlich keiner so ganz davon überzeugt, daß uns hier wirklich ein Goldschatz in die Hände fallen wird.
Das Wetter macht uns heute etwas zu schaffen. Es weht ein scharfer Südostwind, und das Meer ist infolge der starken Dünung auch im geschützten Riffbereich sehr unruhig.
Montag, 29. Juli. Es scheint, als kämen wir mit unseren Vorbereitungen nie zu einem Abschluß. Natürlich sind all unsere Vorarbeiten äußerst wichtig, doch ich erwarte mit wachsender Ungeduld den Beginn unserer eigentlichen Bergungsaktionen. Meine Unruhe ist um so größer, als in absehbarer Zeit mit einem Sturm zu rechnen ist. Selbst wenn ich mich darin täusche, scheint es mir doch recht zweifelhaft, ob wir vor dem Einsetzen der großen Wirbelstürme mit unseren Ausgrabungen noch sehr weit kommen werden.
Leider können wir auch heute noch nicht mit den eigentlichen Arbeiten beginnen. Wir müssen das aus vier Tonnen bestehende Floß, das unser Preßluftgerät tragen soll, noch an drei Stellen fest verankern und auch für die *James and Mary* einen stabilen Liegeplatz schaffen. Die Auswahl der Standorte für unsere Geräte und Hilfsmittel muß den Gegebenheiten unseres Arbeitsfeldes natürlich sorgfältig angepaßt werden. Auch muß die *James and Mary* nahe genug an die *Calypso* herangebracht werden, damit wir später die schweren Korallenkörbe sicher an Bord hieven können.
Unter dem Tonnenfloß werden die beiden insgesamt 7 Meter langen Röhren angebracht, die unser Ansauggerät darstellen, und am unteren Ende mit einem stabilen Gußeisenknie von 90 Grad verbunden. Die senkrechte Leitung läßt sich durch diese im rechten Winkel gebogene starre Röhre mit dem biegsamen Schlauch verbinden, den wir am Ausgrabungsort einsetzen wollen. Die ganze Vorrichtung steigt und fällt in der Dünung um einen guten Meter und prallt gelegentlich gegen einen der umliegenden Korallenvorsprünge, so daß sich einige Taucher mit Spitzhacken daranmachen, diese Riffspitzen abzuschlagen. Es ist eine schwere, mühsame Arbeit, die sich bis in die Nachtstunden hinzieht.

Alle anderen Besatzungsmitglieder schleppen gemeinsam den schweren Worthington-Kompressor an Deck, wo er morgen gebraucht wird. Das Ungetüm hat ein erstaunliches Gewicht und scheint bei jedem Schritt noch schwerer zu werden. Schließlich haben wir es aber geschafft und können uns den hundert anderen Vorbereitungen widmen.

Am Abend sehen wir uns trotz unserer Erschöpfung zwei weitere Filmrollen vom Wrack und seiner Umgebung an. Die Aufnahmen stammen von Deloire und Omer, die mein neues Beleuchtungssystem von vier 750-Watt-Scheinwerfern dafür verwendeten. Diese neue Lichttechnik hat meines Erachtens eine neue Ära der Filmaufzeichnungen unter Wasser eröffnet.

Dienstag, 30. Juli. Ich bin der Ansicht, daß Raymond Coll die Ehre gebührt, als erster von uns mit den eigentlichen Ausgrabungen zu beginnen. Raymond ist schon sehr lange bei uns und hat überdies spanische Vorfahren. Da in seinen Adern also katalanisches Blut fließt, scheint es mir irgendwie sinnvoll, ihn den ersten Spatenstich zur Befreiung der *Nuestra Senora* aus ihrem Korallengrab tun zu lassen.

Über einer letzten Inspektion unserer diversen Ankertrossen und des Druckluftgerätes vergeht der ganze Vormittag. Ich gehe alle Vorrichtungen Zentimeter um Zentimeter durch und werde nach Beendigung meiner Prüfungsrunde von Bernard Delemotte abgelöst, der diese Inspektion der Sicherheit halber noch einmal vornimmt. Wir haben die Plattform für das Ansauggut inzwischen mit großen Sperrholzplatten ausgelegt und grellgelb gestrichen, so daß sie weithin sichtbar ist. Das Ganze wurde im 16 Meter tiefen Wasser sicher verankert. Die biegsame Leitung des Sauggerätes reicht nun über mehr als 6 Meter am Meeresgrund zur ersten Ausgrabungsstelle.

Wir sind jetzt so weit, daß wir den Kompressor ausprobieren können. Auf mein Signal hin wird das Gerät eingeschaltet. Unseren Berechnungen zufolge müßte die ganze Vorrichtung 50 Tonnen Wasser, Sand, Schlamm und Korallenschutt in der Stunde vom Meeresboden nach oben pumpen. Unser Ansaugsystem wirkt geradezu furchteinflößend und erfordert größte Aufmerksamkeit und Vorsicht auf seiten der Taucher, denn sein Sog reicht ohne weiteres aus, einem den Arm auszureißen. Bei einem Druck von einer Atmosphäre würde buchstäblich das Blut durch die Haut gezogen. In Anbetracht dieser Gefahren heißt unsere Ansaugvorrichtung daher bei den Tauchern »das Monster von Loch Ness« oder kurz »das Monster«.

Als zusätzliche Vorsichtsmaßnahme gebe ich an die Taucher rote Gummihandschuhe aus, die wir zufällig an Bord haben, und hoffe, daß das Pumpenkommando die Hände der unter Wasser Arbeitenden sehen und das Gerät entsprechend bedienen kann.

Frederic Dumas hat den Vorschlag gemacht, die Arbeit der Taucher auf dem Meeresgrund durch große Bleigewichte von je zehn Pfund zu erleichtern, an deren Ende ein Ring befestigt ist. Da einen das Wasser in der Tiefe trägt, ist es ohne zusätzliche Beschwerung fast

Umseitig: Auf dem Meeresboden war eine Fläche für unsere Arbeit freizumachen; ringsum aber ging das Korallenleben weiter.

unmöglich, an einer Stelle zu verharren. Aus diesem Grund tragen Taucher meist Gewichte am Gürtel. Dumas' Vorschlag beruht im Grunde auf dem gleichen Prinzip. Der Ring, mit dem die Bleistücke an der Hüfte befestigt werden, erleichtert den Austausch der Gewichte: Hat man seine Schicht auf dem Meeresgrund hinter sich, so gibt man die Beschwerung einfach an den nächsten Taucher weiter. Wir sind außerdem übereingekommen, die Taucher Stiefel statt Flossen tragen zu lassen, damit ihre Stabilität im Wasser zusätzlich erhöht wird.

Frederic Dumas machte uns nur zögernd den Vorschlag, Bleigewichte mit Halteringen anzufertigen, denn er fürchtete, eine Arbeit von uns zu verlangen, auf die wir nicht eingerichtet sind. Er hätte aus eigener Erfahrung allerdings wissen sollen, daß man auf der *Calypso* alle möglichen unvorhergesehenen Dinge fabrizieren kann. Gegen Mittag reiht sich bereits ein gutes Dutzend Bleizylinder, wie reines Silber glänzend, auf dem Achterdeck. Sie haben statt eines einfachen Hakens oder Ringes einen regelrechten Sicherheitshalter, der ihre Anwendung wesentlich vereinfachen wird.

Roger Dufreche hat die Gewichte angefertigt, ohne Dumas etwas davon wissen zu lassen. Die Überraschung ist ihm auch wirklich gelungen: Didi, dem Schweigsamen, entschlüpfte ein anerkennendes »Ausgezeichnet!«, und dies war Roger Dank genug.

Jedesmal, wenn wir ein Vorhaben beginnen, dessen Probleme und Tücken wir anfangs noch nicht so recht absehen können, lasse ich alle Vorbereitungen und Probeeinsätze besonders langsam und gründlich durchführen, bis wir alle Aspekte unserer Arbeit überblikken können. Wir haben diesen Grundsatz bei unserer archäologischen Expedition ins Grand Congloué befolgt und wollen uns auch diesmal daran halten. Nur so können wir vermeiden, uns hinterher sagen zu müssen: »Wir hätten dies oder jenes anders machen sollen.« Das ist auch der Grund, weshalb die *Calypso* so viel Trinkwasser und Proviant wie möglich an Bord führt.

Endlich ist es soweit: Die eigentliche Arbeit kann beginnen. Der Kompressor wird eingeschaltet. Raymond Coll taucht ins Wasser und setzt das Sauggerät auf dem dritten Korallenhügel an. Alles läuft wie am Schnürchen. Wir haben drei Taucherteams unter der Leitung von Dumas, Coll und Delemotte gebildet, von denen eines mit Raymond das Sauggerät bedient. Das zweite nimmt das Abräumgut in Empfang, zerkleinert und sichtet es und füllt es schließlich in die dafür vorgesehenen Metallkörbe. Jede Tauchergruppe arbeitet in zwei Schichten von jeweils 90 Minuten, zwischen denen sechs Stunden lang Korallenbrocken aufgeschlagen und sortiert werden. Die Männer haben einen anstrengenden 9-Stunden-Tag. Anhand der Karte von unserem Ausgrabungsgebiet habe ich unseren Tauchern erklärt, wie wir das Wrack angehen wollen. An der Stelle, an der die beiden Steuerbordkanonen liegen, soll ein Graben quer durch das Schiff gezogen werden.

Didi befürchtet allerdings, daß der Meeresboden um den dritten Korallenhügel zu hart ist, als daß wir mit der Saugpumpe allzuviel ausrichten könnten, und macht den Gegenvorschlag, unsere Ausgrabungen in der Vertiefung zu beginnen, in der wir das Faß mit den Nägeln gefunden haben. Tatsächlich arbeitet unser Gerät dort besonders gut.

Delemottes Team ist nun an der Reihe, die anderen Taucher abzulösen. Ich schließe mich ihnen an, da ich das Sauggerät unbedingt selbst ausprobieren möchte. Von Didis Bodenvertiefung aus ziehe ich einen Graben nach Norden, der um die drei mittschiffs entdeckten Kanonen auf der Steuerbordseite herumlaufen und, den Hügel im Süden umgehend, schließlich in den ursprünglich geplanten Graben einmünden soll.
Bei diesen ersten Einsätzen unserer Ansaugpumpe und unseren Bemühungen, deren Handhabung zu erlernen und zu üben, stellen sich unweigerlich Schwierigkeiten ein. Eine Panne passiert uns gleich zu Anfang: Es platzt uns ein Rohr.
Für mich war die einzige Gelegenheit, einige Erfahrung im Umgang mit Druckluftgeräten unter Wasser zu sammeln, unsere früheren Arbeiten am Grand Congloué. Damals setzten wir in etwa 45 Meter Tiefe eine Pumpe mit Röhren von 120 Millimeter Durchmesser ein. Hier in der Silberbank müssen wir jedoch weit schneller vorankommen und verwenden daher 150-Millimeter-Rohre, um die bei einem bestimmten Druck erzielte Förderungsmenge zu erhöhen. Das Neuartige an diesem von Didi angeregten Verfahren besteht darin, daß wir Arbeitsbereich und »Schuttablage« so weit wie möglich auseinandergelegt haben. Wir erreichen dies nicht durch ein waagerecht liegendes Auspuffrohr an der Wasseroberfläche, dem der Schlamm durch ein senkrechtes Saugrohr zugeführt wird, sondern verlegen auf dem Meeresgrund eine Horizontalleitung, die in das vertikale Rohr einmündet. Dieses Verfahren setzt natürlich voraus, daß der Luftschlauch besonders strapazierfähig und flexibel ist, damit er auch Blockierungen und Stauungen aushalten kann.
Es ist beinahe eine Kunst, die Ansaugpumpe richtig zu bedienen, obwohl Didis Neuerungen die Schwierigkeiten bereits auf ein Minimum reduziert haben. Man kann den biegsamen Teil der Leitung nun beinahe wie einen Staubsauger einsetzen. Didi bevorzugt allerdings den Vergleich mit einem Tier, das besonders vorsichtig und überlegt gefüttert werden muß. Es darf nur so viel Sand und Steine schlucken, wie es ohne Verstopfung verdauen kann, und braucht genügend Wasser, um die Feststoffe möglichst reibungslos wieder ausscheiden zu können. Unsere Taucher haben am Anfang nicht auf eine ausreichende Wasserzufuhr geachtet, so daß unsere Ansaugpumpe prompt verstopft ist. Mit der Zeit aber finden sie den richtigen »Dreh«.
Didis Bleigewichte haben bei den Tauchern großen Anklang gefunden, und jeder trägt zwei davon – zwanzig Pfund zusätzlichen Ballast. Sie sind alle sehr zufrieden damit.
Didi allerdings denkt gar nicht daran, die Gewichte zu tragen, und muß sich von den anderen entsprechend »aufziehen« lassen, da er sie diese merkwürdigen Bleiklötze mit sich herumschleppen läßt, sich selbst aber ausschließt. Didi rechtfertigt sich schließlich damit, daß er sich lieber an einem Leitungsrohr oder einem Korallenblock festhält. »Ich will einfach beweglich bleiben, anstatt mich künstlich zu beschweren. Ich möchte mich leicht und schnell im Wasser bewegen können, um alles im Auge zu behalten und überall einzuspringen, wo ich gebraucht werde.«
Die Erklärung ist durchaus einleuchtend, vor allem in Anbetracht der Bedingungen, die wir bei der Arbeit auf dem Meeresgrund antreffen. Häufig liegen uns Felsstücke und

Kommandant Cousteau und Deloire diskutieren, in welcher Richtung weitergegraben werden soll.

Korallenbrocken im Weg, die für die Saugleitungen zu groß sind und daher schnell beiseitegeräumt werden müssen, bevor sie in den Bereich der Pumpe kommen.
Die roten Handschuhe bewähren sich sehr gut und sind selbst in den Schlammwolken, die wir aufwühlen, gut sichtbar. Ich kann nur hoffen, daß wir mit etwas Glück und großer Vor-

Alle Mann an Bord helfen mit, wenn wieder eine Ladung Korallenbrocken vom Meeresgrund an Deck gehievt wird.

Kommandant Cousteau inspiziert auf dem Meeresgrund die Ausgrabungen an einem der Korallenhügel.

Inmitten einer großen Schlammwolke blasen die Taucher einen Schwimmkörper auf, mit dem ein Korb voll Korallenbrocken und archäologischen Funden nach oben gebracht werden soll.

sicht Unfälle vermeiden können. Dr. Tassy macht sich in dieser Hinsicht noch mehr Sorgen als ich und hält sich ständig zur Hilfeleistung für den Notfall bereit. Neben seinem Posten als Bojenbeleuchter arbeitet er an Deck der *Calypso* eifrig und zuverlässig im Team der »Korallenaufklopfer«.

Allmählich wird der Abräumschutt am Meeresgrund zu einem wirklichen Problem. Er muß ständig schnell, aber vorsichtig entfernt und genau auf etwaige Indizien oder wertvolle Fundstücke untersucht werden. Die Taucher sortieren die größeren Korallenbrocken daher aus und legen sie in Netze, die an Bojen befestigt sind und nach dem Füllen durch Einlassen von Preßluft in die Bojen an die Oberfläche befördert und an Bord genommen werden.

Über unserer Arbeitsstelle schwebt ständig eine Wolke aus Schlamm und Korallenkalk. Oft ist die Sicht so schlecht, daß wir die Ausgrabungsarbeiten vorübergehend einstellen müssen, bis sich das Wasser wieder etwas geklärt hat.

An der Oberfläche sieht es nicht besser aus, denn das Achterdeck der *Calypso* ist bereits vollständig mit Korallenbrocken aller Art und Größe bedeckt.

Mit Hilfe des stärksten Hebezeugs, über das die *Calypso* verfügt, hat eines der Teams inzwischen mehrere seltsam geformte Korallenbildungen von einigen Tonnen Gewicht an Deck gehievt, die Michel Deloire als »Korallenkanonen« bezeichnet. Wenn man mit dem Vorschlaghammer dagegenschlägt, entsteht ein merkwürdiges, hallendes Geräusch. Wir hauen etwas von dem Korallenüberzug ab und bemerken darunter ein metallisches Glitzern: Michel hatte recht, es sind tatsächlich Kanonen.

Ein amerikanisches Flugzeug hat mehrmals tief über uns gekreist und beobachtet uns offenbar mit großem Interesse. Seine Besatzung hält uns wahrscheinlich für völlig verrückt, weil wir ausgerechnet in diesem Korallengewirr Anker geworfen haben. Unser riesiger Kompressor und die Radarausrüstung dürften den Fliegern einige Rätsel aufgeben.

Heute haben wir zum erstenmal interne Schwierigkeiten in unserem Mitarbeiterkreis, die allerdings menschlich sehr verständlich sind. Einer unserer Leute, Raymond Amaddio, hat einen solchen Grad von Erschöpfung erreicht, daß er nachts nicht mehr schlafen kann, und sich gezwungen sieht, nach Frankreich zurückzukehren. Er ist sehr unglücklich darüber. Der verlorene Anteil an unserem »Schatz« spielt dabei sicher kaum eine Rolle, denn Raymond gehört zu den wenigen Kameraden an Bord, die von allem Anfang an starke Zweifel an der Existenz wertvoller Fundstücke in unserem Wrack hegten. Ich habe alles versucht, ihn zu trösten und ihm vorgeschlagen, erst einmal eine Weile auszuspannen und sich zu erholen, bevor er eine endgültige Entscheidung trifft.

6 Galeonen in Gefahr

**David und Goliath.
Entermesser und Hellebarden.
Die Ohnmacht des Königs.
Wirbelstürme**

An Bord der Galeone *Almirante de Honduras* Seiner Allerkatholischsten Majestät waren alle Vorbereitungen getroffen. Die Soldaten hatten ihre Musketen zur Hand und hielten brennende Lunten bereit, während die Kanoniere ihre Geschütze klar zum Gefecht machten. Man hatte an Deck Sand ausgestreut, um bei dem zu erwartenden Blutvergießen im Kampf einen festen Stand auf den Planken zu haben. Überall auf dem Schiff wurden Eimer mit Sand und Wasser zum Feuerlöschen bereitgestellt. Vom Fuß des Großmasts aus zog sich ein Enternetz über die Eingänge zum Laderaum. Eine verängstigte Herde von Frauen, Kindern, Kolonisten und Kaufleuten drängte sich im dürftigen Schutz dieses Netzes zitternd, schreiend oder betend zusammen. Zwei Mönche und ein Priester stimmten mit der Menge Choräle an, während ein Kapuzinermönch in einem Winkel des Schiffes die Beichte entgegennahm und seine Schäflein mit ungewohnter Milde von ihren Sünden lossprach.

Die *Almirante,* ein Schiff von 600 Tonnen und mit 68 Kanonen an Bord, war erst kurz zuvor aus Cartagena ausgelaufen und befand sich auf dem Weg nach Kuba, von wo aus sie im Konvoi mit den Galeonen der Tierra-Ferma-Flotte nach Spanien zurückkehren sollte. Unterwegs war das Schiff jedoch leckgelaufen und blieb mehr und mehr hinter seinen beiden Begleitgaleonen zurück, bis der Konvoi schließlich ganz außer Sichtweite gekommen war.

Der Kapitän und die Schiffsoffiziere der *Almirante de Honduras* hatten sich deswegen allerdings keine grauen Haare wachsen lassen, denn man befand sich eben erst im Beginn der Wirbelsturmsaison, und es herrschte eine gleichmäßige, gute Segelbrise. Mit ein wenig Glück würde man sich schon bis in die Heimat durchschlagen.

Doch das Glück ließ die *Almirante* im Stich. Mitten in die zuversichtlichen Überlegungen der Offiziere gellte ein Ruf des Matrosen im Ausguck, der ein in rascher Fahrt sich näherndes Schiff gesichtet hatte. Kein Zweifel – es war ein Seeräuberschiff; selbst der unerfahrenste Seemann an Bord konnte dies an der Takelage, der Form des Vorderstevens und der Tatsache erkennen, daß der Segler keine Hoheitszeichen führte. (Die berühmte Piratenflagge – im englischen Sprachraum als »Jolly Roger« bekannt – kam erst sehr viel später in Gebrauch, als sich die Seeräuberära bereits ihrem Ende zuneigte. Sie zeigte einen Totenschädel mit gekreuzten Knochen auf schwarzem Grund.)

Auf der Galeone wurde sofort ein großer Kriegsrat einberufen. Wie ein Lauffeuer verbreitete sich die Nachricht von dem bevorstehenden Piratenüberfall und löste unter den dichtgedrängten Passagieren des überladenen Schiffes eine große Panik aus. Selbst die am Achterdeck versammelten Schiffsoffiziere wirkten ernst und sorgenvoll.

Die panische Angst und hektische Aktivität, die beim Anblick des fremden Schiffes an Bord der *Almirante de Honduras* ausbrachen, wären einem Beobachter aus einem späteren Zeitalter sicher reichlich übertrieben, fast ein wenig lächerlich vorgekommen. Der kleine Piratensegler schien dieser mächtigen Galeone hoffnungslos unterlegen. Es war ein Zweimaster mit dreieckigen Groß- und Toppsegeln, lag tief im Wasser und maß nur etwa 35 Meter bei einer Breite von knapp 7 Meter, so daß er neben der imposanten Masse der Galeone wie eine Nußschale wirkte. Das Seeräuberschiff hatte jedoch eine stattliche Besatzung von fast hundert Mann, die nun alle an Deck versammelt waren, besaß aber so wenig Geschütze, daß man von der Galeone aus kaum eine Kanone sehen konnte. Das beinahe harmlose Aussehen des Piratenschiffes ließ die anfängliche Panik unter den Passagieren und der Crew der *Almirante* etwas abklingen – zumindest bei denjenigen, die noch nie einen Seeräuberüberfall erlebt hatten.

Es schien geradezu als absurd, angesichts der stattlichen Ausmaße des stolzen spanischen Seglers und seiner schweren Bestückung am Sieg über diesen anmaßenden kleinen Feind zweifeln zu wollen. Mit diesen Piraten würde man gewiß ganz kurzen Prozeß machen.

Das Seeräuberschiff lag nur noch wenig hinter der Galeone zurück, die den Abstand nicht vergrößern konnte, obwohl sie alle Segel gesetzt hatte. Doch die Geschwindigkeit gab sicher nicht den Ausschlag – die Spanier hatten andere Mittel. Die *Almirante* verfügte beispielsweise über eine eben erst in Spanien eingeführte Neuerung: Der Steuermann lenkte das Schiff von einer dem Kreuzmast gegenüberliegenden Kajüte aus, so daß er die Segel ständig im Auge behalten konnte, während er diese zuvor nicht hatte sehen können. Dies

Darstellung einer Schonerbrigg, wie sie von den Piraten um die Mitte des 17. Jahrhunderts besonders gerne benutzt wurde, von Gustave Alaux. (Musée de la Marine, Paris.)

war eine eindeutige Verbesserung bei einer Schiffsbauweise, bei der die Manövrierfähigkeit des Fahrzeugs nur zum geringsten Teil vom Steuerruder beeinflußt und in erster Linie von der Art der Segelsetzung abhängig war. Auch das Steuerruder konnte bei der *Almirante* mittels einer langen Pinne (Manual genannt) unmittelbarer gehandhabt werden als mit dem zuvor üblichen Blockscheibenmechanismus. Zwei berühmte Segelschiffe aus jener Zeit können uns über die Schiffe des 17. Jahrhunderts Auskunft geben: Die *Mayflower* aus dem Jahr 1620 und die *Wasa* (1628), die 1960/61 vor Stockholm vom Meeresgrund heraufgeholt wurde.

Eine Galeone im Gefecht. (Aus einer Zeichnung von Leon Haffner.)

Während das Piratenschiff immer mehr aufholte, gürteten sich die Offiziere auf der Galeone mit ihren Schwertern, stülpten sich den Helm auf und luden ihre Pistolen. Befehle schallten über das Deck, nach denen Besan- und Bugsprietsegel ausgerichtet wurden. Das große Schiff drehte sich langsam nach Backbord. Die hinter diesem Manöver stehende Absicht war klar: Man bereitete sich auf der Galeone darauf vor, eine Breitseite abzufeuern. Wegen der Langsamkeit und Schwerfälligkeit des Schiffes blieb dieses Vorhaben allerdings erfolglos, denn der leichtere und wendigere Piratensegler hatte dabei reichlich Zeit, ebenfalls abzudrehen und achtern zu bleiben. In dieser Position konnte man von der Galeone aus nur mit zwei auf dem Achterdeck befindlichen Kanonen das Piratenschiff bestreichen – und auch dies nur mangelhaft, da sie wie alle anderen Geschütze an Bord starr befestigt waren und sich nicht einzeln auf das Ziel ausrichten ließen. Wenn man die Kanonen auf den Feind richten wollte, mußte man daher die Galeone selbst und nicht ihre Geschütze bewegen, wobei eine einzige Welle genügte, um die Kugeln hoch in den Himmel oder dicht neben dem eigenen Schiff ins Wasser zu schicken. Da die Kugeln von vorn durchs Geschützrohr geschoben werden mußten, war das Nachladen eine äußerst zeitraubende Angelegenheit. Die Kanoniere liefen auf den außerhalb der Bordwand liegenden Rundgängen hin und her, stopften Pulver und Kanonenkugeln in die Geschützrohre und waren dabei den Brechern und den Feuerwaffen der Piraten schutzlos preisgegeben. Der kommandoführende Kanonier ließ die bereits erschöpften Männer eine weitere Salve von zehnpfündigen Kanonenkugeln abfeuern, die ihr Ziel aber ebenfalls weit verfehlten.
Inzwischen hatte sich die Entfernung zwischen den beiden Schiffen so weit verringert, daß die Spanier von der hohen Heckpartie ihrer Galeone aus die an Deck des kleinen Seglers versammelten Piraten deutlich erkennen konnten. Man war sich darüber klar, daß man schnell Gelegenheit bekommen würde, die Seeräuber aus nächster Nähe zu sehen, denn bei der im toten Winkel der spanischen Bordwaffen befindlichen Position des Piratenschiffes war mit einem baldigen Enterversuch zu rechnen. Der kleine Segler mußte in Kürze dicht auf die Galeone auffahren, so daß seine Besatzung an Deck des spanischen Schiffes klettern konnte. Die Piraten waren allesamt erfahrene Seeleute, die ihr Handwerk verstanden, durchtrainiert, wendig und blitzschnell agierend, während die spanischen Soldaten keinerlei Erfahrung mit dieser Art von Kriegführung besaßen und kaum etwas tun konnten, als an Deck herumzustehen und auf den Angriff zu warten.
Die Bewaffnung der Seeräuber bestand in kurzen Säbeln, Entermessern und Pistolen. Die letzteren waren zum Entern eines Schiffes allerdings wenig geeignet, da sie sich nur einmal abfeuern und im Nahkampf wegen ihrer Länge kaum nachladen ließen. Manche Piraten trugen daher acht Pistolen und mehr im Gürtel oder im Bandelier.
Die Seeräuber hatten ihr Schiff nun ganz nahe an die Galeone herangebracht, befestigten steuerbords ihre Enterhaken und sprangen unter wildem Kampfgeschrei hinüber. Nach einem bestens durchorganisierten Schlachtplan griff eine Piratengruppe die Schiffsoffiziere an, eine andere fiel über die spanischen Soldaten her, während ein dritter Trupp das Enternetz durchschnitt und sich der Pulvermagazine im Laderaum bemächtigte. Es ge-

Wir haben einen besonders großen Anker gefunden. Im Vordergrund sieht man den Ankerring.

hörte zur Taktik der Seeräuber, mit der Sprengung des Schiffes zu drohen, wenn sich die Offiziere nicht sofort ergaben. In dieser Form wurden alle »klassischen« Piratenüberfälle durchgeführt.

An Deck der Galeone versuchten die spanischen Offiziere und Soldaten verzweifelt, irgendeine Form von Widerstand gegen die Eindringlinge zu organisieren, die plötzlich überall an Bord waren. Das Schiff war jedoch von Bug bis Heck mit Handelswaren vollgestopft; schreiende Passagiere rannten in wilder Panik umher oder versuchten, ihr Hab und Gut zu retten, so daß die Soldaten kaum an die Piraten herankommen, geschweige denn einen sinnvollen Gegenangriff führen konnten. Für die Seeräuber gab es all diese Probleme nicht; wollten sie zu einer bestimmten Stelle an Bord vorstoßen, so konnten sie sich fast mühelos einen Weg durch die verängstigte Menge bahnen.

Dazu kam, daß die Spanier für den Nahkampf gar nicht gerüstet waren. Ihre Helme und Brustpanzer boten ihnen zwar etwas Schutz, aber ihre Hauptwaffe, die Hellebarde, ließ sich inmitten einer Menschenmenge nur schwer handhaben. Die Säbel und Entermesser der Piraten dagegen waren für den Nahkampf hervorragend geeignet. Die Spanier waren außerdem mit Arkebusen bewaffnet, mit Hakenbüchsen, wie sie seit Beginn der Eroberung Amerikas in Gebrauch gekommen waren. Man hatte bemerkt, daß ihr lauter Knall die Eingeborenen in Panik versetzte und daß ihre großen Kugeln, von denen man immer mehrere zugleich laden konnte, die Arkebuse zu einer höchst wirksamen Waffe machten. Selbst wenn man den Gegner nur durch einen leichten Streifschuß verletzte, wurde der Getroffene mit Sicherheit zu Boden gerissen. Diese Hakenbüchse hatte jedoch einen erheblichen

Nachteil: Man mußte das Pulver mit einer brennenden Lunte zur Explosion bringen. Dieses Verfahren war ziemlich gefährlich und ließ sich bei Regen oder stärkerem Wind nicht mehr durchführen. Die Muskete war zwar wesentlich billiger und leichter zu handhaben als die Arkebuse, hatte sich zu der damaligen Zeit in der spanischen Armee jedoch noch nicht durchgesetzt. Die Spanier hatten diese Schußwaffe erfunden (obwohl deren Name aus dem Italienischen kommt); doch auch die Muskete war so schwer, daß man sie auf einer Gabelstütze oder der Schiffsreling auflegen mußte, wenn man einen halbwegs sicheren Schuß tun wollte.

Die Arkebusen und vereinzelten Musketen, die der spanischen Besatzung zur Verfügung standen, erwiesen sich an Bord der *Almirante de Honduras* daher als ebenso unwirksam wie die Bordkanonen, denn die Soldaten hatten weder genügend Zeit noch Platz, um ihre Waffen gegen den Feind einzusetzen.

Inzwischen war der dritte Piratentrupp auf das Pulvermagazin gestoßen und verwendete dieses als das übliche Druckmittel gegen die Verteidiger des Schiffes. Das Ergebnis war vorauszusehen: Schiffskapitän und Admiral wollten ihre Galeone lieber übergeben, als sie in die Luft gesprengt sehen.

Es blieb den Spaniern auch keine andere Wahl, denn die Piraten als hervorragende Seeleute hatten sich längst des Schiffes bemächtigt, indem sie Manual, Großsegel und Besansegel besetzten. Die Offiziere, die gegen die Eindringlinge das Schwert gezogen hatten, waren alle tot oder verwundet, und die wenigen Soldaten, die sich noch gegen die Seeräuber wehrten, wurden von den verängstigten Passagieren angefleht, die Waffen niederzulegen.

Sobald der Kapitän und der Admiral in Fesseln lagen und der letzte Widerstand gebrochen war, begaben sich die Piraten, die sich inzwischen völlig mit dem Schiff vertraut gemacht hatten, in die goldgefüllten Laderäume. Sie brachen die Riegel auf und warfen eine brennende Fackel in die Schatzkammer; es war die gleiche Fackel, mit der sie das Schiff in die Luft zu sprengen gedroht hatten. Die acht oder zehn spanischen Wachsoldaten lieferten den Seeräubern einen erbitterten, aber kurzen Kampf und lagen bald erschlagen an Deck. Nun war der Weg zu den Schatztruhen frei. Die Piraten brachen die Kisten mit ihren Äxten auf und sahen sich bald für ihre Mühen und Gefahren belohnt: In den Behältern stapelten sich unzählige Lederbeutel voll Juwelen und Münzen. Die meisten Seeräuber griffen nach den Geldsäcken, andere nahmen sich Beutel mit Perlen, doch die Schlauesten wählten ein paar Handvoll Smaragde aus, die aus Neu-Granada, dem heutigen Kolumbien, stammten.

Diejenigen, die sich für Münzen als Beute entschieden hatten, wurden bitter enttäuscht, als sie, wieder an Bord ihres eigenen Schiffes, ihre Beutel öffneten und an Stelle des erwarteten Goldes hauptsächlich Silberstücke fanden. Die Piraten (und mit ihnen auch die Geschichtsschreiber späterer Zeiten) hatten den wilden Geschichten von den unbegrenzten Goldschätzen der Neuen Welt allzu leicht Glauben geschenkt. Natürlich gab es Gold – Gold in großen Mengen; die Burg von Sevilla, in die der Reichtum Amerikas floß, wurde

Ein Soldat beim Zünden seiner Arkebuse. (Aus einem Werk von Jacques de Gheyn mit dem Titel »Maniement d'armes, d'arquebuses, de mousquets et piques répresente par figures«, Amsterdam 1608. Bibliothèque du Fort de Montrouge, Arcueil.)

mit einigem Recht »Goldturm« genannt. Der Turm war 1220 von Cid Abu el Ola erbaut worden, dem maurischen Herrscher in Sevilla. Ursprünglich stammte sein Name von den *azulejos,* den Keramikkacheln, mit denen seine Wände verkleidet waren, doch der spätere Name war durch die Funktion, die die Spanier diesem Turm in der Folgezeit gegeben hatten, voll gerechtfertigt. Allerdings bestanden die Schätze, die von den Galeonen in den Goldturm gebracht wurden, vorwiegend aus Silber aus den Minen Mexikos und Perus. Es gab zwar auch Gold, aber keineswegs in der überwältigenden Fülle, wie sie alte Geschichten glauben machten.

Die Piraten, die die *Almirante de Honduras* geentert hatten, waren längst nicht so grausam und blutrünstig, wie man vielleicht erwarten könnte. Damit soll natürlich nicht gesagt sein, daß sie nicht sofort jede Frau an Bord, die nicht gerade bodenlos häßlich war, vergewaltigt hätten; immerhin ließen sie die Soldaten, Matrosen und zivilen Passagiere am Leben. Der Kapitän, der Admiral und die spanischen Edlen waren für die Seeräuber lebend mehr wert als tot. Man hielt sie daher so lange gefangen, bis man sich über das Lösegeld geeinigt hatte.

Von den Frauen abgesehen, kamen die Priester an Bord wohl am schlechtesten von allen weg, denn die meisten Piraten waren Protestanten. Der Seeräuberkapitän selbst war Hugenotte. Er achtete sehr auf Disziplin und erlaubte seinen Leuten keinen Alkohol, solange sie sich an Bord eines gekaperten Schiffes befanden. Seine Mannschaft war ein min-

destens ebenso bunt zusammengewürfelter Haufe wie die Besatzung der *Almirante*; sie bestand aus Holländern, Dänen, Engländern sowie einigen Indianern.
Nach einer kurzen Führungsbesprechung mit seinen Schiffsoffizieren gab der neue Befehlshaber der *Almirante* seine weiteren Pläne bekannt. Man wollte die Galeone zu der Insel Tortuga bringen und ihre Fracht dort versteigern. Der Piratenkapitän teilte die Hälfte seiner Mannschaft zum Dienst an Bord der *Almirante* ein und kehrte, nachdem er die spanische Besatzung in einer drohenden Rede nochmals eindringlich verwarnt hatte, auf sein eigenes Schiff zurück. Kurz darauf wurden die Segel gesetzt, und die beiden Schiffe nahmen in dichtem Geleitzug Kurs auf die berühmt-berüchtigte Insel Tortuga im Karibischen Meer.
Die Insel Tortuga war zu jener Zeit für die Piraten des Karibischen Meeres ein sicherer Schlupfwinkel – zumindest für die französischen Freibeuter, deren englische »Kollegen« ihren Stützpunkt auf Jamaica hatten.
Die erste Seeräuberniederlassung im karibischen Raum lag jedoch weder auf Tortuga noch auf Jamaica, sondern auf der Insel St. Christoph, die heute St. Kitts genannt wird. St. Christoph war gemeinsamer Besitz der Engländer und Franzosen und stand damals unter der Herrschaft eines französischen Abenteurers namens Belain d'Esnambuc.
Ein Piratenstützpunkt in nächster Nähe der traditionellen spanischen Schiffahrtslinien war den Herren der Neuen Welt begreiflicherweise ein Dorn im Auge. 1630 stürmte der Admiral Fadrique de Toledo die Insel St. Christoph und vertrieb die englischen und französischen Seeräuber. Seine Streitmacht bestand aus neunundvierzig Schiffen, darunter fünfunddreißig Galeonen – eine überwältigende Kriegsflotte, denn die Macht der Spanier auf materiellem und personellem Gebiet war zu jener Zeit noch beträchtlich.
Achtzig der nun »heimatlos« gewordenen Piraten zogen daraufhin unter der Führung von Belain d'Esnambuc auf die Insel Tortuga – Schildkröte –, der Christoph Kolumbus selbst ihren Namen gegeben hatte. Die runde Insel sieht tatsächlich wie eine Schildkröte aus, deren Kopf nach Westen und deren Schwanz nach Osten zeigt. Es stellte sich bald heraus, daß die Seeräuber die Wahl ihres neuen Unterschlupfes nicht besser hätten treffen können, denn die reizvolle und fruchtbare Insel war mit hohen Bäumen und dichtem Gebüsch bewachsen und bot reichlich Trinkwasservorräte. Die hohe Steilküste Tortugas erlaubte nur an einer einzigen Stelle das Anlegen von Schiffen und ließ sich daher sehr leicht verteidigen. Der größte Vorzug der Insel bestand jedoch in ihrer geographischen Lage: Tortuga war nur durch eine knapp 7 Meilen breite Meerenge von der Insel Hispaniola getrennt. Die Piraten hatten es daher nicht weit zur Silberbank, dem Schicksalsriff der spanischen Galeonen, die auf der Rückfahrt zur Alten Welt vom Kurs abkamen.
Den Spaniern behagte die bedrohliche Nähe der Piraten auf Tortuga noch weniger als deren frühere Anwesenheit auf St. Christoph. Sie versuchten daher, die Seeräuber auch von dort zu vertreiben. 1638 gelang es ihnen, einen Trupp Soldaten auf Tortuga zu landen, der aber schon ein Jahr später von englischen Piraten angegriffen und verjagt wurde. Die Insel war nun fest in Händen der Engländer.

Ein Kamerateam filmt den Schauplatz unserer Ausgrabungen.

Die Briten ihrerseits wurden bald darauf von einem Franzosen namens Le Vasseur von Tortuga vertrieben. Le Vasseur war als Hugenotte und ehemaliger Offizier der französischen Marine ein Gefolgsmann von Belain d'Esnambuc und früherer Bewohner von St. Christoph gewesen. Der neue Gouverneur von St. Christoph, Philippe de Longvilliers de Poincy, erteilte ihm den Auftrag, den Engländern Tortuga wegzunehmen. Die Piraten von Tortuga unter d'Esnambuc hatten nämlich die Oberhoheit der französischen Krone über ihre Insel anerkannt, so daß – Engländer hin oder her – Frankreich sich noch immer als rechtmäßiger Herr Tortugas fühlte. Le Vasseur sollte als Belohnung das Amt des Gouverneurs von Tortuga erhalten. Er hielt sich drei Monate lang auf der Nachbarinsel Margot versteckt und führte danach einen Überraschungsangriff gegen die Engländer. Der Überfall kam so unerwartet, daß Tortuga der nur 49 Mann starken Invasionstruppe Le Vasseurs fast kampflos in die Hände fiel.

Unter Le Vasseurs Herrschaft wurden Befestigungsanlagen gebaut und Geschütze aufgestellt, um die Insel gegen weitere Invasionen verteidigen zu können. Im Schutz ihrer starken Mauern entwickelte sich die Insel mehr und mehr zu einem blühenden Handelszentrum. Tortuga war von französischen Siedlern bewohnt, die das Land bestellten, und bot den Piraten einen idealen Zufluchtsort, an dem sie ihre Beute umsetzen und sich von ihren Raubzügen erholen konnten. Viele der Siedler schlossen sich allerdings selbst den Seeräubern beziehungsweise Freibeutern an und wurden darin von dem Gouverneur der Insel, Le Vasseur, unterstützt, der ihnen im Auftrag von König Ludwig XIV. von Frankreich königliche Vollmachten für ihr Freibeutergewerbe verlieh. Tortuga wurde auf diese Weise zum festen Stützpunkt und »Heimathafen« der französischen Piraten, in dem man seine zusammengeraubten Güter losschlagen und sich bei Wein und Würfelspiel zerstreuen konnte. Bald war die Insel einer der reichsten Umschlagplätze des Karibischen Meeres und lieferte von den einfachsten Gebrauchsgütern bis zu Gold- und Silbergeräten alles, was das Herz begehrte. Die Bezahlung erfolgte natürlich in spanischer Währung, in Pesos und Piastern. Tortuga hatte zu jener Zeit etwa 10000 Einwohner, von denen ein Drittel sich als Piraten und Freibeuter betätigte.

Die Spanier waren verständlicherweise außer sich vor Zorn und versuchten mehrmals die Insel zu stürmen. Diesmal hatten sie es jedoch mit einem ebenso umsichtigen wie gutinformierten feindlichen Anführer zu tun. Während eines der spanischen Angriffe auf Tortuga schlug Le Vasseur – wenn auch unter hohen Verlusten – eine aus fünf Kriegsschiffen und sechshundert Soldaten bestehende Invasionsstreitmacht der Spanier zurück. Noch nie war Spaniens Handel mit der Neuen Welt so bis an die Wurzeln bedroht; nie zuvor hatte sich der spanische König so vielen und so gut gerüsteten Feinden gegenübergesehen.

Die Engländer standen den Franzosen im Kampf gegen Seine Allerkatholischste Majestät und in ihrer Liebe für deren Gold in nichts nach. Die *buccaneers,* wie sie sich nannten, überfielen von ihrem Stützpunkt Jamaica aus tollkühn und erbarmungslos jedes Schiff, das spanische Farben führte. (Der Ausdruck »buccaneer« stammt von dem französischen Wort boucaner = räucern. Die englischen Piraten erhielten diesen Beinamen, weil sie ihr Fleisch nach Art der Indianer räucherten, um es als Schiffsvorrat lange lagern zu können.)

Diese beiden Piratenzentren inmitten der Verbindungswege zwischen Spanien und dessen Kolonien in der Neuen Welt bedeuteten für die Konquistadoren eine tödliche Gefahr. Spanien hätte die Piraten – wenn es deren Schlupfwinkel schon nicht ausräuchern konnte – vielleicht mit deren eigenen Waffen schlagen können, indem es auf technisch-nautischem

Gebiet etwa, etwas Neues, Besseres entwickelte. Spanien versagte jedoch auch hier. Seine Galeonen blieben zwei Jahrhunderte lang praktisch unverändert; die Tatsache, daß sie immer größer und mit immer mehr Bordkanonen ausgerüstet wurden, hat mit nautischem Fortschritt wenig oder nichts zu tun. Schiffsbautechnisch gesehen bestand die einzige Strukturveränderung an den Galeonen darin, daß man die Bug- und Heckpartie ein wenig abflachte, um die Dünungsstabilität der Schiffe zu verbessern.

Die Franzosen und Engländer waren für die Spanier keineswegs die einzigen Gefahren, die im Karibischen Meer lauerten. Wirbelstürme und Korallenriffe machten den Herren der Meere ständig zu schaffen. Die Galeonen waren diesen Naturgewalten ebenso hilflos ausgeliefert wie den Piraten und Freibeutern von Tortuga und Jamaica. Die Flottenverbände, mit denen Handel und Verkehr zwischen Spanien und Amerika stand und fiel, all die Schiffe, die Spaniens Häfen und Kolonien schützen sollten, waren wegen ihrer ungünstigen Bauweise und ihrer mangelhaften Ausrüstung ein Spielball von Wind und Wellen. Sie zerschellten an den Korallenriffen und strandeten in den Untiefen des Tropenmeeres, ohne daß die an Land so außerordentlich tapferen und verwegenen Hidalgos etwas dagegen zu tun vermochten: Die Spanier konnten noch nicht einmal schwimmen.

Das Entern und Kapern der *Almirante de Honduras* ist nur eine einzelne Episode aus der langen Siegesreihe der Piraten.

Spanien raubte die uralten südamerikanischen Kulturen seit drei Jahrhunderten systematisch aus, schmolz goldene Kunstwerke zu Barren und Münzgold ein und schleppte dies mit zahllosen wertvollen Naturprodukten der Tropen und mit Schätzen aus China in einem endlosen Goldstrom über den Atlantik. Angesichts dieser unglaublichen Fülle zusammengeraubter Reichtümer konnte man von den anderen europäischen Nationen wohl kaum erwarten, daß sie ihren Neid und ihre Habgier über so lange Zeit hinweg im Zaum hielten. Die Tatsache, daß sich die anderen Länder hinsichtlich der spanischen Goldschätze keine ernstliche »Triebunterdrückung« auferlegten, dürfte in jener Geschichtsepoche ein Hauptfaktor für die wirtschaftspolitische Dynamik nicht nur Spaniens, sondern ganz Europas gewesen sein. Das Zeitalter nach der Entdeckung Amerikas ist geprägt von der Entschlossenheit Europas, die Neue Welt auszubeuten, und von dem Bemühen der betreffenden Länder, sich eine dieser Zielsetzung angemessene Seegeltung aufzubauen.

Wir sollten uns immer wieder vergegenwärtigen, daß sich dieser riesige Prozeß der Ausbeutung fremder Länder zum größten Teil in einem geographisch sehr eng umgrenzten Raum abspielte – im Karibischen Meer, der »Spanischen See«, einem von einem doppelten Inselring umgebenen und durchaus dem Mittelmeer vergleichbaren Gebiet. Der karibische Raum bildete zwangsläufig das »Vorzimmer der Neuen Welt«, die Schwelle zum amerikanischen Kontinent. Spaniens Stellung in der Neuen Welt machte es erforderlich, das Karibische Meer durch eine starke Seemacht und durch Flottenstützpunkte auf den umliegenden Inseln zu beherrschen und für die eigenen Machtinteressen zu sichern. Dies gelang jedoch nur für kurze Zeit. Die Geschichte Spaniens als Seemacht ist eine Liste von ständig wiederholten Fehlern und Katastrophen, die immer wieder gleich verliefen und

Der Goldturm von Sevilla, in dem die aus der Neuen Welt herbeigeschafften Schätze vorübergehend aufbewahrt wurden. (Office National du Tourisme espagnol, Paris.)

aus denen offensichtlich nichts gelernt wurde. Die Galeonen waren immer überladen und mit illegalen Handelsgütern und Passagieren vollgestopft, die auf den Schiffen des Königs eigentlich nichts zu suchen hatten; die nach schlechten Entwürfen schlecht zusammengezimmerten Fahrzeuge hatten seemännisch ungeschulte Besatzungen an Bord, deren Befehlshaber nicht einsehen wollten oder konnten, daß zu Lande glänzend bewährte Strategien und Taktiken auf See nicht unbedingt brauchbar sein mußten.
Es ist daher nicht verwunderlich, daß die Seeräuber des Karibischen Meeres ihren un-

ebenbürtigen, undisziplinierten, ungeschulten, schlecht ausgerüsteten und auch schlecht geführten Gegner, der spanischen Flotte, an seemännischen Fähigkeiten und an Verwegenheit weit überlegen waren. Vor allem die Holländer hatten ihr unzweifelhaftes Talent als Seefahrernation bereits nachdrücklich bewiesen und vertraten ihre Interessen im Karibischen Meer mit großem Erfolg. (Der Ausdruck »Freibeuter« ist aus dem holländischen *Vrijbuiter* abgeleitet und findet sich in Abwandlungen auch in anderen europäischen Sprachen. Diese und ähnliche linguistische Verflechtungen zwischen den einzelnen Piratenmannschaften sind nur ein Indiz für die internationale Zusammensetzung der karibischen Seeräuberbanden.) Wie tüchtig die Holländer als Schiffsbauer waren, geht aus der Tatsache hervor, daß Sir Walter Raleigh 1603 zu bemängeln hatte, daß man für ein englisches Schiff von 100 Tonnen dreißig Mann Besatzung brauche, während man bei einem vergleichbaren niederländischen Fahrzeug mit zehn Matrosen auskommen könne. Die Holländer setzten ihr Seefahrertalent im Karibischen Meer gezielt zum Schmuggeln und für die Freibeuterei ein und waren darauf spezialisiert, die spanischen Kolonien mit all den Gütern zu beliefern, die sich infolge der unzureichenden Handelsflotte Spaniens nicht aus dem Mutterland beschaffen ließen. Alljährlich liefen sechzig bis achtzig holländische Schiffe ins Karibische Meer. Die Niederländer hatten hochwertige einheimische Erzeugnisse wie Tuche, Werkzeug und Baumaterial an Bord, für die sie Kolonialwaren einhandelten. Dieser rege Schmuggel war für die Holländer ein glänzendes Geschäft: Ein Fünftel der Ladung eines niederländischen Konvois, den ein französischer Pirat namens Grammont in der Nähe von Martinique gekapert hatte, war allein 80 000 Livre wert. Unter den Seeräubern des Karibischen Meeres besaßen diese holländischen Schiffsladungen einen so hohen Kurswert, daß man die niederländische Flotte insgesamt als »Amsterdamer Börse« zu bezeichnen pflegte. Spanien war diesem geschäftigen Treiben gegenüber ebenso machtlos wie bei dem Versuch, das Piratenunwesen zu unterbinden.

Es erscheint uns heute unverständlich, warum Spanien angesichts seines Mangels an Schiffen und technischen Hilfsmitteln seine Schwierigkeiten nicht dadurch zu lösen versuchte, daß es im Karibischen Meer eine Kommandozentrale für seine Flotte errichtete. Ein gut organisiertes Marinehauptquartier und eine einigermaßen flexible Kolonialverwaltung hätten Spanien die Machtmittel gegeben, Schmuggel und Piraterie wenigstens in der Neuen Welt wirksam zu bekämpfen, wenn es ihm an den Küsten des Mutterlandes schon nicht gelang. Eine zentrale Kommandostelle in Amerika wäre um so wichtiger gewesen, als die Spanier in den Kolonien weitaus mehr Vitalität, Draufgängertum und Unternehmungslust an den Tag legten als ihre Landsleute in der Alten Welt und wesentlich mehr Einblick in die speziellen Probleme Westindiens hatten als die bürokratischen Schreiberseelen in Sevilla oder die Kolonialbeamten im Mutterland.

Spaniens Wirtschaft wurde im Laufe der Zeit in immer stärkerem Maße von einer Handvoll Abenteurer, die ihr Land auf Schritt und Tritt betrogen, und von einer Flotte abhängig, deren Führung kaum etwas mit den kühnen Konquistadoren zu tun hatte, die den amerikanischen Kontinent unterworfen hatten. Die Folge davon war, daß die spanischen

Könige als Besitzer der Schatzgaleonen die meiste Zeit damit verbrachten, in Sorge und Verzweiflung auf ihre Schiffe aus der Neuen Welt zu warten. Trotz des unaufhörlichen Goldstroms, der sich lange Zeit nicht nur nach Spanien, sondern auch in andere Länder ergoß, ist das »Goldene Zeitalter« der Entdeckungen und des Kolonialismus von einer permanenten Finanzkrise bei den europäischen Großmächten gekennzeichnet. Die Monarchen, die direkt oder indirekt wohl am meisten von den Reichtümern der Neuen Welt profitierten – Karl V., Philipp II. und Elisabeth I. –, waren bei den großen europäischen Handelshäusern ständig tief verschuldet. Spanien erlebte selbst in der Blütezeit seines Kolonialismus mehrmals den Staatsbankrott, so etwa 1557, 1575 und 1596. Häufig wartete man in Spanien vergeblich auf die Rückkehr der alljährlich ausgesandten Goldflotte, da die reich beladenen Galeonen bei ihrer schlechten Bauweise und ihrer unzureichenden Besatzung dem Unwetter oder den Piraten nur allzu leicht zum Opfer fallen konnten. In derartigen Unglücksjahren trat der schmerzliche Kontrast zwischen der wirtschaftlichen Lage des Königs, des Hofes und der ganzen spanischen Nation einerseits und dem scheinbar unerschöpflichen Reichtum der spanischen Kolonien in Amerika besonders kraß zutage.
Während der König verzweifelt auf seine Galeonen wartete und die Hofbeamten eine Vorschrift nach der anderen erließen, brachten die spanischen Edlen und Flottenkapitäne in aller Ruhe ihr Schäfchen ins Trockene. Die Kolonien waren unterdessen hinsichtlich ihrer wirtschaftlichen und sonstigen Entwicklung völlig sich selbst überlassen. Zwischen diesen beiden Phänomenen besteht ein direkter Zusammenhang, denn die spanischen Kolonien hatten keine Möglichkeit, sich selbst eine wirtschaftliche Basis zu schaffen, weil die verantwortlichen Kolonialbeamten keine Verwaltungs- und Regierungsfachleute, sondern profitbewußte Adlige waren, deren einziges Interesse der Mehrung ihres Familienbesitzes galt. Die spanischen Machthaber in Amerika kümmerten sich kaum um das Wohl Spaniens, geschweige denn um das Wohl der Kolonien. Ihre Mißwirtschaft beschleunigte den Untergang Spaniens als Seemacht rapide: Spanien unterhielt zwischen 1570 und 1599 noch eine Flotte von 110 Schiffen im Karibischen Meer; 1610 waren es nur noch 55 und um die Mitte des 17. Jahrhunderts ganze 25. 1661 mußte sich Spanien holländische Schiffe unter der Führung von Admiral de Ruyter anheuern, um seine Schätze über den Atlantik bringen zu können. Einem 1670 für Colbert erstellten Bericht zufolge belief sich der Gesamthandel mit den Westindischen Inseln in diesem Jahr auf über 38 Millionen Livres. Davon entfielen auf Frankreich 6 Millionen, auf England 5, Holland, Hamburg und Danzig 10, Flandern, Schweden und Dänemark 4, Genua, Neapel und Livorno 7, Portugal, Galatien und die Biscaya 2, und auf die Barbaresken-Staaten 1 Million. Spaniens Anteil an dieser Gesamtsumme betrug nur 3 Millionen Livres. (Die Zahlen stammen aus A. Thomazi: *Les flottes de l'or.*)
Es gab natürlich auch einzelne Kolonialbeamte, die bei diesen Mißständen eine rühmliche Ausnahme darstellten. 1640 ernannte König Philipp IV. den Herzog von Escalón, Diego Pacheco, zum Vizekönig von Spanien. Der Herzog erkannte sehr bald die eigentlichen

Ursachen und die Folgen des spanischen Machtverfalls im karibischen Raum und ließ auf der Werft von Vera Cruz eine Reihe von Schiffen bauen, die das Mutterland so dringend benötigte. Innerhalb eines knappen Jahres war der Bau von acht Galeonen und einer Fregatte vollendet. Die größte, wuchtigste und prächtigste Galeone sollte die neue Flotte als Flaggschiff anführen und wurde von dem Herzog von Escalón auf den Namen *Nuestra Señora de la Concepción* getauft.

Die Heckpartie der *Nuestra Señora* wurde – wie es sich für ein stolzes Flaggschiff gehörte – mit geschnitzten Figuren, Kronen und Girlanden reich verziert. Dieser unnötige Ballast galt für die Leitgaleone als unerläßliches Zeichen der Würde, das den Feinden Respekt einflößen sollte. Längsseits verlief am Oberdeck ein kunstvoll geschnitzter Fries, der infolge des Zeitmangels nicht, wie vorgesehen, hatte vergoldet werden können; man hatte ihn daher einfach gelb angestrichen.

So untadelig die Motive und so löblich die Absichten des neuen Vizekönigs und Bauherrn der Flotte auch gewesen sein mögen – der Herzog von Escalón war kein Seemann und hatte infolgedessen wohl kaum eine Vorstellung von dem Können und der Erfahrung, von der großen Zahl qualifizierter Handwerker und erst recht nicht von der langen Bauzeit, all jenen Dingen also, die nötig sind, um innerhalb eines Jahres neun seetüchtige Schiffe aus dem Boden zu stampfen. Der Mangel an Sachkenntnis, die unzulänglichen technischen Voraussetzungen und die Planungsfehler sowie die wenig sorgfältige Arbeitsweise der Werftarbeiter sollten ihre Folgen haben.

Am 23. Juli 1641 stach die neuerbaute Flotte, geführt von der stolzen *Nuestra Señora de la Concepción*, von San Jose d'Ulloa (dem Hafen von Vera Cruz) aus in See. Der erste Anlegeplatz auf ihrer Jungfernfahrt war Kuba, wo sie sich der Tierra-Ferma-Flotte unter dem Kommando von Generalkapitän Juan de Campos und Admiral de Villavicencio anschließen sollte. Während dieser ersten Reiseetappe standen die neuerbauten Schiffe unter dem Schutz der Armada de Barlovento, einem der ständigen Flottenverbände der Spanier im Umkreis der Antillen.

Der mexikanische Konvoi erreichte Havanna ohne jeden Zwischenfall und ging dort vor Anker, um auf die Galeonen der Schwesterflotte zu warten, während sich die spanischen Edlen und Schiffsoffiziere in der Stadt amüsierten. Havanna mit seinen prunkvollen Palästen und schönen farbigen Sklavinnen aller Hautschattierungen war zu jener Zeit mehr denn je ein tropisches Paradies luxuriösen Lebensstils. Nach dem Eintreffen der Tierra-Ferma-Flotte und einigen weiteren Verzögerungen lichtete der auf 31 Schiffe angewachsene vereinigte Konvoi am 13. September 1641 – mitten in der Zeit der großen Wirbelstürme – die Anker.

Am zweiten Tag nach dem Auslaufen der Flotte aus dem Hafen von Havanna zeigte es sich, daß die *Nuestra Señora de la Concepción* einige gefährliche undichte Stellen hatte. Ihre Kielräume füllten sich so rasch mit Wasser, daß die Handpumpen trotz ununterbrochenen Einsatzes nicht mehr nachkamen. Dem Flottenverband blieb daher nichts anderes übrig, als sofort nach Havanna zurückzukehren. Obwohl die Schiffszimmerleute der kuba-

Die Korallenwucherungen auf dem Grund des Karibischen Meeres werden abgesucht.

Bernard Delemotte schlägt auf dem Achterdeck der *Calypso* die größeren Korallenbrocken mit dem Vorschlaghammer auf.

Eine Gruppe von Tauchern und Kameraleuten ▷ beobachtet von unterhalb des *Calypso*-Kiels, wie ein Korallenblock vom Meeresgrund an Bord gehievt wird.

nischen Werftanlagen Tag und Nacht mit größter Sorgfalt arbeiteten, dauerten die Reparaturen bis zum 28. September. Die Verwendung des Trockendocks war zu jener Zeit noch unbekannt, so daß man das Schiff vor dem Einsatz von Zimmerleuten erst auf die eine und dann auf die andere Seite überlegen mußte. Vor der Krängung mußte natürlich die gesamte Fracht einschließlich der Bordgeschütze entfernt werden. Angesichts all dieser anfallenden Arbeiten konnten in den zehn Tagen allenfalls oberflächliche Reparaturen vorgenommen werden. Man hatte damit vierzehn Tage kostbarster Reisezeit versäumt.

Wieder lief die Flotte aus dem Hafen von Havanna aus, fuhr zunächst an der kubanischen Nordküste entlang bis Matanzas und nahm dann in nördlicher Richtung Kurs auf die Florida-Straße. Vor der Flotte lagen nun die Große Bahama-Bank, die Insel Andros und zahllose Korallenriffe, die gefährlichsten Gewässer im Bereich der Antillen. Von hier aus mußte der Konvoi durch die schmale Wasserrinne zwischen den Florida Keys und der Cay Sal Bank segeln. Dieses Gebiet ist nach einem auf den Antillen gebräuchlichen Ausdruck mit *cayes* – Steinen – übersät.

Als sich die Flotte mitten in diesem Gewirr von Felsen und Korallenriffen befand, brach der Sturm los. Die Fahrensleute jener Zeit hatten schon oft die Erfahrung gemacht, daß der September der ungünstigste Reisemonat für die Rückfahrt nach Spanien war; die Flotte bekam diese simple Beobachtung nun am eigenen Leibe zu spüren. In dem tobenden Sturm konnten die größtenteils mehr schlecht als recht zusammengezimmerten Schiffe ihre Position innerhalb des Konvois nicht mehr halten und wurden in alle Himmelsrichtungen zerstreut. Drei von ihnen sanken vor den Augen der übrigen Flotte; einige Galeonen wurden gegen Felsen geworfen; vier Schiffe liefen vor der Küste von Florida auf Grund. Es gab keine Überlebenden. Ein Segelkutter, der die Verbindung zwischen den einzelnen Gliedern des Konvois aufrechterhalten hatte, lief auf ein Riff, auf das sich einige Matrosen retten konnten. Sie wurden später von einem aus Havanna entsandten Schiff aufgenommen. Die übrigen Passagiere, Soldaten und Seeleute ertranken entweder beim Untergang ihrer Schiffe oder fielen den Haien zum Opfer.

Der Todeskampf der *Nuestra Señora de la Concepción* dauerte länger als der ihrer Schwesterschiffe. Sie trieb mit zerfetzten Segeln und gebrochenen Masten hilflos vor dem Wind. Von riesigen Brechern geschüttelt, irrte sie wochenlang steuerlos zwischen den gefährlichen Riffen des Bahama-Kanals und wurde von den wechselnden Sturmböen bald nach Westen, bald nach Osten gepeitscht.

An Bord der *Nuestra Señora* herrschte ein beispielloses Chaos. Vorderkastell und Bugspriet waren zerschmettert; das Batel, ein großes Beiboot auf der Steuerbordseite, und die kleinere Schaluppe von Backbord hatten sich unter der Wucht der Brecher losgerissen. Unter Deck drängten sich die verzweifelten Passagiere in Schmutz und Finsternis zusammen. Alle wußten, daß sich das Schiff nicht mehr lange über Wasser würde halten können.

Die Besatzung machte sich daran, überflüssigen Ballast über Bord zu werfen: Kanonen, Geschützmunition und alle anderen Gegenstände, die keinen materiellen Gewinn versprachen. Es kam jedoch niemand auf die Idee, die Galeone von ihrem schwersten Frachtanteil zu befreien – der Gold- und Silberladung.

Als sich der Sturm vorübergehend etwas gelegt hatte, gelang es den Matrosen, die Großrah als Behelfsmast aufzustellen und ein Segel zu setzen. Man schöpfte neue Hoffnung, die aber nur kurze Zeit anhielt. Die *Nuestra Señora* war viel zu hastig und wenig fachmännisch zusammengezimmert worden, und die in Havanna vorgenommenen Reparaturen hatten, überstürzt und oberflächlich wie sie waren, die ohnehin geringe Seetüchtigkeit der Galeone keineswegs erhöht. Die Schiffswände begannen bald aus allen Nähten zu platzen und große Wassermengen einzulassen. Die Soldaten, Seeleute und Passagiere an Bord wurden allesamt zum Pumpen eingesetzt, doch vergeblich. Schon war die *Nuestra Señora de la Concepción* nur noch ein hilflos im Sturm treibendes Wrack, das der Wind immer weiter in die Nähe der gefährlichsten Riffe im Karibischen Meer trieb. Dieses Gebiet war bei den Seeleuten der damaligen Zeit gefürchtet wie der Tod und wurde *abreojos* genannt.

Man hatte in einem Faß am Bugspriet eine ständige Wache postiert, die Tiefenmessungen vornehmen mußte. Angesichts der primitiven und höchst unzuverlässigen Seekarten und der Schwierigkeit, die Position eines Schiffes auch nur annähernd zu bestimmen, waren solche Messungen die einzig mögliche Sicherheitsmaßnahme, um Riffe und Untiefen rechtzeitig zu erkennen. Sie kamen jedoch meist viel zu spät, da die Korallenriffe im Karibischen Meer häufig senkrecht aus der Tiefe aufsteigen.

Am 1. November gegen 9 Uhr abends meldete der wachhabende Matrose, daß die gefürchteten Riffe in Sicht seien. Die donnernde Brandung übertönte fast das Sturmgeheul. Man bereitete sich auf das nahende Ende vor. In einem letzten Rettungsversuch warfen die Matrosen die schweren Anker über Bord, lösten die Vertäuung des Davit-Ankers und der beiden Behelfsanker (von denen jeder mehr als zehn Zentner wog) mit hastigen Axtschlägen und versenkten anschließend auch die *Misericordia,* den größten und schwersten Anker der Galeone. Zunächst sah es so aus, als komme diese Ballastverminderung zu spät, denn der Kiel des Schiffes schürfte bereits über den Meeresgrund. Doch dann war die *Nuestra Señora* wie durch ein Wunder plötzlich wieder flott und befand sich in tiefem Wasser. Der Sturm legte sich, und die Männer an Bord schöpften neue Hoffnung.

In der Morgendämmerung des 2. November ließ die Besatzung der *Nuestra Señora* einige der kleinen an Bord verbliebenen Beiboote zu Wasser, um die Galeone so weit aus dem Riffbereich wie möglich zu schleppen. Als die erschöpften Seeleute nach einem langen, schweren Tag bei Einbruch der Dunkelheit an Bord zurückkehrten, ließ man die restlichen Kanonen als Behelfsanker fallen.

Um Mitternacht brach der Sturm erneut und mit großer Gewalt los. Unter der Wucht von Wind und Wellen gaben die provisorischen Ankertaue gegen zwei Uhr morgens nach, so daß die Galeone wieder in den Hexenkessel der brandungumtosten Riffe getrieben wurde. Bald knirschten die Korallenfelsen unter ihrem Kiel, und die aufgepeitschte See schleuderte das Schiff mit dem Bug voraus auf das Riff. Der Todeskampf der *Nuestra Señora* dauerte jedoch noch einen ganzen Tag an; die Galeone wurde in der Silberbank hin und her geworfen, während die Felsen und Korallenspitzen ihr ein Leck um das andere in die Schiffswand rissen und ein Großteil der Ladung und der Passagiere über Bord geschleudert wurde. Dann hatte das grausame Spiel ein Ende: die *Nuestra Señora de la Concepción* legte sich zur Seite und verschwand – Heck voraus – in den Fluten. Unter Wasser schlug das Schiff an einem schrägen Korallenplateau auf und zerbrach in zwei Teile. Die Bugpartie, in der sich auch die Kombüse mit dem Ziegelofen und ein Großteil der Nahrungsmittel- und Trinkwasservorräte befand, sank im tieferen Wasser auf den Grund, während der hintere Teil des Hecks noch immer über die Meeresoberfläche hinausragte. Es dauerte aber nicht lange, bis auch die Heckpartie unter dem wütenden Anprall der Wellen auseinanderbrach und im Meer versank.

Einige der Überlebenden kämpften sich durch Gischt und Brandung auf das Riff und klammerten sich an das noch über Wasser ragende Heck ihres untergegangenen Schiffes. Nach dem Absinken auch dieses letzten Zufluchtsortes versuchten die Schiffbrüchigen, sich auf das Riff selbst zu retten, das jedoch kaum bis an die Wasseroberfläche reichte. Einer nach dem anderen wurde von der Brandung fortgerissen und ins Meer gespült, wo die hungrigen Haie schon auf ihre Beute lauerten.

Die tatkräftigsten Überlebenden versuchten sich dadurch zu retten, daß sie sich aus Treibholz und abgerissenen Planken Flöße bauten; sie konnten sich dann aber nicht auf die einzuschlagende Richtung einigen. Die Schiffsoffiziere waren davon überzeugt, sich unmittelbar vor der Küste von Puerto Rico zu befinden, und machten sich mit einigen anderen Überlebenden und einem der Flöße in der Richtung auf den Weg, die sie für die richtige hielten. Man hat nie wieder von ihnen gehört. Der Admiral de Villavicencio glaubte, die *Nuestra Señora* müsse nördlich von Hispaniola gesunken sein und schlug mit dem zweiten Floß und einigen Gefolgsleuten die andere Richtung ein. Diese Gruppe von Schiffbrüchigen konnte sich später auch glücklich an Land retten.

Etwa 30 Überlebende weigerten sich, sich den Schiffsoffizieren oder dem Admiral und deren improvisierten Fahrzeugen anzuvertrauen und blieben in der Hoffnung auf ein Bergungsschiff auf dem Riff zurück. Da dieses fragwürdige Eiland selbst bei Ebbe vom Meer überspült wurde, so daß die Männer auch im günstigsten Fall bis an die Waden im Wasser standen, bauten sich die Schiffbrüchigen eine Plattform aus Treibholz, auf der sie ihre Kessel, ihre spärlichen Vorräte und all das Gold und Silber, das sie aus dem Wrack retten konnten, unterbrachten. Nach mehreren Wochen verzweifelten Wartens auf ihrer künstlichen und stets vom Meer bedrohten Insel gaben die ausgemergelten, von Hunger, Durst und Hitze gepeinigten Männer die Hoffnung auf, daß man ein Bergungsschiff nach ihnen aussenden würde. Sie bauten sich ein primitives Boot, das sie mit den dürftigen Resten ihrer Vorräte beluden, und fuhren nach Süden. Das Boot sank unweit der Nordküste von Hispaniola; es gab nur einen einzigen Überlebenden.

Dies ist die Geschichte der spanischen Galeone, an deren Grab Remy de Haenen die *Calypso* geführt zu haben glaubte.

7 Schwerarbeit unter Wasser

Die Calypso ändert ihre Position. Der heilige Franziskus. Ein Korallenliebhaber

Mittwoch, 31. Juli. Heute ist der erste Arbeitstag, an dem wir unsere Ausgrabungen unter vollem Einsatz unserer neuen Ausrüstung vorantreiben können. Ich bin überzeugt, daß wir diesmal über alle erforderlichen Hilfsmittel verfügen und daß nun eine entscheidende Phase in unserer Schatzsuche angebrochen ist. Das Heulen der Schiffssirene signalisiert den Beginn unserer Arbeit. Fast augenblicklich setzt der dröhnende Lärm unseres Preßluftgerätes ein, während die Taucher ins Wasser gleiten.
Wir werden – wie schon zuvor – mit drei Teams jeweils in 90-Minuten-Schichten von 6.30 Uhr bis 19 Uhr arbeiten.
Das Ausheben unseres Unterwassergrabens macht gute Fortschritte. Wir haben bereits die quer über zwei Bodenerhebungen liegende Kanone erreicht. Ich tauche selbst zweimal nach unten, um den Fortgang der Ausgrabungen zu erkunden, und habe beide Male das Gefühl, daß irgend etwas nicht stimmt. Wir scheinen in keinem Stadium unserer Arbeit so schnell voranzukommen, wie wir eigentlich sollten. Dies liegt ganz gewiß nicht an mangelndem Arbeitseifer, denn die Taucher schuften wie besessen, während Remy de Haenen den ganzen Tag, ohne auch nur aufzublicken, auf der *James and Mary* sitzt und hingebungsvoll alle Fundgegenstände abklopft, die ihm mit dem Korb heraufgeschickt werden.

Nach dem Abendessen rufe ich Dumas, Zuena, Caillart und die Taucherteams in der Schiffsmesse zu einer Besprechung zusammen und erkläre ihnen ohne Umschweife: »Wir müssen uns etwas einfallen lassen, um unser Arbeitsergebnis zu verdoppeln.«
Dann mache ich den Vorschlag, anstatt der bisherigen drei dreiköpfigen Teams vier Tauchergruppen von je zwei Mann einzusetzen, wodurch wir das Ansauggerät täglich drei Stunden länger benutzen könnten. Wir stehen außerdem vor dem Problem, daß unser augenblickliches Arbeitsfeld mit großen Korallenblöcken übersät ist, deretwegen unsere Taucher ihre Ausgrabungen nicht schnell genug fortsetzen können. Nach ausführlichen Diskussionen über alle möglichen Lösungsvorschläge einigen wir uns auf die am vernünftigsten scheinende Methode und beschließen, die Position der *Calypso* so zu verändern, daß das Heck des Schiffes genau über dem jetzigen Ausgrabungsort liegt. Auf diese Weise können wir die größeren Korallenbrocken und die Körbe mit unseren »Funden« mit der Heckwinde heraufholen.
Donnerstag, 1. August. Früh um 6 Uhr machen sich die Taucher an die Arbeit. Später manövrieren wir die *Calypso* – wie gestern abend beschlossen – in ihre neue Position, ohne daß die eigentlichen Ausgrabungsarbeiten dadurch im mindesten aufgehalten worden wären. Bald hieven wir von der *James and Mary* einen halbvollen Korb an Deck und gehen sofort dran, seinen Inhalt sorgfältig zu untersuchen. Die Ausbeute ist ziemlich enttäuschend, denn wir stoßen wieder nur auf Topfscherben. Dann aber sehen wir zwei glänzende Gegenstände zwischen den Korallenstücken funkeln: Wir sind endlich auf Gold gestoßen. Es ist nicht gerade sehr viel, aber immerhin Gold – ein Amulett und ein Kreuz. Die kleine Medaille ist mit einem Ring an einer Kette befestigt und zeigt einen bärtigen Heiligen sowie die Inschrift *S. FRAN. Ora P. Nos* (S. Franciscus, ora pro nobis) – »Sankt Franziskus, bitte für uns«. Die Rückseite des Amuletts trägt ein weiteres Bild des Heiligen, der hier mit einem auf einer Wolke schwebenden Engel spricht. Es handelt sich zweifellos um Sankt Franziskus – aber um welchen? Es könnte der spanische Jesuit Franz Xaver sein, der in Japan und China missionierte und der 1662 heiliggesprochen wurde, so daß sein Bild durchaus auf der *Nuestra Señora* gewesen sein konnte, als das Schiff 1641 sank. Es könnte sich aber auch um den *poverello* handeln, um Franz von Assisi. Welch eine Ironie des Schicksals und böses Omen, wenn das erste Goldstück, auf das wir bei unserer Schatzsuche stoßen, das Bildnis des Patrons der Armen trägt!
Wir machen uns an die Arbeit, die Korallenbrocken aufzubrechen, die sich so rasch um uns her anhäufen, daß man sich an Deck nur mit Mühe fortbewegen kann. Alle Mann an Bord der *Calypso* sind eifrig bei der Sache und hoffen bei jedem aufgeschlagenen Korallenstück auf irgendeinen Schatz, während rings um uns her Kompressorenlärm und Hammerschläge erschallen. Die bereits untersuchten Korallenbrocken werden mit Hilfe eines Schubkarrens und eines niedrigen Transportwagens nach vorne gebracht und in sicherer Entfernung von unserem Ausgrabungsgebiet ins Meer gekippt. Gegen 6 Uhr abends erhebt sich ein kräftiger Wind. Es beginnt zu regnen. Wir lassen die Taucher heraufkommen und bleiben alle an Deck, um im warmen Regen weiterzuarbeiten. Alle freuen sich über

Auf dem Achterdeck der *Calypso* beginnt sich der vom Meeresgrund heraufgeholte Schutt zu türmen.

das wohltuende Naß, das uns die brennende Schicht aus Salz und Korallenstaub vom Körper wäscht.
Am Abend holen wir die Körbe von der *James and Mary* mit dem Hebezeug an Bord und schütten ihren Inhalt auf das Achterdeck, wo wir im Scheinwerferlicht bis tief in die Nacht arbeiten, während Didi jedes einzelne Korallenstück sorgfältig mit der Lupe untersucht. Dank der Hilfsmittel, die Didi in weiser Voraussicht besorgt hat, bewältigen wir zwei bis drei Tonnen Korallenbrocken.
Die Stimmung an Bord ist ausgezeichnet. Bei der Arbeit wird ständig gelacht, geredet und gesungen, und es scheint, daß der Anblick auch des bescheidensten Goldfundes bereits ausreicht, um uns alle in Hochstimmung zu versetzen.
In der gleichen Nacht stellen wir eine Liste unserer Funde auf: das Amulett und das Kreuz, zwanzig Kanonenkugeln von je sechs bis neun Pfund Gewicht, mehrere Musketenkugeln sowie Bleimunition für Pistolen und Arkebusen, ein gut erhaltener Leinenbeutel mit Hagelgeschossen und eine Zeltbahn mit Schnur. Außerdem haben unsere Taucher heute die drei Steuerbordkanonen auf dem Meeresboden vollends ausgegraben.
John Soh, dem Regisseur unseres Filmprojekts, kommt das alles etwas seltsam vor; er versichert uns allerdings seiner Bewunderung für den Arbeitseifer und die Begeisterungsfähigkeit unserer Mannschaft und seines Respekts vor dem Einfallsreichtum und der Energie, mit der die Männer von der *Calypso* bei der Sache sind. Im Gegensatz zu Soh wundere ich mich eigentlich nicht allzu sehr über die hervorragende Stimmung an Bord oder über die großartigen Fähigkeiten meiner Kameraden, denn ich kenne die *Calypso*-Crew schon sehr lange und habe daher kaum etwas anderes erwartet. Was mich allerdings überrascht, ist der Umfang der bisher geleisteten mühsamen Arbeit und Schufterei.
Freitag, 2. August. Bei der Ablösung jedes Taucherteams durch eine neue Arbeitsgruppe werden große Netze voller Korallenbrocken auf dem Achterdeck ausgeleert, über die wir sofort mit Hacke und Hammer »herfallen«. Unsere Funde bestehen bisher aus einem abgebrochenen Messinglöffel, der an einer Kanonenkugel festhängt, einem Dolchgriff aus Bronze, der in einen behelmten Kopf ausläuft, und einer Reihe von Kanonenkugeln.
Nach dem Abendessen kommt wieder eine Sturmbö mit starkem Regen auf. Wir hieven die *James and Mary* an Bord der *Calypso* und schütten den Inhalt zweier großer Körbe auf das Deck. Heute ist es allerdings schon zu spät, um noch mit der Arbeit an diesem riesigen Korallenhaufen beginnen zu können.
Der Regen kommt uns sehr gelegen, da unsere Trinkwasservorräte zur Neige gehen. Wir werden wohl oder übel nach Puerto Rico fahren müssen, um Frischwasser zu besorgen – so ungern wir unsere Ausgrabungsarbeiten an der Galeone auch unterbrechen. Durch besondere Sparmaßnahmen versuchen wir, unsere Wasservorräte noch ein wenig zu strekken. Die Taucher haben freiwillig auf das Duschen verzichtet, und wir übrigen – die »Korallenaufklopfer« – waschen uns so sparsam wie möglich, obwohl unsere Haut meist ganz weiß von Salz und Korallenstaub ist. Gestern und heute haben wir großes Glück gehabt, denn der Regen hat uns viel gründlicher abgewaschen, als wir es uns selbst beim

Duschen erlaubt hätten. Wir hoffen, daß unser Wasservorrat wenigstens bis kommenden Dienstag reichen wird; ich habe da allerdings so meine Zweifel.
Sosehr wir uns wegen unserer Wasserknappheit über den Regen freuen – die wiederholten Sturmböen lassen für die Zukunft nichts Gutes erwarten. Wenn die Schlechtwetterperiode einmal richtig eingesetzt hat, wird es für uns hier reichlich gefährlich.
Philippe Sirot hat mir soeben eine hervorragend gezeichnete Skizze von einer spanischen Galeone in dem dafür üblichen Maßstab 1:50 gebracht.
Samstag, 3. August. Kurz nach Eintritt der Dämmerung machen wir uns daran, die gestern abend von der *James and Mary* an Bord gebrachten Korallenbrocken zu durchsieben. Wir stoßen sehr schnell auf eine Bleiplombe, mit der vermutlich irgendein Behälter versiegelt war. Sie trägt die Inschrift *RO 100,* was nach einhelliger Meinung an Bord soviel wie »hundert Goldstücke« bedeuten muß. Falls dies zutrifft, besteht immerhin die Aussicht, daß wir irgendwo in dem Korallenhaufen auf die Goldstücke selbst stoßen werden.
Die Ausbeute des heutigen Vormittags besteht aus den Überresten eines Stuhles, einem großen, versiegelten Krug, der jedoch leer ist, und aus einem zerbrochenen Zinnteller, von dem Didi allerdings glaubt, daß es sich nicht um Zinn, sondern um Silber handelt. Er meint, wenn der Teller aus Zinn bestünde, wäre die Patina weit weniger stark als sie ist.
Die Stimmung an Bord entspricht jeweils unseren Funden. Die Ausbeute des heutigen Tages, vor allem der Teller, hat uns großen Aufschwung gegeben. Es gab auf den Galeonen häufig silbernes Tafelgeschirr. Wir machen uns mit einer Säurelösung daran, die Patina zu entfernen und erwarten unter der Oxydschicht den matten Glanz von Silber. Es stellt sich jedoch heraus, daß es sich hier tatsächlich um einen Zinnteller handelt.
Die Taucher schicken uns noch eine Reihe ähnlicher Teller sowie mehrere Knochen herauf, die Dr. Tassy nach anfänglichem Zögern als Tierknochen identifiziert. Daher liegt der Schluß nahe, daß wir auf den Teil des Schiffes gestoßen sind, in dem das Schlachtvieh gehalten wurde – also auf die vorderste Bugpartie der Galeone.
Wir arbeiten uns zur Zeit täglich durch vier bis fünf Tonnen Korallengestein. Noch nie habe ich die Mannschaft mit solchem Feuereifer bei der Arbeit gesehen. Alle schuften vom frühen Morgen bis spät in die Nacht, denn wir müssen an Bord mit dem Pensum der Taucher Schritt halten, wenn wir nicht unter einem Schuttgebirge begraben werden wollen. Das Aufklopfen der Korallenbrocken und das Entfernen der Abfälle unter der glühenden Tropensonne ist noch weit anstrengender als die Arbeit mit der Ansaugpumpe unter Wasser. Trotzdem sind alle Besatzungsmitglieder mit großem Eifer von früh bis spät bei der Sache. Vom Kameramann bis zum Schiffskoch sind alle Mann auf dem Achterdeck damit beschäftigt, Korallenblöcke aufzuschlagen, die oft ein bis zwei Tonnen wiegen.
Während das »Aufklopfkommando« fieberhaft an Deck arbeitet, spuckt unser Ansauggerät ununterbrochen neues Material in die großen Metallkörbe der *James and Mary.* Remys Floß bedeutet schon allein wegen seines Namens ein gutes Omen für uns und ist darüber

Umseitig: Ein Schwarm *Lutjanus kasmira,* Schnapper aus der Familie *Lutianidae,* schwimmt an dem Beobachter vorbei.

hinaus für unsere Arbeit ganz unentbehrlich geworden. Der Schlamm- und Gesteinsstrom, der sich vom Meeresgrund auf die *Calypso* ergießt, wird an Bord mit noch immer wachsender Spannung begrüßt – vor allem von Frederic Dumas, der ihn besonders gründlich durchsucht. Oft fällt uns mitten in der stumpfen Korallenmasse irgendein glitzernder Gegenstand ins Auge, der dann im nächsten Moment schon wieder von einer Lawine aus weiteren Brocken, verrottetem Holz und Sand begraben wird. Schimmert der betreffende Gegenstand gelblich, so halten wir ihn natürlich für pures Gold; glänzt er uns weiß entgegen, besteht er für uns aus Silber. Kaum ist die Ansaugpumpe abgeschaltet, stürzen wir uns über das angehäufte Material und suchen – bis zu den Ellenbogen im schlammigen Korallenberg wühlend – hoffnungsvoll nach dem zuvor erspähten Glanzobjekt. Meist stellt sich allerdings heraus, daß es sich nur um ein Stück Kupfer handelt, dessen Patina auf dem Weg durch das Ansauggerät abgeschliffen wurde und das auf diese Weise eine Art Gold- oder Silberglanz angenommen hat.

Im Laufe des Nachmittags taucht Gegene nach unten, um auf einem Dreifuß eine Fernsehkamera am Meeresgrund aufzustellen, die unserem Monitor in der Schiffsmesse ein Bild von der Ausgrabungsstelle unter Wasser liefert. Die Übertragung funktioniert ausgezeichnet, so daß wir den Fortgang der Arbeiten in allen Phasen genau verfolgen können. Es zeigt sich, daß sich die Ausgrabungen mehr und mehr zu einem Kampf zwischen den Tauchern und einem undurchdringlich scheinenden Dickicht aus Dörnchenkorallen entwickelt, das als aufgerissene, tote Gesteinsschicht den schlammigen Grund bedeckt. Unser Preßluftgerät kann diese Korallenstöcke nur mühsam bewältigen und blockiert immer häufiger. Dann versuchen wir auf höchst einfache Weise, die steckengebliebenen Korallenbrocken loszumachen, indem wir den unter Druck stehenden Schlauch abwechselnd öffnen und schließen und damit den gleichen Effekt erzielen wie mit einem gewöhnlichen Gummisauger, mit dem man im Haushalt verstopfte Abflußrohre bearbeitet. Bleibt die erhoffte Wirkung aus, so müssen wir die Leitung wohl oder übel an der Stelle zerlegen, an der die Röhre knieförmig gebogen ist.

Gaston hat im Graben, seitlich am Fuß der Bodenerhöhung in der Nähe der Schiffsachse, ein weiteres Bleisiegel ausgebuddelt. Die Plombe zeigt auf der einen Seite ein kompliziertes und vorläufig nicht identifizierbares heraldisches Zeichen, auf der anderen ein gekröntes Lilienwappen und eine Inschrift, von der wir nur ein paar Buchstaben entziffern können: *QUO FERA . . .*

Wir haben auch wieder einige Kanonenkugeln gefunden, die (wie all die vielen anderen zuvor) beim Herausschälen aus ihrem Korallenpanzer zunächst ganz intakt aussehen, nach einigen Tagen aber auseinanderbröckeln und sich buchstäblich in Staub auflösen. Trotz all dieser Enttäuschungen und trotz unserer großen Erschöpfung nach einem weiteren, schweren Arbeitstag verbringen wir auch den heutigen Abend damit, Fachbücher zu lesen und Themen zu diskutieren, die für unsere derzeitige Tätigkeit als Unterwasserarchäologen wichtig sind.

Es kommt im Laufe des Abends in der Schiffsmesse zu erregten Debatten über die Bleisiegel, die wir gefunden haben. Am Schluß setzt sich allgemein die Auffassung durch, daß es sich hierbei um Plomben von Goldsäcken handelt und daß die eingravierten Buchstaben *R O 100* nur eine Interpretation zulassen: *Reale d'oro ciento* – einhundert Real aus Gold.

Sonntag, 4. August. Ab und zu fallen vereinzelte Regentropfen, begleitet von scharfen Windstößen aus Süd und Südost. Wir dürfen keinen Augenblick vergessen, daß wir hier mitten in einer Korallenbank vor Anker liegen, die schon unzählige Opfer gefordert hat.

Remy de Haenen und ich schließen uns um 6.30 Uhr dem ersten Taucherteam mit Bernard und Gaston an. Wir wollen uns nochmals den Graben ansehen, der am Fuß des Unterwasser-Berges gezogen wurde und der bei den beiden steuerbords gefundenen Kanonen beginnt. Er verläuft sechs oder sieben Meter am Fuß der unterseeischen Bodenerhebung entlang und biegt dann in das auf der Karte verzeichnete Dickicht aus Dörnchenkorallen ein. Für die Taucher beginnt an dieser Stelle ein besonders schwieriges Stück Arbeit.

Unser Graben ist fast einen Meter tief und – zumindest im ersten Abschnitt – sehr akkurat gezogen. Über ihm erhebt sich ein Berg aus Korallenskeletten, den eine zerbrochene Kanone und eine Feldschlange krönen. An der Nordostseite des Grabens stoßen wir allerdings auf etwas Ungewöhnliches, eine Eisenstange und – in einiger Entfernung – auf einen hölzernen Spannkeil, die beide kerzengerade aus der Korallenwand ragen. Dieser Fund scheint die Hypothese zu bestätigen, daß die Bodenerhebung auf dem Meeresgrund die eigentliche Galeone einschließt. Es ist im Grunde eine wilde Vermutung, angesichts des rasanten Korallenwachstums in diesen Gewässern aber durchaus nicht an den Haaren herbeigezogen.

Dumas hat die Beobachtung gemacht, daß diese Nordostwand aus weißen Korallen besteht. Eine darin eingelagerte, etwa 20 Zentimeter starke Schicht enthält Teile der Schiffsausrüstung – Holz, Geschirr, zerbrochenes Glas etc. – und geht dann wieder in weiße Koralle über. Dieses Phänomen ist sehr schwer zu erklären, denn wie könnte eine ganze Galeone auf eine zwanzig Zentimeter dünne Schicht zusammengepreßt werden, selbst wenn man die Kräfte der See, des Windes und der Wellen in Rechnung stellt?

Gegen Mittag gelingt es uns schließlich, den Panzer aus Dörnchenkorallen wenigstens an einer Stelle mit unserem Preßluftgerät zu durchdringen. Wir stoßen zwar weder auf die gesuchten Backbordkanonen noch auf Geschützkugeln, finden aber große Mengen von zerbrochenem Geschirr und schließlich einige ungewöhnlich große Eisennägel, die vermutlich bei der Beplankung verwendet worden waren. Wir haben hier ganz zweifellos die Backbordseite der Galeone entdeckt.

Die Taucher wollen jetzt endlich einmal wissen, ob die hier gefundene Galeone tatsächlich die *Nuestra Señora de la Concepción* ist oder nicht. Seit den ersten Tagen unseres »Unternehmens Schatzsuche« hat sich einiges in der Mannschaft verändert. Einige von den Tauchern, die anfangs am leidenschaftlichsten an die *Nuestra Señora* glaubten, haben allmählich ihr Vertrauen verloren, während ursprüngliche Skeptiker wie Bernard Delemotte inzwischen felsenfest davon überzeugt sind, daß wir am Ende doch einen Goldschatz finden werden.

Leider werden wir einige dieser Korallenbildungen zerstören müssen.

Die Arbeit mit dem Ansauggerät erfordert unablässige Aufmerksamkeit und ist für unsere Taucher sehr anstrengend.

Mitte: Kommandant Cousteau überwacht den Einsatz des Ansauggerätes.

Auf meine Frage, was er mit seinem Anteil an dem Schatz tun wolle, antwortet Bernard: »Ich werde mir höchstwahrscheinlich etwas Land kaufen, eine Menge Land mit Bäumen und Hügeln und Feldern und vielleicht einem Fluß – und einem schönen, alten Haus an dem Fluß . . .«
Ein seltsamer Traum für einen Seemann; aber vielleicht ist er gar nicht so seltsam.
Plötzlich machen wir eine Entdeckung, die Delemotte der Verwirklichung seines Traumes ein Stück näher bringt: Serge Foulon hat mit dem Ansauggerät vier kleine, scheinbar zerbrechliche Gegenstände freigelegt und bringt diese, sorgsam in seinen Handschuhen verstaut, zu uns nach oben. Es handelt sich um vier weitere Bleiplomben, die uns vielleicht endlich Auskunft über die Fracht der Galeone oder sogar über deren Nationalität und Schiffseigner geben können. War der König von Spanien der Besitzer der gesunkenen Galeone, und wenn – welcher spanische König?
Zunächst müssen wir die Siegel reinigen, um ihre Beschriftung erkennen zu können. Ich lege sie einige Zeit in Essig und bürste sie anschließend vorsichtig ab, bis die Inschrift deutlich zu lesen ist. Es handelt sich um die gleiche Buchstabenfolge, von der wir bei den früheren Plomben nur den Anfang entziffern konnten und die diesmal ganz erhalten ist: *Florebo*

quo ferar – »Ich werde, wohin ich auch gehe, Erfolg haben.« Daneben entdecken wir drei weitere Lilienwappen. Didi und ich sind uns darin einig, daß man daraus noch keine verbindlichen Schlüsse über die Herkunft des Schiffes ziehen kann, denn das Lilienwappen war damals in Frankreich ebenso verbreitet wie in Spanien. Selbst wenn unser Wrack tatsächlich eine spanische Galeone ist, besteht durchaus die Möglichkeit, daß es erst aus der Zeit des spanischen Bourbonenkönigs Philipp V. stammt, des Enkelsohns Ludwigs XIV., der von 1700 bis 1746 regierte.

Die anderen Indizien scheinen mir auch nicht aufschlußreicher. Der Gebrauch der lateinischen Sprache sagt über die Nationalität des Schiffes gar nichts aus, denn zur damaligen Zeit bediente man sich in ganz Europa des Lateinischen. Was den Ausspruch selbst betrifft, so wird dadurch nur eine allgemeine Einstellung charakterisiert. Jeder beliebige Abenteurer, der in die Neue Welt zog, um sein Glück zu machen, hätte sich dieses Motto zu eigen machen können.

Ich will diese Bedenken vorläufig noch für mich behalten, denn bei der Weiterarbeit fällt mir auf, daß meine Kameraden mit neuem Feuereifer bei der Sache sind.

Diese neue Hochstimmung ausnützend, frage ich Jean-Clair Riant, was er denn mit seinem Anteil vorhabe, wenn wir einen Schatz heben sollten. Jean-Clair, der noch nicht lange bei uns ist und ganz hervorragend taucht, kann derartige Fragen gar nicht leiden.

»Kann sein, daß wir Gold finden«, meint er. »Bloß glaub' ich nicht dran. Falls wir wirklich etwas finden, wäre es das erste Mal, daß ich Glück habe. Im Ernst, ich kann mir einfach nicht vorstellen, daß da unten ein Schatz ausgerechnet auf uns wartet.«

»Aber wenn wir nun doch etwas finden – was werden Sie dann machen?«

»Ich würde mir zuerst ein Haus auf dem Land kaufen, und zwar in Südfrankreich, wegen des Klimas. Es müßte an einem Fluß liegen oder im Gebirge. Das wäre das erste, das ich mir anschaffen würde, wenn ich Geld hätte.«

»Und wenn wir nichts finden – wären Sie dann sehr enttäuscht?«

»Aber keine Spur! Ich glaube ja sowieso nicht daran!«

Serge Foulon zögerte keinen Augenblick, seine Zukunftspläne als Goldschatzteilhaber zu lüften. »Ich werde mir ein Schiff kaufen«, verkündet er zuversichtlich, »und noch einen Schatz in der Silberbank heben.« Serge ist offensichtlich als Meeresgoldgräber auf den Geschmack gekommen.

Es besteht leider kein Zweifel daran, daß wir uns durch ein wahres Gebirge aus Dörnchenkorallen hindurcharbeiten müssen, was unser Preßluftgerät wahrscheinlich ziemlich überfordern dürfte. Vielleicht können wir eine andere Art von Ansaugleitung verwenden – »Marke Ofenrohr« – mit einem größeren Durchmesser von beispielsweise 16 Zentimetern und 3 Meter Länge. Wir könnten den Dörnchenkorallen und anderem Räumgut damit sicher leichter zu Leibe rücken als mit der 12-Zentimeter-Röhre, die wir bisher benutzt haben. Wir machen uns sofort an die erforderlichen Vorbereitungen.

Robino, unser Mechanikermeister, und Willy biegen einige Blechstücke zurecht und verlöten sie zu einem recht stabil aussehenden Rohr, das wir schon einige Stunden nach

Beginn der Arbeit ausprobieren können. Bernard und Gaston nehmen das »Ofenrohr« zu einem ersten Einsatz mit unter Wasser und berichten wenig später, die neue Ansaugleitung sei zwar für unsere Zwecke sehr gut geeignet, müsse aber unbedingt noch etwas abgeändert werden. Das Rohr hat unpraktische Griffe, ist nicht genügend ausbalanciert und bleibt unter Wasser nicht richtig stehen.

Caillart und Marius messen während ihres üblichen Schwimmausflugs am Spätnachmittag mit einer Schnur den Winkel zwischen dem Buganker der Galeone und dem Geschütz auf der Korallenhügelspitze aus. Der Winkel beträgt 13 Grad.

Wir finden noch einen runden Krug, diesmal mit Weintraubensamen. Die verschiedenen Krüge sind uns überhaupt ein Rätsel. Es muß an Bord der Galeone sehr viele davon gegeben haben, denn wir haben schon eine stattliche Anzahl gefunden sowie die Scherben von zahlreichen anderen. Sie zeigen eine auffallende Ähnlichkeit mit den irdenen Krügen und Töpfen, die auch heute noch in Südamerika hergestellt werden. Damals wurden sie offenbar als Vorratsgefäße für Pökelfisch und gesalzenes Fleisch verwendet. Es ist sehr unwahrscheinlich, daß die Krüge der Galeone aus Europa stammen. Ihre Existenz legt daher den Schluß nahe, daß unsere Galeone in irgendeinem Hafen des Karibischen Meeres Vorräte an Bord genommen hat.

Unser ursprünglich abgestecktes Arbeitsfeld unter Wasser ist nun so gut wie frei von Korallenbildungen. Unter dem Vordersteven der *Calypso* türmt sich ein Schuttberg, der fast bis an die Wasseroberfläche reicht und der aus all den Korallenabfällen besteht, die unser »Aufklopfkommando« auf dem Achterdeck nach möglichen Schätzen durchsucht hat.

Die ganze *Calypso* ist von Bug bis Heck verdreckt und mit Korallenbrocken und rostigem Eisen übersät. Die in der Sonne trocknenden Korallen strömen einen penetranten und außerordentlich unangenehmen Geruch aus.

Das edle Naß ist wegen unserer Wasserknappheit an Bord immer noch rationiert. Unsere Taucher können sich die Salzrückstände nicht mehr vom Körper waschen und leiden alle unter schmerzenden und juckenden Hautirritationen. Sie nehmen es allerdings mit viel Humor und Geduld, genau wie das unablässige Dröhnen des Preßluftgerätes, und beteiligen sich nach ihrer Unterwasserschicht freiwillig und mit großem Eifer an der ununterbrochenen Korallenaufklopferei auf dem Achterdeck. Ihre allgemeine Begeisterung und Zuversicht haben sich allerdings merklich abgekühlt.

Dumas, de Haenen und ich führen lange Gespräche über unsere augenblickliche Situation und sind uns darin einig, daß wir bisher nur einen kleinen Teil des Wracks freigelegt haben, was möglicherweise knapp ein Drittel der Gesamtarbeit ausmacht. Wir befinden uns mit unseren Ausgrabungen aller Wahrscheinlichkeit nach im Bereich des Vorschiffs der Galeone. Unsere Funde – wie etwa der Ziegelofen und die Vorratsgefäße – lassen diese Vermutung zu, denn an Bord der Galeonen befanden sich Kombüse und Proviantlager immer im vorderen Teil des Schiffes.

Die Frage ist nur, wo in aller Welt der Rest unserer Galeone sein mag. Innerhalb unseres

Arbeitsgebietes unter Wasser liegt eine korallenüberwucherte Bodenerhebung. Sollte dies der Schiffsteil sein, den wir suchen? Wir beschließen, uns über diese Frage endlich Klarheit zu verschaffen und führen unter einigen Schwierigkeiten eine Metallsonde in die verdächtige Bodenerhebung ein. Leider bohrt sich die Sonde von der Hügelspitze bis auf den Meeresboden, ohne auch nur die Spur eines Schiffes anzuzeigen.

Abgesehen von dem Vorschiff unseres Wracks, scheint die Galeone wie vom Erd- bzw. Meeresboden verschluckt. Mittschiff und Achterpartie mag der Sturm verweht haben, der zum Untergang des Seglers geführt hatte.

Nach dem Abendessen sitzen wir alle in der Messe beisammen. Um diese Tageszeit sind wir ansonsten fröhlich und guter Dinge, entspannen uns nach des Tages Müh' und Plage und unterhalten einander mit Seemannsgarn und Späßen. Heute abend herrscht jedoch bedrücktes Schweigen. Jeder scheint in irgendein Buch über die Geschichte des karibischen Raumes vertieft.

Wir von der *Calypso* sehen seit langem einer Piratenmannschaft erschreckend ähnlich. Da wir mit Wasser äußerst sparsam umgehen müssen, können wir uns natürlich auch nicht mehr rasieren. Stoppelbärtig und langmähnig, die Haut von der Tropensonne tiefbraun gebrannt und zu Leder gegerbt, stehen wir tagaus, tagein von früh bis spät an Deck und bearbeiten große Korallenbrocken mit unseren Vorschlaghämmern. Diese Arbeit hat an allen von uns ihre Spuren hinterlassen; auf unseren sonnenverbrannten, mit Hitzblattern bedeckten Körpern sammelt sich eine weißliche Schicht aus Korallenstaub. Einige von uns sehen richtig zum Fürchten aus, und alle wirken mit ihrem schwarzgebrannten und weißbestaubten »Fell« wie eine fürchterliche Kreuzung aus Zebra und Orang-Utan.

Die erstaunliche Tatsache, daß wir uns überhaupt noch etwas von unserem Selbstvertrauen und unserer Zuversicht bewahren konnten, ist sicher nur die Folge unseres großen Vertrauens in Frederic Dumas' Können und Erfahrung, in unsere eigene Leistungs- und Durchhaltefähigkeit und in die Qualität unserer Ausrüstung. Dieses noch immer unerschütterliche Vertrauen ist unter unseren Tauchern ganz deutlich zu spüren, obwohl diese täglich viele Stunden unter Wasser schwer arbeiten müssen und sich zudem noch am Korallenaufklopfen beteiligen.

Gaston, einer unserer engsten Freunde, hat damals schon an der Expedition ins Rote Meer und in den Indischen Ozean teilgenommen und kennt die Vorzüge unserer Ausrüstung wohl wie kein anderer. Er ist bei unserem jetzigen Unternehmen noch mehr als sonst von der hervorragenden Qualität und Funktionstüchtigkeit unserer verschiedenen Hilfsmittel überzeugt. »Dies ist unser erster Versuch, eine Art Korallengebirge abzutragen«, meint er zuversichtlich. »Manchmal ist unser Preßluft-Sauggerät, so großartig es auch arbeitet, einfach nicht stark genug für diese schwierige Aufgabe. Vielleicht brauchen wir irgendeine Art Bohrer; ich bin allerdings reichlich skeptisch, ob man so etwas unter Wasser einsetzen kann. Trotz all der Schwierigkeiten, mit denen wir uns hier Tag für Tag herumschlagen, kann ich mir ganz einfach nicht vorstellen, daß wir am Ende nicht doch etwas finden. Ich weiß ganz genau, daß jeder einzelne Mann an Bord unerschütterliches Vertrauen in unsere

Das Sauggerät schluckt eine Mischung aus Sand, Korallenteilen und Schutt, die es dann in die auf dem Floß festgemachten Körbe spuckt.

gemeinsame Arbeit und deren Erfolg hat, auch wenn mancher von uns so tut, als glaube er nicht daran. Und wenn wir gelegentlich an allen möglichen Dingen herumquengeln, dann ist das bloß ein Zeitvertreib oder ein notwendiges Abreagieren von gelegentlichen Enttäuschungen und dem Gefühl, augenblicklich ›die Nase voll‹ zu haben.«
Gaston hält inne und denkt eine Weile nach, bevor er fortfährt: »Ehrlich gesagt – ich weiß nicht so recht, was ich von unserer Galeone halten soll. Sie kann durchaus ein Schatzschiff gewesen sein; es ist aber auch möglich, daß sie vor dem Untergang von Piraten gekapert, ausgeraubt und vielleicht absichtlich versenkt wurde. Wir wissen immerhin, daß die Schiffe in dieser Gegend fast durchweg Gold und Silber an Bord hatten. Ich kann mir nicht helfen – ich bin immer noch davon überzeugt, daß wir aus diesem blöden Korallenhaufen doch noch einen Schatz ausbuddeln werden.«

Ein voller Korb wird an Bord der *Calypso* gehievt.

Gaston ist ein sehr interessanter Mensch; er ist von Beruf Elektroingenieur und hat eine ausgesprochene Leidenschaft für Korallen. Seine Aufgabe an Bord der *Calypso* besteht darin, unsere Mini-U-Boote zu warten und ständig zu überprüfen, und er erfüllt diese Pflichten mit größter Sorgfalt und Kompetenz. Sei es, daß wir ihn mit unserer eigenen Liebe zum Meer und dessen Lebewesen angesteckt haben, sei es, daß er diesen Wesenszug »von Natur aus« mitbekommen hat – er ist jedenfalls ein ebenso leidenschaftlicher wie guter Taucher, Korallenliebhaber und Amateurbiologe. Während unserer Rotmeerexpedition ließ er sich keine Gelegenheit entgehen, nach »Dienstschluß« ausgedehnte Tauchausflüge zu unternehmen, wenn wir gerade in der Nähe eines Atolls oder Korallenriffs ankerten. Wir sahen oft mitten in der Nacht weit draußen im Meer den Scheinwerfer blinken, den er und sein Freund Marcellin beim Tauchen bei sich hatten. Dies nahm so überhand, daß ich derartige mitternächtliche Taucheinsätze schließlich unterbinden mußte, denn zwei mutterseelenallein im nächtlichen Ozean schwimmende Korallenanbeter sind für die immer hungrigen Hochseehaie allzu leichte Beute. Der ganze Erfolg meines Vetos bestand darin, daß die beiden heimlich, still und leise über Bord und unter Wasser gingen und darauf vertrauten, daß wir nichts davon merken würden. Eigentlich konnte ich Gaston gar nicht wirklich böse sein, denn schließlich entdeckte er auf einem seiner verstohlenen Mitternachtseinsätze bei den Malediven eine regelrechte Unterwasseroase mit üppigem Meerestierleben, die wir voller Freude inmitten einer unterseeischen Wüste aufsuchen konnten und die wir in Anerkennung von Gastons Verdiensten »Gastons Insel« tauften.

Hier in der Silberbank fasziniert unseren Gaston vor allem die unglaubliche Fülle von Korallenbildungen, die trotz des tonnenweise abgetragenen Ausgrabungsschutts, der bei uns jeden Tag anfällt, unerschöpflich scheint. Dies ist zwar eine äußerst »fündige« Korallenmine, aber eben keine anorganische Mineralgrube; die steinartige Korallensubstanz besteht aus den Skeletten unzähliger Lebewesen und ist ein fast ebenso faszinierender Beweis vergangenen Lebens wie etwa Funde von Menschenknochen.

Gaston ist – wie Raymond Coll – ein stiller, bescheidener Mensch, der nichts von langen Reden hält. Man spürt jedoch, wie sehr er die unzähligen Korallenformationen dieser Unterwasserwelt liebt. In dieser Liebe ist eine große, verborgene Traurigkeit und die Ehrfurcht vor diesen wehrlosen Lebensformen enthalten, deren Überreste wir Tag für Tag mit viel Mühe und Plage beiseiteräumen.

Ich bin immer wieder seltsam berührt bei dem Gedanken, daß William Phips bei seinem Bergungsmanöver vor dreihundert Jahren das Wrack der Galeone bereits unter einer dikken Schicht aus Korallenkalk begraben fand und daß wir heute auf die gleiche, aber inzwischen gewaltig überwachsene Stelle treffen.

Es ist ein gewaltiger Unterschied, ob man eine bestimmte Arbeit auf dem Meeresgrund oder an Land ausführt. Ein beträchtlicher Vorteil der Unterwasserarbeit liegt allerdings darin, daß man hier Dinge tun kann, für die einem an der Luft einfach die Kräfte fehlen. Um gleich ein Bespiel nach Art des alten Archimedes zu gebrauchen: Die riesigen Korallenblöcke, die wir unter Wasser hin und her schieben und dann an Bord der *Calypso* hie-

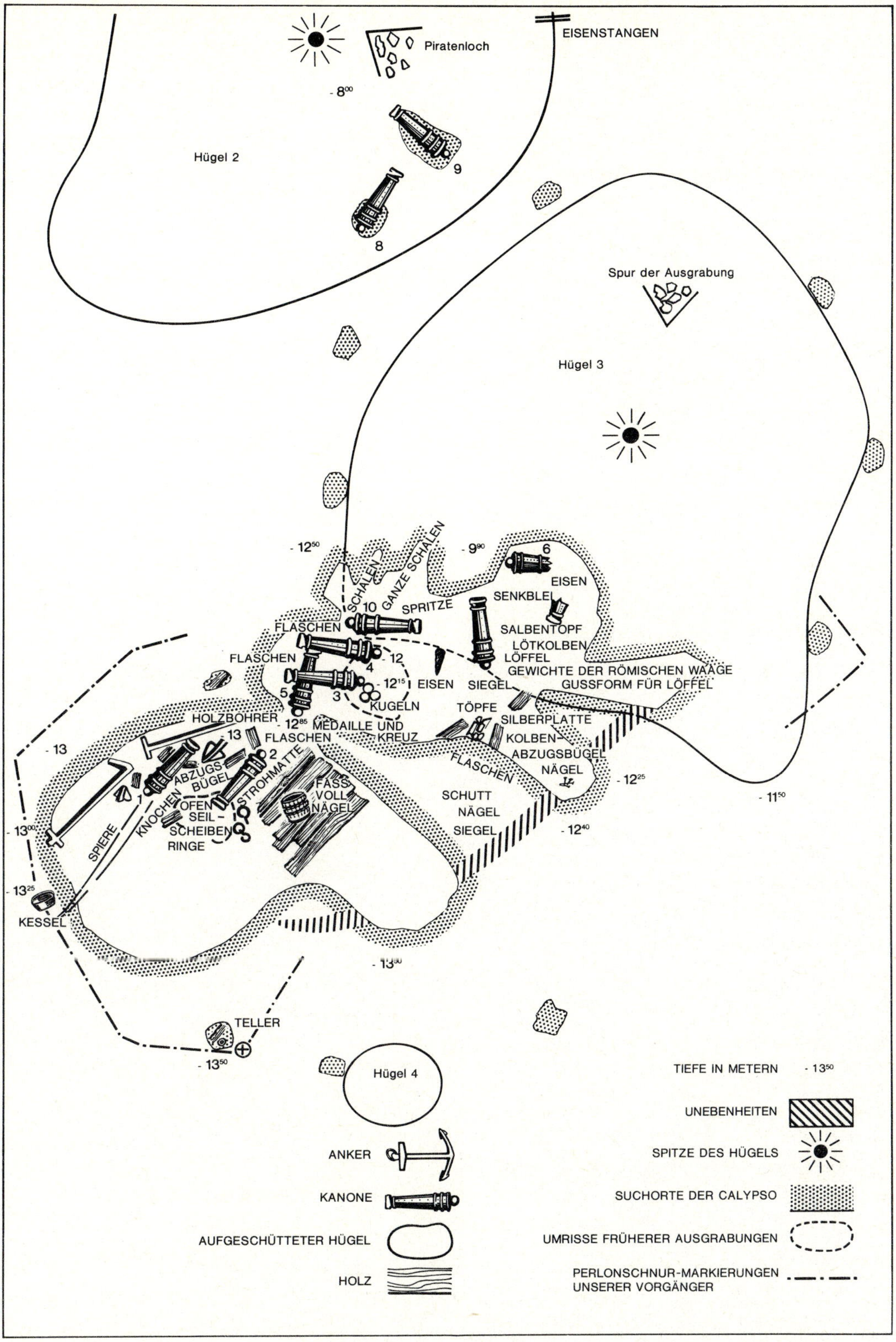

Detailskizze von unserem Arbeitsgebiet mit Positionsangaben über die Kanonen und andere Funde aus dem Wrack.

Links: Die Ausbeute eines Arbeitstages an Kanonenkugeln. Dahinter ist der Kompressor zu sehen, dessen ohrenbetäubender Lärm uns den lieben langen Tag verfolgt.

Unten links: Ein Ausgrabungsteam bei der Arbeit. In der Mitte Kommandant Cousteau.

Oben rechts: Oft müssen die Taucher auf dem Meeresgrund in einer dichten Schlammwolke arbeiten.

Unten rechts: Ein Korb wird auf dem Achterdeck ausgeleert; der Berg aus Korallenbrocken wächst und wächst.

ven, lassen sich kaum noch bewegen, sobald sie aus dem Wasser sind. Da sich ihr Gewicht verdoppelt, werden sie selbst für unser stabiles Hebezeug zu schwer. Wenn wir einen solchen Block von einem Ende der *Calypso* zum anderen transportieren wollen, lassen wir ihn deshalb wieder ins Wasser hinunter und bewegen ihn dort an die Stelle, an der wir ihn haben wollen.

Für Frederic Dumas, der sehr viel Erfahrung auf dem Gebiet der Meeresarchäologie hat, ist das alles nichts Neues. Das einzige, was ihm bisher leise Bewunderung abringen konnte, ist die Hingabe, mit der unsere Mannschaft an ihre Arbeit geht. »Ich habe selten jemanden so verbissen arbeiten gesehen«, meint er dazu. »Mir ist es völlig schleierhaft, woher diese jungen Leute die Energie nehmen, um in so kurzer Zeit so viel zuwege zu bringen. Die Hoffnung auf einen Goldschatz spielt dabei natürlich sicher eine Rolle, denn sie glauben schließlich alle daran, daß hier etwas zu holen ist. Trotzdem meine ich, daß der Hauptansporn der Ehrgeiz ist, ihre eigene Kraft gegen die Zähigkeit der Korallen zu setzen und am Ende Sieger zu bleiben.« Didi hat hier sicher recht. Es macht natürlich sehr viel aus, daß fast alle Mitglieder des *Calypso*-Teams außerordentlich jung sind. Gewiß, Albert Falco (genannt »Bebert«) und Canoë Kientzy sind nicht mehr die jüngsten – doch sie sind Ausnahmen. Sie bilden als die erfahrensten und fähigsten Teilnehmer unserer Expeditionen das Rückgrat all unserer Unternehmungen, sind aber diesmal nicht mit von der Partie. Didis Erstaunen gilt vor allem der Tatsache, daß die ihm größtenteils ganz unbekannten jungen Leute mit der gleichen Umsicht, Hingabe und Höchstleistung arbeiten wie Bebert oder Canoë.

Montag, 5. August. Heute ist der letzte Arbeitstag, bevor wir eine Versorgungsfahrt nach San Juan unternehmen müssen. Wir brauchen nicht nur dringend Frischwasser, sondern auch Nahrungsmittel und einige Werkzeuge. Gegen 6.30 Uhr inspiziere ich wie jeden Tag das Ausgrabungsgebiet unter Wasser. Der Graben macht sichtlich Fortschritte und erstreckt sich bereits über die gesamte Schiffsbreite unserer Galeone. Noch immer findet sich keine Spur von den Backbordkanonen. Wir haben jedoch mehrere Planken gefunden, deren Lage meine Vermutungen über die Position der Schiffsachse bestätigen. Die Zahl dieser Holzteile ist allerdings noch nicht groß genug, als daß man da ganz sicher sein könnte. Der Anblick dreier Krater, die unsere Vorgänger hier mit Dynamit in den Meeresboden gesprengt haben müssen, weckt in mir plötzlich eine Erinnerung. Zwei der Vertiefungen sind durch einen schmalen, aber tiefen Graben miteinander verbunden und lassen in mir ein Bild aufsteigen, das sich mir eingeprägt hat: das Schlachtfeld bei Verdun.

Unser heutiges Arbeitspensum ist fest umrissen. Raymond Coll und J. P. Durand sollen die dicken Einzelplanken vorsichtig aus dem Krater entfernen, in dem wir zu Anfang das Faß mit den Nägeln gefunden haben, und sie sorgfältig numerieren. Anschließend sollen die beiden versuchen, mit dem Ansauggerät eine Öffnung in die Schiffswand und den Kiel der Galeone zu brechen. Der ganze Arbeitsvorgang wird natürlich peinlich genau auf Zelluloid festgehalten werden.

Dieser Plan funktioniert in der Praxis leider nicht besonders gut. Das Fotografieren und

Das Bleisiegel der Westindischen Handelsgesellschaft kennzeichnete alle Handelswaren dieser Organisation und bedeutete, daß die betreffenden Güter innerhalb von sechs Monaten exportiert werden mußten.

Die eine Seite des Bleisiegels zeigt den Wahlspruch der Westindischen Handelsgesellschaft: *Florebo quo Ferar,* und das Lilienwappen, die andere einen Berg aus Silber. Das Lilienwappen symbolisiert den Himmel Frankreichs und ist durch einen Goldstreifen getrennt. Über dem Ganzen schwebt die Königskrone. Die beiden Schattenfiguren zu beiden Seiten des Schildes sollen Indianer darstellen.

Filmen bei der Arbeit nimmt außerordentlich viel Zeit in Anspruch, da das Wasser inzwischen schon sehr trübe ist. Außerdem ist Raymond sozusagen »stocksauer«: Unter den Planken finden sich nur Sand und einige spröde Gesteinsbrocken, die wie tote Korallenstöcke aussehen.

Didi, der Raymond bei der Arbeit ablöst, ändert den Einsatzplan etwas ab. Er setzt das Ansauggerät an und entfernt die etwa 30 Zentimeter dicke Schuttschicht, die das Deck des Vorschiffs unserer Galeone bedeckt, bis er auf mehrere Quadratmeter große, verzahnte Parallelplanken stößt. Die anderen Taucherteams erhalten den Auftrag, an der Stelle weiterzuarbeiten, an der Didi begonnen hat, so daß gegen Abend ein großer Teil des Vorschiffs auf der Steuerbordseite freiliegt. Dicht an der Stelle, an der sich eigentlich der Fockmast befinden müßte, stoßen wir auf einen riesigen Eisenring und auf einen sehr großen, eisernen Haken, der mit den Verstrebungen einer Winde gekoppelt ist. Es liegt alles genau an der richtigen Stelle. Ganz in der Nähe finden wir eine gut erhaltene, primitive Ramme aus Holz. Die umliegenden Korallenbrocken enthalten bei näherem Zusehen zahlreiche und sehr schöne Flaschen, die aber allesamt zerbrochen sind. Diese Gefäße müssen entweder auf der Kommandobrücke gelagert oder von den Überlebenden, die sich auf das Riff zu retten versuchten, dorthin geschafft worden sein.

Dumas und ich sind in einem Punkt inzwischen ziemlich sicher: Das Schiff ist weitaus besser erhalten, als wir ursprünglich angenommen haben. Die Tatsache, daß Raymond unter den Deckplanken nur Korallengestein gefunden hat, kann nur bedeuten, daß der Rest der

Galeone unter eben dieser Kalkschicht liegt. Dumas und ich wissen zwar ziemlich genau, was mit Holzwracks im Mittelmeer geschieht; wir haben jedoch keine Ahnung, welche Auswirkungen das rasche Korallenwachstum über längere Zeiträume hinweg auf Holzteile hat. Es ist sehr gut möglich, daß die Koralle unsere Galeone nicht nur nicht zerstört, sondern sogar konserviert hat.

Remy de Haenen wird nicht müde, uns zu versichern, daß wir es hier mit einer besonders großen Galeone zu tun haben, von der bisher nur ein kleiner Teil freigelegt ist. Didi teilt Remys Meinung und schließt aus der Größe der Anker, dem Gewicht der Bordgeschütze und den Ausmaßen der metallenen Schiffsteile auf entsprechende Dimensionen der Galeone. Leider haben wir noch immer keinerlei konkreten Hinweis auf das Alter des Wracks, dem wichtigsten Kriterium für die Frage, ob dieses gesunkene Schiff tatsächlich die *Nuestra Señora de la Concepción* ist.

Am Nachmittag kündige ich über Funk unserem Verbindungsmann in Puerto Rico unsere morgige Ankunft an. Von ihm erfahre ich auch, daß mein Sohn Jean-Michel bereits in San Juan auf uns wartet.

Ich lasse mir vor dem Abendessen meinen Zeichentisch in die Schiffsmesse stellen. An Hand einer Planskizze von der Galeone und den sorgfältig vermerkten Fundorten der diversen Gegenstände, die wir bisher ausgegraben haben, gebe ich der versammelten Mannschaft einen Lagebericht, dessen Quintessenz darauf hinausläuft: Noch haben wir alle Aussichten, tatsächlich auf einen Schatz zu stoßen.

Nach dem Essen schütten wir eine weitere Ladung Korallenschutt auf das Achterdeck und machen uns mit großem Eifer an die Arbeit. Die stattlichen Ausmaße des zu durchsuchenden Berges beweist uns zu unserer größten Genugtuung, daß wir die Ausbeute des heutigen Tages durch die Reorganisation unserer Schichtarbeit und durch die an dem Ansauggerät vorgenommenen Verbesserungen beträchtlich erhöht haben. Wir arbeiten bis tief in die Nacht hinein und werden dafür mit einem einzigen Fund »belohnt« – mit einer schwarz verwitterten Nußschale.

Dienstag, 6. August. Schon früh am Morgen haben wir mit den Vorbereitungen für unseren Abstecher nach San Juan begonnen. Didi, de Haenen und ich brechen zu unserer täglichen Inspektionstour durch das Ausgrabungsfeld auf. Die gestrigen Entdeckungen haben uns auf viele Fragen hinsichtlich der Lage des gesunkenen Schiffes eine Antwort gegeben; es sieht nun wirklich so aus, als bilde die Achse der Galeone eine gerade Linie mit der zerbrochenen Kanone auf der Spitze des Korallenhügels. Bevor wir an Bord der *Calypso* zurückkehren, sehen wir uns noch den Graben an, der sich an der Steuerbordseite des Wracks hinzieht. Dumas entdeckt dort eine weitere Kanone, die zu den beiden benachbarten Geschützen beinahe parallel steht, jedoch in die andere Richtung zeigt. Besonders bedeutsam erscheint uns aber die Tatsache, daß die neuentdeckte Kanone sowohl *in* als auch *unter* dem umgebenden Korallengestein begraben liegt, denn diese Beobachtung ist eine klare Bestätigung für unsere Vermutung, daß es sich bei dieser seltsamen Bodenerhebung um die Galeone selbst handelt. Die fehlenden zwei Drittel des Schiffes sind damit gefunden.

Links: Die Franziskus-Medaille, die wir zwischen den Korallenbrocken in einem der an Bord gehievten Metallkörbe gefunden haben. – Rechts: Im Wrack des gesunkenen Schiffes fanden wir viele eckige Flaschen, von denen einige vollständig erhalten sind.

Einige wunderschöne Korallenstöcke, die wir leider zerschlagen mußten, bis uns die Hände wehtaten.

Wir stoßen außerdem auf einige Teile der Takelage und auf zwei große, aber relativ dünne Anker.

Während des Mittagessens erklärt Dumas, der bei der Bergung eines im Mittelmeer gesunkenen Schiffs aus dem 16. Jahrhundert viel Erfahrung sammeln konnte, daß zu jener Zeit auffallend große Ankerringe in Gebrauch waren. Die Anker, die wir heute morgen gefunden haben, sind interessanterweise mit sehr großen Ringen versehen und haben ausnehmend große Schaufeln; auch dies ist laut Didi ein gutes Zeichen. Ein im »richtigen« Jahrhundert gefertigter Anker würde uns völlig genügen, um uns endgültig davon zu überzeugen, daß die gefundene Galeone wirklich die *Nuestra Señora de la Concepción* ist.

Bei den Ausgrabungen am Vormittag sind unsere Taucher außerdem auf einen Schwertgriff und eine Pistole gestoßen, von denen allerdings außer rostigen Eindrücken im Korallenkalk nicht viel übrig ist. Aus derart dürftigen Resten läßt sich die Zeit, aus der die beiden Funde stammen, natürlich nicht mehr bestimmen.

Es steht inzwischen eindeutig fest, daß unsere Galeone *zwei* dicht übereinanderliegende Decks gehabt hat. Der obere Teil des Rumpfes ist aller Wahrscheinlichkeit nach auf den Meeresboden abgesunken, während die untere Partie von Korallenformationen abgestützt und eingeschlossen wurde.

Bevor wir die Anker lichten, nehmen wir unser Ansauggerät an Bord. Die Metallkörbe dagegen bleiben auf dem Meeresgrund liegen. Auch die *James and Mary* wird versenkt und soll nach unserer Rückkehr wieder gehoben werden. Remy bleibt während dieses Vorgangs im Wasser und paßt auf, daß seiner genialen Erfindung nur ja nichts passiert, während wir sie auf Grund setzen. Er ist so vollständig bei der Sache, daß er den großen Barrakuda gar nicht bemerkt, der ihn mit hungrigen Blicken umkreist. Ein ähnliches Tier hatten wir damals bei Shab Rumi beobachtet. Unsere Taucher hatten sich sozusagen mit ihm angefreundet und nannten den Barrakuda Jules. Michel Deloire hat diese kleine Szene auf Film festgehalten. Wir freuen uns schon auf diesen amüsanten kleinen Streifen.

Inzwischen ist unser Preßluftgerät sorgsam unter Deck verstaut und die ganze *Calypso* von oben bis unten saubergeschrubbt worden. Heute abend werden wir uns endlich wieder einmal ausgiebig duschen können. Bald werfen wir die Ankerleinen los und manövrieren unser Schiff ohne Zwischenfälle durch den mit Bojen markierten Kanal ins offene Meer hinaus. Jeder versucht zu schlafen, sobald wir auf hoher See sind, doch die Dünung ist so schwer, daß die meisten von uns wach bleiben. Je weiter wir nach Osten kommen, desto rauher wird die See.

8 Der große Schatz

Ein Zimmermann aus Boston.
In geheimer Mission.
Lorbeeren

Am 28. November 1686 ging eine schnittige Fregatte von 200 Tonnen in der Bucht von Samana vor der neuspanischen Insel Hispaniola vor Anker. Der schnelle Segler war wie alle Schiffe jener Zeit – seien es Kriegs-, seien es Handelsschiffe – schwer bewaffnet und führte nicht weniger als zweiundzwanzig Kanonen an Bord. Die Fregatte war jedoch trotz ihrer schweren Bewaffnung in friedlicher Mission unterwegs. England und Spanien standen nicht mehr im Krieg miteinander; der Westfälische Friede hatte mehrere Jahrzehnte zuvor (1648) einen Konflikt beendet, der sich über hundert Jahre hingezogen hatte, und war 1671 durch einen neuen Vertrag bestätigt worden. Es genügten allerdings auch zwei große Staatsverträge nicht, um die Sicherheit der christlichen Seefahrt im Karibischen Meer zu gewährleisten, denn die Piraten und Freibeuter jener Zeit fühlten sich durch diplomatische Übereinkünfte in keiner Weise gebunden.
Der Kapitän der Fregatte, William Phips, bestieg ein Beiboot und ließ sich an Land rudern, wo er bereits von einer großen Menschenmenge erwartet wurde. Es waren durchweg Freunde und Anhänger des Ankömmlings, der auf den Inseln ebenso bekannt wie gern gesehen war. Er stammte zwar aus dem Norden und war in Boston (Massachusetts) geboren, befuhr aber seit seiner Jugend das Karibische Meer, um auf den Westindischen Inseln

seine Geschäfte abzuwickeln. Man rühmte überall seine Loyalität und Zuverlässigkeit gegenüber Geschäftsfreunden und bewunderte seine Klugheit und Zurückhaltung, denn er hatte sich nie auf Piraterie eingelassen. Seine Spezialität war die Versorgung des karibischen Raumes mit Handelswaren aller Art; die Piraten kümmerten ihn wenig. Phips übte ein sehr schwieriges Gewerbe mit großem Geschick aus und besaß alle dazu notwendigen Eigenschaften: Takt und Verschwiegenheit, einen untrüglichen Geschäftssinn und großes Talent als Seefahrer.

Theoretisch besaß die spanische Krone noch immer das Handelsmonopol für die Kolonien in der Neuen Welt. Die Bewohner der Westindischen Inseln hätten allerdings buchstäblich verhungern und nackt herumlaufen müssen, wenn sie sich hinsichtlich der lebensnotwendigen Nachschubgüter auf die Schiffe seiner Allerkatholischsten Majestät verlassen hätten. Sie hielten sich daher lieber an ausländische Handelsfahrzeuge – in diesem Fall also an die Fregatte von Phips –, die ihnen die ersehnten Schmuggelwaren liefern konnten. Phips mußte natürlich gleichzeitig auch die erklärten Feinde der spanischen Krone, Freibeuter und Piraten, mit Nachschub versorgen und war dadurch ständig zu wahren Drahtseilakten zwischen den Spaniern und deren Todfeinden gezwungen. Der kleinste Fehltritt in dieser oder jener Richtung konnte den kühnen Schmugglerkapitän folglich um Kopf und Kragen bringen. Phips spielte allerdings dieses gefährliche, aber offenbar einträgliche Spiel damals schon fünfzehn Jahre lang mit großer Meisterschaft; keiner seiner Kunden hatte jemals an ihm selbst oder an seinen Waren etwas auszusetzen.

Der Zweck dieses Besuches auf Hispaniola war die Lieferung von besonders begehrten Handelswaren, wie bemalten Krügen, feinen Strümpfen, Hüten, Stoffen, Knöpfen, Schwertern, Dolchen, Scheren, Schnaps und Pulver. Phips brachte diese kostbare Fracht, wie jeder der Wartenden sehen konnte, an Bord einer schnittigen, neuen Fregatte mit dem Namen der englischen Herrscher, *James and Mary,* ins Land. Das Schiff selbst löste allgemein viel Neid und Bewunderung aus, denn es war ein hervorragendes Beispiel der englischen Schiffsbauweise und stammte von einer der berühmten Themse-Werften.

Einer der ersten Höflichkeitsbesuche, die Phips nach seiner Ankunft auf Hispaniola abstattete, galt dem spanischen Gouverneur und dem Befehlshaber der örtlichen Garnison. Phips überreichte dem hohen Beamten wertvolle Geschenke und konnte danach seine geschmuggelten Waren ungeniert verkaufen. Innerhalb von vier Tagen war seine gesamte Fracht gelöscht und gegen wertvolle Gold- und Silberstücke an den Mann gebracht. Kurz darauf lichtete die mit frischem Wasser und Lebensmitteln gut versorgte *James and Mary* die Anker und segelte durch die Bucht aufs offene Meer hinaus. Keiner von Phips' Geschäftsfreunden an Land wußte, wohin die Reise ging, denn in jenen Tagen war es – vor allem am Karibischen Meer – nicht ratsam, sich allzu nachdrücklich nach den Angelegenheiten seiner Freunde oder deren Herkunft zu erkundigen. Selbst die engsten Vertrauten des erfolgreichen Schmugglerkapitäns Phips wußten nur wenig von dessen Vorgeschichte; es war lediglich bekannt, daß er nicht aus England, sondern irgendwoher aus dem Norden des amerikanischen Kontinents stammte.

Oben rechts: Zwischen den Fächerkorallen, Schwämmen und Korallenstöcken schwimmen *Blaue Chromis* (Familie *Pomacendridae*) und ein Grunzer der Art *Haemulon.* – Unten rechts: Ein Schwarm Doktorfische, einige Exemplare der Art *Acanthurus leucosternon* und, in der Grotte im Hintergrund, ein *Acanthurus guttatus.*

Um die Mitte des 17. Jahrhunderts waren die heutigen Neu-England-Staaten in Nordamerika noch eine ungezähmte Wildnis, in der die neu eingewanderten Siedler alle Hände voll zu tun hatten, um sich gegen die Naturgewalten und gegen feindliche Indianer zu verteidigen. Viele dieser Kolonisten waren Puritaner, die um ihrer religiösen Überzeugungen willen die alte Heimat verlassen hatten und die wegen ihrer Willens- und Charakterstärke berühmt waren.

Eine kleine Schar dieser Männer und Frauen ließ sich in einer besonders wilden Gegend an der Mündung des Kennebec in Maine nieder. Sie gründeten dort ein Dorf, das sie Pemaquid nannten und in dem wenige Jahre später die Schiffsbauer aus Boston ihr Bauholz einkauften.

William Phips wurde als einundzwanzigstes Kind einer Puritanerfamilie 1651 in Pemaquid geboren. Sein Vater, James Phips, war Hufschmied und lebte in großer Armut, so daß William schon sehr früh seinen eigenen Lebensunterhalt verdienen mußte. Er betätigte sich zunächst als Hirtenjunge, dann als Zimmermann und ging später nach Boston, um auf einer Schiffswerft zu arbeiten.

Die Werften Neu-Englands erfreuten sich eines sehr guten Rufs und betrieben einen regen Handel mit ihren Produkten. Sie bauten nicht nur Schiffe, sondern übernahmen auch Reparaturen und Wartung. Es erforderte nicht viel Zeit, ein hölzernes Schiff zu bauen, doch das eigentliche Bauen bildete nur einen Teil der notwendigen Arbeiten. Der nächstbeste Sturm konnte die Masten knicken, die Schiffswände beschädigen oder seine Verfugungen lockern; Algen und Schalentiere setzten sich nach einiger Zeit am Rumpf fest und verringerten die Fahrtgeschwindigkeit. Man mußte also bei diesen Schiffen sehr häufig Lecks ausbessern und die Außenwände säubern und teeren. William Phips spezialisierte sich sehr bald auf derartige Reparaturarbeiten. Gleichzeitig lernte er tauchen, und er verstand auch unter Wasser zu sehen, indem er ein »Kalfaterglas« verwendete – eine durch einen runden Holzrahmen gehaltene Glasscheibe.

Phips baute sich selbst einen Segelkutter, den er *Stern von Boston* nannte, und außerdem kaufte er einen halbverfallenen, alten Schoner, den er reparierte. Nun war er für ein Unternehmen gerüstet, das ihm schon lange als ehrgeiziges Ziel vorschwebte: Er wollte im Karibischen Meer Handel treiben.

Es ist durchaus verständlich, daß das Boston der zweiten Hälfte des 17. Jahrhunderts in einem unternehmungslustigen jungen Mann derartige Pläne wecken konnte. Die Werften der Stadt wurden von Schiffen aller Art angelaufen und von vielerlei Menschen besucht, die die Kunde von fernen Landen wie Tortuga und Jamaica mit sich brachten. Die phantastischen Geschichten von großen Abenteuern und Schätzen, die das Vorstellungsvermögen eines einfachen Puritaners aus Maine weit überstiegen, spornten den Ehrgeiz des jungen William Phips besonders an. Zu dieser Zeit verblaßte der Stern der spanischen Macht in Südamerika allmählich; berühmte Freibeuter wie Henry Morgan – späteren Generationen schlicht und einfach als »Morgan der Pirat« bekannt – traten in die Fußstapfen ihrer Vorgänger Hawkins und Drake. Morgan, so hieß es, hatte Portobelo, den großen Aus-

Das einzige Porträt, das von William Phips bekannt ist. (Sammlung Mansell, London.)

gangshafen für das Gold des spanischen Königs, überfallen und ausgeplündert und Maracaibo erobert. Im Jahre 1671 war er an der Spitze von 1200 Mann durch die Landenge von Darién gezogen, um Panama zu plündern und niederzubrennen, das damals als die reichste Stadt der Neuen Welt galt. Seine Beute hatte den Wert von 100000 Pfund Sterling.

Um diese Geschichten kreisten die Träume der jungen Männer in Neu-England. William Phips, der Sohn eines armen Hufschmieds, war solchen Träumen gegenüber jedoch sehr skeptisch. Er versprach sich nicht besonders viel von einem Leben als wildromantischer Abenteurer und hatte zudem allzu viel vom Leben der Piraten gehört, um sich irgendwelchen Illusionen darüber hingeben zu können. Der Reichtum, den die Freibeuter und Seeräuber dem niedergehenden Spanien aus den immer schwächer werdenden Fängen rissen, ging meist sehr bald durch Verschwendung und beim Würfelspiel verloren. Phips wollte reich werden, sehr reich, aber er wollte sein Vermögen auf eine solide und respektable Grundlage stellen. Außerdem gab es neben der Seeräuberei auch noch andere Möglichkeiten für intelligente und unternehmungslustige junge Leute, im Karibischen Meer ihr Glück zu machen. Sogar Morgan, der Schreckliche, schien im Alter zu dieser Einsicht gekommen zu sein, denn er ließ sich zum Gouverneur von Jamaica machen und begann sehr bald damit, seine ehemaligen Seeräuberkollegen ebenso erbarmungslos aufzuknüpfen, wie er zuvor den spanischen König um sein Gold erleichtert hatte.

Phips konnte sich genügend Geld leihen, um eine Schiffsladung begehrter Handelswaren zu kaufen, und stach eines schönen Tages mit der *Stern von Boston* mit Kurs auf das berühmt-berüchtigte Karibische Meer in See. Der erst 23 Jahre alte Kommandant und Schiffseigner war damals der jüngste Bostoner Kapitän und wahrscheinlich jünger als jeder andere Schiffskapitän der englischen, holländischen oder spanischen Flotte.

Die erste Seereise wurde für Phips ein ungewöhnlicher Erfolg. Phips konnte seine Ladung

Die Taucher haben sich mit den Bewohnern der Silberbank rasch angefreundet. Die abgebildete Meerbrasse frißt uns sogar aus der Hand.

Links: Das Hebezeug der *Calypso* hievt einen alten, von Korallen überwucherten Anker hoch. Die weitausladenden Ankerschaufeln sind besonders bemerkenswert.

mit großem Gewinn verkaufen und dafür Zucker, Vanille, Indigo, Koschenille (einen roten Farbstoff) und vor allem Tabak einhandeln, der sich in England sehr gut absetzen ließ. Sir Walter Raleigh, der Günstling von Königin Elisabeth I., hatte diese begehrte Genußpflanze zu Beginn des Jahrhunderts in Europa eingeführt.

Auf einer seiner Fahrten ins Karibische Meer hatte Phips ein Erlebnis, das sein weiteres Leben entscheidend beeinflussen sollte. Phips hörte eines Tages, als er sich gerade zum Schlafen niedergelegt hatte, einen verzweifelten Hilfeschrei, der aus einem benachbarten, halbzerfallenen Schuppen kam und offenbar von einem Engländer stammte. Der junge Kapitän kam gerade noch zur rechten Zeit, um einem alten Mann das Leben zu retten, der von zwei Eingeborenen gefoltert wurde. Nachdem Phips seinen Schützling durch Wiederbelebungsversuche ins Bewußtsein zurückgerufen hatte, fragte er den Alten nach dem Grund für das Verhalten der Indianer; der Mann hatte nämlich ganz offensichtlich nichts bei sich, was die Habgier von Räubern hätte erregen können.

»Ich war nicht immer so arm wie jetzt«, antwortete der Gerettete. »Nun ist mir nur noch ein einziger Schatz geblieben: Ein Geheimnis, das mir die beiden Eingeborenen durch Folterungen entreißen wollten. Ihr habt mir das Leben gerettet und sollt daher mein kostbares Geheimnis erfahren. Vielleicht helft ihr mir, so viel Gold zu finden, daß ihr für den Rest eures Lebens herrlich und in Freuden leben könnt.«

»Euer Geheimnis hat also mit einem Goldschatz zu tun?«

»Hört mir gut zu, und ich will euch alles erzählen. Ich heiße Ottavio und bin zwar kein Spanier, bin aber lange auf den spanischen Galeonen zur See gefahren. Bei diesen Reisen habe ich keine Gelegenheit ausgelassen, wie alle anderen Seeleute ein wenig in eigener Sache Handel zu treiben, so daß ich mir im Laufe der Zeit ein hübsches, kleines Vermögen zur Seite legen konnte. Während meiner letzten Seefahrt war ich Steuermann an Bord des

Flaggschiffs der Tierra-Ferma-Flotte, einer Galeone mit dem Namen *Nuestra Señora de la Concepción.* Mein Schiff lief eines Nachts an den schrecklichen Riffen der Silberbank auf Grund. Ich überlebte das Unglück und konnte mich auf die Insel Hispaniola retten. Ich hatte alles verloren, was ich besaß: einen Beutel Gold und einen kostbaren Smaragd, all meinen Gewinn aus meinen privaten Geschäften und all das Geld, das ich mir hatte ersparen können.

Ich war zu dieser Zeit noch jung genug, um wieder zur See fahren und versuchen zu können, mein verlorenes Vermögen neu zu gewinnen. Der Gedanke an die Galeone auf dem Meeresgrund hielt mich jedoch davon ab, denn ich wußte, welch unermeßliche Schätze mein Schiff an Bord gehabt hatte und noch immer hat. Schließlich habe ich mit eigenen Augen gesehen, womit die Laderäume der *Nuestra Señora* vor dieser unglücklichen Reise gefüllt wurden: mit Gold- und Silberbarren aus Peru und Mexiko, kostbaren Edelsteinen aus Kolumbien und Perlen aus Venezuela. Ihr werdet verstehen, daß ich an nichts anderes mehr denken konnte.

Ich bin einmal unter großen Gefahren in einem indianischen Kanu an den Ort des Schiffsunterganges zurückgekehrt und sah im seichten Wasser den Mast der Galeone bis dicht an die Oberfläche ragen. Ich war aber ganz allein und zu diesem Zeitpunkt schon ein alter, verbrauchter Mann, so daß ich nichts weiter zurückbringen konnte als ein abgebrochenes Schwert.

Ich möchte euch an die Meeresstelle führen, an der meine Galeone gesunken ist. Seht her, ich will euch eine Karte zeigen. Hier liegt Porto Plata, von wo aus ihr euch in nordöstlicher Richtung halten müßt. Doch hütet euch vor diesen mörderischen Riffen! Wenn ich sterbe, hinterlasse ich euch meine Seekarte . . .«

Phips zweifelte keinen Augenblick daran, daß der alte Mann die Wahrheit sagte, kannte aber das fragliche Gebiet gut genug, um eines ganz genau zu wissen: Falls er die *Nuestra Señora de la Concepción* finden und ihre Schätze heben konnte, würde er von jedem Piratenschiff des Karibischen Meeres gehetzt werden. Ein derartiges Unternehmen ließ sich unmöglich geheimhalten, und die *Stern von Boston* war ganz offensichtlich nicht in der Lage, sich ein hungriges Rudel von Seeräuberschiffen vom Leibe zu halten. Er brauchte daher unbedingt eine oder mehrere bis an die Zähne bewaffnete schnelle Fregatten und andere Mittel, um sich gegen die zu erwartenden Überfälle wirksam zu schützen.

William Phips hatte schon vor seiner Begegnung mit dem alten Steuermann über all die Schätze nachgedacht, die Jahr für Jahr in den Wellen des Karibischen Meeres verschwanden. Es war allgemein bekannt, daß dieses Seegebiet von gesunkenen spanischen Schiffen geradezu übersät war. Die Engländer hatten sich als erste in das höchst profitträchtige Geschäft mit der Bergung gesunkener Goldgaleonen eingeschaltet und widmeten sich seit Beginn des 17. Jahrhunderts mit Vorliebe einer Tätigkeit, die sie »wrecking« nannten – dem Ausschlachten untergegangener Schatzschiffe. Dieses einträgliche Geschäft beruhte auf der Tatsache, daß die in der Neuen Welt sinkenden Galeonen fast immer im seichten Wasser auf Grund liefen, von der Brandung auf die Felsen und Riffe geworfen wurden

König Karl II. von England nach einem Porträt von Philippe de Champaigne. Karl II. finanzierte die erste Expedition von William Phips.

und dort von Tauchern ohne allzu große Schwierigkeiten erreicht werden konnten. (Das Tauchen ist übrigens eine im karibischen Raum lange geübte und traditionsreiche Kunst. Kolumbus selbst berichtet, daß die Eingeborenen im heutigen Venezuela nach Perlmuscheln zu tauchen pflegten. Die besten Taucher der Neuen Welt waren aber sicher die Indianer von Lucayes auf den Bahamas, deren Dienste die Spanier häufig in Anspruch nahmen, wenn sie versunkene Schiffsladungen bergen wollten.) Es war auf Hispaniola außerdem allgemein bekannt, daß Admiral Villavicencio, den die *Casa de Contratación* von jeder Schuld an dem Verlust seines Flaggschiffs freigesprochen hatte, wiederholt Versuche unternahm, das Wrack der *Nuestra Señora* wiederzufinden – allerdings bislang vergeblich.

In der zweiten Hälfte des 17. Jahrhunderts war Port Royal auf Jamaica zum Stütz- und Ausgangspunkt für die in eigener Regie und zu ihrem alleinigen Profit arbeitenden Bergungsunternehmer geworden, die sich besonders auf die Wracks in der Silberbank konzentrierten. Die abenteuerlichen Geschichten von versunkenen Schätzen beschränkten sich jedoch keineswegs auf diese Insel; überall tauchten gelegentlich »geheime Seekarten« auf, in denen angeblich die genaue Lage unermeßlicher Reichtümer verzeichnet stand. Was die *Nuestra Señora de la Concepción* betrifft, so wußte jedes Kind, daß diese Galeone bis an den Rand mit Schätzen beladen gewesen und in der Silberbank gesunken war. Die Frage war nur, wer das kostbare Wrack als erster finden würde.

William Phips entschloß sich, nach der gesunkenen Galeone zu suchen, verkaufte zu diesem Zweck seine *Stern von Boston* und fuhr nach England. Er wußte, daß er dort am leichtesten einen Geldgeber finden konnte, der seine Expedition in der Hoffnung auf große Gewinne finanzieren würde. Er fand im englischen König auch tatsächlich einen zahlungswilligen Teilhaber für sein Unternehmen. Karl II., mehr Franzose als Engländer, war ein außerordentlich lebenslustiger Monarch, der ein sehr aufwendiges Leben führte und folglich ständig in Geldnöten war. Mit diesem hohen Gönner im Hintergrund fiel es William Phips nicht schwer, sich eine stattliche Fregatte mit 18 Kanonen anzuschaffen, die *Rose von Algier*.

Phips kehrte mit seiner neuen Ausrüstung ins Karibische Meer zurück und nahm sofort Kurs auf die Silberbank. Obwohl jeden Augenblick ein Wirbelsturm aufziehen konnte, verbrachte er viele Tage damit, den Meeresgrund mit seinem Kalfaterglas abzusuchen. Er schickte alle verfügbaren Boote aus, um die Umgebung zu erkunden, fand aber nichts als herrliche Korallenbildungen, zahllose Seefedern und Fächerkorallen, die Silbersilhouetten von Barrakudas und die dunklen Schatten der Haie. Phips bedauerte es nun sehr, nicht zuerst in Hispaniola angelegt und eingeborene Taucher an Bord genommen zu haben. Der Grund für diese Unterlassung lag in der Furcht vor allzu vielen Mitwissern für sein heimliches Unternehmen. Er hatte sogar den alten Ottavio, von dem ihm das Geheimnis der *Nuestra Señora* mitgeteilt worden war, auf Hispaniola zurückgelassen.

Nach einiger Zeit wurden Phips' Vorräte so knapp, daß die Mannschaft schließlich zu meutern begann und sich weigerte, die Suche fortzusetzen. Phips blieb daher keine andere Wahl, als zunächst nach Hispaniola zurückzukehren; er erfuhr dort, daß Ottavio kurz zuvor gestorben war. Völlig entmutigt segelte Phips zurück nach England. Der ganze »Schatz«, den er mit sich führte, bestand aus einem korallenumwachsenen Silberbarren, den er in der Silberbank gefunden und zunächst als gutes Omen betrachtet hatte. Eine eingehende Suche in dem betreffenden Gebiet förderte weder die gesunkene Galeone

Zeichnung der Taucherglocke, die Phips in der Silberbank verwendete. A – die Glocke; B – auf einer Rundbank sitzende Taucher; C – Luftschlauch; D – ein Taucher, der die in der Glocke eingeschlossene Luft atmet; E – das Wrack.

noch weitere Silberbarren zutage. Phips war sich darüber im klaren, daß er bei seiner Ankunft in London seinem königlichen Teilhaber über diesen Fehlschlag würde Rede und Antwort stehen müssen.

In England angekommen, mußte Phips erfahren, daß Karl II. gestorben und daß dessen Bruder Jakob II. ihm auf den Thron gefolgt war. Der neue König zeigte sich so sparsam, wie sein Vorgänger verschwenderisch gewesen war, und galt als außerordentlich mißtrauisch, nachtragend, intolerant und engstirnig. Unter seiner Regierung lebte England in einem wahren Rausch von Massenerhängungen, Folterungen und öffentlichen Auspeitschungen. Phips erging es nicht viel besser als den Einheimischen. Man ließ ihn bei seiner Ankunft wissen, daß er in Ungnade gefallen sei und bei Hofe nicht empfangen werden würde.

Phips hatte schon zu viele Rückschläge eingesteckt, um jetzt die Hoffnung aufzugeben. Er bemühte sich daher um die Hilfe mächtiger Freunde, die er bei Hofe hatte. Einer davon war Sir John Marlborough, der Erste Lord der englischen Flotte, der zwar sein hohes Amt, nicht aber seinen Einfluß auf den König verloren hatte; der andere war Henry Christopher Herzog von Albemarle, den Ehrgeiz, Spielleidenschaft und ein chronischer Mangel an Geld auszeichneten. Sir John setzte Phips' Freilassung aus dem Gefängnis durch, und Albemarle erwirkte von Jakob II. eine am 18. Juni 1686 ausgestellte königliche »Konzession«, die Phips das Recht zusicherte, nach allen nördlich von Hispaniola gesunkenen Schiffen zu suchen und deren Fracht zu bergen. Der englische König erhob dafür Anspruch auf ein Zehntel der dabei gehobenen Schätze.

Mit Hilfe seiner einflußreichen Freunde fiel es Phips nicht schwer, einige weitere zahlungskräftige Gönner zu finden. Er kaufte ein 200 Tonnen großes und mit 22 Kanonen bestücktes Schiff, die *Bridgewater,* das er – diplomatisch wie er nun einmal war – auf den Namen *James and Mary* umtaufte. Ein zweites, kleineres Schiff mit zehn Kanonen nannte er *Henry of London* (der Herzog von Albemarle hieß »zufälligerweise« auch Henry!). Die vertraglichen Vereinbarungen zwischen Phips und seinen sechs Teilhabern sahen vor, daß Phips selbst nach Abzug aller Unkosten einschließlich des Preises für die beiden

Schiffe und des Anteils des Königs ein Sechzehntel der erhofften Schätze erhalten sollte. Der Rest sollte unter die sechs Teilhaber aufgeteilt werden.

Diesmal führte Phips ein etwas seltsames Gerät mit sich, mit dessen Hilfe er den Schatz der *Nuestra Señora* heben wollte. Diese »katalanische Glocke« war ein großes, faßartiges Gebilde, das mit Eisenringen umspannt und mit viel Ballast beschwert war und senkrecht ins Wasser gelassen werden sollte, damit die Luft im oberen Teil des Fasses nicht entwich. Diese »gefangene« Luft sollte den Tauchern als Sauerstoffvorrat dienen. Die katalanische Glocke war schon einige Zeit vor Phips bekannt gewesen, doch bis dahin hatten sich nur selten Taucher gefunden, die mit dem Gerät umgehen konnten und auch den Mut hatten, sich ihm anzuvertrauen.

Die *James and Mary* führte auf jener Fahrt eine große Ladung Handelswaren mit, damit das ganze Unternehmen auch dann einigen Gewinn abwarf, wenn die Schatzsuche erfolglos verlaufen sollte. Die begehrte Fracht war für Phips' Geschäftsfreunde bestimmt – für die Seeräuber und für die spanischen Siedler.

Am 12. September 1686 verließ Phips England mit seinen beiden Schiffen; 10 Wochen später lief die *James and Mary* (wie bereits erwähnt) in der Bucht von Samana ein. Die *Henry of London* dagegen lag in Porto Plata, einem kleinen Hafen auf Hispaniola, vor Anker. Sie war in geheimer Mission unterwegs und sollte einheimische Taucher anheuern, denn Phips hatte aus seinem Fehler gelernt. Die Auswahl der Taucher überließ er seinem Vertrauten Henry Rogers, dem Kapitän der *Henry of London.* Als Phips seine Geschäfte abgewickelt und die Bucht von Samana verlassen hatte, traf er sich unauffällig mit Rogers und der *Henry of London* in Porto Plata.

Um seine eigentlichen Pläne nicht der Neugier der Stadt auszusetzen, ging Phips nach seiner Landung wie üblich seinen Geschäften nach und bot in dem kleinen Hafen seine Waren feil. Während die Bewohner von Porto Plata feilschten und handelten, lichtete die *Henry of London* in aller Stille die Anker und nahm Kurs nach Norden. Rogers machte sich vereinbarungsgemäß auf den Weg zur Silberbank, um dort mit der Suche nach der *Nuestra Señora de la Concepción* zu beginnen. Rogers hatte drei Taucher an Bord. Sein Erster Offizier hieß William Covell.

Man schrieb den 13. Januar 1687; Phips blieb mehrere Wochen in Porto Plata – ein harmloser, unauffälliger Schmugglerkapitän, der scheinbar nichts anderes im Sinn hatte, als seine Waren möglichst gewinnbringend zu verkaufen. Am 7. Februar kehrte die *Henry of London* nach Porto Plata zurück, und Rogers erstattete Bericht.

Sein Schiff hatte die Silberbank am 29. Januar erreicht. William Covell leitete die Suche nach der *Nuestra Señora* selbst und benutzte dafür ein kleines Kanu, wie es die Indianer verwendeten. Das Boot hatte vermutlich Phips persönlich entworfen und gebaut; er war schließlich zuvor Schiffszimmermann gewesen. Man fand die gesuchte Galeone tatsächlich nach einiger Zeit; sie lag im seichten Wasser zwischen Korallenfelsen eingekeilt. Das Wrack war so mit Korallen überwuchert, daß man Bug und Heck kaum voneinander unterscheiden konnte. Der Suchtrupp hatte einen Silberbarren und eine wertvolle Metall-

Umringt von seinen Tauchern, untersucht Kommandant Cousteau den Meeresboden, um die Umrisse der gesunkenen Galeone ausmachen zu können.

An Bord der *Calypso* nimmt Paul Zuena ein Inventar der verschiedenen Keramikgegenstände auf, die bisher heraufgebracht wurden.

Eine Galeone aus dem 17. Jahrhundert nach einer Zeichnung von Leon Haffner.

scheibe gefunden und war sofort auf die *Henry of London* zurückgekehrt, um die Entdekkung dem Kapitän zu melden. Anschließend hatten die Männer dem Wrack einen weiteren Besuch abgestattet, die Fundstelle mit einer Boje markiert und dabei noch mehr Silberbarren und Piaster sowie zerbrochenes Geschirr gefunden. Man war noch drei Tage an Ort und Stelle geblieben, um weiterzuarbeiten. Dann aber war die Wetterlage so bedrohlich geworden, daß man die Silberbank entweder verlassen oder riskieren mußte, in diesem gefährlichen Riffgebiet bei Sturm eingeschlossen zu werden. Rogers nahm sofort wieder Kurs auf Porto Plata.

Phips brannte zwar vor Ungeduld, mit Rogers zur Silberbank zurückzukehren, mußte zuvor aber wohl oder übel seine beiden Schiffe instand setzen. Phips war nicht nur ein genialer Schmuggler und wagemutiger Schatzsucher, sondern vor allem ein hervorragender Seemann, der das Meer und seine Schiffe wie kein zweiter kannte. Die *James and Mary* und die *Henry of London* wurden daher gekrängt, damit man die Schiffswände von all dem geschwindigkeitshemmenden Bewuchs befreien konnte. Als Vorrat wurden anschließend, wie es damals üblich war, vor allem Pökelfleisch und Hartbrot an Bord genommen. Am 17. Februar liefen die beiden Schiffe schließlich aus dem Hafen von Porto Plata aus und erreichten am 22. Februar die Silberbank. William Covell machte sich sofort an die Arbeit. Noch vor Ende des ersten Tages hatte er bereits eine Reihe von Piastern gefunden. An jenem Abend herrschten an Bord der beiden Schiffe große Aufregung und eine ausgelassene Stimmung.

Man führte, so lange es das Wetter erlaubte, pausenlos Taucheinsätze durch. Anfangs wurde jedes einzelne Fundstück vom »Schiffsschreiber« sorgfältig registriert, sobald es sich an Bord der *James and Mary* befand. Diese Liste enthielt aber nur Angaben über Goldstücke, Silberbarren und Metallscheiben. Bei ruhiger See wurden die Piaster und die Barren peinlich genau gewogen und verzeichnet; die Bücher führten dabei Thomas Wadington, Phips' Gehilfe, und Charles Kelly, der früher Page des Herzogs von Albemarle gewesen war. Die Aufzeichnungen bewiesen ganz deutlich, daß die Taucher wirklich auf den Laderaum der Galeone gestoßen waren, in dem die Schätze verstaut lagen, denn sie führen den Fund von Silbergeschirr (das nur aus dem »Tresorraum« stammen konnte) und vielen Beuteln mit Goldstücken mit einem Gewicht von 1138 Pfund auf.

Trotz dieses überwältigenden Erfolges war die Expedition ein außerordentlich schwieriges Unternehmen. Die Arbeiten mußten mehrmals unterbrochen werden, weil die indianischen Taucher »sich nicht wohl fühlten« oder weil gerade Sonntag war. Dann spielten selbst die idealen Wetterbedingungen offenbar keine Rolle. Einmal kam ein Sturm auf, bei dem die Ankertaue rissen und das Steuerruder brach. Das Schiff entging trotz seines hervorragenden Kapitäns und seiner tüchtigen Mannschaft nur um Haaresbreite dem Schicksal der Galeone – es zerschellte beinahe an einem Riff.

Phips und seine Gefolgschaft blieben zwei Monate an der Silberbank, obwohl Matrosen und Taucher schon längst erschöpft und entmutigt waren. Es kam häufig vor, daß die Taucher atemlos, bleich und am ganzen Körper zitternd aus dem Wasser auftauchten und Blut spuckten. Der große Reichtum, der in dieser Zeit vom Meeresgrund geborgen wurde, mußte mit unglaublichen Opfern und Strapazen bezahlt werden. Schließlich befand sich die Mannschaft infolge der Nahrungsmittelknappheit, des Wassermangels und durch den Anblick von so viel Gold, das ihnen nie gehören würde, am Rande einer Meuterei. Phips setzte all seine Autorität und Überredungskunst ein, um an Bord wieder Ruhe und Ordnung herzustellen. Er mußte seinen Leuten einen bestimmten Anteil an der Beute zusichern, bevor sie sich dazu bereit fanden, wieder an die Arbeit zu gehen.

Eines Morgens bemerkte Phips zu seinem großen Mißvergnügen, daß eine fremde Schaluppe in die Silberbank einfuhr und nicht weit von der Fundstelle entfernt vor Anker ging. An Bord waren zwei Männer, die Phips auf seiner ersten Schatzsuche begleitet hatten, William Davis und Abraham Adderly. Die kleine Schaluppe an sich kümmerte Phips wenig, denn eine einzige Breitseite von der *James and Mary* hätte genügt, das Fahrzeug in wenigen Minuten auf den Meeresgrund zu schicken. Niemand hätte davon erfahren, und selbst wenn – es hätte keinen Menschen gekümmert. Ein derartiges Vorgehen lag Phips jedoch nicht; es war nicht seine Art, Probleme zu lösen. Er beschloß daher, mit den lästigen Neuankömmlingen ein Geschäft zu machen, und erlaubte ihnen, in der Nähe des Wracks nach Schätzen zu suchen. Als Gegenleistung forderte er die Hälfte all ihrer Funde. Ein weiterer Vorteil für Phips lag darin, daß er Davis' Schaluppe und ein kleineres, offenes Boot, das Adderly gehörte, benutzen konnte.

Phips und seine Mannschaft wurden mit immer neuen Schwierigkeiten konfrontiert. Beim Einsatz der katalanischen Glocke zeigte es sich, daß man die Vorrichtung überhaupt nur bei völlig ruhiger See verwenden konnte. Selbst im günstigsten Fall bestand die Gefahr,

Ein Taucher beim Graben am Fuß eines Korallenmassivs.

daß der Sauerstoffvorrat für die Taucher wegen der Unebenheit des Meeresbodens und wegen der vielen Korallenvorsprünge entwich. Das Schlimmste aber war, daß an den Rest des Schatzes der *Nuestra Señora* immer schwerer heranzukommen war, da er in einem besonderen Lagerraum tief im Innern des Wracks steckte. Die Taucher kehrten immer häufiger mit leeren Händen zurück und erklärten, die Galeone enthalte jetzt nichts mehr, was man noch erreichen könne.

Da überredete Phips den besten seiner Taucher, sich weiter in den versunkenen Schiffsrumpf zu wagen als je zuvor. Als der Taucher nach langer Zeit wieder an der Wasseroberfläche erschien, lief ihm das Blut in Strömen aus Mund und Nase. Er war so geschwächt, daß man ihn an Bord ziehen mußte. Als er sich so weit erholt hatte, daß er wieder sprechen konnte, erklärte er, er habe tief im Innern der Galeone eine große Truhe entdeckt und auch berührt. Die Kiste sei jedoch so schwer, daß er sie keinen Millimeter hätte verschieben können.

Drei Tage lang arbeiteten die Taucher, legten Taue um die Truhe und schleppten die schwere Last mühsam aus dem Wrack ins Freie. Als man die Kiste endlich an Bord der *James and Mary* gehievt und mit Axthieben geöffnet hatte, tat sich ein Traum aus Tausendundeiner Nacht vor den staunenden Augen der Schatzsucher auf: Perlen, Smaragde, Rubine, Diamanten, Goldschmuck, Statuen von unbekannten Gottheiten mit gräßlichen Fratzen und Kristallkelche, die beim Zerbrechen wie eine Spieluhr ertönten.

Kommandant Cousteau untersucht einen Krug, den ein Taucher soeben an Bord gebracht hat und der auf dem gesunkenen Schiff zum Lagern von Schiffsproviant gedient haben dürfte.

Der Anblick dieses unglaublichen Reichtums feuerte die allgemeine Begeisterung an Bord gewaltig an und verlieh den erschöpften Schatzsuchern neue Kräfte. Doch auch der größte Enthusiasmus verebbt sehr bald, wenn man Hunger und Durst leiden muß. Der Proviant an Bord der *James and Mary* und der *Henry of London* war inzwischen bedrohlich knapp geworden, so daß Phips am 29. März die Schaluppe nach Jamaica schickte, um Nachschub herbeischaffen zu lassen.

Die Bergungsarbeiten wurden während der Abwesenheit des Versorgungsschiffes weiter vorangetrieben. Die Taucher waren jedoch schon so entkräftet, daß sie nur noch kurze Zeit unter Wasser bleiben konnten und weder durch Zuckerbrot noch Peitsche dazu gebracht werden konnten, wieder volle Einsätze zu leisten. In dem Versuch, den Männern die Arbeit unter Wasser zu erleichtern, ließ Phips Enterhaken aller Form und Größe anfertigen. Die mühselige Arbeit, sich durch die korallen- und muschelverkrusteten Schiffswände der Galeone einen Zugang zum Innern des Wracks zu schlagen oder die Deckplanken zu durchbrechen, war jedoch deshalb nicht weniger schwierig.

Am 19. April konnte man noch immer keine Spur von dem ausgeschickten Schiff sehen, und die Lebensmittel an Bord waren inzwischen so gut wie vollständig aufgebraucht. Doch nicht genug – am Himmel türmten sich gefährliche Wolken und verkündeten einen nahenden Wirbelsturm. Unter diesen Umständen blieb Phips keine andere Wahl, als die Silberbank sofort zu verlassen.

Die beiden Schiffe hatten kaum Segel gesetzt, als der Mann im Ausguck ein fremdes Schiff sichtete, eine Schonerbrigg mit zwanzig Bordgeschützen. Phips erkannte den Segler sofort als die *Gloire*, ein französisches Freibeuterschiff, das im Karibischen Meer wegen der Tollkühnheit seiner Besatzung berühmt-berüchtigt war. Es war durchaus nicht sicher, daß die vereinigte Artillerie der beiden von Phips kommandierten Schiffe – 22 Kanonen an Bord der *James and Mary* und 10 auf der *Henry of London* – ausreichen würde, um sich des Gegners zu erwehren. Phips wollte überdies unter allen Umständen ein offenes Gefecht vermeiden, selbst wenn er eine Chance gesehen hätte, aus dem Kampf als Sieger hervorzugehen. Er hatte nicht die geringste Lust, seine Fracht von Gold, Silber und Edelsteinen aufs Spiel zu setzen. Den Windvorteil geschickt ausnutzend, drehte Phips ab und änderte seinen Kurs. Die Schonerbrigg blieb ihm dicht auf den Fersen. Die Hetzjagd dauerte einen ganzen Tag, wobei die beiden englischen Schiffe bei einer steifen Brise ihren Vorsprung gegenüber den Freibeutern wahren konnten. Gegen Abend ließ sich jedoch absehen, daß der nun doch stark aufholende Verfolger bald auf Schußweite herangekommen und der Kampf dann unausweichlich sein würde.

Der starke Wind hielt die Nacht über unvermindert an. Kein Mond war am Himmel zu sehen, und es herrschte völlige Finsternis. Die *James and Mary* und die *Henry of London* standen unter vollen Segeln. Niemand wußte, wohin die wilde Fahrt führen würde; auch das französische Schiff war in der Dunkelheit kaum noch zu sehen. Phips nutzte diese Situation geschickt für seine Zwecke. Er ließ alle Lichter an Bord seiner beiden Schiffe löschen, so daß nicht einmal der Feuerschein einer Pfeife nach außen dringen konnte, und ordnete an, daß nur noch im Flüsterton gesprochen werden durfte. Mitten in der Nacht ließ er nach Steuerbord abdrehen und einen Kurs einschlagen, der ihn geradewegs auf ein äußerst gefährliches Riff – die sogenannte Schnupftuch-Bank – hinführen mußte. Erst als das Getöse der Brandung von der Kommandobrücke aus bereits deutlich zu hören war, ließ er die Segel streichen und alle verfügbaren Anker werfen. Die See wurde immer stürmischer, die Brecher immer gewaltiger, die Nacht immer bedrohlicher. An Bord konnte man nur noch beten, daß die Anker halten mögen.

Im bleichen Licht der Morgendämmerung zeigte es sich, daß die beiden Schiffe allein waren: Die *Gloire* hatte sich von Phips' Manöver täuschen lassen und war offensichtlich auf geradem Kurs geblieben.

Phips und seine beiden Schiffe befanden sich damit aber noch lange nicht in Sicherheit; ihre Lage war sogar ausgesprochen prekär. Die noch einmal davongekommenen Schatzsucher lagen nun an der Nordostspitze der Schnupftuch-Bank, während mit rasender Geschwindigkeit ein Wirbelsturm aufzog. Der Wind wurde von Minute zu Minute stärker und jagte gefährliche, schwarze Wolken über die See. Die Wache konnte wegen des wolkenbruchartigen Regens kaum 10 Meter weit sehen.

Phips nahm Kurs auf Florida und steuerte seine Schiffe aufs offene Meer hinaus, wo sie zum Spielball von Sturm und Wellen wurden. Die von monatelanger mörderischer Arbeit entkräftete Besatzung kämpfte um ihr Leben. Als der Sturm schließlich am 20. April etwas

Zu Ehren von William Phips geprägte Medaille, die auf der einen Seite das englische Königspaar James II. und Königin Mary zeigt. Umseitig sieht man Phips' Schiff und (im Vordergrund) zwei bemannte Kanus, deren Besatzung nach Schätzen sucht. Dieser Darstellung entspricht auch Phips' Grabrelief. (British Museum, London.)

nachließ, gingen die beiden Schiffe vor Cotton Key vor Anker. Phips sandte seine Barkassen mehrmals an Land, um die Wasserfässer wieder füllen zu können. Von den Eingeborenen handelten die Seefahrer Südfrüchte wie Papayas, Mangos und Ananas ein.

William Phips beschloß, das Schicksal nicht dadurch herauszufordern, daß er irgendeinen Hafen des Karibischen Meeres anlief, sondern nahm am 2. Mai Kurs auf England. Was die *James and Mary* betrifft, ging die Überfahrt ohne besondere Ereignisse vonstatten, während die wesentlich langsamere *Henry of London* schon am ersten Tag außer Sicht kam. Unterwegs zeigte sich kein anderes Segel, bis am 31. Mai ein englisches Schiff, die *Lisbon de Barbados* unter dem Kommando von Kapitän Price, auftauchte. Phips benutzte die Gelegenheit, an Bord der *Lisbon* zu gehen und Proviant einzukaufen. Er verließ sein eigenes Schiff mit einer langen Einkaufsliste und einigen Goldstücken aus dem gerade gehobenen Schatz. Als er an Bord der *James and Mary* zurückkehrte, hatte er sowohl die gewünschten Waren bei sich als auch die Piaster, die er mitgenommen hatte. Als echter Yankee-Geschäftsmann hatte er Kapitän Price tatsächlich dazu überreden können, ihm den Proviant auf Kredit zu überlassen.

Am 4. Juni trennten sich die beiden Segelschiffe wieder, kurz bevor die Scilly-Inseln in Sicht kamen. Am 6. Juni erreichte Phips, der den Kanalpiraten sorgfältig aus dem Weg gegangen war, Deptford, das er neun Monate zuvor zu seiner zweiten Schatzsuche verlassen hatte.

Phips' Teilhaber wußten bereits von seiner Ankunft und waren vollzählig versammelt. Auch die Regierung Seiner Majestät war unterrichtet und hatte Sir Samuel Pepys entsandt, den berühmten Ersten Sekretär der Admiralität. Pepys schickte sofort einen

Links: Nach einem zweistündigen Arbeitseinsatz auf dem Meeresgrund kehren die Taucher an Bord der *Calypso* zurück.

Das »Monster von Loch Ness« mit seinen Verstrebungen und Schwimmkörpern.

Rechts unten: An manchen Tagen scheinen die Korallenfische besonders zahlreich und zutraulich bis dicht an unser Arbeitsfeld heranzukommen.

Bevollmächtigten mit dem Auftrag, die *James and Mary* sorgfältig bewachen zu lassen, um den Anteil des Königs an dem Schatz sicherzustellen.

Pepys war nicht nur ein vorsichtiger, sondern auch sehr tüchtiger Mann und traf alle erdenklichen Sicherheitsvorkehrungen, damit mit der kostbaren Beute nichts Unvorhergesehenes geschehen konnte. Er mißtraute selbst den Beamten des königlichen Schatzamtes, die bald nach Ankunft des Schiffes von Phips an Bord gingen. Als der Oberste Gerichtshof der Admiralität sich auch noch einschaltete und die ganze Fracht beschlagnahmen wollte, verhinderte Pepys einfach die Durchführung dieser Order.

Die ausländischen Diplomaten in London versuchten ebenfalls sehr bald, an die Ladung der *James and Mary* heranzukommen. Barillon, der Gesandte Frankreichs, ließ sich in einem langen Schreiben an seinen Souverän, König Ludwig XIV., über die Ankunft des Schatzschiffes aus, und sein polnischer Amtskollege Moreau berichtete seinem König ausführlich über die aufregende Neuigkeit. Der Botschafter Seiner Allerkatholischsten Majestät von Spanien erhob scharfen Protest bei Jakob II.: Der Schatz stamme von der *Nuestra Señora de la Concepción*, einem spanischen Schiff, so zeterte er in einer scharfen Note an den englischen König. Der Schatz sei daher rechtmäßiges Eigentum der spanischen Krone, und er bleibe es auch. Er strengte sogar eine Klage vor dem Obersten Gerichtshof der Admiralität an.

In London waren der Erfolg von William Phips, der unverhoffte Reichtum des chronisch in Geldnöten befindlichen Herzogs von Albemarle, das Ausmaß der Beute und deren Aufteilung wochenlang Gesprächsthema Nummer eins.

Es dauerte nicht lange, bis drei Beamte des königlichen Schatzamtes mit dem berühmten Goldschmied Charles Duncombe an Bord der *James and Mary* erschienen. Sie hatten Order, den Schatz genau zu messen und zu wiegen und den Anteil des Königs nach den am 18. Juli 1686 getroffenen Vereinbarungen festzustellen. An Bord der *Monmouth,*

eines königlichen Schiffes, das dicht neben der *James and Mary* festgemacht hatte, wurde eine große Waage aufgestellt, mit der man unglaubliche Mengen Silber abwog: 35538 Pfund insgesamt. Dazu kamen noch 27556 Pfund Barrensilber, 347 Pfund von anderen, wertvollen Metallen, 25 Pfund Gold und eine große Zahl von Piastern sowie ein eigens angeführter Betrag von 3770 Pfund Silber, der unter der reichlich unklaren Rubrik »Matrosensilber« lief und mit dem fünfzigprozentigen Anteil Phips' an den von William Davis und Abraham Adderly gemachten Funden identisch war.

Trotz der peinlich genauen Angaben in diesem Inventar waren die Gewichte wahrscheinlich längst nicht so präzise, wie sie hätten sein können. Zu jener Zeit war jedoch schon allein das Unternehmen, eine derartige Liste aufzustellen, eine beträchtliche und ungewöhnliche Leistung. Denn die königlichen Schatzbeamten waren dafür bekannt, daß sie selbst einfache Sachverhalte heillos durcheinanderbrachten, schlecht und willkürlich arbeiteten und unglaublich viel Geld verschwendeten.

Der Anteil des englischen Königs betrug gut und gern 20700 Pfund; für die sieben übrigen Teilhaber fielen entsprechend große Summen ab. Man hatte 3200 Pfund Sterling investiert und erhielt dafür 34 Tonnen an wertvollen Metallen zum damaligen Kurswert von 207600 Pfund Sterling. Die einfachen Matrosen erhielten zwischen 20 und 60 Pfund, während man den Schiffsoffizieren, Zimmerleuten etc. die hübsche Summe von je 1000 Pfund zuerkannte.

Der Anteil des Herzogs von Albemarle betrug über 43000 Pfund. Er soll das Gold in seinem Garten eingeschmolzen haben; aus dem Kreis seiner engsten Freunde verlautete, Seine Gnaden wollten es sich nun für den Rest seines Lebens zu Hause gemütlich machen.

William Phips, der ehemalige Zimmermann aus Boston, erhielt gemäß dem Vertrag den sechzehnten Teil der Beute, der etwa 11000 Pfund ausmachte und in den die weniger wertvollen Funde noch nicht mit eingerechnet waren. Von der Fracht der *James and Mary* blieben noch sechs Kanonen aus Bronze (die Phips dem Tower von London vermachte), mehrere Kerzenleuchter, Becher und Teller, zerbrochene Goldstücke, Knöpfe, Perlen, Spitzenkragen, eine große goldene Kette und ein geflochtenes Hutband aus Goldlitze übrig. Einer später unter Eid gemachten Aussage des unzufriedenen Schiffskochs zufolge wurde die Goldkette gar nicht erst ins Inventar aufgenommen, sondern landete geradewegs bei Phips' Frau, das goldene Hutband kam ebenso problemlos auf Phips' Hut. Wie dem auch sei – wir wissen mit Bestimmtheit, daß der Herzog von Albemarle Frau Phips »einen güldenen Becher im Wert von 1000 Pfund« verehrt hat.

Am 28. Juni 1687 wurde William Phips vom Herzog von Albemarle bei Hofe eingeführt und vom König zum Ritter geschlagen – »in Anerkennung seiner hervorragenden und loyalen Dienste im Verlauf der Expedition«, wie es in der »London Gazette« hieß.

In den darauffolgenden Monaten erhielt der frisch gebackene Sir William Phips besondere Münzen und Medaillen, die ihm zu Ehren geprägt worden waren. Eine davon zeigte das Bild des englischen Königspaares und auf der Rückseite die über dem Wrack der *Nuestra*

Señora de la Concepción vor Anker liegende *James and Mary*. Die Inschrift war reichlich ungewöhnlich: *Semper Tibi Pendeat Hamus* – »Möge dir immer ein Haken beschieden sein«. Es war eine nach Ovid zitierte Anspielung auf die Enterhaken, mit deren Hilfe Phips' Taucher immer noch mehr von den Schätzen zu bergen versucht hatten. Eine andere Münze zeigte Neptun mit seinem Dreizack, der den Fortgang der Schatzsuche wohlwollend beobachtete. Dieser Neptun hatte eine auffallende Ähnlichkeit mit dem Herzog von Albemarle: Unter einer Perücke sah man die gleichen scharfen Gesichtszüge. Die Inschrift dieser Münze war weit klarer und einfacher: *Ex aqua omnia* – »Alles kommt aus dem Wasser«.

Am 28. Juli gaben die Teilhaber zu Ehren von Phips ein großes Bankett im *Inn of the Swan* in London, währenddessen sie ihm eine weitere Medaille aus Gold an einer goldenen Kette überreichten. Die Mitglieder der Expedition erhielten ebenfalls eine Kette mit einer Medaille – allerdings in Silber.

König James II. bot Sir William das Amt eines Quartermasters der englischen Marine an, das dieser jedoch ablehnte. Phips wollte lieber wieder nach Neu-England zurückkehren. Er baute sich in Boston ein schönes, zweistöckiges Haus, dessen Eingang im Stil der Zeit mit einer Säulenhalle geziert war. Das Gebäude ist bis heute erhalten geblieben und steht an der Ecke Greenlane und Charter Street (der heutigen Salem Street).

Es wäre gegen Phips' Natur gegangen, hätte er sich jetzt in Stille und Beschaulichkeit zurückgezogen. König James II. ernannte ihn bald zum Gouverneur von Massachusetts und zum Generalgouverneur von Maine und Neuschottland, so daß Phips als Vertreter der Krone Englands Krieg gegen Frankreichs Besitzungen in Amerika führen mußte. Dabei nahm er den Franzosen de Menneval und Chevalier de Villebon Akadien weg. Dieses politisch-militärische Abenteuer endete für Phips jedoch schließlich mit einer Niederlage; seine Truppen wurden bei Quebec zurückgeschlagen.

Die Laufbahn als Beamter bekam Phips sehr schlecht. Er fand sich überall von Feinden umgeben, war hoffnungslos verschuldet und schließlich so arm, wie er begonnen hatte. Sein Reichtum hatte gerade acht Jahre gedauert. Wieder beschloß er, nach England zu fahren, um noch einmal neu anzufangen. Bei seiner Ankunft wurde er jedoch sofort verhaftet und wegen einer Schuld von 20000 Pfund ins Gefängnis geworfen. Von Strapazen und Tropenkrankheiten geschwächt, konnte er die feuchtkalten Kerkergewölbe nicht lange ertragen und starb am 18. Februar 1695 im Alter von 44 Jahren. Vor seinem Tod übergab er dem Gefängniswärter noch einen kleinen Silberbarren, der die Kosten für seinen Sarg decken sollte; es war der gleiche Barren, den er bei seiner ersten Schatzsuche als Vorgeschmack auf den großen Reichtum in Korallen eingebettet gefunden hatte.

Man begrub Phips auf Kosten des Königs in der St.-Mary-Wollnoth-Kirche an der Lombard Street in London. Seine Witwe ließ ihm ein marmornes Grabmal setzen, das von einer Urne und zwei Cupido-Figuren gekrönt wurde. Auf einem Halbrelief sah man die *James and Mary* vor Anker liegen, während ihre Beiboote zur Schatzsuche ausschwärmten. Diese Darstellung war eine Reproduktion des Motivs, das der König auf die Phips

Links: Mit einem neuen Atemgerät ausgerüstet, untersucht ein Taucher die Umgebung des Wracks.

Rechts: Zwei Taucher legen beim Einsatz mit dem Sauggerät auf dem Meeresgrund Holzteile des Wracks frei.

verliehene Medaille hatte prägen lassen. Wie so manches in William Phips' Leben ist auch sein Tod von einem Geheimnis umgeben: Das Grabmal ist verschwunden, und niemand weiß, warum und wann es zerstört wurde. Nur ein Epitaph ist bis auf den heutigen Tag erhalten:

> »Hier ruht Sir William Phips, ein edler Ritter, der unter unsäglichen Mühen im Jahre 1687 zwischen den Felsen der Bahama-Bank im Norden der Insel Hispaniola eine spanische Galeone entdeckte, die 44 Jahre auf dem Meeresgrund geruht hatte. Aus diesem Schiff barg er Gold und Silber im Werte von dreihunderttausend Pfund Sterling und brachte den ganzen Schatz – denn seine Treue und Redlichkeit standen seinem Mut in nichts nach – ungeschmälert nach London, wo der reiche Fund zwischen ihm und den Gefährten seines Abenteuers geteilt wurde.
>
> Für diese treuen Dienste wurde er von Seiner Majestät, König Jakob II., in den Adelsstand erhoben. Auf Bitten der führenden Familien von Neu-England übernahm er das Amt des Gouverneurs von Massachusetts, das er bis zu seinem Tode innehatte. Er widmete sich seinen Aufgaben mit so großer Hingabe an das Wohl seines Landes und mit so selbstloser Verleugnung seiner eigenen Interessen, daß er zu Recht die Hochachtung und Liebe des größten und besten Teils der Bewohner dieser Kolonien gewann.«

Es gibt eine englische Seekarte aus dem 18. Jahrhundert, auf der im Norden von Hispaniola ein Riff mit dem Namen »Silberbank« verzeichnet ist. Dieser Name rührt zweifellos

daher, daß Phips an dieser Stelle so viel Silber gefunden hatte, denn auf der Karte von 1680 wird das Riff noch nach der alten Bezeichnung *Abreollio* genannt. In der Schrift »The English Pilot«, die 1706 in London erschien, heißt das gleiche Riff *Plate Wrack,* doch in Sloanes »Voyage to the Madeira Islands« aus dem Jahre 1707 trägt es bereits die Bezeichnung *Phips' Folterbank.*

9 Seltsame Fracht

Ein Andenken an
Sir William Phips?
Eine Ladung Porzellan.
Die Schiffsapotheke.
Haie zu Besuch

Mittwoch, 7. August. Wir haben eine schlimme Nacht hinter uns; die Luft ist feucht und schwül, und unser Schiff rollt in der schweren Dünung. Heute morgen ist es kaum besser. Während Puerto Rico auf dem Radarschirm in Sicht kommt, regnet es in Strömen; am Himmel ziehen schwere, dunkle Wolken. Da wir uns in der Wirbelsturmsaison befinden, ist dies nicht weiter ungewöhnlich. Wir können von Glück sagen, daß wir unter diesen Wetterbedingungen nicht in der Silberbank liegen; das kann uns jedoch durchaus noch blühen, denn unser Glück muß ja nicht ewig anhalten.

Mein Sohn Jean-Michel wartet an Land auf uns. Er ist soeben von einer Erkundungsfahrt nach Peru zurückgekehrt, da wir eine Expedition dorthin unternehmen und den Titicaca-See mit unseren Mini-U-Booten erforschen wollen. Jean-Michels Bericht klingt bisher durchaus ermutigend; trotzdem wird unser Vorhaben – so verlockend es für uns ist – eine Menge Terminschwierigkeiten mit sich bringen. Die *Calypso* muß die spanischen Schätze nun wirklich bald heben, denn wir sollten spätestens um den 25. September in Peru sein, wenn wir nicht gerade die Zeit der schlimmsten Wirbelstürme im Karibischen Meer verbringen wollen. Jean-Michel, von Beruf Architekt, muß so bald wie möglich nach Marseille zurückkehren, um einen Neubau für das Meereskundliche Institut zu überwachen; er soll aber vom 1. September an auch sechs Wochen in Peru und Bolivien bleiben. Meine eigenen Termine sind ebenso unmöglich: Im September müßte ich gleichzeitig in Frankreich und Monaco, im Oktober in Hollywood sein, um mich um unseren Film über die Wale zu kümmern – und natürlich am Titicaca-See beim *Calypso*-Team.

Samstag, 10. August. Vor dem Auslaufen müssen wir noch unsere Treibstoff- und Wasservorräte ergänzen: 42 Tonnen Öl und 21 Tonnen Wasser.

Vom heutigen Frühstück an verwenden wir an Bord der *Calypso* nur noch Papierteller und -becher, um unser kostbares Wasser nicht beim Geschirrspülen verschwenden zu müssen. Wir wollen unsere Vorräte strecken, so gut es irgend geht, damit wir möglichst lange in der Silberbank bleiben können. Unser neuer Küchengehilfe kann sein Glück gar nicht fassen und singt den lieben langen Tag vor Freude darüber, daß er Kost und Logis auf der *Calypso* bekommt und noch nicht einmal Teller waschen muß.

Sonntag, 11. August. Während der Nacht hatten wir sehr schlechtes Wetter, doch gegen Morgen beruhigt sich die See etwas, so daß wir früher als vorgesehen an der Silberbank ankommen, deren Umrisse aus einer Entfernung von sechseinhalb Meilen auf dem Radarschirm wahrzunehmen sind. Gegen 13.30 Uhr fahren wir in den markierten Kanal ein, der zu unserem Ausgrabungsort führt. Wir lassen ein Beiboot und die Zodiac zu Wasser, die den Weg unserer *Calypso* durch den mit Korallenspitzen gesäumten Kanal filmen sollen. Es gibt viele Felsblöcke, die gerade bis an die Wasseroberfläche reichen – ein eindrucksvoller, wenn auch nicht sonderlich behaglicher Anblick.

Gegen 15.30 Uhr sind wir bereits an unserem alten Liegeplatz verankert und machen uns sofort an die Arbeit. Wir müssen als erstes Remy de Haenens Floß, die *James and Mary,* im wahrsten Sinne des Wortes aus der Versenkung holen, und das ist gar nicht so einfach. Das Floß liegt mit Schlagseite auf dem Meeresgrund. Es kostet uns viel Zeit und Mühe, es aufzurichten und, als wir es endlich an unserem Hebezeug befestigt haben, leerzupumpen. Dann überprüfen wir nochmals die Verankerung der *Calypso,* um ganz sicher zu gehen, und beenden das heutige Arbeitspensum damit, daß wir das Floß für unser Sauggerät sowie dessen senkrechte Leitungen wieder einsetzen. Das fast 7 Meter lange, starre Rohr wird dabei durch zwei Einzelteile von 2,5 und 3,5 Meter Länge ersetzt, damit wir unser Leitungssystem nicht an den umliegenden Korallenblöcken beschädigen. Die Luft wird in 12 m Tiefe angesaugt.

Am Abend sind alle ziemlich erschöpft. Ich lasse eine große Ration Rum ausgeben – ein schöner Brauch aus den Tagen der Segelschiffahrt.

Frederic Dumas war heute nachmittag auf einem Taucheinsatz unterwegs, um sich unser Arbeitsgebiet nochmals anzusehen. Als er einen der Metallkörbe berührte, die wir vor unserer Versorgungsfahrt nach Puerto Rico unter Wasser liegen ließen, fand er ihn (wie alle anderen) mit winzigen Korallenpolypen übersät – und das innerhalb von sechs Tagen. Diese Gewässer sind ein wahres Treibhaus, in dem sich die Koralle außerordentlich rasch und üppig vermehrt.

Heute nacht finden wir endlich etwas Ruhe; auch die Hitze hat nachgelassen. Die Tropen-

Blick auf eine Korallenwand unterhalb des Riffs. Der Fisch mit den braunen und weißen Streifen ist ein *Wimpelfisch* der Gattung *Heniochus* aus der Familie *Chaetodontidae* (Borstenzähner).

nacht bricht schnell herein und bringt uns eine erfrischende Brise, die wir wohlig über die bloße Haut streichen lassen. Wir fühlen uns hier wesentlich wohler als in Puerto Rico und können den Lärm des Hafens, die Autohuperei und die übrigen Geräusche der Stadt vergessen. Das Hämmern unseres Preßluftgeräts verschluckt alle anderen Laute, und doch sind sie uns immer gegenwärtig.

Die meteorologischen Anzeichen machen uns einiges Kopfzerbrechen. Die See hat die Farbe gewechselt und leuchtet nicht mehr blaugrün, sondern ist seltsam grau gefleckt. Auch die Durchsichtigkeit des Wassers hat nachgelassen. Am beunruhigendsten sind jedoch die kurzen Wellen, die an unsere Schiffswände klatschen. Wir haben heute einen allzu schönen, fast furchterweckenden Sonnenuntergang erlebt, ein rotgoldenes Feuermeer, das aus schwarzvioletten Wolken hervorlodert.

Ich bin ziemlich sicher, daß wir, was das Wetter betrifft, schlimmen Zeiten entgegengehen

Links: »Ein strahlend schöner Tag am Himmel wie im Wasser . . . Alles erglänzt in unsäglicher Schönheit . . . Die Welt ist wie verzaubert.«

– wenn vielleicht auch noch nicht heute nacht, so doch in nächster Zukunft. In dieser Jahreszeit hat die verlorengegangenen spanischen Galeonen das Schicksal ereilt, und ich habe nicht die geringste Lust, es zu teilen. Caillart versichert mir auf meine besorgten Fragen, wir würden einigermaßen glimpflich davonkommen. Er hält seine Wetterkarte mit größter Sorgfalt auf dem neuesten Stand und beteuert, die Meteorologie sei heutzutage eine beinahe exakte Wissenschaft.

Montag, 12. August. Um 6.30 Uhr mache ich meine übliche Inspektionsrunde im Ausgrabungsgebiet unter Wasser. Alles ist genauso, wie wir es vor einer Woche verlassen haben, als wir nach Puerto Rico aufbrachen. Ich kennzeichne die (vermutliche) Bugpartie der Galeone mit zehn kleinen, farbigen Bojen, damit unsere Taucherteams die Stelle auch bei unruhiger See sofort finden können. An Bord der *Calypso* zurückgekehrt, lasse ich unser Schiff etwa fünf Meter nach Süden versetzen. Auch die Blechkanister, die wir mit Hippie-Blumen dekoriert haben und die unser Ansauggerät stabilisieren, werden knapp sieben Meter nach Südwesten verlegt, ebenso die *James and Mary.*

Die Männer der ersten Unterwasser-Schicht installieren die flexible Leitung, aus der die untere Partie unseres Ansaugsystems besteht, und ersetzen den früheren 90-Grad-Winkel durch einen von 45 Grad. Wir hoffen, daß wir damit die häufigen Blockierungen und Verstopfungen durch Korallenschutt reduzieren können.

Das zweite Team baut die noch fehlenden Preßluftröhren ein und beginnt damit, Taue um die Korallenmassive zu legen. Remy, der sich an diesem Einsatz beteiligt hat, quetscht sich bei dieser Gelegenheit den kleinen Finger und wird von unserem Schiffsarzt genäht – ohne Betäubung.

Wir haben einen steifen Südwest, der uns aber nicht sonderlich stört. Der Tag verläuft in der gewöhnlichen Weise; wir hieven tonnenweise Korallen auf das Achterdeck der *Calypso* und bearbeiten die Brocken mit Vorschlaghammer und Bohrer. Überall liegen Korallenstücke umher, zwischen denen wir jedes Metallstück oder sonstige interessante Fremdkörper eifrig herausfischen. Was übrigbleibt, wird mittschiffs auf der Steuerbordseite ins Meer gekippt. Wir haben auf diese Weise einen »Korallenumschlag« von zwölf Tonnen am Tag. Unter dem Kiel unseres Schiffes türmt sich langsam ein künstliches Riff auf.

Der heutige Tag beschert uns einige interessante Funde, so etwa ein riesiges Scharnier, das vermutlich als Türangel oder als Lukendeckelgelenk gedient hat. Natürlich stoßen wir auch wieder auf die üblichen Kanonenkugeln. Coll und Durand bringen von der letzten Schicht ein konisches Angelschnurgewicht, ein Kettennetz, je eine ganze und eine zerbrochene Gürtelschnalle, einen Uniformknopf aus Bronze und einen Knochen mit an Bord. Unser Schiffsarzt sagt uns, es handle sich hier um eine Rippe – es ist der erste Menschenknochen, auf den wir bisher gestoßen sind.

Heute flattern Schmetterlinge um die *Calypso,* und ein kleiner Vogel ruht sich eine Weile bei uns aus, bevor er seinen geheimnisvollen Flug fortsetzt. Es ist durchaus möglich, daß der Südostwind die Tiere aus Afrika angeweht hat.

Dienstag, 13. August. Um 6 Uhr kommt Bernard Delemotte, um mich zu wecken. Das Wasser, mit dem ich mein Gesicht kühle, ist noch relativ frisch und frei von dem durchdringenden Kaliumchlorid-Geruch. Ich trinke in aller Eile mit dem ersten Arbeitsteam des Tages eine Tasse Instantkaffee und werfe mich danach in meine Taucherkluft. Die Sonne ist eben aufgegangen, teilweise verdeckt von tiefhängenden Wolken am Horizont. Starke, vereinzelte Lichtstrahlen durchstoßen den noch dunklen Himmel. Eine unsagbar schöne Morgendämmerung liegt über der See, und ich atme tief in der frischen Luft, während mir Bernard beim Anlegen meiner Sauerstoffflaschen hilft. Die Herrlichkeit dieses Tropentages zeigt auch bei dem sonst so stillen und schweigsamen Bernard ihre Wirkung, denn mein Kamerad reißt unter vergnügtem Lachen einen Witz nach dem anderen.
Das kristallklare Wasser, in das ich freudig eintauche, ist ein würdiges Gegenstück zu der Lichte und Transparenz des Himmels. Ich liege ganz still im Wasser, Arme und Beine ausgestreckt, und lasse mich langsam nach unten sinken. Raymond und Jean-Pierre werden sich mir in einigen Minuten anschließen. Während ich auf die beiden warte, genieße ich die Einsamkeit und Stille dieser Zauberwelt. Nicht einmal der »ortsansässige« Barrakuda, den wir Jules getauft haben, ist zu sehen. Doch dann taucht ein Eindringling auf. Ein neugieriger Schnapper inspiziert unser Arbeitsfeld an der gesunkenen Galeone. Dumas hat das sehr intelligente Tier schon gestern gesehen. Kaum wird der Schnapper meiner gewahr, als er auch schon auf mich zu schwimmt und mir dicht auf den Fersen bleibt. Er hält sich die ganze Zeit über, in der ich unter Wasser bin, in nur geringer Entfernung von mir auf.
Unser Ausgrabungsgebiet bietet heute, vor allem, was das vordere Stück betrifft, einen wesentlich anderen Anblick als zu Beginn unserer Arbeit. Es macht sich deutlich bemerkbar, daß wir tonnenweise Korallengestein und Schutt entfernt haben. Jetzt ist es etwas einfacher, die Umrisse der Galeone zu erkennen. Ich nehme all dies intensiv, aber mechanisch wahr; in wenigen Minuten werde ich meine Anweisungen für das heutige Tagespensum geben müssen. Doch meine Aufmerksamkeit und Erlebnisbereitschaft ist auf etwas anderes gerichtet – auf die vor mir liegende Szenerie als Ganzes. Die seltsame Unterwasserlandschaft mit dem korallenüberwucherten Schiffswrack ist in das sanfte Licht der Morgendämmerung getaucht, das sich in dem klarblauen Wasser bricht. Alle Gegenstände sind wie in neue Farben getaucht; selbst die Grautöne schimmern geheimnisvoll und farbig in ihren wechselnden Schattierungen, und die verwitterten Planken des alten Segelschiffes sehen nicht mehr einfach nur schwarz aus. Der Sand funkelt in ocker- und malvenfarbenem Schimmer. Auch die Meeresfauna scheint den Wandel zu spüren; ein Schwarm von kleinen, gefleckten Zackenbarschen zieht furchtlos durch unser Arbeitsfeld und scheint mich gar nicht zu bemerken. Ein Schnapperschwarm flitzt, gelb und silbern funkelnd, an mir vorbei wie ein Verband kleiner, schneller Flugzeuge, und einige Seebarben ziehen langsam über dem Meeresgrund dahin. Die Anker und Kanonen unserer Galeone wirken wie die eines Geisterschiffes, über dem sich das lange Rohr unseres Sauggerätes wie eine Seeschlange erhebt. Wenn man am Beginn eines strahlenden Tropentages ganz allein in dieser

Umgebung ist, kommt man unwillkürlich ins Träumen und wandelt im Reich der Phantasie. In solchen Augenblicken scheinen Raum und Zeit nicht mehr zu existieren. Ich werde mir dann bewußt, wie tiefgreifend die zweiunddreißig Jahre meines Taucherdaseins mein Verhältnis zur Welt, zu den Menschen und ihren Gesellschaftsverhältnissen, aber auch zu mir selbst geprägt haben. Es wird jetzt allerdings Zeit für mich, meine Unterwasserbetrachtungen abzubrechen, denn Raymond Colls Silhouette taucht schon bei der Galeone auf, und ich muß mich wieder den konkreten und praktischen Fragen des heutigen Arbeitstages zuwenden.

Die Ausbeute des Tages besteht aus der Rolle eines Flaschenzuges, einem Sack Nüsse (die recht gut erhalten sind), dem Abzugshebel einer Schußwaffe, einem großen Nagel, drei Eisenstücken, einem langen, krummen Eisenwerkzeug, drei Bruchstücken eines großen Kupferkessels, mehreren Rollen, zahlreichen Rinder- und Schweineknochen, einem aus irgendeinem exotischen Holz gefertigten Winkel, dem Holzgriff eines Werkzeugs mit den Abdrücken von Metallgegenständen und aus einigen Bruchstücken von sehr dickwandigen Krügen.

Einer der wichtigsten und die Dauer unseres Aufenthaltes an der Silberbank bestimmenden Faktoren ist unser Wasservorrat. Wir tun alles, um soviel von dem kostbaren Naß wie möglich zu sparen. Plötzlich sind wir jedoch in der fast absurden Situation, daß wir auf einmal jede Menge Wasser haben, denn unser Destillierapparat hat uns vierhundert Liter beschert. Wir werden daher heute abend eine zweistündige Duschaktion einschieben. Dabei stellt sich allerdings heraus, daß unser Destilliergerät mit unserem Wasserverbrauch nicht Schritt halten kann. Gegen Ende der zwei »Duschstunden« mache ich die betrübliche Entdeckung, daß wir die dreifache Menge dessen verbraucht haben, was der Apparat leisten kann: 1200 Liter. Beim nächsten Mal werden wir uns auf eine Stunde Duschen beschränken müssen.

Mittwoch, 14. August. Mein morgendlicher Tauchausflug um 6.30 Uhr ist ein ebenso großes Vergnügen wie gestern. Das Wasser ist noch genauso klar, und ich sehe mit Freuden, wieviel Arbeit seitdem geleistet worden ist. Sogar Remy mit seinem gequetschten und noch nicht abgeheilten Finger besteht darauf, weiter mitzumachen.

Gegen 8.45 Uhr wird die *James and Mary* längsseits an die *Calypso* herangebracht und unter dem Auge der Kamera von ihren großen, mit Korallenbrocken gefüllten Körben befreit, die wir mit dem Hebezeug an Deck hieven. Die Durchsuchung des Materials ergibt nichts sonderlich Aufregendes: einen Aprikosenkern, mehrere Knöpfe, zahlreiche Rinderknochen, den gläsernen Stöpsel eines Parfümfläschchens, einen hölzernen Handschutz, wie man ihn beim Nähen von Leder oder Segeltuch benutzte, eine Gürtelschnalle, vier Musketenkugeln, Bruchstücke eines Kupferkessels und einen gezackten Kupferblechstreifen mit drei Nietlöchern.

Alle sind sich darüber einig, daß wir einen quer zu der schon bestehenden Rinne verlaufenden Graben ausheben müssen; die Frage ist nur, an welcher Stelle wir damit beginnen sollen und wie tief das Ganze werden soll. Der Grund für diese Überlegungen liegt darin,

Einer der in der Silberbank sehr häufig vorkommenden bildschönen Papageifische.

daß wir mehrere dicht aneinanderliegende Planken gefunden haben, an denen keine Nägel oder sonstige Befestigungen zu sehen sind und die daher ein Teil des Decks zu sein scheinen. Die Bohlen liegen auf der einen Seite auf großen, harten Blöcken auf, die Gaston »Festlandkruste« nennt. Nach langen Diskussionen mache ich den Vorschlag, noch einen weiteren Tag in der bisherigen Richtung weiterzuarbeiten, bevor wir eine endgültige Entscheidung treffen. Auf diese Weise können wir nämlich eine größere Deckplankenfläche freilegen. Mein Vorschlag findet allgemeine Zustimmung.

Zu den Schwierigkeiten, die das Wrack der Galeone uns macht, kommen die Probleme des ständig schlechter werdenden Wetters hinzu. Große, schwere Regenwolken hängen am Himmel und berühren fast die Meeresoberfläche. Die kühlen, abendlichen Brisen haben längst aufgehört, und die feuchte Hitze ist fast unerträglich geworden. Wir sind, zumindest unterschwellig, alle beunruhigt und nervös, denn die meisten von uns haben im Pazifik oder im Indischen Ozean schon ähnliche Wetterbedingungen als Vorboten schwerer Wirbelstürme erlebt.

Ich frage mich, ob es überhaupt noch zu verantworten ist, die *Calypso* in der Wirbelsturmsaison weiterhin an dieser gefährlichsten Stelle des Karibischen Meeres ankern zu lassen. Kapitän Caillart hat nichts dagegen und erklärt, der Sturm werde nördlich an uns vorbeiziehen.

»Ich kann nur hoffen, daß Sie recht haben«, ist meine Antwort. Angesichts der Wetterzeichen am Himmel und im Meer werde ich jedoch bald eine Entscheidung treffen müssen, ob wir unsere Suche aufgeben oder das Risiko auf uns nehmen und so schnell wie möglich weiterarbeiten sollen. Wenige Stunden später bestätigt sich meine private Wetterprognose von offizieller Seite: Der Meteorologische Dienst der Vereinigten Staaten hat eine Sturmwarnung für unser Gebiet herausgegeben.

Donnerstag, 15. August. Die Katholiken feiern heute das Fest Mariä Himmelfahrt, den Tag der Patronin unserer *Nuestra Señora de la Concepción*. Trotz dieses günstigen Vorzeichens und guten Omens findet mein täglicher Taucheinsatz am frühen Morgen in milchigtrübem Wasser statt; der Meeresboden wirkt grau und trostlos. Am Nordrand des Korallenhügels stoße ich auch noch auf eine verbeulte Bierdose, die offensichtlich von unseren Vorgängern stammt und vermutlich bei den Sprengarbeiten unter Wasser als Dynamitbehälter benutzt wurde.

Ich habe heute unsere Taucherteams neu eingeteilt, um eine zusätzliche Gruppe – eine Art »fliegende Kolonne« – zu schaffen. Diese Männer sollen unter Gastons Leitung in der Mitte der Bodenerhebung mit dem Graben beginnen. Gaston muß jedoch im Laufe des Nachmittags feststellen, daß der Hügel mehr Sand als Korallen enthält, so daß man unbedingt das Ansauggerät braucht. Das Team erhält daraufhin eine neue Aufgabe: Es soll die großen Korallenblöcke aus dem Weg räumen, damit die anderen Taucher mehr Zeit zum Buddeln haben.

Frederic Dumas ist heute morgen gut anderthalb Stunden unter Wasser geblieben und berichtet bei seiner Rückkehr an Bord, er habe an der Backbordseite der Galeone in Höhe des mutmaßlichen Decks Planken – ein festes Gefüge aus Holz, rostigen Nägeln und Faßreifen – sowie Flaschen und Geschirrteile gefunden. Wir hieven einen Teil dieser schwarzen Masse an Bord und nehmen sie sorgfältig auseinander. Leider stoßen wir auf nichts sonderlich Interessantes. Auch die Korbladung Korallensplitter von der *James and Mary* bringt uns nur dürftige Ergebnisse.

Am Spätnachmittag stößt Dumas jedoch auf eine Planke, auf der mit vier kleinen, rechtekkigen Nägeln ein Dichtungsstück befestigt ist. Falls dies ein »Flicken« ist, mit dem ein Leck

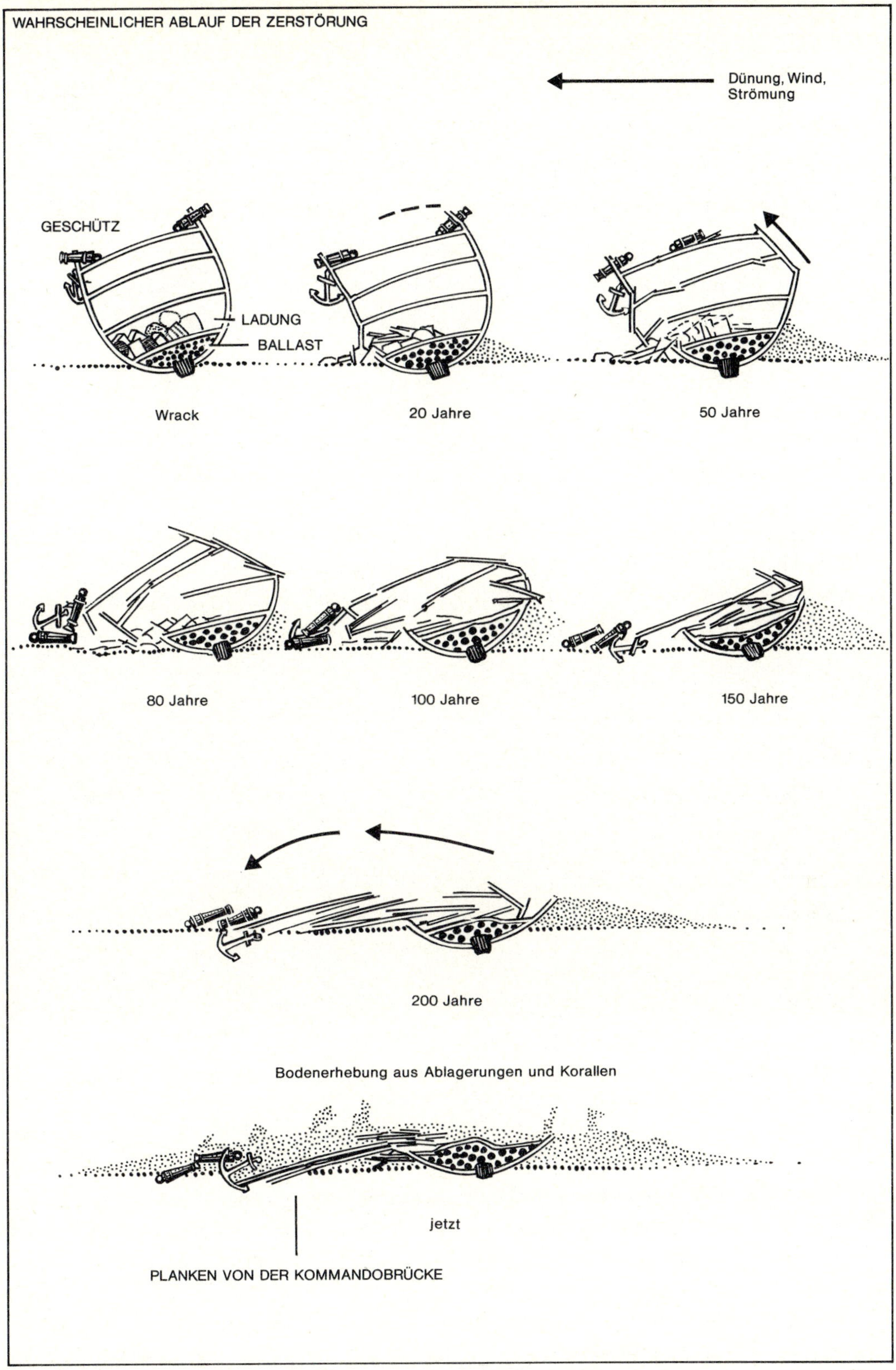

Laut Remy de Haenen neigte sich das Wrack im Laufe von zwei Jahrhunderten immer mehr nach Steuerbord. Dies würde erklären, weshalb sich alle Kanonen steuerbords befinden und keine einzige auf der Backbordseite. Aus dieser Vermutung läßt sich weiter schließen, daß das ganze Schiffsholz auf dem Meeresgrund von der Kommandobrücke und nicht vom Rumpf des gesunkenen Schiffes stammt.

Nicht weit von der *Calypso* entfernt zieht ein Wirbelsturm vorbei.

gestopft wurde, müßte die Planke nicht vom Deck, sondern von der Schiffswand der Galeone stammen. Es würde auch die Wahrscheinlichkeit erhöhen, daß es sich bei dem Wrack tatsächlich um die *Nuestra Señora de la Concepción* handelt, denn allen Augenzeugenberichten zufolge zeigte diese Galeone schon bei ihren ersten Fahrten, daß sie ungefähr so dicht wie ein Sieb war.

Dann bricht, von starken Böen angekündigt, der große Sturm über uns herein. Ich schicke

Taucher aus, um unsere sieben Ankertrossen auf ihre Sicherheit prüfen zu lassen. Die Männer berichten mir, die Halterungen hätten sich nicht gelockert und würden schon einiges aushalten. Bald regnet es zu unser aller großen Freude in Strömen. Das kühle Naß ist Balsam für unsere gegerbte, aufgesprungene Haut.
Caillart hat recht behalten: Das Zentrum des Sturms liegt nördlich von uns, und wir haben nur einen Ausläufer des Infernos abbekommen.
Remy de Haenen berichtet mir, welche Schlüsse er aus dem Zustand unserer Galeone gezogen hat. Seine Folgerungen gehen von einer bestimmten Hypothese über den zeitlichen Ablauf des Verwitterungsprozesses bei hölzernen Schiffsteilen aus. Nach Remy müßten das Deck und die Kanonen während der ersten hundert Jahre langsam nach Steuerbord weggerutscht sein, wenn das Schiff ursprünglich Steuerbordschlagseite hatte. Die gefundenen Planken müßten nach dieser Theorie vom Deck der Galeone (wie wir zunächst vermutet hatten) und nicht vom Schiffsrumpf stammen, der weiter nach Süden zu liegen dürfte. Remy untermauert seine Vermutung mit der Tatsache, daß wir backbords nicht eine einzige Kanone gefunden haben; die bisher entdeckten Geschütze lagen tatsächlich alle steuerbords.
Um uns auf die Lage und den Zustand des Wracks einen Vers machen zu können, müssen wir unbedingt die Wirbelstürme in diesem Gebiet bedenken. Über der Silberbank liegt zumindest alle zehn Jahre einmal ein Orkanzentrum, so daß die *Nuestra Señora* seit ihrem Untergang dreißig bis vierzig Hurrikans erlebt haben dürfte. Es ist außerdem allgemein bekannt, daß gelegentlich mehr als zwölf Meter hohe Brecher über die Silberbank hinwegdonnern. Diese dürften das Wrack arg in Mitleidenschaft gezogen haben.
Frederic Dumas interessiert sich besonders für diesen letzten Aspekt, der ihn bei seinen Unterwasser-Ausgrabungen immer sehr beschäftigt hat. Er ist allerdings anderer Meinung als Remy de Haenen. »Ich habe mich immer davor gehütet, den Archäologen ins Handwerk zu pfuschen«, erklärt er. »Mein Hauptinteresse galt der Frage, wie sich gesunkene Schiffe im Laufe der Zeit verändern und was mit ihnen passiert, wenn sie einmal auf Grund liegen. Ich versuche seit dreißig Jahren herauszufinden, wie und warum gesunkene Schiffe im Laufe der Zeit den Zustand annehmen, in dem man sie später vorfindet.«
Dumas hat dieses »besondere Interesse« so sorgsam gepflegt, daß er an Hand einiger aus dem Sand ragender Wasserkrüge auf den ersten Blick sagen kann, ob das betreffende Wrack groß oder klein ist, wo es begraben liegt und in welcher Verfassung es sich befindet. Dies ist nicht bloße und müßige Spekulation, sondern eine in langer Arbeit und Beobachtung an Hunderten von Schiffswracks im Mittelmeer erworbene Fähigkeit. Er hat selbst eine Reihe von Unterwasser-Ausgrabungen geleitet und hervorragende Suchmethoden entwickelt. Dumas testet dabei den Meeresboden mit einer dünnen, knapp zwei Meter langen Stahlsonde und beherrscht dieses Instrument so meisterhaft, als hätte er den »sechsten Sinn« eines Wünschelrutengängers.
Dumas hat natürlich auch eine Theorie über die Lageveränderungen von Schiffswracks auf dem Meeresgrund entwickelt. »Im Meer hebt sich, genau wie an Land, im Laufe der

Zeit der Boden beträchtlich. An Land verschwinden ausgestorbene Städte und deren höchste Bauwerke unter einer neuen Erdschicht, und genau das geschieht auch mit versunkenen Schiffen. Die Meeresströmungen lagern an allen unebenen Stellen Sand ab. Auch in den Küstengebieten hebt sich der Meeresboden, teils infolge der Landerosion durch Niederschläge, teils durch den Wind. Im Falle gesunkener Schiffe kommt als zusätzlicher Faktor die Meeresfauna hinzu. Muscheln, Kalkalgen und andere Lebewesen setzen sich an den Wracks an und begraben sie im Lauf der Zeit unter einem dicken Panzer.
In Korallengebieten wie der Silberbank sind diese Ablagerungen besonders stark, da hier äußerst günstige Lebensbedingungen für die Meeresfauna herrschen und die Korallen sich außerordentlich stark und schnell vermehren können. Wir haben hier infolgedessen tonnenschwere Korallenblöcke gefunden, die so wuchtig sind, daß wir sie kaum noch bewegen können.
Die Korallen haben also das Wrack eingemauert. Sie wurden aber auch von Papageifischen abgeweidet, die das unverdauliche Kalkskelett in Form von Sand wieder ausscheiden. Dieser Sand lagert sich auf dem Meeresgrund ab, wächst um die Korallenstöcke herum zu kleinen Hügeln an und hebt auf diese Weise langsam, aber beständig den Meeresboden. So läßt es sich erklären, daß wir in dreißig bis sechzig Zentimeter Bodentiefe auf Geschirrscherben und Bestecke von der Galeone gestoßen sind.
Die Entwicklung von Korallenbildungen über einen Zeitraum von dreihundert Jahren hinweg ist ebenso faszinierend wie entmutigend, denn wahrscheinlich liegen zahllose Schiffe für immer tief im Meeresboden vergraben und werden wohl nie mehr zu bergen sein.«
Es gibt noch ein anderes Meeresgebiet, in dem ganze Schiffe spurlos verschwinden können – das Rote Meer. Frederic Dumas erzählt den Besatzungsmitgliedern, die damals nicht mit von der Partie waren, mit großer Begeisterung von unseren Erlebnissen bei Shab Rumi. »Als wir damals unseren Film ›Welt ohne Sonne‹ drehten, begleitete uns das Frachtschiff *Rosaldo*. Einige griechische Matrosen von der *Rosaldo* fanden beim Muschelsammeln auf dem Riff eines schönen Tages mehrere griechische Amphoren. Sie erzählten mir davon, und ich ging sofort daran, die Gefäße anzusehen und zu fotografieren. Sie stammten vermutlich von der Insel Kos, allerdings aus der Römerzeit. Es war hochinteressant zu sehen, was in zweitausend Jahren das Meer aus den Amphoren gemacht hatte. Die Krüge lagen beziehungsweise standen in gleicher Höhe mit dem Wasserspiegel auf dem Riff. Die Erosionskräfte hatten ihre Unterlage zerstört, so daß sie aussahen wie die Kamine eines Hexenhauses. Sie balancierten geradezu auf kleinen Korallenpfeilern. Es stand ganz außer Zweifel, daß in nächster Nähe ein Schiff gesunken sein mußte – vor etwa zweitausend Jahren.
Diese Wracks sind uns nach wie vor ein Rätsel, denn wir wissen einfach nicht, welche Veränderungen sie in Korallengewässern im Laufe der Zeit durchmachen. Aus diesem Grund halte ich unsere Ausgrabungen in der Silberbank auch für so wichtig – gleichgültig, ob dabei ein Schatz für uns zu holen ist oder nicht: Es ist der erste systematische Versuch, mit

den modernsten technischen Hilfsmitteln Unterwasser-Ausgrabungen unter diesem Aspekt durchzuführen.«

Freitag, 16. August. Raymond Coll begleitet mich auf meinem üblichen Taucheinsatz am frühen Morgen. Das Wasser ist ebenso unangenehm wie das Wetter, und unser Arbeitsgebiet liegt unter einer dicken »Staubschicht« aus Korallenkalk.

Raymond findet einen amerikanischen Vorschlaghammer – eine Ironie des Schicksals, denn bisher haben wir nichts davon bemerkt, daß diese Stelle bereits von früheren »Schatzsuchern« durchkämmt worden wäre. Die Arbeiten an dem zweiten Graben quer zur Schiffsachse der Galeone machen gute Fortschritte. Wir haben achtern, vor allem auf der Steuerbordseite, große Mengen Korallengestein abgetragen. Gegen Abend stoßen unsere grabenden Taucher jedoch auf eine harte, weiße Substanz, die das äußerste Ende des Wracks anzeigt. Wir schließen daraus, daß wir die Größe der Galeone wohl doch etwas überschätzt haben und daß das Schiff wahrscheinlich längst nicht so weit nach vorne ausläuft, wie unsere Skizze glauben macht.

Für die übrigen Expeditionsteilnehmer brachte der heutige Tag auch nicht viel mehr Erfolg. Gaston hat den ganzen Vormittag damit verbracht, große Korallenblöcke aus dem Weg zu räumen, und machte sich dann an den Korallenhügel heran, der mit der letzten Steuerbordkanone mittschiffs eine gerade Linie bildet. Er hat gehofft, hier auf weitere Bordgeschütze zu stoßen. Frederic Dumas und Jean-Paul Bassaget haben inzwischen das Saumriff erkundet, doch das einzig Aufregende daran war ihre Begegnung mit einem Hai.

Die Ausbeute des heutigen Tages sieht folgendermaßen aus: drei Kanonenkugeln (wir rätseln immer noch herum, wo nur die Backbordkanonen stecken mögen), ein sehr dickes Holzstück mit Nagellöchern, zwei wunderschöne, fast unversehrte Flaschen voll Sand, die das Schiffsunglück irgendwie heil überstanden haben, eine kleine, unförmige Scheibe aus einem Metall, das härter als Blei ist und irgendeine Legierung darstellt, ein zeitgenössischer Hammer amerikanischer Herkunft mit einem abgebrochenen Stiel, zwei Sandalensohlen, die ohne Zweifel ebenfalls von unseren geheimnisvollen Vorgängern stammen, und eine Bleiplombe (ein Fund von Riant), die wesentlich besser erhalten ist als alle bisher entdeckten.

Dumas hat allerdings noch eine interessante Entdeckung gemacht. Bei der Kanone vom zweiten Korallenhügel lagen zwei sehr alte Brecheisen. Sollten sie von Phips und seinen Tauchern stammen? Vielleicht stellt dieser Hügel die Heckpartie der Galeone dar.

Didis neuester Fund regt uns zur Bildung einer neuen Theorie an: Das Vorschiff der Galeone (etwa ein Drittel des ganzen Schiffes) könnte abgebrochen sein, und der Rest des Wracks könnte in einem Winkel von 30, vielleicht sogar von 90 Grad abgesunken sein. Die 30-Grad-Hypothese würde auch erklären, wie die vier Kanonen auf den zweiten und dritten Hügel gelangt sind.

Wieder wird eine riesige Korallenladung von über einer Tonne Gewicht von der *James and Mary* an Bord der *Calypso* gehievt. So eifrig wir auch klopfen und hämmern – wir finden nicht einen einzigen Gegenstand, den zu erwähnen sich lohnte.

Die Taucher sind auf eine Vielzahl von Schalen und Bechern gestoßen.

Bernard Delemotte kämmt unser Ausgrabungsgebiet noch einmal nach archäologischen Hinweisen durch.

Samstag, 17. August. Es ist jetzt 19.30 Uhr, und das Dröhnen des Preßluftgeräts wird endlich, endlich abgestellt. Ich bin körperlich und seelisch völlig erschöpft. Wir haben einen höchst ereignisreichen Tag voller Entdeckungen, Diskussionen und Theoriebildungen hinter uns.

Es fing gleich früh am Morgen an, als sich mein Taucheinsatz wegen einiger Schwierigkeiten mit dem Preßluftgerät um eine Viertelstunde verzögerte. Als ich um 6.45 Uhr mit Serge Foulon und Riant endlich unter Wasser war, hatten wir zwar gute Sicht, mußten aber höllisch aufpassen, um nicht bei der geringsten Berührung eine Wolke von Korallenstaub aufzuwirbeln und das klare Wasser zu trüben. Unser Arbeitsfeld ist inzwischen stark verschlammt, denn es gibt keine Strömung, die den Kalkstaub mitgenommen hätte.

Als ich das Ausgrabungsgebiet nachdenklich überblickte, dämmerte es mir plötzlich, daß das Wrack mindestens drei Meter weiter hinten gelegen haben mußte, als wir ursprünglich angenommen hatten. Das Schiff ist an der Stelle, an der wir unseren Graben gezogen haben, verhältnismäßig schmal. Wir hatten es hier folglich mit dem Vordersteven zu tun. Die beiden Kanonen neben den Ankern (deren Rohre einen wesentlich kleineren Durchmesser haben als die anderen) müssen daher Bugkanonen sein, die bei der Verfolgung fliehender Feinde benutzt wurden. Damit scheint die Vermutung bestätigt, daß unsere Galeone in zwei Teile auseinandergebrochen ist.

Ich ließ Serge sofort mit seiner Arbeit an dem Quergraben aufhören und ihn, was Raymond Coll schon früher vorgeschlagen hat, zwei bis drei Fuß unter den am Rand des Korallenhügels gefundenen runden Gefäßen nachgraben. Er stieß auf sieben weitere und völlig unversehrte Behälter. Sonst war nichts zu sehen. Falls die Bodenerhebung auf dem Meeresgrund die Stelle kennzeichnet, an der das Schiff auseinanderbrach, befanden sich diese Gefäße sicher in einer Kiste, die von dem abgerissenen Schiffsteil heruntergefallen sein muß.

Während all dieser Vorgänge unter der Wasseroberfläche manövrierte ich die *Calypso,* das Floß mit dem Sauggerät und die *James and Mary* in eine Position, von der aus wir den dritten Hügel besser erreichen konnten. Anschließend pauste ich die Skizze einer Galeone ab und teilte sie in zwei Teile, die ich über meine Karte von unserem Ausgrabungsgebiet legte. Nun kam endlich Licht in das Dunkel. »Unsere Galeone muß sich ja geradezu auf dem Meeresgrund entlangschlängeln!« rief Dumas, als er meine Skizze von der auseinandergebrochenen Galeone sah.

Didi war gerade von einem Taucheinsatz zurückgekommen und hatte mir Wichtiges zu berichten. Er war unter einigen Felsbrocken im Inneren des Korallenhügels auf eine Art Nachttopf gestoßen, der völlig unversehrt in der Unterwasserlandschaft stand. Leider ging der Fund in Stücke, als Didi ihn mit der Brechstange aus dem Gestein zu lösen versuchte. Als nächstes hatte er den zweiten Hügel untersucht, in dem er gestern auf die beiden Brecheisen gestoßen war. Dieser kegelförmige Kalksteinberg, so berichtete mir Didi, schien beinahe im rechten Winkel abgebrochen zu sein. Der Schluß lag nun sehr nahe, daß Phips oder seine Nachfolger (von wem die Brecheisen auch immer stammen mochten) genau an dieser Stelle versucht hatten, ins Innere der Galeone und damit zu den Laderäumen vorzudringen, in denen sich die Schätze befanden. Meiner Skizze zufolge lag die seltsame Bodenerhebung genau dort, wo die Heckpartie der *Nuestra Señora de la Concepción* sein mußte.

Um 10.30 Uhr tauchte ich noch einmal, diesmal mit Michel Deloire, um mir das Ganze erneut anzusehen und herauszufinden, wie wir die Entdeckungen von Hügel Nummer zwei am besten filmen könnten. Ich fand alles genau wie von Dumas beschrieben. Der dicke Korallenpanzer war aufgebrochen; dies mußte vor Jahrhunderten geschehen sein. Wir inspizierten nacheinander den einzelnen Anker (den wir Heckanker nannten), einen Haufen von Ofenziegeln, die offenbar in ihrem ursprünglichen Zustand erhalten sind, einige gußeiserne Pfannen und einen verbeulten Kupferkessel. Überall lagen Metallteile verstreut. Mir kam plötzlich der Einfall, daß hier vielleicht noch ein weiteres Schiff auf Grund lag, ein ebenfalls sehr altes und vollständig von Korallenbildungen begrabenes zweites Wrack. Es lag nach meinen Berechnungen in weniger als sieben Meter Wassertiefe unmittelbar am Riff.

Nach meiner Rückkehr an Bord der *Calypso* überflog eine Maschine der US-Marine, eine Lockheed Neptun, in geringer Höhe unseren Ankerplatz und fotografierte uns. Der Pilot winkte uns zu und drehte ab. Er besuchte uns später jede Woche, so lange wir uns in der Silberbank aufhielten, und empfand uns sicher als Abwechslung in der Eintönigkeit seiner Routineflüge. Ich möchte zu gerne wissen, was er sich wohl beim Anblick von Remys seltsamer Konstruktion, der *James and Mary,* gedacht hat.

Das Flugzeug war kaum verschwunden, als Raymond Coll mit allen Anzeichen höchster Aufregung an Bord kletterte. Raymond ist bei uns für seine beinahe sprichwörtliche Ruhe und Gelassenheit bekannt, so daß schon etwas ganz Besonderes vorgefallen sein mußte, um diesen stillen, selbstbeherrschten Mann so aus dem Häuschen zu bringen: Raymond hatte bei seinen Ausgrabungen unter Wasser chinesisches Porzellan gefunden. Der aufregende Fund bestand aus einer Serie sehr schön bemalter Schälchen unterschiedlicher Größe, einigen weniger prächtig verzierten Gefäßen sowie mehreren – Nachttöpfen. Diese außerordentlich wichtige Entdeckung bedeutete, daß wir endlich auf die Fracht der Galeone gestoßen waren.

Die übrigen Taucher machten sich sofort ans Werk und gruben weitere Schalen und hauchzarte Tassen aus, die erstaunlicherweise alle unversehrt geblieben waren. Die einzelnen Stücke waren sorgfältig ineinandergesetzt und ließen deutlich erkennen, daß man sie in dieser Weise in Kisten verpackt hatte. Frederic Dumas fand hierfür auch sofort eine recht einleuchtende Theorie. Seiner Ansicht nach waren die Porzellankisten an Deck gelagert und glitten, als das untergehende Schiff immer mehr Schlagseite bekam, ins Meer. Dies würde erklären, weshalb der zerbrechliche Inhalt das Unglück heil überstanden hatte, denn bei einer Lagerung in den Frachträumen der Galeone wäre das Porzellan ganz sicher zu Bruch gegangen, als die Schiffswände zu bersten begannen.

Dieser Fund gab uns allen Auftrieb und neue Zuversicht. Es schien sich wirklich um echtes chinesisches Porzellan zu handeln, das ein Vermögen wert war. Außerdem stand zu erwarten, daß dort, wo kostbares Porzellan zu finden war, sich auch Gold aufspüren lassen müßte. Raymonds Entdeckung ist jedenfalls außerordentlich wichtig. Wenn dies wirklich chinesisches Porzellan ist, so haben wir endlich einen Beweis dafür gefunden, daß das Schiff in Vera Cruz Fracht an Bord nahm und sich auf dem Weg über den Atlantik nach Spanien befand. Es wäre für uns niederschmetternd gewesen, die ganze Zeit mühsam eine Galeone ausgebuddelt zu haben, die sich im Augenblick des Untergangs auf dem Weg von Spanien in die Neue Welt befunden und ihre wertvolle Ladung längst in Cadiz gelöscht hatte.

Wir müssen nun vor allem klären, ob das gefundene Geschirr wirklich aus China stammt, von der spanischen Pazifikflotte, der *Nao de China,* über die Philippinen nach Acapulco gebracht und von dort auf Maultierrücken bis Vera Cruz transportiert worden war.

»Chinesisches Porzellan, sagt ihr?« meinte Dumas. »Na, ich würde nicht unbedingt Gift darauf nehmen. Wir haben aber in jedem Fall einen höchst interessanten und ungewöhnlichen Fund gemacht.« Sprach's und vertiefte sich in die Betrachtung eines Exemplars mit der Lupe, die er an einer Schnur um den Hals trägt.

Es war ein langer Arbeitstag; alle waren todmüde und empfanden neben der Freude über unsere Entdeckung auch eine Art Niedergeschlagenheit, die in derartigen Situationen meist als Begleiterscheinung auftritt. Ich fand, daß es höchste Zeit war, einmal eine Arbeitspause einzulegen, und beschloß, für den nächsten Tag keine Ausgrabungsarbeiten vorzunehmen und die übrigen Einsätze auf 8 Uhr zu verschieben.

Nach dem Abendessen machte sich Remy de Haenen mit etwas Salzsäure an die Reinigung einer der gefundenen Porzellanschalen. Die Lösung wirkte sofort und entfernte Schmutz und Verfärbungen spurlos – nur eben leider auch die kunstvollen Ornamente. Ein Mißerfolg, gewiß, aber ein relativ unbedeutender, der unser aller Erheiterung diente.

In den fünf oder sechs Tonnen Korallenbruch, die wir heute aufzuklopfen hatten, fanden wir einen kleinen Sack mit Nägeln, vier Kanonenkugeln, sieben unbeschädigte Kochtöpfe, einen mit Schnitzereien verzierten Schwertgriff, vier Nachtgeschirre (von denen zwei zerbrochen waren), 88 unversehrte Trinkbecher und 19 weitere, die zwar nicht beschädigt, dafür aber so fest ineinandergesteckt waren, daß wir sie nicht voneinander trennen konnten, 23 Schüsseln (ebenfalls »unzertrennlich«) und 36 einzeln erhaltene Schalen – insgesamt also 107 Becher und 59 Schüsseln. Dazu kamen noch unzählige Geschirrscherben.

Sonntag, 18. August. Heute ist für uns ein relativ erholsamer Tag. Der Kompressor bleibt abgeschaltet – eine unbeschreibliche Wohltat. Nach einem gemütlichen Frühstück breche ich um 8 Uhr mit Bernard zu meinem üblichen ersten Taucheinsatz des Tages auf. Ich lasse das Hauptrohr unseres Ansauggerätes etwas anheben und schiebe einen alten Autoreifen darunter, damit die Leitung nicht gegen die Korallenfelsen schlägt und beschädigt wird. Als nächstes besichtige ich das Loch, in dem unser Porzellan gesteckt hat; es liegt etwa 2 Meter von Dumas' Kanone entfernt unter großen Felsbrocken verborgen, die an Gastons »Festlandkruste« erinnern.

Bernard und ich untersuchen die Spuren der früheren Ausgrabung am zweiten Hügel. Sie sind an sich schon sehr eindrucksvoll, doch das Faszinierendste daran ist wohl, daß die Taucher aus der Zeit von William Phips in diesen harten Korallenpanzer mit den Brecheisen (die wir ja gefunden haben) ein so großes Loch schlagen konnten und mit welcher Sorgfalt sie die Öffnung später wieder zugeschüttet haben. Die Tarnung ist nahezu perfekt. Ich möchte zu gern wissen, ob die Männer mit den Brechstangen zu der Mannschaft von Phips gehörten (die über die großen Schwierigkeiten geklagt hatte, sich »durch die Korallenschicht, die den Schiffsrumpf bedeckte«, durcharbeiten zu müssen) – oder ob es die Piraten waren, denen Phips die Schatzsuche unter der Bedingung erlaubt hatte, daß er die Hälfte aller geborgenen Schätze erhielt. Es ist durchaus denkbar, daß diese zweifelhaften Mitarbeiter wirklich etwas fanden und die Ausgrabungsstelle hinterher sorgfältig zuschütteten, um Phips' Anteil für sich behalten zu können. Die Gedanken, die einem zu diesem Thema kommen, würden fast in eine Abenteurergeschichte von Robert Louis Stevenson passen.

Später am Morgen taucht Didi hinab, um die freigelegten Planken zu reinigen, damit man sie auf dem Film besser sehen kann. Während Deloire den »Schauplatz der Ausgrabungen am vierzehnten Tag« auf Zelluloid bannt, betrachte ich mit Didi die Szene und fühle mich wieder stark an das Schlachtfeld von Verdun erinnert: eine von Gräben durchzogene Landschaft, in der verlassene Kanonen herumstehen und die Trostlosigkeit dieses Ortes noch verstärken.

Nach Beendigung der Dreharbeiten lege ich eine blaue Nylonschnur aus, um die Begrenzung unserer neuen Ausgrabungsstelle zu kennzeichnen. Sie beginnt am Südende des dritten Korallenhügels und schließt die zerbrochene Kanone ein.

Um 13 Uhr nehmen wir die Arbeit wieder auf, diesmal allerdings ohne das Sauggerät. Unsere vier Taucherteams sind damit beschäftigt, Schlingen um die größeren Korallenblöcke zu legen. Gegen Abend haben wir den Großteil dieser Ungetüme südlich des Hügels beseitigt. Unter einem der Korallenfelsen stoßen wir auf eine weitere Kanone, von der nur die Mündung zu sehen ist.

Inzwischen hat Gaston das »Piratenloch« im zweiten Hügel ausgeräumt. Er ist dabei auf Unmengen von Schutt gestoßen, die wir morgen mit dem Sauggerät beseitigen müssen.

Remy de Haenen verpackt unterdessen das Porzellan in Plastiktüten und verstaut es in stabilen Kisten.

Unser Destillationsgerät läuft seit vierundzwanzig Stunden und hat uns etwa eine Tonne Frischwasser beschert. Wir feiern dieses freudige Ereignis mit einem köstlichen Punsch, den uns Remy zusammenbraut. Der heutige Tag, an dem wir nur mit halbem Einsatz gearbeitet haben, hat uns allen sehr gutgetan und uns wieder in fröhliche und optimistische Stimmung versetzt.

Montag, 19. August. Ich breche um 6.30 Uhr zu einem Orientierungseinsatz auf, während Bernard das Sauggerät einschaltet. Gegen 9 Uhr rückt Gaston dem »Piratenloch« mit dem zweiten Saugapparat zu Leibe; das andere Gerät brauchen die Taucher am dritten Koral-

lenhügel. Der Worthington-Kompressor wird dadurch doppelt beansprucht und läuft – unter entsprechend infernalischem Lärm – auf vollen Touren.
Die Taucherteams arbeiten, einander ablösend, um die Wette und durchsuchen das Gebiet, in dem das Porzellan lag, mit dem Sauggerät. Bald sind auch die letzten Becher und Schalen an Bord der *Calypso* gebracht.
Dumas ist nach wie vor fest davon überzeugt, daß wir außerhalb des eigentlichen Lageplatzes der Galeone arbeiten und daß das Wrack selbst weiter südlich und zugleich östlich der Kanone begraben ist. Unser letztes Taucherteam findet aber trotzdem eine Injektionsspritze aus Messing mit einem Fassungsvermögen von 20 Kubikzentimeter, die ganz zerfressen und völlig mit Kalkablagerungen bedeckt ist, und eine kleine, angeschlagene Flasche, in deren Bodensatz wir einige Quecksilbertropfen erkennen können. Die beiden Fundstücke stammen vermutlich aus der Schiffsapotheke der Galeone.
Unter der neuentdeckten Kanone stoßen wir auf Eisenschrott, Kanonenkugeln und Holzteile; allerdings handelt es sich hier um helles, unverwittertes Holz.
Wir können aus all diesen Entdeckungen schon einige Schlußfolgerungen ziehen. Das Vorschiff der Galeone ist inzwischen freigelegt; sein Zustand spricht für die Wahrscheinlichkeit, daß das Schiff in zwei Stücke auseinandergebrochen ist. Wir wissen zwar nicht genau, wo sich diese Bruchstelle befindet, können uns aber die Position der einzeln auf dem zweiten Korallenhügel stehenden Kanone nur mit dieser Hypothese erklären. Wir wissen ferner, daß der dritte Hügel aus Schutt und Trümmern besteht, die entweder von der Galeone oder von deren Fracht stammen müssen. Die genaue Position des Wracks ist uns jedoch noch völlig schleierhaft; wir haben noch nicht einmal den Kiel auffinden können und tappen daher weiterhin im dunkeln.
Bernard fällt ein verhältnismäßig flacher und breiter »Pfad« zwischen den beiden Bodenerhebungen auf, bei dem es sich um einen abgeplatteten und von Sand überlagerten Schiffsrumpf handeln könnte.
Das augenblickliche Arbeitstempo – zwölf Stunden mit dem großen Sauggerät und drei Stunden mit dem zusätzlichen Apparat – strengt uns so sehr an, daß ich mich frage, wie lange wir das noch durchhalten können. Die Taucher und »Korallenaufklopfer« sehen von Tag zu Tag erschöpfter aus und leiden an zahllosen Schnittwunden, die sie sich an den scharfen Korallenkanten geholt haben und die nur schwer verheilen. Trotzdem gehen alle ihrer Arbeit nach, ohne zu klagen, und graben notfalls mit den Fingernägeln weiter. An Bord der *Calypso* werden abends weiterhin Zukunftspläne geschmiedet und Träume von großen Goldschätzen geträumt.
Remy de Haenen hat die ganze Zeit über keinen Augenblick daran gezweifelt, daß wir auf der richtigen Spur sind. Er arbeitet mit zerfurchtem, ernstem Gesicht ohne Unterbrechung weiter und schöpft die Kraft für seine unermüdliche Leistung offensichtlich aus seiner Leidenschaft für die Schatzsuche. Remy ist fest davon überzeugt, daß unsere Galeone mit der *Nuestra Señora de la Concepción* identisch ist und daß wir nur noch etwas Geduld aufbringen und noch mehr arbeiten müssen, um zum Ziel zu kommen. Das bisher Gelei-

stete und der Eifer der *Calypso*-Crew bestärken ihn in seiner Gewißheit, daß uns der erwünschte Erfolg sicher ist.

Dieses Schiffswrack ist völlig anders als die, mit denen wir es bisher im Mittelmeer oder auch im Roten Meer zu tun hatten. Es ist unter der Last der Korallen zusammengebrochen und bis zur Unkenntlichkeit entstellt – eine Versteinerung im Kalksteinriff. Kein Krake oder Zackenbarsch findet in dieser Galeone Unterschlupf. Die Riffbewohner, die bei unserer Ankunft bzw. zu Beginn unserer Unterwasserarbeiten in alle Richtungen zerstoben waren, sind inzwischen zurückgekehrt und scheinen sich durch unsere Anwesenheit nicht mehr stören zu lassen. Jules, unser ortsansässiger Barrakuda, ist ein besonders dreister Bursche und weicht den Tauchern nicht mehr von der Seite. Obwohl er oft sehr dicht an uns heranschwimmt, ist er doch nie schlecht gelaunt oder gar angriffslustig. Auch einige Sandhaie statten uns gelegentlich einen Besuch ab. Die »ständigen Riffbewohner« scheinen jedoch aus Zackenbarschen und Papageifischen zu bestehen, die sich an den von unserem Sauggerät aufgewirbelten Würmern und anderen Kleintieren gütlich tun. Nur die zwischen den »Ästen« der Korallen lebenden Brachsenmakrelen *(Brama rayi)* gehen auf unsere Taucher los, wenn diese ihren Unterschlupf zerstören.

Als wir in der Silberbank ankamen, gab es in dieser Gegend zahlreiche Haie, vor allem Hundshaie von beträchtlicher Größe. Wir haben jedoch, was diese Tiere betrifft, im Roten Meer mehr als genug Erfahrung sammeln können, und auch die jüngsten Mitglieder unserer Expedition gewöhnten sich bald an ihren Anblick. Sobald wir anfingen, mit unserem Kompressor zu arbeiten, verzogen sich die Haie schleunigst und kehrten auch nicht mehr zurück. Diese Fische haben nämlich ein außerordentlich feines Gehör; sie werden von Explosionen oder sonstigen auffälligen Einzelgeräuschen zwar angelockt, haben aber für Dauerlärm sicher ebensowenig übrig wie wir Menschen. Gestern, als das Preßluftgerät den ganzen Tag schwieg, kam ein großer Blauhai hoheitsvoll angeschwommen und sah offenbar voller Verachtung über uns hinweg. Er absolvierte majestätisch ein, zwei Runden um unser Ausgrabungsgebiet, drehte dann, ohne uns auch nur eines Blickes zu würdigen, ab und ward nicht mehr gesehen.

10 Katastrophen auf See

**Eine spanisch-französische Flotte.
Neue Handelswege.
Zyklone über Floridas Küste.
Die Westindische Handelsgesellschaft**

Zu Beginn des 18. Jahrhunderts leitete ein Wechsel in der spanischen Dynastie einen entsprechend folgenschweren Wandel des Kräftegleichgewichtes im Karibischen Meer ein. Karl II., ein – gelinde gesagt – mittelmäßiger König, der über keine nennenswerten Geistesgaben verfügte und zudem Epileptiker war, starb im Jahre 1700 ohne einen männlichen Erben. Auf dem Totenbett berief er einen französischen Prinzen, den Herzog von Anjou und Enkel König Ludwigs XIV., zu seinem Nachfolger. So kam es, daß der Thron des kaiserlichsten aller Habsburger, Karls V., an einen Bourbonen fiel. Der neue König von Spanien, Philipp V., wurde von einem zeitgenössischen Geschichtsschreiber wie folgt charakterisiert: »Er besaß Einfühlungsvermögen, geistige Regsamkeit, sehr viel guten Willen und die besten Absichten für sein Volk, doch er war nicht fähig, Entscheidungen zu treffen.«

Den übrigen Großmächten Europas war die Tatsache, daß ein französischer Prinz den spanischen Thron innehatte, ein Dorn im Auge – gleichgültig, wie wenig tatkräftig dieser neue König auch sein mochte. Die dynastische Verbindung zwischen Frankreich und Spanien bedeutete tatsächlich eine reale Gefahr für die Machtinteressen der anderen Staaten, obwohl die wirtschaftlichen Verhältnisse in den beiden von Bourbonen regierten Ländern

Folgende Seite: Ein mächtiger Hai stattet unseren Unterwasser-Archäologen einen Besuch ab.

nur als zerrüttet bezeichnet werden konnten. Ludwig XIV. und Philipp V. mußten daher in dem als Spanischer Erbfolgekrieg bekannten Konflikt gegen England, Österreich und die Niederlande kämpfen.
Für die Neue Welt bedeutete diese Auseinandersetzung unter anderem, daß die spanischen Galeonen noch gefährdeter waren als bisher. Spanien war es trotz seiner dreihundertjährigen Geschichte als Seefahrernation nie gelungen, eine wirklich bedeutende Seemacht aufzubauen. Es besaß zur Zeit des Erbfolgekriegs ganze fünfzehn Kriegsschiffe; Frankreich hatte allein sechzig, England etwa doppelt so viele und Holland ebenfalls über hundert.
Neben der dürftigen Kriegsflotte stagnierte auch Spaniens Handelsschiffahrt. Die Galeonen waren zu jener Zeit zwar ein wenig leichter und widerstandsfähiger geworden und hatten keine so hohe Bug- und Heckpartie mehr wie in der Frühzeit, konnten sich aber neben den in jeder Beziehung überlegenen englischen und holländischen Schiffen noch immer nicht sehen lassen. Die wesentlichen Neuentwicklungen auf dem Gebiet des Schiffsbaus, der Bewaffnung und Takelage – kurz, der Seefahrt allgemein – wurden in der Jahrhunderte währenden Kolonisation Amerikas durch die Spanier hauptsächlich von den Engländern und Niederländern geleistet.
Die französische Marine war immerhin in einem etwas besseren Zustand als die spanische. Unter Jean-Baptiste Colbert, dem wohl bedeutendsten Minister aus der frühen Regierungszeit Ludwigs XIV., wurden die französischen Schiffe so verbessert, daß sie sich bald mit den besten englischen Fahrzeugen messen konnten. Die Franzosen übernahmen in der Folgezeit immer mehr den Schutz der spanischen Schiffahrtslinien in die Neue Welt und verteidigten die spanischen Interessen in den überseeischen Kolonien. König Ludwig XIV. von Frankreich war jedoch keineswegs der Mann, irgend jemanden einen so lebenswichtigen Gefallen zu tun, ohne dabei seinen Vorteil zu wahren. Als Gegenleistung für die Spanien erwiesenen Dienste forderte und erhielt Frankreich das Recht, freie Handelsbeziehungen mit den spanischen Kolonien in der Neuen Welt anzuknüpfen. Dieses Abkommen war natürlich ein tödlicher Schlag für die französischen Freibeuter im Karibischen Meer. Solange die Machenschaften der Schmuggler gegen die Wirtschaft des vom Hause Habsburg regierten Spaniens gerichtet waren, hatte König Ludwig die Freibeuterei großzügig übersehen; seit jedoch ein Bourbonenprinz über Spanien herrschte, war es mit Frankreichs Toleranz vorbei. Da das Treiben der Schmuggler und Freibeuter zudem auch mit den neuesten französischen Geschäftsinteressen kollidierte, ließ Ludwig XIV. ihm energisch ein Ende setzen.
An die Stelle der früheren Schmuggler und Piraten traten jetzt wohlhabende Schiffseigner und Kaufleute aus Saint Malo, Nantes und Bordeaux, die bald einen lebhaften Handel und Schiffsverkehr an den Küsten Südamerikas entwickelten. Sie umfuhren, dem Beispiel der Freibeuter folgend, sogar Kap Hoorn und erschlossen sich den Südseeraum als zusätzliches Handelsgebiet. Innerhalb weniger Jahre verkauften sie ihre Waren auch an der amerikanischen Westküste bis hinauf nach Peru.

Die Unternehmungslust und Geschäftstüchtigkeit der französischen Kaufleute wurde reich belohnt. Im Jahre 1702 erhielt eine französische Handelsgesellschaft das *Asiento*-Privileg, eine Art Monopol für den außerordentlich gewinnbringenden Handel mit afrikanischen Sklaven im karibischen Raum.
Spanien war für die Franzosen alles andere als ein leicht zu handhabender Verbündeter, vor allem nicht in der Neuen Welt. Man mußte auf den leicht verletzbaren Stolz der spanischen Vizekönige Rücksicht nehmen und auch die Habgier der spanischen Kolonialbeamten einigermaßen befriedigen. Besonders schwierig dürfte der Umgang mit der Bürokratentyrannei der spanischen *Casa de Contratación* gewesen sein. Die *Casa* war für die französischen Kaufleute weit mehr als nur eine lästige und veraltete Behörde; sie hatte mit ihren autokratischen und wirklichkeitsfremden Vorschriften auch für die spanische Wirtschaft katastrophale Folgen und war für eine der schrecklichsten Niederlagen in der Geschichte der spanischen Seefahrt unmittelbar verantwortlich.
Am 11. Juni 1702 segelte der französische Vizeadmiral Marquis de Chateau-Renault von Havanna nach Cadiz. Er war für die Sicherheit eines aus 22 Galeonen bestehenden Konvois verantwortlich, der mit einer äußerst kostbaren Fracht aus Edelmetallen und wertvollen Handelswaren von den Kolonien nach Spanien zurückfuhr. Der offizielle Wert der Ladung war auf 30 Millionen Piaster angesetzt; in dieser Schätzung waren die auf jeder Galeone illegal mitgeführten Güter selbstverständlich nicht berücksichtigt.
Chateau-Renault hatte mit seinem spanischen Kommandopartner der *Flota,* dem Generalkapitän Don Juan de Velasco, alle erdenklichen Sicherheitsvorkehrungen für den Transatlantik-Transport der kostbaren Fracht getroffen. Die Fahrt über den großen Teich verlief denn auch ohne besondere Zwischenfälle. Der Konvoi befand sich bereits in spanischen Gewässern, als er plötzlich von einer englisch-holländischen Flotte unter dem Kommando von Admiral Rooke angegriffen wurde. Chateau-Renault hatte schon einige Zeit zuvor von dem geplanten Überfall Wind bekommen und den Plan gefaßt, in einen französischen Hafen auszuweichen und den ihm anvertrauten Konvoi auf diese Weise in Sicherheit zu bringen. Die Herren von der *Casa* hatten ihm dies jedoch strikt untersagt, da ihnen die Vorstellung unerträglich war, die kostbaren spanischen Galeonen könnten in französischem Hoheitsgebiet dem König von Frankreich in die Hände fallen. Ein spanischer Kapitän machte daraufhin den Vorschlag, die Flotte in die Bucht von Vigo im äußersten Nordwesten Spaniens und damit (so glaubte er) in Sicherheit zu bringen. Chateau-Renault willigte ein. Kurz darauf ging der Konvoi an der genannten Stelle vor Anker. Die Handelsschiffe drängten sich im Inneren der Bucht zusammen, während die Kriegsschiffe den Zufahrtsweg abriegelten. Ein in aller Eile errichteter Damm und zwei notdürftig instand gesetzte halbzerfallene Forts sollten zusätzlichen Schutz vor den Feinden bieten. Als alle Bauarbeiten getan waren, stellte man die Kanonen der Schiffe am Ufer auf und harrte der Dinge, die da kommen sollten.
Noch war genügend Zeit, die kostbare Fracht der Galeonen auszuladen und in Sicherheit zu bringen, doch der Generalkapitän des Königreiches, der Prinz von Barbanzon, wagte

Links: Bugpartie einer Galeone aus dem 17. Jahrhundert, der *San Juan Nepomuceno.* (Zeichnung von Jean-Charles Roux.)

Rechts: Ein von Soldatenfischen begleiteter Taucher untersucht ein Plateau, das nicht weit vom Schauplatz unserer ersten Ausgrabungen entfernt liegt.

Unten: Die See schenkt uns weit größeren Reichtum als alles Gold der spanischen Galeonen es vermöchte.

es nicht, einen entsprechenden Befehl zu erteilen: Nach den Vorschriften der *Casa de Contratación* war es den spanischen Schiffen ausdrücklich verboten, ohne die Anwesenheit eines *Casa*-Beamten ihre Ladung zu löschen. Es gab für das Entladen der spanischen Schiffe ein jahrhundertealtes Ritual, das streng befolgt werden mußte. Sobald ein spanischer Konvoi vor Cadiz gesichtet wurde, eilte ihm der Präsident der *Casa* entgegen und verlangte an Bord des Flaggschiffes die offizielle Aufstellung aller auf den einzelnen Galeonen verstauten Waren. Diese Liste wurde von den Beamten der *Casa* in den Laderäumen eines jeden Schiffes der Flotte mit der jeweiligen Fracht genau verglichen, wobei sich natürlich regelmäßig herausstellte, daß das Verzeichnis nur etwa ein Drittel der tatsächlich mitgeführten Güter erfaßte. Nach derartigen »Entdeckungen« war ein besonderes »Arrangement« fällig, aus dem alle Beteiligten zufriedengestellt (und wesentlich reicher als zuvor) hervorgingen. Bevor dieses immer mehr zur Farce ausartende Zeremoniell

nicht durchgeführt war, durfte kein Schiff seine Ladung löschen oder an Land festmachen.
Man mußte also abwarten, ob die in der Bucht von Vigo verschanzte und von einem mächtigen Feind bedrohte spanische Flotte ausnahmsweise von diesem althergebrachten Ritual dispensiert werden würde. Der Prinz von Barbanzon schickte einen Eilkurier nach Madrid und bat dort um eine entsprechende Order. Die für die Westindischen Inseln zuständige Behörde trat zu einer feierlichen Versammlung zusammen und beschloß nach langem Hin und Her, daß man einen Teil der bedrohten Fracht bei Vigo an Land bringen dürfe – und zwar die dem König zustehenden Edelmetalle. Der Kurier, der Barbanzon von dieser noch nie dagewesenen Entscheidung unterrichten sollte, traf zwei Wochen später in Vigo ein. Zu diesem Zeitpunkt brauchte der spanische Konvoi allerdings längst keine Dispens mehr.
Am 23. Oktober hatte Admiral Rooke zwei Einheiten von je 4000 Mann zu den beiden Ufern der Bucht von Vigo entsandt, denen die Forts nach kurzem Kampf in die Hände fielen. Gleichzeitig waren zwei Kriegsschiffe mit 80 Kanonen unterwegs, die den Verteidigungswall in der Zufahrtrinne zerstören sollten (und dies auch erfolgreich taten). Hinter dieser starken Vorhut segelte die gesamte anglo-holländische Flotte und eröffnete eine gnadenlose Seeschlacht. Die schwerfälligen Galeonen behinderten sich in der engen Bucht gegenseitig und waren praktisch manövrierunfähig, so daß sie den aus nächster Nähe abgefeuerten Geschützen der Angreifer hilflos ausgeliefert waren. Der Wind trug die brennenden Segelfetzen von Schiff zu Schiff; sogar Admiral Rookes Flaggschiff, die *Torbay,* mußte schon nach kurzer Zeit aufgegeben werden.
Chateau-Renault erkannte bald, wie hoffnungslos die Lage der spanischen Flotte war. Er befahl seinen Kapitänen daher, ihre Schiffe selbst zu zerstören, bevor sie dem Feind als fette Beute in die Hände fielen. Die französischen Segler wurden einer nach dem anderen von ihren eigenen Leuten in Brand gesetzt oder versenkt. Die meisten Schiffe waren allerdings bereits im Kampf verlorengegangen oder auf Grund gelaufen.
Generalkapitän Don Juan de Velasco hatte auch an die spanischen Kapitäne einen ähnlichen Befehl ausgegeben, so daß bald alle Galeonen, die nicht schon vorher verbrannt oder gesunken waren, in hellen Flammen standen. Halbnackte Matrosen mit schrecklichen Brandwunden versuchten, Silberbarren, goldene Gefäße und schwere Beutel mit Goldstücken umklammernd, an Land zu schwimmen.
Der Anteil der Engländer an der Beute belief sich auf anderthalb Millionen Pfund Sterling. Dabei waren ihnen nur fünf der neunzehn Galeonen in die Hände gefallen, von denen vier die englische Küste erreichten, während die fünfte im Golf von Biscaya unterging. Der Rest des Schatzes lag in der Bucht von Vigo auf dem Meeresgrund verstreut und hat bis auf den heutigen Tag die Phantasie eines jeden Abenteurers, der den Namen Schatzsucher verdient, beflügelt. Einer dieser Glücksritter soll übrigens dort – welch seltsamer Zufall! – große Mengen von zerbrochenem chinesischem Porzellan gefunden haben. Robert Stenuit, der in neuerer Zeit auf dem Grund der Bucht von Vigo nach versunkenen Schätzen

suchte, äußerte die Vermutung, daß noch immer über 40 Millionen Piaster im Wert von mehr als 80 Millionen DM in den untergegangenen Galeonen lagern.

Es war eine Ironie des Schicksals, daß der größere Teil der Fracht an Bord dieser unglücklichen Schiffe nicht etwa dem spanischen König oder dessen Untertanen gehörte, sondern ausgerechnet englischen und holländischen Kaufleuten, die ihre Waren über spanische Mittelsmänner verschifften. Nur Untertanen Seiner Allerkatholischsten Majestät von Spanien hatten nämlich das Recht, sich den Transatlantik-Konvois anzuschließen.

Eine der wenigen glücklichen Entscheidungen des unentschlossenen Königs Philipp V. von Spanien war die Ernennung des Franzosen Jean-Baptiste du Casse zum Generalkapitän der spanischen Flotte. Du Casse hatte als ehemaliger Freibeuter sehr viel Erfahrung mit den Engländern und Holländern. Er konnte den englischen Schiffen aus diesem Grund mehrere schwere Niederlagen bereiten und die Flotte von Neuspanien sicher über den Atlantik nach Cadiz geleiten.

Sein berühmtestes Bravourstück war jedoch eine Strafexpedition gegen Jamaica, dem inzwischen größten Handelszentrum der Neuen Welt und bedeutendsten Schlupfwinkel der karibischen Freibeuter und Piraten. Die Insel war wie viele andere im karibischen Raum in weniger als hundert Jahren zu außerordentlichem Reichtum gekommen, der jedoch nicht von den Galeonen des spanischen Königs, sondern aus dem Warenexport nach England und Nordamerika stammte. Die anfangs aus Zucker, Sirup und Rum bestehenden Hauptausfuhrgüter wurden durch Baumwolle, Tabak und Ingwer ergänzt. Auch die Lieferung geschmuggelter Waren an die spanischen Kolonien spielte eine wichtige Rolle; bald kam noch der aufkommende Sklavenhandel hinzu und bescherte den französischen und später den englischen Kaufleuten und Freibeutern enorme Profite. (1712 ging nämlich das Monopol für den Sklavenhandel von den Franzosen auf die Engländer über.)

In der Neuen Welt waren die Untertanen Seiner Allerkatholischsten Majestät von Spanien kaum weniger wohlhabend als die englischen und französischen Kaufleute und boten einen aufnahmebereiten Markt für europäische Produkte aller Art.

Die in die Kolonien importierten Waren bestanden längst nicht mehr aus lebenswichtigen Bedarfsgütern wie in der Frühzeit der spanischen Kolonisation; man riß sich nicht mehr um Werkzeuge und Nahrungsmittel, sondern verlangte nach Luxusartikeln wie kostbar verzierte Waffen, teuerste Seidenstoffe und edelstes chinesisches Porzellan.

Wir haben heute kaum eine Vorstellung vom Umfang des Warenumsatzes im karibischen Raum während des 18. Jahrhunderts oder von der Unzahl von Schiffen, die daran beteiligt waren. Angesichts der Gefahren, denen der Handelsverkehr mit der Neuen Welt ausgesetzt war – man denke nur an die Seeräuberplage, die Unbilden von Sturm und Wellen oder an die unzulänglichen Navigationsinstrumente jener Zeit –, ist dieser blühende Warenaustausch beinahe unfaßlich. Gewiß, die Seeleute hatten inzwischen einige Erfahrung, Navigationskenntnis etc. dazugewonnen und waren mit den Besonderheiten der amerikanischen Küstengewässer sicher weit besser vertraut als ihre Väter. Die Florida-Straße galt beispielsweise längst nicht mehr als der einzig mögliche Zufahrtsweg zu den

Diese goldene Halskette war das Würdezeichen des Generalkapitäns Juan Esteban Ubilla. Die daranhängende goldene Pfeife in Form eines Drachens hatte als Zahnstocher und Ohrlöffel zusätzliche praktische Funktionen. Die Halskette wurde im Wrack einer Galeone gefunden, die 1715 vor dem heutigen Kap Kennedy unterging. (Foto: Taylor & Dull GmbH.)

Karibischen Inseln; man fuhr jetzt lieber durch den Kanal, der Kuba von Hispaniola trennt, und durch die *Passa Mona* zwischen Hispaniola und Puerto Rico. Eine weitere Schiffahrtsroute führte von Trinidad nach Norden und, an Martinique und Guadeloupe vorbei, über die Kleinen Antillen aus dem Karibischen Meer hinaus auf das offene Meer. All diese Routen liefen bei den Bermuda-Inseln zusammen, von wo aus die Segelschiffe den Golfstrom und den Westwind nutzen konnten.

Die damalige Schiffsbauweise erlaubte es den Seglern noch nicht, vor dem Wind zu kreuzen, doch ihre Kapitäne entdeckten bald ein recht nützliches Phänomen: In den Küstengewässern der Neuen Welt schwankte die Windrichtung zwischen Tag und Nacht um etwa 10 Grad, gelegentlich auch bis zu 20 Grad. Diese Gegebenheit erwies sich als so günstig für die Segler, daß die Route der venezolanischen Küste entlang von Cartagena nach Trinidad sehr häufig befahren wurde.

Die englischen, französischen und niederländischen Seefahrer, die solche neuen Navigationstechniken und Fahrtrouten entwickelten, waren zu jener Zeit nicht mehr Piraten und Freibeuter, sondern vorwiegend Kaufleute. Sie brachten den amerikanischen Siedlern all die Luxusgüter, nach denen sie so begierig verlangten und für die sie gute Preise zahlten, und kehrten, mit Rum, Edelhölzern und Zucker beladen, als reiche Leute in die Heimat zurück. Der Handelsaustausch zwischen der Neuen Welt und Europa warf ganz zweifellos außerordentlich hohe Gewinne ab.

Im 18. Jahrhundert entwickelte sich in Neuspanien – dem heutigen Mexiko – ein Lebensstil, der dem im Mutterland gepflegten Aufwand und Luxus gleichkam, wenn nicht gar den Rang ablief. Es gab dort die sogenannten »Gold- und Silberfamilien«: Grafen und Marquis namens Las Rayas, Otera, Valenciana, Obregon oder Ruhl, um nur einige zu nennen. Diese reich gewordenen Siedlerfamilien begnügten sich nicht damit, in den ehemals von Hunger und Elend heimgesuchten Kolonien prunkvolle Paläste zu bauen; »Neureichs« strebten mit großem Aufwand den von den großen Herren in Europa gepflegten Lebensstil an und benötigten dafür Seiden- und Spitzengewänder für sich und ihre Damen sowie kostbarste Einrichtungsgegenstände für die Häuser, in denen sie zu residieren geruhten. Auf diese Weise gelangten venezianisches Glas, Spiegel aus Saint Gobain, Atlas aus Florenz und Möbelstücke aus Paris nach Mexiko City, aber auch nach Lima, Quito oder Oaxaca. Die hübschen Kreolinnen fanden das Leben erst richtig lebenswert, wenn sie in kostbare französische Spitzen gehüllt waren; wer auf sich hielt, behängte sich mit Samt und Seide, Elfenbein und anderen Kostbarkeiten aus Übersee.

Bezahlt wurde der kostspielige Aufwand der mexikanischen Siedler nicht nur von den Gewinnen aus den Gold- und Silberminen der Neuen Welt, sondern auch mit Mitteln, die aus etwas ungewöhnlicheren Quellen stammten. In Oaxaca konnte man beispielsweise riesige Vermögen damit verdienen, daß man eine bestimmte Insektenart, die Koschenilleschildlaus, trocknete und pulverisierte. Der so gewonnene Farbstoff erzielte in Europa gute Preise. Allein der Koschenille-Export brachte den neuspanischen Behörden jährlich an die acht Millionen Pfund Sterling an Steuergeldern ein. In Europa fand sich ein aufnahmebereiter Markt auch für Kakao, Brechwurz, Vanille, Chinin (auch »peruanische Baumrinde« oder »Jesuitenpulver« genannt), Schildpatt und Perlmutt. Und das Geschäft blühte ...

Bei diesem lebhaften Handel, den die Engländer, Franzosen und Niederländer mit der Neuen Welt führten, war es wohl unausweichlich, daß die ehemals so stolzen spanischen Galeonen immer mehr an Bedeutung verloren. Die lange und oft heroische Geschichte dieser Schiffe neigte sich zu Beginn des 18. Jahrhunderts bereits ihrem Ende zu. Hatten die spanischen *Flotas* einst an die hundert Galeonen umfaßt, so brachte man nach dem Fiasko von Vigo selten mehr als zehn oder zwölf Fahrzeuge für eine Atlantiküberquerung zusammen.

Gegen Ende des Jahres 1712 konnte Spanien gerade noch eine Flotte aufstellen, die aus zwei Kriegsschiffen, zwei Segelkuttern und einem uralten Handelsfahrzeug namens *Urca de Lima* bestand. Diese Karikatur einer Neuspanienflotte versammelte sich in Vera Cruz und stand unter dem Kommando von Generalkapitän Juan Esteban Ubilla, während sich zur gleichen Zeit die Tierra-Ferma-Flotte unter General Don Antonio de Echeverz y Zubira (der allerdings mehr Talent zum Schwarzhändler als Fähigkeiten für seinen Generalsposten besaß) in Cartagena konzentrierte.

Die Tatsache, daß sich in den beiden Ausgangshäfen zwei »Flotten« zusammengefunden hatten, bedeutete aber noch lange nicht, daß man nun auch Kurs auf Spanien nehmen konnte. Die Spanier besaßen nur wenige Schiffe, mit denen man eine Atlantiküberquerung überhaupt noch wagen konnte. Ubillas bestes Pferd im Stall war beispielsweise das frühere englische Kriegsschiff *Hampton Court,* das die Franzosen erbeutet und Philipp V. überlassen hatten. Die *Hampton Court* war 1678 in London gebaut und 1701 modernisiert worden. Von Don Antonio de Echeverz y Zubiras Schiffen stammten zwei aus Frankreich und zwei aus den Niederlanden. Alle Fahrzeuge hatten, so verschieden sie sein mochten, eine Eigenschaft gemeinsam: sie hatten allesamt umfangreiche Reparaturen dringend nötig; ihre Schiffswände mußten gereinigt und neu gestrichen, ihre zerfranste Takelage mit Hanf aus Manila ausgebessert werden. Diese Instandsetzungsarbeiten wurden in dem für tropische Breiten üblichen »Tempo« vorgenommen und verzögerten das Auslaufen der »Flotte« daher erheblich.

Kaum waren die Reparaturen beendet, als man die Schiffe auch schon mit Fracht vollstopfte. In jenem Jahr war der Wert dieser Waren besonders groß, weil während der beiden vorausgegangenen Jahre infolge des noch immer anhaltenden Krieges mit England und wegen der Piraten kein einziger spanischer Konvoi seinen Bestimmungshafen im Mutterland erreicht hatte. Soeben war ein schwerbewachter, außerordentlich wertvoller Silbertransport angekommen, bei dem auch zahlreiche in Mexiko geprägte Goldstücke mitgeführt wurden. Das Beladen der Schiffe nahm daher ungewöhnlich viel Zeit in Anspruch. Doch auch als die Fracht endlich verstaut war, konnte die Flotte noch nicht auslaufen, denn die *Nao de China* war mit ihrer kostbaren Ladung chinesischer Waren, die Dschunken nach Manila gebracht hatten, noch nicht in Acapulco eingetroffen.

Manila war zu jener Zeit ein bedeutender Umschlagplatz für spanische und chinesische Kaufleute. In diesem Hafen konnte man die größten Meisterwerke asiatischer Künstler und Handwerker, vor allem das in Europa äußerst begehrte und teuer bezahlte K'ang-Hai-Porzellan, erwerben. Der Handel zwischen Morgen- und Abendland war lange Zeit die ausschließliche Domäne der Portugiesen und Araber gewesen, die über den Indischen Ozean Zugang zu den Molukken (Indonesien) fanden. Die Spanier hatten jedoch die Pazifikroute entdeckt und hielten, nachdem sie die Philippinen in Besitz genommen hatten, den Schlüssel zu einer Wunderwelt in Händen, von der Kolumbus immer geträumt hatte. Dieser Traum war nun Wirklichkeit geworden, wenn auch nicht für Kolumbus. Der spanische Jesuitenmissionar Franz Xaver, Gesandter des Heiligen Stuhls in Goa, hatte diese indische Provinz christianisiert und Malakka, Indonesien und Japan besucht, bevor er in China – bei Kanton – gestorben war. Die spanischen Galeonen nahmen in den Häfen der Neuen Welt Gewürze und all jene Seidenstoffe und Porzellanwaren aus dem Fernen Osten an Bord, die man in französischen, deutschen und holländischen Manufakturen bereits nachzuahmen versuchte.

Es blieb Don Juan Esteban de Ubilla daher nichts anderes übrig, als auf den Maultierzug aus Acapulco zu warten, der die asiatischen Handelswaren von der spanischen *Nao de China* herantransportieren sollte. Er mußte fast ein Jahr lang warten, denn Maultiere sind ein äußerst langsames Transportmittel, auf das die Spanier im Landverkehr jedoch angewiesen waren. Allein im Jahre 1712 hatte man hunderttausend dieser Tiere in die Neue Welt importiert.

Zwei Kelche, die unversehrt aus dem Wrack geborgen wurden.

Inzwischen wartete Don Antonio de Echeverz y Zubira in Cartagena auf weitere Lastentransporte, die über die Landenge von Darién die von der Pazifikflotte nach Callao (dem Hafen von Lima) gebrachten Handelswaren zur Atlantikküste schafften.
Im März waren die Tierra-Ferma- und die Neuspanien-Flotte endlich zum Auslaufen bereit. Sie sollten sich in Havanna treffen und für die Atlantiküberquerung vereinigen, doch auch hier gab es erhebliche Verzögerungen. Man mußte – wie immer, wenn sich die Flotten in einem Anlegehafen sammelten – schließlich erst einmal ausgiebig feiern, denn die Kubaner hatten seit drei Jahren keine spanische Flotte mehr zu Gesicht bekommen und wollten sich diese einmalige Gelegenheit für ein großes Freudenfest nun nicht entgehen lassen. Der unermüdlichste und begeistertste Teilnehmer all der üppigen Festlichkeiten war übrigens der 90 Jahre alte Gouverneur von Havanna, Casa Torres.
Die Zahl der vereinigten Konvoi-Schiffe erhöhte sich in Havanna durch den französischen Handelssegler *Grifon* unter Kapitän Daré auf elf. Die *Grifon* wollte sich wegen ihrer äußerst kostbaren Ladung dem Geleitzug anschließen, da sie Piratenüberfälle befürchten

Zwei Schalen, die in dem Wrack gefunden wurden und die vermutlich aus der Töpferei von Samadet stammen.

mußte, und erhielt trotz Ubillas ablehnender Haltung nach einiger Zeit auch die Erlaubnis dazu. Der Warenwert an Bord aller anderen Schiffe wurde in Havanna noch durch das zusätzliche Frachtgut erhöht, das kubanische Kaufleute nach Spanien befördern lassen wollten.

Am 24. Juli 1715 lichtete der Konvoi endlich die Anker. Von weitem dürfte die Flotte trotz ihrer geringen Zahl von Schiffen ein großartiger Anblick gewesen sein, als sie mit vollen Segeln und glitzernden Kanonen an dem Fort El Moro vorbeizog. Bei genauerem Hinsehen bot sich aber doch wohl ein anderes Bild. Von den elf Schiffen des Konvois war nur die *Grifon* als seetüchtig zu bezeichnen; die anderen, überladen, wie sie waren, schienen aus allen Nähten zu platzen und hatten eine undichte Stelle an der anderen. Die Tatsache, daß man die Abreise bis in die zweite Julihälfte hinein verzögert hatte und damit genau in die beginnende Wirbelsturmsaison geriet, kam als besonders erschwerend hinzu. Da die spanischen Schiffe, halb verfallen und bis oben hin mit schweren Lasten vollgestopft, kaum noch zu manövrieren waren, bedeutete dies beinahe ein Todesurteil für die 2000 Mann, die zu dem Konvoi gehörten.

Am ersten Tag der Seereise, als die Flotte mit Kurs auf die Bahama-Inseln nach Norden segelte, war das Meer ruhig und der Himmel klar. Zwei Tage später zogen jedoch schwere Wolken auf, und die Sicht wurde immer schlechter. Für alle, die sich in diesen Gewässern auskannten, waren diese Wetterzeichen deutliche Vorboten kommenden Unheils. Im Laufe der Nacht kam ein Sturm auf. Die Schiffe rollten in der schweren Dünung, so daß Passagiere und Ladung hin und her geworfen wurden. Am Morgen hingen schwarze Wolken über der See, und am Horizont zeigten sich riesige, dunkelviolette Brecher. Die Hitze wurde immer unerträglicher. Als der Konvoi glücklich die Florida-Straße erreichte, hatte sich die Windstärke verdoppelt. Den Schiffen drohte nun auf der einen Seite die mit Korallenfelsen übersäte Küstenlinie von Florida und auf der anderen die ebenso gefährlichen Riffe der Bahama-Bank. Niemand kannte die genaue Position der Flotte noch deren Entfernung vom Ufer. Die See war viel zu unruhig, als daß man Tiefenmessungen hätte vornehmen können. Zweimal wurde ein Matrose mit dem Lot an den Vordersteven geschickt, und beide Male rissen ihm die Brecher die Leine aus den Händen.

Am 27. Juli brach der Sturm mit voller Gewalt über die Schiffe herein und zerfetzte Masten und Segel. Die morschen Kähne waren diesen extremen Bedingungen in keiner Weise mehr gewachsen, selbst wenn ihre Vierecksegel, ihre kurzen Steuerruder und ihre ungünstige Bauweise das Manövrieren nicht von vornherein erschwert hätten. Sie wurden von Sturm und Wellen unaufhaltsam an die Küste von Florida herangetrieben. Mannschaften und Passagiere sahen ihre letzte Stunde gekommen und sanken betend auf die Knie, um sich auf das bevorstehende Ende vorzubereiten. Viele von ihnen wurden von den Brechern über Bord gespült und ertranken in der tobenden See.

Das Ende ließ nicht lange auf sich warten. Der Ausguck auf dem Flaggschiff des Generalkapitäns Ubilla sichtete die Brandung einer Korallenbank und gab Alarm; doch sein Schrei ging im Heulen des Sturmes unter. Wenige Augenblicke danach wurde die Galeone gegen

ein Riff geschleudert und barst fast im gleichen Moment. Sekundenlang war der von Kopf bis Fuß in Seide gekleidete Generalkapitän Don Juan Esteban Ubilla mit seinem schweren, goldenen Würdezeichen um den Hals, die Hand am Schwert, auf dem zerberstenden Achterdeck zu sehen; dann verschlang ihn und Hunderte seiner Matrosen die See.
Nicht weit von Ubillas Flaggschiff ereilte Don Antonio de Echeverz y Zubira und viele andere Konvoi-Teilnehmer das gleiche Schicksal. Ein einziges Schiff konnte den Riffen entkommen: Kapitän Darés *Grifon.* Daré war entgegen allen Befehlen vom vorgeschriebenen Kurs des Konvois abgewichen und hatte sich nordostwärts gehalten. So gelang es ihm, dem Sturm zu entkommen und sich und sein Schiff zu retten.
Die Schiffskatastrophe forderte weit über tausend Todesopfer; die Überlebenden hatten lediglich das Glück gehabt, zufällig ans Ufer gespült zu werden. Schätze im Wert von über 40 Millionen Mark sanken auf den Meeresgrund.
Ein Teil der Überlebenden raffte alles Gold und alle Juwelen, die das Meer ans Ufer geworfen hatte, zusammen und machte sich auf den Weg ins Landesinnere. Andere bauten sich Floße und erreichten damit die Stadt Saint Augustine; ihre halsbrecherische Fahrt dauerte mehrere Tage.
Kurz darauf wurden Rettungsmannschaften sowie eine Kompanie spanischer Soldaten mit einheimischen Tauchern ausgeschickt, um die Schätze des Flaggschiffs zu bergen. Die Kunde von dem Untergang der Flotte war aber bereits bis nach Jamaica gedrungen, dem Stützpunkt und Schlupfwinkel der englischen Freibeuter. Einer der berühmtesten Abenteurer dieser Zeit, der im angelsächsischen Sprachraum als *Blackbeard* bekannte Kapitän Edward Teach, und Kapitän Henry Jennings führten mehrere Angriffe gegen die spanischen Truppen und stießen schließlich zu den gesunkenen Schiffen vor. Jennings allein konnte 350 000 Piaster bergen.
Während der folgenden 250 Jahre wurden die Schiffe von Don Juan Esteban Ubilla und Don Antonio de Echeverz y Zubira – oder, besser gesagt, das, was von ihnen übriggeblieben war – in ihrem feuchten Grab zwischen Sand und Korallen nicht mehr gestört, bis der Amerikaner Kip Wagner im Jahre 1965 einen Bericht über die Schiffskatastrophe las und beschloß, den versunkenen Schatz ausfindig zu machen. Er stieß an der Ostküste von Florida in der Nähe von Kap Canaveral (dem heutigen Kap Kennedy) auf die Stelle, an der sich das Lager der spanischen Bergungstruppen befunden hatte, und entdeckte im Boden mehrere Silbermünzen, einen goldenen Ring und dreizehn Piaster. Der eigentliche Schatz aber lag auf dem Meeresgrund, von wo Wagner ein Vermögen an Piastern und goldenen *Escudos* sowie den prächtigen Halsschmuck des Generalkapitäns der Flotte heraufholte. Dieses Würdezeichen besteht aus einer mehr als vier Meter langen, aus 2 176 Gliedern zusammengesetzten Kette, an der eine goldene Pfeife in Form eines Drachens hängt. Dieser Drache ist so raffiniert geformt, daß man das eine Ende als Zahnstocher, das andere als Ohrlöffel verwenden kann.
Die eigentlichen Herren der Meere waren während der ersten Hälfte des 18. Jahrhunderts nicht so sehr die Engländer als vielmehr die niederländischen Seefahrer. Holland war

fünfzig Jahre lang die größte Seemacht der Erde und verfügte über die modernsten Schiffe, die qualifiziertesten Seeleute und die erfolgreichsten Geschäftsleute. Der Reichtum der Bank von Amsterdam sicherte den niederländischen Kaufleuten und Schiffseignern eine solide Finanzierungsgrundlage. Die holländische Flotte bestand fast ausschließlich aus leichtbewaffneten Handelsschiffen und segelte auf allen Weltmeeren.

Frankreich begann sich seit Beginn des 18. Jahrhunderts mehr und mehr in den Handel mit den amerikanischen Kolonien Spaniens einzuschalten. Hatten sich zuvor einzelne Franzosen als Piraten, Freibeuter und Schmuggler betätigt, so verlagerte sich der Schwerpunkt jetzt auf den Aufbau geordneter Geschäftsbeziehungen. Dazu leistete die von Jean-Baptiste Colbert ins Leben gerufene Westindische Handelsgesellschaft einen sehr wichtigen Beitrag. Die Organisation hatte ihren Stammsitz in Paris, besaß aber auch Niederlassungen in Bordeaux, Le Havre, Nantes, Rouen und Lyon.

Im Jahre 1750 unterhielt die Westindische Handelsgesellschaft bereits 30 Schiffe, von denen allerdings jährlich drei bis vier verlorengingen. Die Fahrzeuge verließen Frankreich mit Wein, Spirituosen, Spiegeln und Musikinstrumenten an Bord und brachten, wenn ihr Bestimmungsland China war, von dort Porzellan, Tee, Gewürze und Stoffe mit. Diese Fracht wurde zuerst in Nantes, nach 1733 aber in Lorient umgeschlagen. Jedem Verkauf von »Kolonialwaren« gingen strenge Kontrollen voraus, denn Güter wie Kattun, Baumwolldrucke und Seide durften im Interesse der einheimischen Manufakturen nicht importiert werden. Nantes besaß beispielsweise Kattun-Manufakturen. Musselin und weiße Baumwollstoffe waren nur dann für den Verkauf freigegeben, wenn sie als für den Export bestimmt gekennzeichnet waren. Die Markierungen bestanden aus einem durch Bleiplomben befestigten Stückchen Pergament. Die Metallsiegel trugen das Lilienwappen und den Wahlspruch *Florebo quo ferar,* den die Westindische Handelsgesellschaft führte. (Die Tatsache, daß diese Gesellschaft 1770 aufgelöst wurde, hat es uns übrigens ermöglicht, die in der Silberbank gefundenen Bleiplomben zumindest als vor diesem Zeitpunkt angefertigt zu datieren.) Die Käufer der gekennzeichneten Produkte hatten die Auflage, die betreffenden Waren innerhalb von sechs Monaten im Ausland weiterzuverkaufen und den Verkauf von dem dortigen französischen Konsul bestätigen zu lassen. Diese Vorschriften wurden ohne Zweifel öfter übertreten als eingehalten, doch die Schiffseigner in Nantes und die in Bordeaux ansässigen Kaufleute, die mit den Westindischen Inseln Handel trieben, machten sich die Exportbestimmungen zunutze, um ihren Warenumsatz zu beschleunigen.

Nantes verlor durch die Verlegung des Umschlagplatzes für die Importgüter der Westindischen Handelsgesellschaft keineswegs an Bedeutung, im Gegenteil. Die Geschäftsleute der Stadt verlagerten ihre Handelsbeziehungen einfach auf die Antillen. Sie lieferten Kattun, Porzellan und nordafrikanisches Elfenbein dorthin und brachten dafür Rum, Zucker, Tabak und andere Handelswaren von den Antillen nach Frankreich. Man schätzt heute, daß 40 Schiffseigner 100 Schiffe im Jahr für diesen Warenaustausch bereitstellten – eine stolze Leistung, auch wenn die Fahrzeuge jeweils nur 300 Tonnen hatten.

Die Korallen scheinen auf dieser Expedition unser schlimmster Feind zu sein.

11 Letzter Taucheinsatz

**Ein Jahrhundert zu früh.
Eine riesenhafte Kanone.
Die Teilung der Beute**

Dienstag, 20. August. Man merkt deutlich, daß die Tage langsam kürzer werden. Wenn ich gegen 6.30 Uhr zu meinem üblichen Taucheinsatz aufbreche, ist es zwar schon hell über dem Meer, aber die Sonne steht noch nicht am Horizont.

Ich mache mich daran, eine Boje für Gaston anzubringen, der hinter dem dritten Korallenhügel auf Höhe der Vorschiffachse unserer Galeone durch Tiefenmessungen das Unterwassergelände erkunden will. Ich bin nicht sonderlich begeistert von Gastons Idee, an dieser Stelle zu arbeiten, denn der Meeresboden ist hier eine einzige dicke Kalksteinkruste.

Dann besichtige ich Gastons gestrige Arbeitsstelle an der Kanone mit der Kette. Das bisher ausgehobene Loch ist recht klein und wird noch eine Menge Arbeit erfordern.

Das »Piratenloch« ist allerdings auch nicht viel größer. Hier bietet sich mir heute ein wunderschöner Anblick: Zwei große Papageifische mit leuchtendblauen Streifen auf schwarzem Grund schweben bewegungslos, mit den Köpfen nach oben, senkrecht im Wasser, während sie von kleinen Lippfischen »gesäubert« werden. Bei den Putzerfischen handelt es sich nicht um blaue *Labridae dimidiatus,* die man in dieser Funktion sehr häufig beobachten kann, sondern um eine leuchtendgelbe Lippfischart.

Nach meiner Rückkehr an Bord der *Calypso* bearbeite ich zusammen mit den Korallenaufklopfern die gestern abend heraufgebrachten Korallenbrocken. Wir finden ein paar Eisenteile und eine korallenüberkrustete Pistole, deren reichverzierter Griff und Mechanismus völlig unversehrt sind; nur der Lauf ist zerkratzt und verbeult.

Die Taucherteams lösen einander heute in der üblichen Weise im Zwölf-Stunden-Turnus ab. Am dritten Korallenhügel verbringt Gaston und seine Gruppe den ganzen Vormittag damit, den um die Kanone gezogenen Graben zu vertiefen. Am Nachmittag beginnen die Männer, zwischen dem zweiten und dem dritten Hügel ein Loch im Sand auszuheben. Unter der Kanone finden sich ein schwarzes, versteinertes Holzstück, eine Bleikugel, mehrere Töpferscherben, eine Bleiplatte (die vermutlich als Unterlage für die Kanone auf ihrem Gestell verwendet wurde) und eine Flaschenzugrolle aus Guajakholz. Das Loch zwischen den beiden Korallenhügeln ist jedoch vollständig leer.

Am Nachmittag begleite ich erst Gaston und dann Bernard auf einem Taucheinsatz und mache Bernard den Vorschlag, es einmal etwas weiter östlich zu versuchen. Ich beobachte unser Sauggerät bei der Arbeit und stelle fest, daß auf gleicher Höhe mit der zuletzt entdeckten Kanone noch sehr viele Holzplanken liegen. Es handelt sich jedoch nur um eine sehr dünne Schicht, die an einigen Stellen an den Felsbrocken zersplittert ist, während anderswo die Felsstücke auf dem Holz liegen.

Unser zusätzliches Ansauggerät läuft auf vollen Touren und sieht aus wie ein korallenspeiender Miniaturvulkan. So lächerlich das Ding auch aussehen mag – es arbeitet ausgezeichnet.

Kurz vor dem Zubettgehen um 23 Uhr kommt plötzlich eine Sturmbö auf und läßt die Dünung heftiger werden. Die mit großen Körben voll Korallengestein schwer beladene *James and Mary* beginnt mit Wasser vollzulaufen und droht in spätestens einer halben Stunde zu sinken. Sofort sind die Taucher im Wasser und holen das Floß im Schein von starken Scheinwerfern so weit an die *Calypso* heran, daß wir die Körbe an Bord nehmen können. Der eine Behälter ist mit einer, der andere mit etwa einer halben Tonne Korallen gefüllt. Wir pumpen und schöpfen in aller Eile das Wasser aus dem Inneren des Floßes – die *James and Mary* ist damit gerettet.

Als wir endlich ins Bett kommen, steigt das Barometer wieder.

Mittwoch, 21. August. Unser heutiger Arbeitstag beginnt erst um 8 Uhr, da wir wieder einmal ein paar neue Theorien an der Praxis überprüfen wollen. Zu diesem Zweck sollen drei Teams außen um den Korallenhügel herumgraben, während zwei weitere Gruppen die Bodenerhebung systematisch abtragen und durchsuchen. Dieses Vorgehen wird unter anderem dazu beitragen, daß wir den Einsatz des Preßluftgerätes zeitlich beschränken können.

Mein erster Taucheinsatz bringt nichts Neues. Ich setze vier Bojen in unserem Ausgrabungsgebiet, die den Tauchern anzeigen sollen, wo demnächst gegraben werden soll.

Am späten Vormittag bringt Serge einige Fundstücke an Bord, auf die er im Südosten des Korallenhügels gestoßen ist: einen großen irdenen Teller, der völlig unversehrt ist, und

Oben links: Ein Taucher entdeckt noch eine Kanone, die in einer Korallenhöhlung verborgen war. Beim Schlag des Hammers gegen das Metall erhebt sich eine leichte Staubwolke im Wasser.

Oben rechts: Eine der größten Kanonen, die wir gefunden haben, wird an Bord der *Calypso* gehievt.

Unten links: Die Kanone senkt sich auf das Achterdeck.

Unten rechts: Paul Zuena macht sich mit dem Vorschlaghammer daran, der Kanone den Korallenpanzer abzuschlagen.

Frederic Dumas hält eine Kanonenkugel vor das Geschützrohr, um dessen Kaliber zu bestimmen.

zwei Gegenstände, die wie Bronzelöffel aussehen, die aber vermutlich als Formen für den Guß von kleinen Zinn- oder Silberlöffeln gedient haben. Dazu kommt noch ein großes Stück Bronze, das wir für einen Stößel oder Bordglockenschwengel halten. Kaum hat Frederic Dumas den Gegenstand zu Gesicht bekommen, erklärt er uns, es handle sich hier um das bewegliche Gewicht einer großen römischen Waage, dessen Eisenhaken fehlt. Dieses Gewicht soll für uns noch zum Anlaß einer großen Enttäuschung werden. Es trägt auf der einen Seite die undeutlich gewordenen Buchstaben *DC*, den Rest einer Jahresangabe in römischen Ziffern. Für sich allein genommen könnte das Zeichen 1500 bedeuten. Auf der anderen Seite des Gewichts findet sich jedoch noch eine Inschrift, die ursprünglich 1700 gelautet haben muß, bei der aber die beiden Nullen oberflächlich getilgt und durch zwei ziemlich undeutliche Dreien ersetzt wurden. Diese Zahl 1733 steht vermutlich für das Jahr, in dem die Gewichte der Waage zuletzt überprüft und geeicht worden waren. Die Zahl ist jedoch nicht eindeutig zu erkennen, so daß man durchaus noch seine Zweifel haben kann. Dann aber kommt Raymond Coll mit einem zweiten, kleineren Gewicht herauf, das wir zur Reinigung in Säure legen, während wir unser Mittagessen verzehren. Da steht es nun, sehr klar und sehr eindeutig in Metall geritzt: 1722, 1730. Die Zahlenreihe wird mit einem weniger deutlichen Zeichen fortgesetzt, das 1723, 1755 oder 1766 heißen könnte; an der nächsten Zahl jedoch ist nichts zu drehen und zu deuteln – *1756*. Das undeutliche Zeichen auf dem größeren Gewicht, das wir in unserem Optimismus (oder Wunschdenken) als 1733 angesehen haben, soll also höchstwahrscheinlich ebenfalls 1756 heißen. Das bedeutet, daß unsere mühsam ausgebuddelte Galeone erst nach 1756 gesunken ist. Sie kann folglich nicht mit der *Nuestra Señora de la Concepción* identisch sein. Das ist natürlich ein harter Schlag für uns alle. Unsere »Ent-Täuschung« über das Wrack äußert sich unter anderem darin, daß wir das vertrackte Schiff in *Nuestra Señora de la Illusion* umtaufen.

Im Laufe des Nachmittags findet Michel Deloire (der einen besonderen »Riecher« zu haben scheint) etwa 60 Meter nördlich des Vorschiffs der Galeone, nicht weit von dem kleinen Anker, zwei neue Kanonen und zwei Teile des Steuerruderbeschlags und des Ladepfostens am Heck. Der Ruderhaken müßte demnach in dem Korallenstock über dem kleinen Anker und die Drehzapfen noch ein Stück davon entfernt liegen.

Wir müssen besonders gründlich nach den fehlenden Stücken suchen und anschließend eine neue Skizze von unserem Arbeitsfeld anfertigen, das zusehends größer wird. Mit dem erweiterten Plan können wir dann in den umliegenden Riffen in gleicher Höhe mit dem Suchen beginnen wie hier.

Das Problem sieht nun so aus: Entweder sind im Umkreis dieses Riffes zwei Schiffe gesunken, oder aber ein einzelnes Schiff hat beim Untergang seine Bestandteile weit in die Unterwasserlandschaft verstreut. Wenn hier nur ein Schiff liegt, dann kann es sich nach den soeben entdeckten Daten keinesfalls um die *Nuestra Señora* handeln; sind es aber zwei, könnte eines davon durchaus die Galeone sein.

Ich kann heute abend nicht einschlafen und nehme mir ein Buch über Wale vor.

Donnerstag, 22. August. Heute will nichts so recht klappen – ein Zeichen dafür, wie sehr uns die Entdeckungen des gestrigen Tages unter die Haut gegangen sind.

Bernard und ich stellen die Einteilung der Arbeitsgruppen um und lassen den neuen »Taucherfahrplan« von Kapitän Caillart bestätigen. Ich schlage die Liste in der Schiffsmesse an. Wir halten uns jedoch nicht sehr genau an diese Einteilung. An dem Korallenhügel wird allein neun Stunden lang gearbeitet; Gaston hebt seine sechste Grube aus, findet aber nichts darin. Einige Zeit später stößt er hinter dem vierten Hügel auf Metallteile und Geschirr. Philippe Sirot und ich bearbeiten dieselbe Stelle am Spätnachmittag über eine halbe Stunde lang mit dem Sauggerät, bis meine Atemluft zu Ende geht. Obwohl wir nichts finden, wollen wir morgen unbedingt hier weitermachen.

Zu den Funden des heutigen Tages zählt eine dritte Kanone, die wir in der Nähe des nördlich gelegenen Ankers ausgegraben haben. Sie ist von einem Korallenkegel vollständig überwachsen. Caillart und Sirot haben ihre Arbeiten an der Karte mit dem Nordwestsektor unseres Ausgrabungsgebietes abgeschlossen; vielleicht kommen wir dadurch der Lösung unseres Problems näher.

Beinahe hätte ich zu berichten vergessen, daß wir ja heute morgen eine der beiden Kanonen vom Vorschiff des Wracks zu uns an Bord hievten. Es ist das Geschütz, dessen Mündung wir kurz nach unserer Ankunft in diesem Gebiet aus den Korallenstöcken ragen sahen. Wir haben die Kanone mit dem Hammer von ihrem Korallenüberzug befreit und sie sorgfältig gescheuert; dabei sind wir auf eine ungelenke, durch ein Loch zerteilte Inschrift am hintersten Ende des Geschützes gestoßen: *H 2250 A* – mehr nicht.

Ich hatte eigentlich auch nicht viele neue Erkenntnisse von dieser Kanone erwartet. Die Galeonen führten nicht nur spanische Waffen an Bord, sondern häufig französische, holländische oder italienische Geschütze, da Spanien seine Rüstungsgüter aus allen europäischen Ländern bezog. Die Tatsache, daß unsere Kanone kein Datum trägt, ist nicht be-

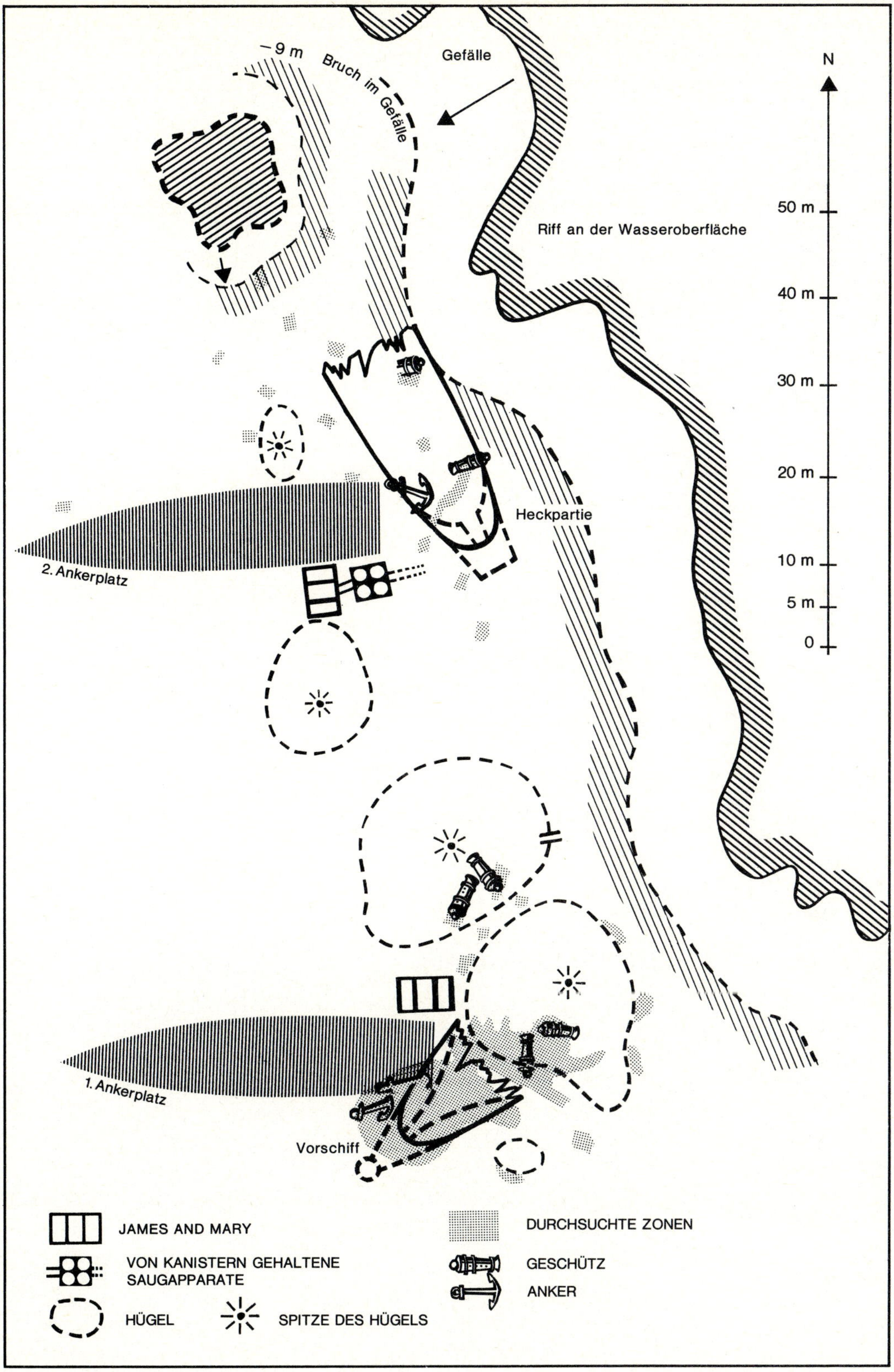

Die Bug- und Heckpartie des Wracks liegen etwa 50 Meter weit auseinander. Die Skizze zeigt auch die beiden Ankerplätze der *Calypso*.

Links: Ein Glasschiff aus dem 18. Jahrhundert mit der Fahne von Livorno. Diese Stadt führte einen regen Handel mit den Antillen. (Musée des Arts Decoratifs, Paris.) – Rechts: Kommandant Cousteau mit dem Schiffsmaskottchen Ulysses auf der Kommandobrücke der *Calypso*.

sonders schlimm, denn eine Zeitangabe hätte über das Jahr, in dem die Galeone unterging, kaum etwas ausgesagt. Schließlich wurden Geschütze, die im 16. Jahrhundert gefertigt worden waren, noch 1820 verwendet.

Die genaue Untersuchung hat uns immerhin so viel verraten, daß die Kanone zum Zeitpunkt des Schiffsunglücks geladen und voll einsatzbereit war. Die Kugel saß an der Stelle, an die sie gehört; zweifellos war auch das Pulver dazu vorhanden gewesen. Wenn man mit so wertvoller Fracht im Zeitalter der Piraten von Amerika nach Europa fuhr, so war es sicher ratsam, sich ständig für den Kampf bereitzuhalten Wir haben die Kanone auch gewogen und festgestellt, daß sie 2500 Pfund schwer ist. Danach wurde sie eingeölt und vorläufig auf dem Achterdeck gelagert.

Der einzige andere Fund von Interesse war ein zerbrochener Teller mit einem offenbar indianischen Motiv als Verzierung.

Ein Taucher sucht das Ausgrabungsgebiet ein letztes Mal ab.

Oben: Die Fische des Riffs nehmen, sobald die Menschen sie in Ruhe lassen, ihr gewohntes Leben wieder auf.

Rechts: Die *James and Mary* wird auf Grund gesetzt.

Den ganzen Tag über wurden leidenschaftliche Diskussionen über die Funde des gestrigen Tages geführt. Heute ist der siebzehnte Arbeitstag, seit wir von Puerto Rico zurückgekommen sind. Es waren siebzehn außerordentlich anstrengende Tage; wir haben unter dem ohrenbetäubenden Lärm des Preßluftgeräts von früh bis spät Korallenbrocken aufgeklopft und durchsucht – insgesamt etwa 300 Tonnen. Der Lohn für unsere Mühen besteht bisher aus ein paar Porzellansachen von zweifelhaftem Wert, einer Kanone und einigen Kanonenkugeln. Wir haben keine finanziellen Kosten und keine noch so großen körperlichen Anstrengungen gescheut. Dabei können wir noch nicht einmal mit Sicherheit sagen, für welches Schiff wir all die Zeit, die Kraft und die finanziellen Mittel aufgewandt haben. Wir wissen eigentlich nur, daß das Wrack aus dem 18. Jahrhundert stammt und mit Sicherheit *nicht* die *Nuestra Señora de la Concepción* ist. Es ist wahrscheinlich noch nicht einmal eine Galeone.

Unsere Taucher haben aber die Hoffnung trotzdem noch nicht aufgegeben. Weshalb sollte ein Schiff aus dem 18. Jahrhundert denn keine Schätze an Bord haben, und woher wollen wir wissen, ob die *Nuestra Señora* nicht doch hier irgendwo herumliegt? So denken unsere Leute.

Freitag, 23. August, ein Tag voller Widersprüche. Als wäre die Entdeckung, daß unser Wrack nicht das gesuchte Schiff ist, noch nicht schlimm genug, müssen wir auch noch feststellen, daß in dem dritten Hügel immer weniger zu finden ist. Wir stoßen kaum noch auf Holzteile, und die vielen Löcher, die wir am Fuß der Bodenerhebung gegraben haben, enthalten auch nicht die Spur einer Galeone. Zwar haben wir das Vorschiff eines ziemlich großen Wracks gefunden, aber das Mittelstück und die Heckpartie scheinen sich in Luft aufgelöst zu haben. Die Kanone ist nun der einzige Anhaltspunkt, auf den wir unsere Vermutungen gründen.

Um 8 Uhr breche ich mit Raymond zu einem Taucheinsatz auf. Im südlichen Teil unseres Ausgrabungsgebietes haben wir den Korallenhügel bis in sein Innerstes durchwühlt. Alle mit Schlamm und Schutt gefüllten Vertiefungen und Höhlen zwischen den Korallenblökken sind inzwischen mit dem Ansauggerät ausgeräumt worden. Ich zeige Raymond eine Stelle in der Nähe der zerbrochenen Kanone, wo wir nachgraben sollten, und inspiziere noch einmal den Fundort der von Michel entdeckten Kanone in der Nähe des nördlichen Ankers. Wir sind wohl ein dutzendmal an dieser Stelle vorbeigekommen, ohne sie zu bemerken; das Gebiet besteht aus einem mächtigen, pagodenförmigen Korallenmassiv, das Deloire und Dumas »Kanonenkoralle« nennen. Jetzt aber habe ich irgendwie das Gefühl, daß unter all diesen aufgetürmten Massen etwas zu finden sein müßte – vielleicht ein zweites Schiff oder zumindest die Heckpartie des Wracks, an dem wir die ganze Zeit herumbuddeln.

Wir haben bei unserem Schiff zwei Arten von Kanonen gefunden. Die beiden Buggeschütze waren etwa 2,20 Meter lang, während die anderen ungefähr 2,40 Meter maßen. Und jetzt stoßen wir plötzlich auf 2,60-Meter-Kanonen. »Klarer Fall«, meint Dumas, »wir haben ja schließlich auch drei verschiedene Größen von Kanonenkugeln gefunden.«

Wir beschließen also, unser Arbeitsfeld zu erweitern. De Haenen, Coll und Durand fahren mit dem Floß hinaus, um ein östlich von unserem Ankerplatz liegendes, etwa eine Meile entferntes Riff zu erkunden. Sie finden prompt einen Anker, der wesentlich kleiner ist als alle bisher entdeckten.

Sirot und Caillart bearbeiten inzwischen das Riff, das wir am 28. Juli teilweise gesprengt hatten, mit der Spitzhacke, während Gaston das sechste und siebte Loch mit unserem zweiten Sauggerät entleert. Das Ergebnis ist gleich Null. Offenbar ist und bleibt die Heckpartie des Wracks verschwunden; die Vermutung, daß das Schiff beim Auflaufen auf das Riff zerschmettert wurde, scheint damit bestätigt zu sein.

Im Laufe des Vormittags finden Bassaget und Foulon einen Behälter, in dem vermutlich Schmiermittel oder Küchenvorräte aufbewahrt worden waren und der wahrscheinlich die gleiche Glasur trägt wie das zuvor gefundene Geschirr. Man kann das allerdings nur schwer sagen, denn die Glasur ist äußerst spröde und überdies mit Korallen dick verkrustet. Der Behälter trägt eine Inschrift aus großen schwarzen Buchstaben: *J. WYN.* Sollte es sich um ein holländisches Schiff handeln? Oder vielleicht um ein schwedisches? Oder um ein Seeräuberschiff, das Beute von einem holländischen oder schwedischen Segler an Bord hatte?

Am Nachmittag setzt Gaston das zusätzliche Sauggerät mit einer auf fast 90 Meter verlängerten Schlauchleitung an der Stelle ein, an der wir den einzelnen Anker und die drei Kanonen gefunden haben und die wir jetzt »das achterliche Arbeitsgebiet« nennen. In dem ersten Loch, das er neben der unter der Korallenpagode begrabenen Kanone aushebt, findet man nur einige Bruchstücke von viereckigen Flaschen. Doch ein weiteres Loch, das Dumas und Deloire dicht bei der großen, fast freiliegenden Kanone gegraben haben, ist mit Gegenständen gefüllt, die nur von einem Schiff stammen können. Innerhalb einer dreiviertel Stunde haben die beiden Taucher eine hübsch verzierte, fast unversehrte eckige Flasche, sechs Schüsseln, vier Becher, einen Wasserkrug mit vollständig erhaltener Schnauze und zahlreiche Scherben freigelegt. Außerdem gibt es in dem Loch noch Holzteile. Kein Zweifel: Wir haben die Heckpartie des Wracks gefunden.

Diese Entdeckung bringt einige technische Probleme mit sich. Da der neue Fundort ein gut Stück von unserem alten Ausgrabungsgebiet entfernt ist, werden wir den Ankerplatz der *Calypso* und die Position der *James and Mary* verlegen und den Ansaugschlauch verlängern müssen etc. Ich liege nachts noch lange wach und denke über all die notwendigen Maßnahmen nach, die morgen getroffen werden sollen. Am schwierigsten wird wohl das Verlegen der *Calypso* an den neuen Ausgrabungsort sein, denn hier gibt es keinen Weg durch das Korallengewirr. Es sieht so aus, als müßten wir wieder sprengen.

Der Grund dafür, daß wir die Heckpartie des Wracks so lange nicht finden konnten, liegt darin, daß die beiden Schiffsteile völlig verschiedene Achsen haben. Die beiden Hälften haben sich bei der Katastrophe nicht nur ein gutes Stück voneinander getrennt auf dem Meeresboden »niedergelassen«, sondern sind noch dazu im rechten Winkel zueinander abgesunken.

An unserer neuen Ausgrabungsstelle sind wir auf ganz ähnliche Dinge gestoßen wie an der ersten: Ziegel, Geschirr, Krüge, Teile der Takelage und viele Flaschen. Diese viereckigen Flaschen sind fast alle zerbrochen und stark angegriffen, denn Glas löst sich im Meerwasser langsam auf. Das Glas ist daher außerordentlich dünn, und in manchen Stücken kann man eingeschlossene Luftblasen und alte Sprungstellen deutlich erkennen. Andere wieder glänzen in allen Regenbogenfarben und sehen wirklich wunderschön aus. Wir finden solche Mengen von Flaschen, daß sie eigentlich nur zur Ladung gehören können. Ich vermute, daß das Schiff irgendwo im Karibischen Meer eine für Europa bestimmte Fracht Rum an Bord genommen hat.

Samstag, 24. August. Ich lasse meinen Taucheinsatz heute ausnahmsweise einmal ausfallen. Im vorderen Ausgrabungsfeld sind zwei Taucherteams mit dem Sauggerät bei der Arbeit, während Deloire eine Serie von Einstellungen filmt und die von mir angegebenen Nahaufnahmen und Totalen dreht. An dem Riff, das wir kurz nach unserer Ankunft schon einmal gesprengt haben, wechseln sich sechs Gruppen in Abständen von zwei Stunden ab; sie räumen in einer Tiefe von einem bis vier Meter an die 200 Tonnen Korallen beiseite, um einen sicheren Weg für die *Calypso* zu schaffen. Westlich davon hat Raymond Coll mehrere Löcher gegraben, ohne jedoch (mit Ausnahme einiger leerer Flaschen) auf eine Spur des Schiffes gestoßen zu sein. In der Nähe des Ankers finden sich dann einige Holzteile. Wir lassen uns durch die magere Ausbeute nicht entmutigen, denn wir kennen jetzt die genaue Lage der neuentdeckten Heckpartie des Wracks.

Wir verbringen den Abend damit, Beobachtungen auszutauschen und über die Verlegung der *Calypso* zu diskutieren. Auch die Dreharbeiten des nächsten Tages müssen eingehend vorbereitet werden.

Sonntag, 25. August. Alle an Bord sind bereits um 6 Uhr einsatzbereit. Um 6.30 Uhr filmt Deloire im Licht der heraufkommenden Sonne meinen Ausflug unter Wasser und ist um 7 Uhr immer noch dabei, meine Inspektionsrunde durch das Ausgrabungsgebiet aufzunehmen, um die Atmosphäre vom Morgen des 13. August nachträglich einzufangen. Leider ist das Wasser heute längst nicht so klar wie damals.

Am Vormittag sind zwei vierköpfige Taucherteams damit beschäftigt, das zu Beginn unserer Arbeit gesprengte Korallenriff weiter abzutragen. Zwei weitere Gruppen von je zwei Mann filmen die Phasen unserer Arbeit – das Hochhieven der Korallenkörbe und unser »Schuttabladeverfahren« an Backbord bis zum stetigen Anwachsen des Abfallberges unter Wasser.

Raymond gräbt immer noch neue Bodenlöcher auf dem Meeresgrund, diesmal in der Nähe der 12., 13. und 14. Kanone. Er findet dabei ein flaches Metallstück, vermutlich die Klinge irgendeiner Hiebwaffe oder den Teil eines Faßreifens.

Nachmittags macht Deloire Filmaufnahmen von Gaston, der mit John Sohs Magnetsuchgerät weitere Kanonen aufspüren will, leider ohne Erfolg.

Plötzlich setzt unser Sauggerät aus, und wir verlieren kostbare Zeit mit Reparaturarbeiten.

Wir haben versucht, so wenig »Flurschaden« wie möglich in der herrlichen Unterwasserlandschaft der Silberbank anzurichten.

Die Arbeiten an dem gesprengten Riff gehen weiter. Raymond probiert unter unserem Schiff und außerhalb des Ausgrabungsgebietes unser Hochdruckgerät aus, das ich morgen bei der Suche nach dem Heck der vermeintlichen Galeone einsetzen möchte.

Montag, 26. August. Gegen 7 Uhr sind Deloire und ich unter Wasser, um einige Einstellungen unserer Filmszenen von gestern zu wiederholen, denn heute ist das Wasser viel klarer und die Sicht besser. Ich hoffe, daß der Film die besondere Atmosphäre meines Taucheinsatzes in der Morgendämmerung soweit wie möglich wiedergeben kann, obwohl meine damalige Stimmung eher ein Thema für Poeten als für Filmemacher war.

Kaum sind wir aus dem Wasser, machen sich de Haenen und Foulon mit zwei Ladungen

TNT auf den Weg, um einen Korallenvorsprung abzusprengen, der die *Calypso* noch immer gefährdet. Anschließend sprengen sie mit einer wesentlich geringeren Dosis ein großes Metallstück, das mit den Korallenfelsen neben der in unserer Karte als »Pumpe« markierten Stelle verwachsen ist. Es handelt sich um Schmiedeeisen und dürfte eine der beiden Stützen darstellen, mit denen die massive Heckpartie der Galeonen am Achtersteven befestigt wurde. Sollte es ein Stück von der *Nuestra Señora de la Concepción* sein? Ich halte das für sehr unwahrscheinlich.

Michel, Didi und Bernard nehmen einige der zuvor übersehenen Fundgegenstände unter Wasser auf Film auf, während Gaston und Bassaget damit beginnen, die vom Riff abgesprengten Korallenbrocken zu entfernen.

Inzwischen arbeitet Raymond Coll mit dem Preßluftgerät an einem Graben in der Nähe des nördlichen Ankers. Es ist eine außerordentlich mühsame Arbeit (wie immer mit diesen Galeazzi-Apparaten) und wirbelt so viel Schlamm und Korallenstaub auf, daß Raymond kaum noch die Hand vor den Augen sehen kann. Außerdem behindert ihn das durch die Düse gepreßte Wasser, das den erhobenen Sand und Schlamm immer wieder in das Loch zurückspült.

Dienstag, 27. August. Ich mache heute morgen keinen Taucheinsatz, obwohl das Wasser wunderbar klar ist. De Haenen und Foulon zünden sechs Sprengladungen in dem Korallenriff. Das ist sehr viel, aber schließlich ist heute der letzte Tag, an dem wir derartige Arbeiten vornehmen können. Wir haben beschlossen, nur noch einen Versuch zu machen, unseren Ankerplatz zu verlegen; wenn es uns heute nicht gelingt, geben wir auf.

Wir stehen eigentlich auf der ganzen Linie vor ähnlichen Entscheidungen. Wir könnten das Gesamtprojekt im Grunde genausogut sofort fallenlassen, doch ich sträube mich noch dagegen. Andererseits könnten wir auch ganz von vorne mit der Suche nach der *Nuestra Señora* beginnen – wozu ich prinzipiell bereit bin, aber nur, soweit es sich um die unmittelbare Umgebung unseres jetzigen Standortes handelt. Eine weitere Möglichkeit wäre die, hier zu bleiben und die Arbeit fortzusetzen und zu filmen; das lohnte sich aber nur dann, wenn wir genau wüßten, an welcher Stelle des Meeresgrundes das Heck liegt. Alle diese Alternativen sind nicht gerade sonderlich verlockend; schließlich sind trotz unseres Triumphgeschreis am 23. August all unsere Ortungsversuche und Einsätze mit dem Sauggerät fehlgeschlagen oder haben zumindest unbefriedigende Ergebnisse gebracht.

Unsere heutige Leistung besteht im Abtragen eines gefährlichen Riffes um etwa 4 Meter, im Ausheben zweier neuer Bodenlöcher am Nordrand unserer Ausgrabungsfläche und in der Arbeit mit dem Sauggerät neben den vier Kanonen.

Abends reihen wir unsere interessantesten Schätze am Backbordschott auf: alle die Schalen, Flaschen und Kanonenkugeln. Es sieht aus wie auf einem Flohmarkt. Robino hat inzwischen die Kanone gereinigt und das Zündloch gesäubert.

Später in der Schiffsmesse herrscht eine eigenartige Stimmung. Jeder ist in irgendein Buch über versunkene Schätze vertieft und trinkt ein Glas von Remys Rum nach dem anderen, während Remy allein in einer Ecke sitzt und tief in Gedanken versunken ist.

Mittwoch, 28. August. Dumas, Deloire, de Haenen und ich durchsuchen in aller Frühe den Meeresboden zwischen dem »Buganker« und den Geschützen Zentimeter für Zentimeter. Wir können dabei eigentlich gar nichts mehr übersehen haben. Zwischen der zuletzt entdeckten Kanone unseres Schiffes und einem etwa 60 Meter entfernten Markierungspunkt ist absolut nichts zu finden, doch dann stoßen wir auf einer Länge von 30 Metern auf sechs riesige Kessel, von denen einer aus Kupfer besteht, sowie auf zwei Reihen Steine und Ziegel.

Gleich nach unserer Rückkehr an Bord versuchen wir unsere Funde sinnvoll einzuordnen. Die Steine und Ziegel von den beiden verschiedenen Fundorten unterscheiden sich erheblich voneinander; sie lagen außerdem sechzig Meter weit entfernt, auf denen nicht das geringste zu finden war. Daraus folgt, daß wir nicht ein, sondern zwei Schiffe vor uns haben.

Die Ostseite der Bugpartie unseres ersten Wracks ist bisher noch nicht durchsucht worden; Didi, Michel und Remy machen sich nun daran, dies nachzuholen. Danach sehen sie sich den »Pumpenplatz« an der Westseite genauer an und finden ein ähnliches Metallstück wie schon am 26. August. Wir vermuten, daß unsere »Pumpe« in Wirklichkeit das Knie eines großen Rohres aus Gußeisen ist. Jetzt sieht es fast so aus, als gäbe es hier drei Wracks.

Didi betrachtet sorgenvoll die riesigen Korallenformationen, die wie gotische Türme, Tropfsteinhöhlen oder Brunnenschächte aussehen. Bei dieser Fülle von Korallenbildungen ist gar nicht daran zu denken, ein etwa darunterliegendes Schiff auszugraben. Auch Didi meint, es wäre heller Wahnsinn.

Wir haben zwei Exemplare von eigens konstruierten Kanonenkugeln gefunden, die bei dem feindlichen Schiff Masten und Takelage zerstören sollten. Sie haben ungefähr die Form einer Hantel und bestehen aus zwei durch einen Metallstab miteinander verbundenen Kugeln. Ein weiterer Fund ist eine Art Vase, die zwar zerbrochen ist, von der aber alle Bruchstücke vorhanden zu sein scheinen. Dazu kommen noch mehrere Kanonenkugeln und zwei weitere Bleisiegel von der Art der schon zuvor gefundenen Plomben.

Donnerstag, 29. August. Dumas, Deloire und de Haenen erforschen heute das etwa eine Meile entfernte Riff, auf dem Coll den Anker gefunden hat. Es ist ein ziemlich kleiner Anker neueren Datums.

Die übrigen verbringen den Rest des Vormittags damit, die *James and Mary* und unser Sauggerät etwa 60 Meter nach Norden zu verlegen. Es ist ein außerordentlich mühsames Unternehmen. Der senkrechte Teil des Ansaugapparates ist inzwischen um drei Meter verkürzt worden, so daß sich die Druckluftdüse in etwa 9 Meter Wassertiefe befindet.

Im Laufe des Nachmittags werden in der Nähe des nördlichen Ankers zwei Arbeitsschichten mit dem Sauggerät absolviert. Bereits nach der ersten bringen Caillart und Gaston einige Geschirrteile, Flaschen und Bleistücke sowie Schiffsholz nach oben. Sie berichten, daß von ihrem Fundloch ein langes Holzstück in Richtung auf den Anker weist. Die Stelle ist mit großen Korallenbrocken übersät, so daß wir die *Calypso* unbedingt so schnell wie möglich dorthin bringen müssen.

Robino macht mich darauf aufmerksam, daß die *Calypso* ihren früheren Rekord inzwischen gebrochen hat und sich schon sehr lange auf See befindet, ohne irgendwo angelegt und Nachschub an Bord genommen zu haben. Wenn wir wie geplant erst am 6. September nach San Juan zurückkehren, haben wir uns 27 Tage ununterbrochen auf See aufgehalten. Dies wäre ohne unser Destilliergerät natürlich undenkbar; wir schalten es jede Nacht ein und gewinnen auf diese Weise täglich 400 Liter zusätzliches Wasser. Unsere rigorosen Sparmaßnahmen wirken sich natürlich auch aus. Noch immer leben wir aus Papiertellern und -bechern, um Abwaschwasser einzusparen.

Freitag, 30. August. Um 7 Uhr sind die Taucherteams in unserem neuen Ausgrabungsgebiet bereits eifrig an der Arbeit; gegen 9 Uhr statte ich ihnen einen Besuch unter Wasser ab, um mich über den neuesten Stand der Dinge zu informieren. Als erstes stoße ich auf ein etwa 2 Meter langes flexibles Leitungsrohr am unteren Teil des Saugapparates, das sich verklemmt hat und nur noch wenig Material durchläßt. Außerdem fällt mir auf, daß ein etwa 15 Meter langes Teilstück der Saugleitung an einem Korallenvorsprung hin und her wetzt und langsam aufgescheuert wird. Ich mache Gaston darauf aufmerksam und bitte ihn, das Rohr im Auge zu behalten. Dann kehre ich an Bord zurück und zeichne eine Karte von dem neuen Arbeitsgebiet, auf der ich die drei nördlich gelegenen Kanonen und den Anker eintrage. Die Ausgrabungen sind hier sehr schwierig, da diese Stelle besonders stark mit Korallenbrocken übersät ist und die Wrackteile in einer Bodentiefe von fünfzig bis sechzig Zentimeter liegen. Man sollte es kaum für möglich halten, daß dieses Schiff erst vor 200 Jahren gesunken ist.

Ein Erkundungsteam – bestehend aus Deloire, Dumas und de Haenen – macht im Laufe des Vormittags Filmaufnahmen von den massiven Korallenfelsen östlich und westlich des Riffes. Im Umkreis des am 26. August gefundenen Metallstückes ist keine Spur einer *Nuestra Señora* zu finden.

Am Nachmittag ändert Dumas die Richtung des Grabens, den er die ganze Zeit aushebt, und stößt prompt auf eine Ansammlung von Metallteilen, die immer umfangreicher wird, je weiter er sich vom Nordanker aus zum zweiten Korallenhügel durcharbeitet.

Wir versuchen nach dem Abendessen, unsere Kameraden in der Schiffsmesse zusammenzutrommeln, um sie bei der Reinigung unserer Funde mit Salzsäurelösung zu filmen. Allerdings finden wir diesmal keinen Anklang damit, während solche spontanen Zusammenkünfte ansonsten bei allen recht bliebt waren. Heute abend scheint sich jedoch jeder von dem durchdringenden Geruch, der bei der Einwirkung von Säure auf Metall entsteht, drücken zu wollen und findet lauter mehr oder weniger glaubwürdige Ausreden. Außerdem sind alle hundemüde, obwohl es erst 21.30 Uhr ist.

Morgen wollen wir, sofern das Wetter gut ist, endlich den Ankerplatz der Calypso verlegen.

Samstag, 31. August. Der heutige Tag brachte uns am laufenden Band Enttäuschungen und Zweifel.

Genaugenommen war das Ganze eigentlich eine einzige Zeitverschwendung. Wir wissen seit dem 21. August, daß unser Wrack nicht mit der *Nuestra Señora de la Concepción* identisch ist. Gleichzeitig haben wir die Entdeckung gemacht, daß das Schiff aus dem 18. Jahrhundert, an dem wir gearbeitet haben, in zwei Teile auseinandergebrochen ist, von dem sich nur der vordere finden läßt. Am 23. August dachten wir schon, wir hätten das Heck gefunden, doch jetzt sind wir nicht mehr so sicher. Von der Ladung haben wir überhaupt nur ein paar eckige Flaschen und etwas Geschirr aufgespürt; ein Teil davon ist ja sicher sehr hübsch, dafür erscheint uns aber der Rest mehr als zweifelhaft. Der einzige Grund, weshalb wir noch hiergeblieben sind, ist der Fund von elf Bleisiegeln, von denen zehn mit dem Lilienwappen gezeichnet sind und daher wahrscheinlich nicht für gewöhnliche Handelswaren verwendet wurden. Natürlich machen wir von allen Ereignissen Filmaufnahmen und haben gewiß schon einige hervorragende Szenen im Kasten; ich persönlich habe noch nie etwas Ähnliches erlebt oder aufgenommen, so daß die Arbeit jedenfalls den Reiz der Neuheit hat. Wir besitzen jetzt einen recht ungewöhnlichen Film – oder besser gesagt: eine ungewöhnliche Filmhälfte. Aber der zweite Teil der Aufnahmen . . .?

Diese Überlegungen sind aber nicht einmal so wichtig. Meine heutige Desillusionierung erinnert mich lebhaft an meine Gefühlslage vor 38 Jahren, als ich im Oktober 1930 zur französischen Marine kam, ohne genau zu wissen, was ich eigentlich wollte und was mich dort erwartete. In den Jahren von 1930 bis 1937 richteten sich meine Zweifel gegen das Soldatsein an sich und auf meine »Berufung« dazu, denn ich wurde stets zwischen drei sehr verschiedenen Berufszielen und Betätigungen hin und her gerissen. Ich habe allerdings inzwischen die Erfahrung gemacht, daß die meisten Marineangehörigen auf der Welt sich mit derartigen Zweifeln herumschlagen.

Seit 1937 habe ich jedoch nach und nach alle Brücken hinter mir abgebrochen und mich mit Leib und Seele der See verschrieben. Ich habe in diesen 31 Jahren alle die ehrgeizigen Pläne aufgegeben, die ich auf irgendwelchen anderen Gebieten hatte. Dies war nicht immer leicht, und ich habe gelegentlich doch eine gewisse Sehnsucht nach einer anderen Lebensweise verspürt, was jedoch immer vorüberging. Ich bin der See treu geblieben in einer Art grimmiger Entschlossenheit, die zum Teil aus der Erkenntnis resultiert, daß ich eigentlich weder physisch noch psychisch für diese Art der Lebensführung geeignet bin.

Von Anfang an wechselte die Hingabe an die See und ihre Faszination mit plötzlichem Umschlagen in Überdruß und Kummer; all die unermeßliche Freude an der Schönheit und Größe des Meeres ist ständig mit Schmerz und Enttäuschung erkauft, und für jeden Augenblick des Glücks muß ich mit viel Leid und Sorgen bezahlen. Ich war wohl der einzige an Bord, der unsere Niederlage kommen sah, auch wenn ich es mir oft selbst nicht ganz eingestanden habe. Der Grund, weshalb ich immer neue Gebiete auswähle, immer tiefer tauchen und immer länger unter Wasser bleiben möchte, liegt wohl vor allem in dem Bedürfnis, meine unbezähmbare Neugierde an der See zu befriedigen. Es kommt aber auch noch ein anderes Motiv hinzu: meine emotionelle, ja geradezu erotische Bindung an das Meer. Ich muß die See besitzen, sie beherrschen, sie erobern, fühle mich physisch zu ihr hingezogen und weiß doch genau, daß sie mir nie ganz gehören wird. Jedesmal, wenn es mir gelingt, der See ein auch nur geringes Geheimnis zu entlocken, einen besonderen Augenblick lang ihre Schönheit und Größe ganz zu empfinden und darin fast rauschhaft glücklich zu sein, gleicht dieses Glücksgefühl dem eines Mannes, der, wenn auch nur für kurze Zeit, eine geliebte Frau ganz besitzt. Meine Beziehung zur See ist eine Liebesgeschichte voller Versuchungen, Enttäuschungen, Mißverständnisse, voller Kampf und Haßliebe; und tief im Inneren lauert die Angst, verraten und betrogen zu werden. Heute ist dieses Gefühl besonders mächtig, und ich verspüre einen tiefen Groll, ja beinahe Haß gegenüber der launischen, sich mir immer wieder entziehenden See, die meine große Liebe ist. Da sitze ich nun und grolle ihr. Ich will heute nicht tauchen. Ich will allein auf meinem kleinen Schiff bleiben, meine Bitterkeit und meinen Kummer pflegen und der großen Geliebten Vorwürfe wegen ihrer Untreue machen.

Wir haben den ganzen Vormittag dazu gebraucht, die *Calypso* an ihren neuen Ankerplatz zu bringen. Taue und Kabel mußten verlegt, neue Ankerplätze gefunden und all die hundert Arbeiten erledigt werden, die den Positionswechsel eines Schiffes so viel komplizierter machen, als man es sich als Außenstehender vorstellen kann. Wir ankern nun gegen den Wind und die Dünung, die sich an der Südspitze des Riffs bricht. Das Achterdeck der *Calypso* liegt etwa fünf Meter nördlich der *James and Mary*.

Am Nachmittag arbeiten drei Taucherteams abwechselnd am Sauggerät. Unsere ganze Ausbeute besteht aus einem Klumpen kleiner Nägel, die wir im Süden des in Südostrichtung vom Anker aus gezogenen Grabens finden.

Der einzige erwähnenswerte Fund des heutigen Tages ist eine kleine Kanone, auf die wir am frühen Morgen auf der Spitze des dritten Hügels gestoßen sind, noch bevor wir die *Calypso* verlegten. Es handelt sich um eine Feldschlange – elegant in der Form, aber völlig verrostet.

Sonntag, 1. September. Heute ist der erste Tag in unserem neuen Ausgrabungsgebiet. Da wir uns alle ein wenig Ruhe gönnen wollen, fangen wir erst um 8 Uhr mit der Arbeit an. Die Teams treten heute in Viererbesetzung an und benutzen beide Sauggeräte, von denen das größere dem rund um die Kanone führenden Graben folgt. Es fördert eine Menge Geschirr zutage; je näher es aber der Kanone kommt, desto spärlicher werden die Funde, und desto näher zur Oberfläche des Meeresbodens liegt das Geschirr.

Das zweite Sauggerät hebt gerade zwei Löcher zwischen dem dritten Korallenhügel und dem gesprengten Riff sowie zwei weitere zwischen dem Hügel und der Flachseite des Riffs aus. Michel Deloire schlägt an einer etwa 100 Meter vom Anker entfernt liegenden Stelle zusätzliche Ausgrabungen vor; Coll findet dort nach kurzer Zeit ein großes, flaches Stück Blei, einige Holzplanken und mehrere Holzbänke.

Wir verbringen den größten Teil des Nachmittags damit, unser Arbeitsgebiet »aufzuräumen« und die vielen Korallenblöcke wegzuschaffen, mit denen der Meeresgrund buchstäblich zugedeckt ist.

Während all dieser Arbeiten laufen fast ununterbrochen die Kameras und halten jede Phase der Ausgrabungen fest.

Dumas und de Haenen betrachten mit wachsender Aufregung ein paar Geschirrteile, die wir soeben gefunden haben, denn diese scheinen ähnlich zu sein wie diejenigen aus unserem ersten Ausgrabungsgebiet. Sollte es sich jetzt herausstellen, daß hier die gleichen Frachtgüter verstreut liegen wie drüben, so wäre das fast der Beweis dafür, daß wir die Heckpartie unseres Schiffes endlich gefunden haben.

Montag, 2. September. Unsere Vorräte werden allmählich knapp. Der Schiffskoch hat zwar bisher noch vermeiden können, uns mit Resten und Eintopf zu ernähren, doch seine Kombüse wird zusehends leerer.

Die Stimmung der Mannschaft ist nach außen hin noch immer sehr gut. Ich habe allerdings manchmal den Eindruck, daß sich die Männer geradezu dazu zwingen, weil sie wissen, was sie dem guten Ruf der *Calypso* schuldig sind. Zweifellos ist jeder einzelne von uns erschöpft und enttäuscht und hat einen guten Teil seines anfänglichen Schwungs verloren.

Ich mache um 6.30 Uhr meinen üblichen Taucheinsatz und sehe mir die gestern ausgehobenen Löcher genau an. Überall liegen, in Korallenblöcke eingeschlossen und manchmal über einen Meter tief in Schlamm und Kies begraben, die Spuren eines gesunkenen Schiffes: Flaschen, Geschirr, Metallteile, Holzstücke und Faßreifen. Doch bis jetzt gibt es keine Spur vom Ballast oder vom Kiel des Wracks. Ich kehre mit der Überzeugung an Bord der *Calypso* zurück, daß die hinteren zwei Drittel des Schiffs nach dem Abbrechen vom Vorschiff am Riff völlig zertrümmert wurden und daß die Brandung diese Trümmer fortgespült hat, bevor sie auf dem Meeresgrund von den Korallen »beerdigt« werden konnten. Dann beschließe ich kurzerhand und um des Prinzips willen, an der meistversprechenden Stelle ein großes Loch graben zu lassen; wenn wir dabei wieder nichts finden, werden wir aufgeben und die Silberbank verlassen.

Das Wegräumen des Korallenschutts aus unserem Arbeitsgebiet dauert den ganzen Morgen an und beschäftigt vier zweiköpfige Teams, die einander ablösen. Das Hebezeug der *Calypso* befreit eine »Kanonenpagode« aus ihrer Korallenumklammerung, läßt sie dann aber unter die *Calypso* fallen.

Dienstag, 3. September. Wir versuchen heute, um jeden Preis so viele wichtige Funde wie möglich zu machen, was uns jedoch nur teilweise mit einigen neuen Geschirrteilen gelingt. Immerhin kommt Dumas mit der Nachricht an Bord zurück, daß das von Raymond Coll nach Michels Vorschlägen gegrabene Loch in etwa 120 Zentimeter Tiefe Schiffsholz enthält. Die Fundstelle liegt am Fuß eines riesigen Mäanders. Alle bisher gefundenen Planken haben parallel zum Riff gelegen; ich zeichne nach diesen Angaben eine Planskizze vom Heck des Schiffes und füge diese unserer Karte vom 24. August bei.

Mittwoch, 4. September. Ich mache mich heute zu meinem letzten Taucheinsatz bereit, bevor ich die Arbeit an der Silberbank endgültig abbrechen lasse, denn ich möchte unserem Ausgrabungsgebiet einen letzten Besuch abstatten, solange die anderen noch schlafen. Paul Zuena, der die Wache an Deck hat, tauscht eine Art Verschwörerlächeln mit mir, während ich mich so leise wie möglich in meine Taucherkluft werfe. Dann gleite ich im sanften Licht der Morgendämmerung sacht und sanft ins kühle Wasser.

Die Riffbewohner grasen wieder in aller Ruhe die Korallen ab. Das Bild zeigt einen Borstenzähner der Gattung *Chaetodon*.

Ein seltsames Gefühl der Einsamkeit überkommt mich; meine Taucherausrüstung scheint heute leichter zu sein als sonst. Langsam sinke ich dem Meeresgrund zu, auf dem unser Arbeitsfeld mit einem Blick zu überschauen ist. Ich weiß, daß wir in Kürze unsere Schatzsuche endgültig aufgeben werden und daß Raymond und Jean-Pierre in einer Viertelstunde hier mit der Arbeit beginnen werden. Im Augenblick aber bin ich ganz allein im Meer.

Umgeben von Korallen, Schwämmen und Algen, schwimmen einige Exemplare des mitternachtsblauen Drückerfisches und – im Vordergrund – ein *Chromis* (Familie *Pomacendridae*).

Wir machen uns zum Aufbruch bereit. Mehr aus Gewohnheit und Pflichterfüllung als aus Überzeugung machen sich die Taucher am Morgen noch einmal an ihre Unterwasserarbeit, jedoch ohne Ergebnis.
Am frühen Nachmittag lasse ich vor der vollständig versammelten Mannschaft auf dem Achterdeck einen Film vorführen. Wir sehen drei Kanonen, eine zwei Tonnen schwere Korallenpagode, den im Norden gefundenen Anker, unseren Schubkarren beim Trans-

port von Korallenschutt, Gaston und sein Tonbandgerät, vier Taucher, die sich zum Einsatz bereit machen, und eine kleine Komikereinlage von Michel Deloire und Bernard Delemotte. Für die letzte Szene hatte ich Labans Cello an die Riesenpagode gelehnt. Michel drehte sich um, sah das Cello und ließ den Unterkiefer fallen – ein wirklich köstlicher Anblick.

Die Filmvorführung ist ein voller Erfolg; wir haben unsere frohe »*Calypso*-Stimmung« wiedergefunden – und das in einer Stunde der Niederlage und Enttäuschung. Alle an Bord sind vergnügt und guter Dinge. Es gibt weder nervöses, gezwungenes Gelächter noch eine Spur von Bitterkeit.

Kaum ist der Film zu Ende, beginnt die Arbeit von neuem. Die auf dem Deck der *Calypso* verstreuten Werkzeuge wie Vorschlaghämmer, Markierungen, Brechstangen und Spitzhacken werden aufgeräumt und die Korallenabfälle über Bord geworfen. Sobald das Preßluftgerät unter Deck verstaut ist, treten Wasserschläuche und Schrubber in Aktion. Hinterher ist die *Calypso* zwar immer noch reichlich schmutzig, aber wenigstens einigermaßen ordentlich und als unser Schiff wiederzuerkennen.

Nach dem Abendessen verteilen wir an jeden Teilnehmer unserer Expedition drei »Andenken« an unsere Schatzsuche. Den Rest erhalten nach einstimmigem Beschluß der Mannschaft Remy de Haenen und verschiedene Museen.

Die Teilung der Beute weckt bei allen ein Gefühl aus Kameradschaft, Feierlichkeit und Enttäuschung; schließlich sind es reichlich dürftige Schätze, die hier verteilt werden. Ich bin mit meinem Anteil mehr als zufrieden: Collagen aus geschwärztem Porzellan, Glas und Muscheln, die mit Korallenkalk aneinanderzementiert sind. Auf einen Sockel gestellt, werden sie zu faszinierenden, surrealistischen Kunstwerken oder abstrakten Plastiken, die mich mehr begeistern können als ein paar Goldstücke und Piaster.

12 Was wir auf See gelernt haben

Allein in meiner Kajüte, denke ich heute abend über die hektische Betriebsamkeit der letzten Wochen und den unerwarteten Ausgang unserer Schatzsuche nach. Ich bin im Grunde meines Herzens ausgesprochen erleichtert, daß wir kein Gold, kein Silber, keine Perlen und Juwelen gefunden haben, sondern nur verrostetes Eisen, ein paar Porzellanstücke und ein Amulett mit dem heiligen Franziskus.

Wäre alles anders gekommen, hätten wir den gesuchten Schatz wirklich gefunden, so hätte ich zum ersten Mal einen materiellen Gewinn aus dem Meer geschlagen, und dies würde wahrscheinlich einiges in meiner Beziehung zur See verändert haben. Ich bin ganz sicher, daß ich am Ende mehr verloren als gewonnen hätte, auch wenn für viele Menschen die Höhe des Bankkontos ein Maßstab für ihren Erfolg ist.

Ich kann jedoch nicht für andere Leute sprechen. Was mich selbst, meine Frau und meine Freunde an Bord der *Calypso* betrifft, so kann ich allerdings behaupten, daß all das, was wir in das Meer investiert haben, viel zu wertvoll ist, als daß wir es für ein paar Dollar aufs Spiel setzen sollten. Unser Einsatz besteht in den Opfern, die wir für diese unsere Lebensweise gebracht haben und immer noch bringen: Geld, Familienbeziehungen und fast alles, was die meisten Menschen als kostbarstes Gut empfinden. Ich will damit natürlich nicht sagen, daß wir Märtyrer oder Asketen sind; wir haben unseren Einsatz tausendfach in Glück und Zufriedenheit, in Entdeckerfreude und dem Wissen zurückerhalten, daß wir zum größeren Verständnis des Menschen gegenüber der Welt, in der er lebt, beigetragen haben, und daß es uns gelungen ist, einige (wenn auch noch so kleine) Öffnungen in bisher verschlossene Bereiche unserer Erfahrung zu schaffen. Diese Zugänge werden andere Menschen ebenfalls benutzen und erweitern können.

Solche Gedanken beschäftigen mich, während die *Calypso* durch graue Wasser pflügt. Die Männer von der *Calypso* sind wieder auf hohe See zurückgekehrt und beschäftigen sich bereits mit den Arbeiten, die ihnen – ihrem Temperament und ihrer Ausbildung nach – am meisten liegen. Woran denken sie jetzt wohl? Sind sie verbittert durch die Erkenntnis, daß ihre Träume vom großen Reichtum bloße Luftschlösser waren? Ich bin ziemlich sicher, daß dies nicht der Fall ist. Bei allen psychischen Belastungen, die unsere Arbeit in der Silberbank mit sich brachte, hat unsere Schatzsuche zu keiner Zeit den Kameradschaftsgeist, das Zusammengehörigkeitsgefühl und den Humor der *Calypso*-Crew antasten können. Ich habe den Beweis dafür vor mir liegen: die Interviews, die Michel Deloire von allen Expeditionsteilnehmern auf Band aufgenommen hat, sobald es für jeden klar war, daß das Wrack in der Silberbank nicht die *Nuestra Señora de la Concepción* sein konnte. Vom Küchenhelfer bis zum Kapitän hatte jeder einzelne an Bord schon Pläne gemacht, was er mit seinem Anteil an dem großen Schatz anfangen würde. Denn jeder hatte an das spanische Gold geglaubt, wie man eben auch auf einen Lotteriegewinn hofft, wenn die ersten Zahlen stimmen. Der eine wollte sich ein Haus bauen oder ein Schiff kaufen, der andere einen Pelzmantel für seine Frau, der dritte seinen Eltern ein Geschäft einrichten. Der wettbegeisterte Morgan hatte sich vorgenommen, Rennpferde anzuschaffen. Keiner unserer Männer gab zu erkennen, daß er seine Teilnahme an unserer mißglückten Schatzsuche etwa bedaure oder empört darüber sei, daß er so lange und so schwer gearbeitet hat, ohne einen materiellen Gewinn daraus ziehen zu können. Für sie ist das bloße Abenteuer, das sie gemeinsam erlebt haben, und das Bewußtsein ihrer hervorragenden Leistung und ihres Könnens Lohn genug. Diese Befriedigung ist vielleicht am ehesten mit dem Gefühl eines Bergsteigers nach seinem Sieg über eine schwierige Felswand zu vergleichen.

Ich bin ganz sicher, daß meine Kameraden ihre Enttäuschung nicht einfach hinunterschlucken, um mich zu schonen, denn ich empfinde genau das gleiche wie sie: Die Gewißheit, daß der wahre Reichtum im Leben selbst und in der Arbeit liegt, im Tauchen nach einem Schiff – auch wenn sich am Ende keine Spur von einem Schatz finden läßt.

Im übrigen ist ein Wrack auf dem Meeresgrund niemals leer und ganz ohne Schätze. Es ist voller Geschichte und erzählt uns von Menschen, die zu jener Zeit in einem Land lebten und litten, das für die damalige Zeit am Ende der Welt lag. Als wir zu dem Wrack hinuntertauchten, das wir für die *Nuestra Señora de la Concepción* hielten, empfanden wir oft eine Welle der Sympathie und Solidarität mit den Männern dieses Schiffes, die – genau

Michel Deloire schwimmt ein letztes Mal an der Korallenwand der Silberbank entlang, bevor die *Calypso* die Anker lichtet.

wie wir selbst – auf der Suche nach Abenteuern um die Welt fuhren, wenn ihre Motive vielleicht auch andere waren als unsere. Sie gehören zu den ersten Menschen, die sich ins Unbekannte hinauswagten, so wie wir die ersten Menschen waren, die weit tiefer in die See vorgedrungen sind, als es der ungeschützte menschliche Körper ertragen könnte.

Einige der positiven Ergebnisse unserer Expedition zur Silberbank sind nicht nur ideeller, sondern durchaus praktischer Natur. Wir haben zum ersten Mal systematisch Ausgrabungen in einem Korallenriff vorgenommen und dabei etwas sehr Wichtiges gelernt – daß wir von archäologischen Forschungen in Tropengewässern nicht allzu viel erwarten dürfen. Die Koralle wächst zu schnell und begräbt die Überreste von Mensch und Menschenwerk zu tief unter sich, als daß sie Jahrhunderte später ohne weiteres aufgespürt werden könnten. Trotzdem haben unsere Ausgrabungen mehrere Gegenstände ans Licht gebracht, die mir gerade wegen der Schwierigkeit ihrer Bergung sehr ans Herz gewachsen sind. Es sind vor allem Dinge des täglichen Gebrauchs, die der vor langer Zeit ertrunkene Besitzer an sich getragen haben mag: Eine Gürtelschnalle und eine Tonpfeife, die ich – völlig unversehrt – am Kreuzmast des Wracks fand und die ich noch heute voller Stolz benutze.

Frederic Dumas hat mir eine Geschichte erzählt, die das Gefühl für die Kontinuität menschlicher Lebensformen, das angesichts solcher Gegenstände hervorgerufen werden kann, sehr gut verdeutlicht. Einige Jahre vor unserem Abenteuer in der Silberbank tauchte Dumas im Mittelmeer nach einem großen Wrack aus dem 16. Jahrhundert, vermutlich einem Kriegsschiff aus Genua. Er konnte das Alter des Wracks mit Hilfe von 127 Münzen bestimmen, die er dabei fand. Diese Geldstücke hatten sich jedoch nicht etwa in einer Truhe oder Schatulle befunden, sondern lagen, von Korallenbildungen zu einem Klumpen zusammengeballt, ein gutes Stück von dem gesunkenen Schiff entfernt im Sand. Dicht daneben lagen ein verrosteter Degen, ein Schädel und andere menschliche Gebeine. Der Soldat, dem die Münzen gehört hatten, war bei dem Schiffsunglück offensichtlich ertrunken. Dreihundert Jahre nach seinem Tod entdeckte ihn ein Taucher und nahm ihm sein Geld, mit dessen Hilfe er das Alter des Wracks bestimmen konnte. Dumas hatte bei dieser unmittelbaren Begegnung mit den Spuren eines Menschenschicksals die Empfindung, dieses Erlebnis nicht für alles Gold der Welt missen zu wollen.

Wir können von den Erfahrungen, die jene alten Konquistadoren der Neuen Welt gemacht haben, noch sehr viel lernen – vor allem wohl dies: Sie sind an der Gier, mehr und immer noch mehr Reichtum zusammenzuraffen, zugrunde gegangen. Ihr Streben nach Gold brachte ihnen keinen Gewinn, sondern vernichtete sie selbst, zerstörte die Wirtschaft ihres Landes, hielt dessen weitere Entwicklung auf und drückte Spanien jahrhundertelang den Stempel von Unmenschlichkeit und Verrohung auf. »Das ist der Gott der Spanier«, pflegten die Indianer zu sagen, während sie ein Stück Gold hochhielten.

Alles, was der Mensch an Land wie auf dem Meer unternimmt, sollte von der Ehrfurcht vor dem Leben von Mensch, Tier und Pflanze bestimmt werden, und auf See und in der See muß unsere Hauptaufgabe die Sorge für die Zukunft der Menschheit (und das Leben auf diesem Planeten allgemein) sein.

Epilog

Donnerstag, 6. September. Früh am Morgen lösen wir unsere Ankertrossen, nehmen das Sauggerät an Bord und versenken die *James and Mary.* Dann fahren wir durch unseren markierten Kanal aus dem Ausgrabungsgebiet hinaus ins offene Meer, wo wir zunächst noch einmal vor Anker gehen. Die Zodiak wird zu Wasser gelassen und zurückgeschickt, um die Leuchtbojen einzusammeln; das Boot prallt gegen einen Korallenfelsen und wäre beinahe gesunken. Gegen 12.30 Uhr verläßt die *Calypso* dann endgültig die Silberbank, in der wir insgesamt 44 Tage verbracht haben (die Fahrzeit von und nach San Juan auf unserer Nachschubtour nicht mitgerechnet). Zwei Monate haben wir mit einer erfolglosen Schatzsuche verbracht.
Freitag, 7. September. Wir kommen eine Stunde früher als erwartet in San Juan an. Das Wetter ist ausgezeichnet; wir haben in diesem Punkt überhaupt großes Glück gehabt und während unseres ganzen Aufenthaltes in der Silberbank keine wirklich bedrohliche Wetterlage erleben müssen. Die großen Wirbelstürme scheinen sich dieses Jahr zu verspäten. Ich mache mich sofort an die Arbeit und verschicke Telegramme, arbeite einen Urlaubsplan für die Schiffsbesatzung aus und bereite unser nächstes Unternehmen vor: die Expedition zum Titicaca-See in Peru.

Unter der Post, die in San Juan auf mich wartet, findet sich komischerweise ein Schreiben meiner Rechtsanwälte, das mich über die französischen Gesetze im Hinblick auf die Bergung von Schätzen informiert. Ich bringe den Schrieb sofort hinüber zu den anderen in der Schiffsmesse. Gemeinsam lesen wir fasziniert, was hier Schönes geschrieben steht: Hebt ein französischer Staatsbürger einen Schatz – sei es nun in der Silberbank oder sonstwo –, so muß er den Fund unverzüglich den zuständigen Behörden melden, die ihm die bei der Bergung entstandenen Kosten zurückerstatten. Der gesamte Schatz aber gehört der Regierung von Frankreich. Meldet man den Fund nicht bei den Behörden, so riskiert man eine Gefängnisstrafe wegen Betrugs und Unterschlagung.
Dieser Epilog paßt sehr schön zum Ausgang der großen Schatzsuche mit der *Calypso* und ist gewissermaßen »die Moral von der Geschicht'«.

Anhang

Amerika vor Kolumbus
Die Eroberung der Neuen Welt
Segelschiffe
Glossar
Bibliographie
Dank
Stichwortregister

Anhang A

Amerika vor Kolumbus

Die Neue Welt, an deren Ufern Kolumbus landete, war keineswegs so wild und unzivilisiert, wie man vielleicht annehmen möchte. Die Ureinwohner kannten zwar das Pferd noch nicht, hatten den Gebrauch des Rades noch nicht entdeckt und eine Reihe von Errungenschaften der europäischen Kultur nicht entwickelt, konnten diese Mängel aber durch ihre Zivilisationsleistungen auf anderen Gebieten mehr als ausgleichen. Sie verfügten bereits im 10. Jahrhundert über mächtige Staatengebilde und Reiche und waren der europäischen Kultur beispielsweise auf dem Gebiet der Kosmographie weit überlegen.

Es wäre jedoch falsch zu glauben, die Neue Welt als Ganzes sei, an europäischen Maßstäben gemessen, eine Art kultureller Oase gewesen. Amerika hatte viele Gesichter und bot den Neuankömmlingen eine verwirrende Vielfalt von Eindrücken. Als Kolumbus auf San Salvador, einer der Bahama-Inseln, an Land ging, wurde er von den Lucayas begrüßt, einem agrarisch wie künstlerisch hochentwickelten Volk, das vorzüglich in das Klischee vom »edlen Wilden« paßte. Wenig später begegneten die Spanier jedoch einem völlig andersartigen Eingeborenentypus, den blutrünstigen Kannibalen der Karibischen Inseln. Diese Vielfalt und Komplexität spiegelt sich auch in der Geschichte der Neuen Welt vor der Entdeckung durch Kolumbus, so daß die Historiker fast fünfhundert Jahre gebraucht

Porträt des Königs von Texcoco aus einer aztekischen Handschrift (Bibliothèque Nationale, Paris).

Der Inka mit einem Lama, nach Huaman Poma de Ayala (Bibliothèque Nationale, Paris).

Der Inka huldigt der Sonne, von Huaman Poma de Ayala (Bibliothèque Nationale, Paris).

haben, um wenigstens die kulturgeschichtlichen Hauptlinien der Neuen Welt zu entwirren.

Wir wissen von zwei großen, straff organisierten Staatengebilden, die das Amerika vor der spanischen Kolonisation beherrschten. Das Aztekenreich, das die alte Maya-Kultur in sich aufgenommen hatte, lag in einem Gebiet – dem heutigen Mexiko –, das bereits eine lange kulturelle Tradition besaß. Im Bereich der Kunst, Religion, Landwirtschaft und in seiner Gesellschaftsordnung stellte es eine Folge von Hochkulturen dar, die der europäischen Kultur auf dem Gebiet der Kunst, Wissenschaft und Organisation zumindest ebenbürtig, wenn nicht gar überlegen waren. Die entlang des Golfs von Mexiko lebenden Olmecas, die Mayas von Zentralamerika und Yucatán, die Tolteken im Hochland von Mexiko und die Zapoteken von Oaxaca hatten jeweils einen bedeutenden Beitrag zur altamerikanischen Kultur geleistet. Ein eingeborener Geschichtsschreiber aus der Zeit vor der Entdeckung Amerikas durch Kolumbus berichtet, im 7. Jahrhundert unserer Zeitrechnung habe es in der Neuen Welt ein rundes Dutzend Goldener Zeitalter gegeben. Die Azteken, mit denen es die Spanier in Mexiko zu tun hatten, waren nicht die Gründer und Schöpfer der berühmten Azteken-Kultur, sondern lediglich deren »Nutznießer«. Sie hatten – ein wildes Kriegervolk aus dem Norden, das über keine nennenswerte eigene Zivilisation verfügte – Mexiko erobert und die Klugheit besessen, die hochentwickelten Kulturen der unterjochten Völker zu übernehmen.

Die Azteken errichteten in der Lagune von Texcoco eine auf Pfählen gebaute Hauptstadt und nannten sie Tenochtitlán. Diese Stadt wuchs rasch zu einem reichen Produktions- und Handelszentrum heran und besaß prunkvolle Tempel, Paläste und einen großen Aquädukt. Jedes Haus von Tenochtitlán hatte sein eigenes Bad; die mexikanischen Ureinwohner waren ganz sicher sauberer und gepflegter als ihre europäischen Unterdrücker.

In diesem blühenden Reich der Azteken gab es seltsamerweise kein Alphabet; trotzdem waren die Kenntnisse in Medizin, Chirurgie, Botanik, Astronomie und Mathematik in der Neuen Welt erheblich größer als in Europa. Cortez selbst erfuhr diese medizinische Meisterschaft der Eingeborenen am eigenen Leibe, als er von einem aztekischen Wundarzt an einer schweren im Kampf empfangenen Kopfverletzung durch eine Schädeloperation behandelt wurde.

Cortez' Begeisterung galt allerdings mehr den materiellen Schätzen der Azteken-Kultur. In einem Bericht an Kaiser Karl V. heißt es: »Neben großen Mengen an Gold und Silber erhielt ich so kostbares Geschmeide, daß ich es nicht übers Herz brachte, es einschmelzen zu lassen, sondern Schmuck im Wert von einhunderttausend Dukaten für Eure Kaiserliche Hoheit beiseite legen ließ. Das Geschmeide ist von außerordentlicher Schönheit, und ich hege keinen Zweifel, daß kein anderer Fürst der Welt desgleichen besitzt. Damit Hoheit nicht glauben, ich übertriebe, laßt mich noch dazusagen, daß Montezuma jedes Ding zu

Eine Schlacht zwischen Spaniern und Indianern (Codex mexicain. Histoire mexicaine de 1221 à 1594, Bibliothèque Nationale, Paris).

Wasser und zu Land, das er je gesehen hat, in Gold und Silber, Juwelen und Vogelfedern nachschaffen läßt. Es ist alles so überaus kunstvoll gefertigt, daß es einen deucht, man erblicke den Gegenstand selbst und nicht dessen künstliches Abbild.«

Die Azteken hatten die Verwaltung ihres Reiches hervorragend organisiert und eine wirtschaftliche Stabilität erreicht, die ihnen in einer Zeit, da Europa periodisch von Teuerungen und Hungersnöten heimgesucht wurde, stets ein zufriedenstellendes Leben für alle sicherte. Ihre stolzesten Leistungen sahen die Azteken aber auf dem Gebiet der Kriegführung, denn sie waren ein sehr kriegerisches Volk. Jeder Azteke galt vom 15. Lebensjahr an als Krieger; ihre Hauptwaffen waren obsidianbesetzte Schlaghölzer, Speere, Schlingen sowie Pfeil und Bogen, die sie außerordentlich gut zu handhaben verstanden. Einem Schlachtroß aus Cortez' Truppe soll beispielsweise durch einen einzigen Hieb mit einem

Pizarro geht in Tumbes in Peru an Land (Stich von Theodore de Bry. Musée de la Marine, Paris).

aztekischen Holzschwert, dessen Schneide mit Obsidianspitzen besetzt war, der Kopf vom Rumpf getrennt worden sein. Die Krieger der Azteken hatten jedoch kein Interesse daran, den Feind in der Schlacht zu töten; man wollte den Gegner lebend fangen, um ihn später bei den rituellen Menschenopfern zu Ehren der Götter zu töten. Diesem Umstand verdanken die spanischen Konquistadoren zweifellos ihre geringen Verluste im Kampf. So zivilisiert die Azteken auch in den meisten Lebensbereichen waren, brachten sie doch Menschenopfer dar. Bei bestimmten religiösen Zeremonien öffnete ein an der Spitze einer Steinpyramide stehender Priester dem lebenden Opfer die Brust, riß ihm das Herz aus dem Leibe und hielt es, bluttriefend wie es war, der betenden Menge entgegen.

Die Azteken hatten, wie bereits erwähnt, keine Pferde. Bei ihren ersten Begegnungen mit den Spaniern hielten sie Roß und Reiter für ein einziges, monströses Lebewesen. Auch Feuerwaffen waren ihnen fremd, und da sie den Gebrauch von Eisen nicht kannten, besaßen sie auch keine Harnische. Sie befanden sich gegenüber den Eindringlingen aus Übersee daher eindeutig im Nachteil, wenn es zum Kampf kam. Trotzdem beruhte der leichte Sieg der Konquistadoren über die Azteken mindestens ebensosehr auf psychologischen und politischen Gründen wie auf der technischen Überlegenheit der Europäer. Einige der von den Azteken unterworfenen Stämme nutzten die Ankunft der Spanier zu dem Versuch, sich von ihren Unterdrückern zu befreien, und trugen damit sehr wesentlich zu dem schnellen Sieg einer Handvoll spanischer Soldaten über das gewaltige Aztekenreich bei.

Zwangsarbeit schwarzer Sklaven in den Minen der Neuen Welt (Stich von Theodore de Bry. Bibliothèque Nationale, Paris).

Cortez konnte seine 1200 Mann starke Truppe durch über 35000 Eingeborene (vorwiegend vom Chichimeca-Stamm) verstärken.

Cortez profitierte nicht nur von den politischen Spannungen innerhalb des Aztekenreiches, sondern auch und vor allem von den religiösen Überzeugungen und Mythen der Eingeborenen. Verschiedenen alten Prophezeiungen zufolge stand die Wiederkehr Quetzalcoatls, des Kriegsgottes der Tolteken, bevor; eine Zeit des Blutvergießens und der Vernichtung sollte dem Beginn einer neuen Ära vorangehen. Cortez erschien den Eingeborenen daher als ein Sendbote des Himmels. Tod und Elend, die seinen Weg säumten, galten folglich als die von aztekischen Priestern und Weisen lange vorausgesagte göttliche Heimsuchung.

All diese genannten Faktoren erklären zweifellos, weshalb der aztekische Herrscher Montezuma den spanischen Eindringlingen so willenlos zu Diensten war und weshalb seine Krieger dem Feind so wenig Widerstand entgegensetzten.

In Yucatán, Honduras und Guatemala hatte 1500 Jahre lang das Reich der Mayas mit blühenden Städten und prachtvollen Bauwerken bestanden. Während der Herrschaft der Azteken hatte das Volk der Mayas immer mehr an Bedeutung verloren, bis ihr einst so großes Reich zur Zeit von Cortez' Ankunft in der Neuen Welt auf acht kleine Fürstentümer reduziert war, die sich ständig untereinander befehdeten.

Die Mayas hatten eine ähnliche Gesellschaftsordnung wie die Azteken; es gab eine feste Hierarchie, an deren Spitze der Herrscher stand, gefolgt von den Priestern und Edlen, denen das gemeine Volk und die Sklaven untertan waren. Das Land war Gemeinschaftseigentum, von dem ein jeder den ihm zugewiesenen Teil bestellte.

Wie die Azteken hatten auch die Mayas den Gebrauch des Eisens nie entdeckt und kannten weder das Rad noch den Bau von echten Gewölben, noch ein Alphabet. Ihre naturwissenschaftlichen Kenntnisse, vor allem in der Mathematik und Astronomie, waren jedoch hoch entwickelt.

Der Untergang des Maya-Reiches ist bis auf den heutigen Tag eins der ungelösten Rätsel der Menschheitsgeschichte geblieben. Die blühenden Städte der Mayas mit mehreren hunderttausend Einwohnern wurden – niemand weiß weshalb – aufgegeben und versanken in der üppigen Flora des tropischen Dschungels. Es ist möglich, daß das Maya-Reich nach einer gegen die Herrschaft der Priesterkaste gerichteten Revolution in sich zusammenbrach.

Auf der dem Pazifik zugewandten Seite der Neuen Welt bestand ein noch größeres und mächtigeres Reich als das der Azteken. Das Reich der Inkas erstreckte sich in der Andenregion über die heutigen Staaten Bolivien, Peru und Ecuador. Der Name »Inka« bezeichnet heute sowohl die Bewohner dieses Reiches als auch dessen Kultur, war aber ursprünglich ausschließlich dem Herrscher, dessen Familie und engsten Vertrauten vorbehalten.

Wie die Azteken besiedelten die Inkas ihr späteres Herrschaftsgebiet erst in jüngerer Zeit. Als sie im 14. Jahrhundert christlicher Zeitrechnung in das mehr als 3000 Meter hoch gelegene Cuzco-Tal einzogen, begründeten sie dort die letzte von mindestens zehn Kulturen, die im Laufe von vier Jahrtausenden in diesem Gebiet entstanden und vergangen waren. Die Reiche der Chimú, der Tiahuanaco, der Moche und der Chavín, die Perus erste Hochkultur schufen, waren noch differenzierter und reicher an Kunstschätzen als die Kultur der Inkas. Mancher Archäologe und Kunsthistoriker gesteht den aus der Chavín-Zeit erhaltenen Gefäßen den gleichen Rang zu wie den griechischen Vasen oder dem chinesischen Porzellan.

Das in seiner Struktur eindeutig autoritäre Inkareich war noch weit despotischer und starrer in seinem hierarchischen Aufbau als der Staat der Azteken und kann nur als totalitäre Diktatur bezeichnet werden. Es war unter anderem verboten, Türen an den Häusern anzubringen, damit die Herrschenden das Volk bequem überwachen konnten. Die Inkas erlegten den von ihnen regierten Stämmen eine bedingungslose Unterordnung auf und praktizierten eine Art sozialistische Wirtschaftsordnung. Die einzige erlaubte Religion war der Sonnenkult, und selbst die vom Volk zu sprechende Sprache wurde durch Gebot des Herrschers verfügt, so daß Quechua zur allgemeinen und obligatorischen Umgangssprache erklärt wurde.

Architektur und Kunsthandwerk standen in hoher Blüte; die Bewohner des Inkareiches verarbeiteten Metalle wie Gold, Silber, Kupfer und Bronze mit großem Geschick. Eines der berühmtesten und kostbarsten Kunstwerke war das Abbild der Sonne im Tempel von Cuzco, eine riesige, massive Scheibe aus Gold, die mit Smaragden und anderen wertvollen Steinen übersät war.

Die Menschen ernährten sich vorwiegend vom Ackerbau und pflanzten Mais, Kakao und Baumwolle. Sie kannten zwar Pferd und Rad sowenig wie die Azteken, hatten aber immerhin ein Lasttier, das Lama.
Priester und Kaziken, die für ihre Grausamkeit bekannten Häuptlinge, beherrschten das Volk, indem sie es in ständiger Furcht vor ihrer eigenen wie vor der Götter Autorität hielten. Diesen Götzen mußten noch weit mehr und weit grausamere Menschenopfer gebracht werden als den Göttern der Azteken; um sie gnädig zu stimmen, schlachtete man nicht nur Kriegsgefangene auf den Altären, sondern auch junge Männer, Frauen und Kinder des eigenen Stammes.
Atahualpa, der letzte Inka, ließ sich von Pizarro noch bereitwilliger überwältigen und ermorden als Montezuma von Cortez. Pizarro war zweifellos eine der brutalsten und grausamsten Abenteurergestalten der Geschichte. Da er nur etwa 200 Soldaten bei sich hatte, dürfte er seinen leichten Sieg über das Inkareich in erster Linie dieser seiner Skrupellosigkeit verdanken. Es wäre für die Eingeborenen ein leichtes gewesen, dieser kleinen Truppe von Fremdlingen in ihrem von Bergen und Schluchten durchzogenen, wohlbefestigten und daher leicht zu verteidigenden Reich einen Hinterhalt zu stellen und sie zu töten, doch sie taten es nicht. Für den Untergang des Inkareiches waren sicher nicht die Pferde der Spanier noch deren Bärte, die den Eingeborenen große Ehrfurcht einflößten, ausschlaggebend, sondern wohl eher die innere Zerrissenheit des Staates selbst.
Einer von Atahualpas Brüdern, Huascar, hatte sich gegen die Macht des Herrschers aufgelehnt und sich selbst zum Inka ausgerufen, war aber während einer Schlacht bei Cuzco gefangengenommen worden. Seine Anhänger kämpften jedoch weiter, so daß Atahualpa beschloß, sich mit den Spaniern zu verbünden und den Aufstand mit Hilfe der Fremdlinge niederzuwerfen. Er erlaubte es Pizarro daher, quer durch sein Reich zu marschieren und bis zu seinem Palast vorzudringen, ohne ihm auch nur den geringsten Widerstand entgegenzusetzen. So kam es, daß das Inkareich den Spaniern ebenso mühelos in die Hände fiel wie das der Azteken.
Die Tatsache, daß diese beiden gewaltigen Reiche so schnell und so lautlos untergingen und daß eine Handvoll Spanier in kurzer Zeit die Neue Welt erobern konnte, bleibt jedoch noch immer unfaßbar, wenn man nicht die psychologischen und kulturgeschichtlichen Unterschiede zwischen der Urbevölkerung Amerikas und den Europäern berücksichtigt. Es waren zwei grundverschiedene Menschenrassen, Weltanschauungen und Denkweisen, die einander völlig fremd und weitgehend unverständlich gegenüberstanden. Als die Spanier die Neue Welt betraten, kamen sie im stolzen Gefühl ihrer Überlegenheit als Abendländer und im Besitz des einzig wahren Glaubens, des Katholizismus, den sie den von ihren Göttern und ihren Königen verlassenen Eingeborenen mit allen Mitteln aufzuzwingen gedachten.
Diese Mentalität sowie die Unwissenheit und Manipulierbarkeit der »Indianer« machte es den Spaniern leicht, die Eingeborenen skrupellos zu unterdrücken und auszubeuten. Es gab einige wenige Männer, die zwischen den beiden Rassen zu vermitteln suchten, so

Bug eines Schiffes (aus der »Encyclopédie«).

etwa Netzahualcoyotl, der Herrscher von Texcoco, den im Gegensatz zu dem willenlosen, apathischen Montezuma ein stoischer Edelmut auszeichnete, oder der Dominikanermönch Bartolomeo de Las Casas, der lange und erbittert gegen die Versklavung der Eingeborenen durch die Spanier und die »Bekehrung« der Indianer zum Katholizismus durch Folter und Massaker kämpfte, oder Fray Juan de Zumarraga, der die Indianer ebenfalls zu schützen suchte. Einige der spanischen Missionare nahmen sogar Kontakt zu den Priestern der Azteken auf, um deren religiöse Handlungen kennen- und Glaubensinhalte verstehen zu lernen. Es gelang ihnen sogar, die heiligen Schriften der Azteken vor Cortez' Autodafés zu retten. All diese vereinzelten Ansätze fielen jedoch in der Geschichte der Eroberung Amerikas durch die Spanier nicht ins Gewicht. Der Weg der ersten Europäer in der Neuen Welt ist von Habgier, Gewalttaten und Grauen gezeichnet.

Anhang B

Die Eroberung der Neuen Welt

Die Behauptung ist umstritten, die Eroberung der Neuen Welt sei nicht eine Art primitiver Vorstufe für die Kolonialkriege des 19. Jahrhunderts gewesen. Sie war zunächst jedenfalls keine »Staatsaktion«, sondern beruhte auf der privaten Initiative von einzelnen Abenteurern und deren Finanzierung durch ebenfalls private Spekulanten und Kaufleute.
Die Konquistadoren selbst stammten meist aus verarmten Familien des niederen Adels, bisweilen auch aus den untersten sozialen Schichten Europas: Pizarro zum Beispiel war ein Schweinehirt. Viele von ihnen waren gar keine Spanier, sondern gebürtige Genueser, Venezianer, Deutsche, Engländer und Franzosen, die sich ihre »Soldaten« für die Expeditionen in die Neue Welt unter dem menschlichen Treibgut der europäischen Hafenstädte anheuerten.
Das Ende dieser Konquistadoren war oft weit weniger glorreich als ihre stolzen Anfänge. Nach den ersten triumphalen Erfolgen kam meist ein sehr unrühmliches Ende: Kolumbus wurde ins Gefängnis geworfen, Cortez starb verarmt und im Elend, Balboa wurde um einen Kopf kürzer gemacht, und Gonzalo Pizarro endlich, ein Stiefbruder des Eroberers von Peru, auf Befehl eines Bevollmächtigten Kaiser Karls V. ausgepeitscht und hingerichtet.

Die spanischen Könige interessierte an den Eroberungszügen ihrer Untertanen in die Neue Welt im Grunde nur die Frage, wie sie ihren Anteil an der Beute, den Quintal des Königs, sichern konnten. Man ernannte dafür einen besonderen Beamten, den *Contador*, der für die ordnungsgemäße Eintreibung des Quintals verantwortlich war.
Aber auch das »Seelenheil« der Bewohner der Neuen Welt erschien der spanischen Krone als ein ausreichender Grund für eine offizielle Intervention. Karl V. und sein Nachfolger Philipp II. hatten allerdings schon in Europa alle Hände voll zu tun und waren mit Eifer bemüht, die Protestanten und die Türken niederzuwerfen. Philipp II. war besonders stolz darauf, die Christenheit in der Schlacht von Lepanto erfolgreich gegen die Türken verteidigt zu haben und für den wahren Glauben die als unüberwindlich geltende Armada gegen Königin Elisabeth von England einzusetzen, die (wie Philipp es nannte) die »angeblich reformierte« Religion, den Protestantismus, unter ihren Schutz gestellt hatte. Philipp hätte es sich sicher nicht träumen lassen, daß der Heilige Krieg, den er im Mittelmeer und im Ärmelkanal führte, sich bald in den karibischen Raum verlagern sollte, denn die verschiedenen Eroberungszüge in die Neue Welt wurden zunehmend religiös-konfessionell motiviert.
Im Jahre 1493 hatte Papst Alexander VI. mit seinem Schiedsspruch jene berühmte »Demarkationslinie« geschaffen, durch die die Welt buchstäblich in eine spanische und eine portugiesische Hälfte geteilt wurde. Einige Zeit später erteilte eine Folge von vier päpstlichen Bullen Spanien den Auftrag, die neuentdeckten Gebiete im Westen zu missionieren, und schuf damit die rechtliche und religiöse Handhabe für Spanien, Amerika in Besitz zu nehmen.
Dieser Auftrag wurde in der Neuen Welt durch ein bizarres Ritual formell erfüllt, das sich »Anspruch auf Inbesitznahme« nannte. Bevor die Spanier zum Kampf schritten, schickten sie den Eingeborenen erst einmal einen Mönch oder Priester mit einem Aufruf oder *requerimiento,* das von einem Dolmetscher übersetzt werden sollte. Das Dokument war von Palacios Rubios, einem Doktor der Theologie, verfaßt und verlangte von den Indianern, daß sie ihrer alten Religion entsagten und den einzig wahren Glauben annahmen. Der feierlich verlesene Aufruf hatte den Wortlaut:
»Kaziken und Indianer! Wisset, daß es einen Gott, einen Papst und einen König von Kastilien gibt, der Herr über dieses Land ist. Denn der Papst, der Gottes Stellvertreter auf Erden ist und in dessen Hand die ganze Welt ruht, hat dieses Land dem König von Kastilien unter der Bedingung zugesprochen, daß er dessen Bewohner zum Christentum bekehrt, auf daß sie nach ihrem Tode in der Herrlichkeit des Himmels auf ewig selig sein mögen.«
Königin Isabella von Kastilien hatte erklärt, alle Indianer seien frei. In der Praxis aber wurden die Eingeborenen mit dem Beginn der Eroberung Amerikas durch die Spanier zu Sklaven; wer sich wehrte, wurde niedergemacht. Innerhalb weniger Jahre war der karibische Raum praktisch entvölkert, und die ganze Neue Welt stand unter einer Herrschaft des Terrors und der Willkür.

Porträt von Sir Francis Drake (1540–1596) von Larmessin (Bibliothèque Nationale, Paris).
Drakes Schiff »The Golden Hind« (Zeichnung von Leon Haffner).

Der Goldrausch ließ über die Indianer eine Horde von skrupellosen Abenteurern hereinbrechen, denn nicht nur Spanien, sondern ganz Europa dürstete nach Reichtum. Das Gold und Silber der Azteken und Inkas und vor allem die unerschöpflich scheinenden Bergwerke, in denen die Eingeborenen die kostbaren Metalle abbauten, stellten eine Verlokkung dar, der die geldgierigen Europäer nicht widerstehen konnten.
Zwei fast legendäre Gestalten verkörpern geradezu diese Goldsucherära: Hernando Cortez, der Eroberer von Mexiko, und Francisco Pizarro, der Eroberer von Peru. Cortez war ein *Hidalgo*, der Sproß einer zwar verarmten, aber adeligen Familie aus Medellin in Estremadura. Er ging in die Neue Welt, um sein Glück zu machen, landete in Kuba im Gefängnis, flüchtete, stellte sich an die Spitze einer aus sechs Schiffen und 300 Mann bestehenden Expedition, stach von Vera Cruz aus in See und eroberte im August 1521 nach einer Belagerung von 93 Tagen die aztekische Hauptstadt Tenochtitlán, wobei die Bewohner der Stadt zu Tausenden ums Leben kamen. Einem von Montezuma abgesandten Unterhändler, der die Spanier zum Rückzug aus dem Land der Azteken aufforderte, erklärte Cortez unumwunden: »Sag deinem Herrn, daß er uns Gold schicken muß – sehr viel Gold, denn meine Freunde und ich leiden an einer Krankheit des Herzens, die nur durch Gold geheilt werden kann.«
Nach der Eroberung Mexikos wurde Cortez mit Ehrungen überschüttet. Er wurde zum Generalkapitän von Neu-Spanien ernannt – einem riesigen Land, von dem er nichts wußte und das ihn auch nicht sonderlich interessierte. Karl V. erhob ihn zum Marqués del Valle de Oaxaca und machte ihn zum Ritter von Sankt Jakob. Der Ruhmeslauf dieses Abkömmlings aus einer verarmten Adelsfamilie schien kein Ende zu nehmen. Cortez dachte nicht

Ein Schiff des 16. Jahrhunderts, nach einem Holzschnitt von Theodore de Bry (Bibliothèque Nationale, Paris).

daran, sich auf seinen Lorbeeren auszuruhen. Er beschäftigte sich mit Plänen, die einen erstaunlichen Weitblick zeigen: die Sicherung der spanischen Schiffahrtslinien über den Pazifik in den Fernen Osten, der Gewürzroute nach Ostindien und China. In einem Schreiben vom 15. Oktober 1524 an Karl V. berichtet Cortez, er habe in Zacatula an der Pazifikküste den Bau von vier Schiffen in Auftrag gegeben, die für den Handel mit den Philippinen bestimmt seien. Diese Leistungen und ehrgeizigen Vorhaben schienen Cortez' wachsende Macht zu festigen und künftige Ehren für ihn zu sichern; Cortez selbst war zumindest fest davon überzeugt. Als Karl V. ihn einmal am Hofe von Madrid erblickte und laut und vernehmlich fragte: »Wer ist dieser Mensch?«, soll Cortez geantwortet haben: »Dieser Mann, Sire, hat Euch mehr Provinzen gegeben, als Euch Euer königlicher Vater Städte hinterlassen hat.« Doch Undank ist bekanntlich der Welt Lohn; Cortez fiel in Ungnade und starb, vom Kaiser völlig vergessen, im Jahre 1547 in der Nähe von Madrid.

Francisco Pizarro, der grausame Eroberer des Inkareiches, war der Bastard eines unbedeutenden Edelmannes aus Trujillo. Er konnte weder lesen noch schreiben und verdiente sich sein Brot als Schweinehirt. Diese Art der Tätigkeit verhalf ihm unfreiwillig in die Neue Welt, denn als ihm eines Tages eines der ihm anvertrauten Borstentiere abhanden kam und er sich vor dem Zorn seines Herrn und der unausweichlichen Bestrafung fürchtete, lief er davon und heuerte auf einer Galeone an, die nach Amerika segeln sollte. In der

Neuen Welt fing er in einer Zeit, in der die meisten »Kapitäne« kaum älter als 25 Jahre waren, mit 50 Jahren ein neues Leben an. Er begleitete Nuñez de Balboa auf seinem Zug über die Landenge von Darién und entdeckte mit diesem den Pazifischen Ozean. Gemeinsam mit einem anderen Abenteurer namens Almagro zog er gegen das riesige Reich der Inkas und eroberte mit 168 Mann und 37 Pferden ein Land, das viermal so groß war wie seine Heimat Spanien.

Am 15. November 1532 erreichten die Spanier die Stadt Caxamarca; der Inka war unvorsichtig genug, sich dorthin einladen zu lassen, um mit Pizarro zu verhandeln. Atahualpa näherte sich den Spaniern in Gold gekleidet und von Juwelen funkelnd unter einem kostbaren Baldachin. Der Dominikanermönch Valverde verlas den obligatorischen Aufruf des Königs, nach dem dem Inka befohlen wurde, seinem gotteslästerlichen Aberglauben abzuschwören und sich der kastilischen Krone zu unterwerfen. Als der Inka die ihm entgegengehaltene Bibel zurückstieß, hob der Mönch sein Kruzifix empor. Auf dieses Zeichen hin fielen die Spanier über die Indianer her und erschlugen mehr als zweitausend von ihnen. Pizarro selbst packte den Inka bei den Haaren und ließ ihn gefangensetzen.

Der Inka machte, um sich freizukaufen, Pizarro das Angebot, seine sieben Meter lange und fünf Meter breite Gefängniszelle bis zur Decke mit Gold anfüllen zu lassen. Pizarro ging darauf ein, und der Inka hielt Wort. Als das Gold herbeigeschafft war, beschuldigte Pizarro seinen Gefangenen der »Rebellion wider Seine Allerkatholischste Majestät«. Der Inka wurde daraufhin zum Tode verurteilt und stranguliert. Er erhielt, so versichert man uns, ein »christliches Begräbnis«.

Wenig später hielt Pizarro feierlich Einzug in Cuzco. Seine erste »Amtshandlung« bestand darin, mit seinen Männern den Sonnentempel und den Palast des Herrschers zu plündern, wo alle Einrichtungsgegenstände, Verzierungen und Kunstwerke aus massivem Gold bestanden.

Zwischen den Eroberern, das heißt zwischen Pizarro und Amagro, kam es bald zu heftigen Auseinandersetzungen, in deren Verlauf Pizarro Cuzco verließ und sich in Lima seine eigene Hauptstadt suchte. Der Kampf zwischen den beiden Abenteurern erstreckte sich über elf Jahre. Schließlich nahm Pizarros Bruder Hernando den Gegner in Cuzco gefangen und ließ ihn 1538 hinrichten. Drei Jahre danach wurde Fancisco Pizarro von Juan de Rada, einem Gefolgsmann Almagros, in Lima getötet. Er war zum Zeitpunkt seines Todes 70 Jahre alt.

Ein anderer Bruder von Pizarro namens Gonzalo vertrieb den neuen Vizekönig von Peru aus Lima und ließ ihn in Anaquito hinrichten. Er führte eine despotische Herrschaft über das von seinem toten Bruder eroberte Land, bis ihn 1548 der Bevollmächtigte von Karl V., Pedro de la Gasca, auspeitschen und als Rebellen gegen Seine Allerkatholischste Majestät hinrichten ließ.

Der Kaiser hatte Francisco Pizarro die Würde eines Ritters von Sankt Jakob verliehen; trotz der Verbrechen von Gonzalo und Hernando führte die Familie Pizarro viele Generationen lang den stolzen Titel Marqués de la Conquista.

Eine spanische Galeone aus dem 17. Jahrhundert (Zeichnung von Gustave Alaux).

Cortez schenkte nach einem Wort von Lope de Vega nicht nur dem lieben Gott »Seelen ohne Zahl«, sondern auch Spanien die Silberminen von Mexiko. Francisco Pizarro tat noch mehr: Er verschaffte Spanien das legendäre El Dorado, das Gold und Silber von Potosi – einen Reichtum, von dem ganz Europa träumte. Die Goldgier der Spanier war so groß, daß sie selbst die unvergleichlichen Kunstschätze des Königs Axayacatl zu Barren einschmolzen, um das kostbare Metall besser transportieren zu können.
Doch die ungeheuren Reichtümer, die auf diese Weise in das spanische Königreich flossen, waren von Blut getränkt und wie mit einem Fluch behaftet, denn sie brachten den Herrschern dieses Landes und dem spanischen Volk kein Glück.

Anhang C

Segelschiffe

Nach unseren heutigen Maßstäben waren die Schiffe, mit denen Kolumbus im Jahre 1492 die Neue Welt entdeckte, nichts weiter als Nußschalen. Kolumbus' Karavelle *Santa Maria* maß ganze 25 Meter und brauchte 35 Tage, um den Atlantik zu überqueren. In der Folgezeit erwiesen sich die Karavellen als viel zu klein, um die Schätze aus der Neuen Welt nach Spanien transportieren und zusätzlich die für die Verteidigung der kostbaren Fracht unbedingt erforderlichen Bordgeschütze aufnehmen zu können. Man baute also größere und schwerere Schiffe, sogenannte Galeonen, die aus einer Abwandlung der von den Portugiesen und den Genuesern verwendeten Karacken entstanden sind. Sie waren Viermaster mit viereckigen Segeln und brauchten für eine Atlantiküberquerung 50 bis 60 Tage.
Die Galeonen hatten eine auffallend hohe Heckpartie, die von den typischen Mittelmeerschiffen übernommen worden war. Im Laufe der Zeit wurde das ursprünglich vier bis fünf Stockwerke hohe Heck etwas abgeflacht und die offene Back durch einen verkleideten Unterstand ersetzt.
Diese vergleichsweise simplen Verbesserungen zogen sich über vier Jahrhunderte hin und folgten der erst im 19. Jahrhundert verwirklichten Tendenz, das Vorschiff anzuheben und die Heckpartie abzuflachen, so daß die Fahrzeuge schließlich eine fast horizontale Linie

über Wasser zeigten. Es wurden immer längere Galeonen gebaut; im 17. Jahrhundert maßen sie bereits 50 bis 60 Meter. Die einfachen Handelsschiffe waren gelegentlich bis zu 40 Meter lang.

Die Engländer und Holländer führten wichtige Änderungen beim Schiffsbau ein und verbesserten die Konstruktionsweisen der Fahrzeuge erheblich. Die Kiellänge, die bisher ungefähr die doppelte Schiffsbreite betrug, wurde nun auf dreifache Schiffsbreite vergrößert. Die neuen Schiffe waren an der Wasserlinie viermal so lang wie breit, während das Gatt etwa halb so tief war, wie die Schiffsbreite betrug.

1618 bestand die Hälfte der englischen Flotte aus Viermastern, die von dieser Zeit an alle Toppsegel und an den beiden Achtermasten Dreiecksegel führten. Das verstärkte und verlängerte Vorschiff trug einen spitzen Stirnbalken und war mit einer Galionsfigur verziert. Im 17. Jahrhundert wurde der Stirnbalken zu einem bloßen Überhang verkürzt, der den Schiffsschnabel darstellte und die Galionsfigur trug.

Am Bugspriet befand sich ein Dreiecksegel und, erstmals zwischen 1611 und 1618, auch ein Vierecksegel an einer senkrechten Spiere. Obwohl diese Takelage keineswegs stabil war, hielt sie sich bis in die Mitte des 18. Jahrhunderts hinein und wurde dann durch die Klüvfock oder Stagfock abgelöst.

Freibeuter wie Hawkins und Drake bedienten sich schneller, wendiger Schiffe. Drakes *Golden Hind* fuhr rund um den Globus und überquerte in 89 Tagen den Pazifik. Das Schiff

Die Krängung eines Schiffes (aus der »Encyclopédie«).

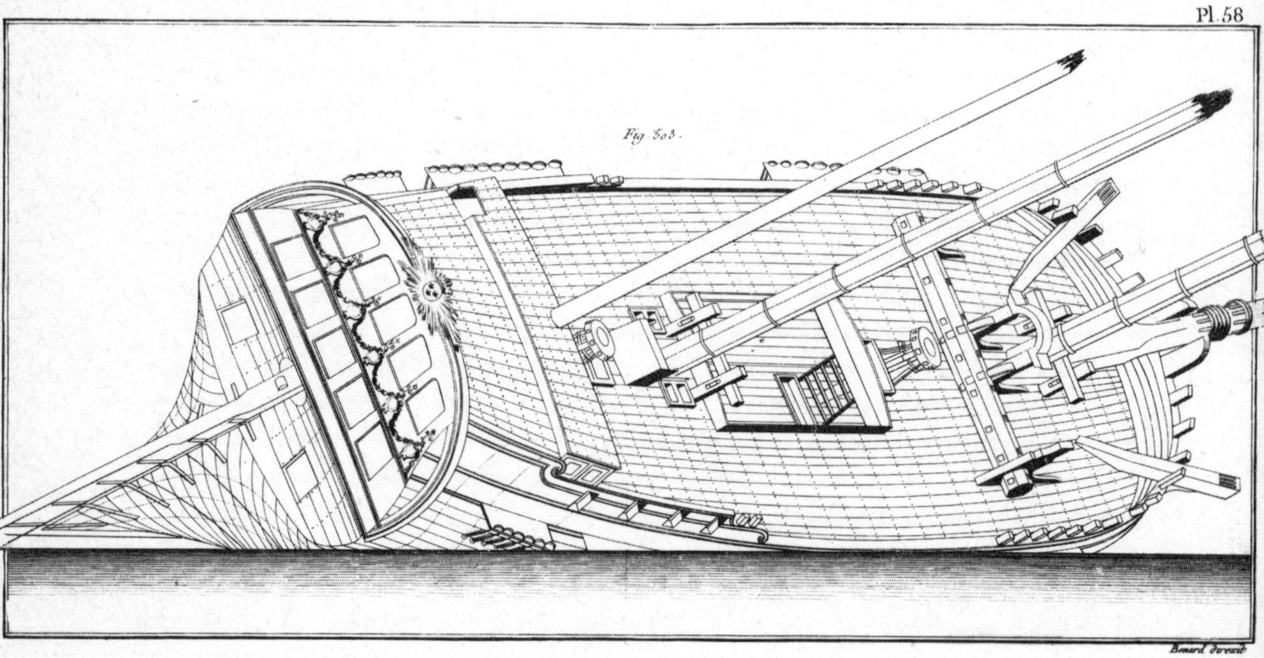

hatte 100 Tonnen, 25 Meter Gesamtlänge und einen Kiel von 16 Metern, wobei es über der Wasserlinie nur 20 Meter lang war.
Die von den Piraten benutzten Brigantinen und Schaluppen hatten nur zwei Masten und führten Dreiecksegel. Die Seeräuber konnten damit sehr hart am Wind segeln und Schiffe mit Vierecksegeln mit Leichtigkeit überholen, wodurch diese gezwungen wurden, hin und her zu lavieren.
Ab 1656 hatten die englischen Schiffe ein abgerundetes Heck. Bei den Flotten anderer Nationen dagegen hielt sich das eckige Heck noch geraume Zeit.
Achtern trug der Kreuzmast im 17. Jahrhundert ein Dreiecksegel und darüber eine viereckige Leinwand, das Bramsegel. Von der zweiten Hälfte des 17. Jahrhunderts an verwendete man Stagfock und Reff. Um 1690 war das Reff bereits allgemein gebräuchlich.
Die Weiterentwicklung der Schiffsbaukunst durch die Engländer und Holländer bewirkte eine weitere wichtige Änderung: Die Heckpartie der Schiffe wurde noch mehr abgeflacht und auf die Höhe von zwei Stockwerken reduziert.
Im Laufe des 18. Jahrhunderts wurden die Techniken der Mast- und Segelsetzung ständig verbessert. Man kam mehr und mehr von Viermastern ab und baute statt dessen wesentlich höhere Masten als zuvor; sie waren bis zu 40 Meter hoch und boten dem Wind daher mehr Segelfläche. Auch verwendete man nicht mehr ein großes Segel, sondern viele kleinere Vierecksegel, mit denen man hart am Wind segeln konnte. Die Takelage bestand erst aus drei, später aus vier Reihen von Segeln: Der Hauptmast trug beispielsweise neben dem Großsegel ein Groß-Untermarssegel, ein Groß-Obertoppsegel und gegen Ende des 18. Jahrhunderts auch ein Großbramsegel.
Im 16. und 17. Jahrhundert betätigte man das Steuerruder durch einen senkrecht verlaufenden Hebelarm, die Ruderpinne, die sich in Deckhöhe drehen ließ. Diese Vorrichtung bot mit fünf Grad Spielraum auf jeder Seite nur sehr begrenzte Steuermöglichkeiten. Wollte man kompliziertere Richtungsänderungsmanöver ausführen, so mußte man die Segelstellung (vor allem das Lateinsegel am Kreuzmast) verändern. Erst zu Beginn des 18. Jahrhunderts wurde die Ruderpinne durch ein Steuerrad ersetzt, das auf einem trommelartigen Behälter befestigt und so mit dem Steuerruder gekoppelt war, daß man erheblich mehr Manövrierspielraum erhielt.
Wir sollten der Fairneß halber nicht vergessen, welch beschränkte Hilfsmittel die Seeleute vor einigen Jahrhunderten hatten, um ihre Position und ihren Kurs zu bestimmen. Gegen Ende des 15. Jahrhunderts gab es noch kein Instrument, mit dem man die Höhe der Gestirne hätte messen können. Erst um 1530 konnte man den Breitengrad, auf dem man sich befand, am Stand der Sonne über dem Meridian ungefähr bestimmen, während man den Längengrad, der am Stundenunterschied zwischen der augenblicklichen Position und dem Ausgangsmeridian gemessen wird, beim besten Willen nicht berechnen konnte.
Im 16. Jahrhundert wurde das Astrolabium (eine dem griechischen Astronomen Hipparch von Nikaia aus dem 2. Jahrhundert vor Christus zugeschriebene Erfindung) durch ein Instrument ersetzt, das man Jakobsstab, Kreuzstab oder Gradstock nannte. Es bestand

aus zwei Holzstäben, die im rechten Winkel zueinander standen und sich gegeneinander verschieben ließen. An einem Ende des Querholzes befand sich ein kleines Loch, am Rande des Längsstabes eine Visieröffnung. Wollte man den Stand eines Gestirns messen, so stellte man den Gradstock darauf ein, bis man den betreffenden Stern durch das Loch im Querholz und den Horizont durch die Visieröffnung im Längsstab sehen konnte. Dann las man auf der Skala des Gradstockes den entsprechenden Wert ab.

Bis in die jüngste Zeit hinein beruhte die Navigation allein auf der sogenannten »Logrechnung« oder »Gissung«, der Positionsbestimmung durch die Entfernung des Schiffes von einem Fixpunkt. Der Steuermann trug den vom Kompaß abgelesenen Kurs seines Fahrzeugs fortlaufend ins Logbuch ein; der Kurs wurde nicht in Graden angegeben, sondern in »Viertelkompaßstrichen«, die jeweils etwa 11 Grad entsprachen. Der Kompaß aber zeigt den magnetischen und nicht den geographischen Nordpol, was die Arbeit des Steuermannes sehr erschwerte. Seefahrerisches Können beruhte daher wesentlich mehr auf langer Erfahrung als auf wissenschaftlichen Kenntnissen.

Der Fahrtmesser (oder Logge), mit dessen Hilfe man die Geschwindigkeit eines Schiffes in Knoten messen kann, kam erst zu Beginn des 17. Jahrhunderts in Gebrauch.

Die Länge einer Seemeile als Maßeinheit wechselte im Laufe der Zeit. Gegen Ende des 16. Jahrhunderts betrug sie 1 620 Meter, um die Mitte des 17. Jahrhunderts dagegen 1 866 Meter.

Die Zeit wurde an Bord mit dem Stundenglas gemessen, das alle dreißig Minuten umgedreht werden mußte – eine Aufgabe, mit der meist ein Schiffsjunge oder ein in Ausbildung befindlicher Maat betraut wurde. Erst zu Beginn des 18. Jahrhunderts gab es Borduhren, mit denen man sich einigermaßen genau an die Normalzeit von Greenwich oder Paris halten konnte. Die Einführung solcher Uhren machte es auch möglich, die augenblickliche Längengradposition eines Schiffes, wenn nicht exakt, so doch wenigstens annähernd richtig zu bestimmen. Um die gleiche Zeit wurde der Gradstock durch den Oktant ersetzt, einen Vorläufer des Sextanten. Mit Hilfe von erst einem, später von zwei Spiegeln ließ sich der Stand der Sonne und die Position des Schiffes leichter und verläßlicher feststellen.

Trotz all dieser Verbesserungen unterlagen die Seeleute noch lange Zeit verhängnisvollen Navigationsfehlern und mußten hinsichtlich ihrer Position auf dem Ozean mehr oder weniger »über den Daumen peilen«. Es gibt eine Fülle von Beispielen der Ahnungslosigkeit, mit der sogar Kriegsschiffe häufig in die falsche Richtung segelten. A. Tomazi, eine Autorität auf dem Gebiet der Geschichte der Seefahrt, berichtet von einem Geschwader, das 1778 unter Admiral de Grasse an den Bermuda-Inseln vorbei nach Westen fuhr. Dabei glaubte man an Bord jener Schiffe, man befinde sich auf Ostkurs! Der Kommandierende eines anderen Geschwaders, Admiral Suffren, ließ 1782 seine Position durch Logrechnung bestimmen. Obwohl weit und breit kein Land in Sicht war, befand man sich laut Positionsberechnung 50 Kilometer weit im Inneren Afrikas!

Pl. 1.ere

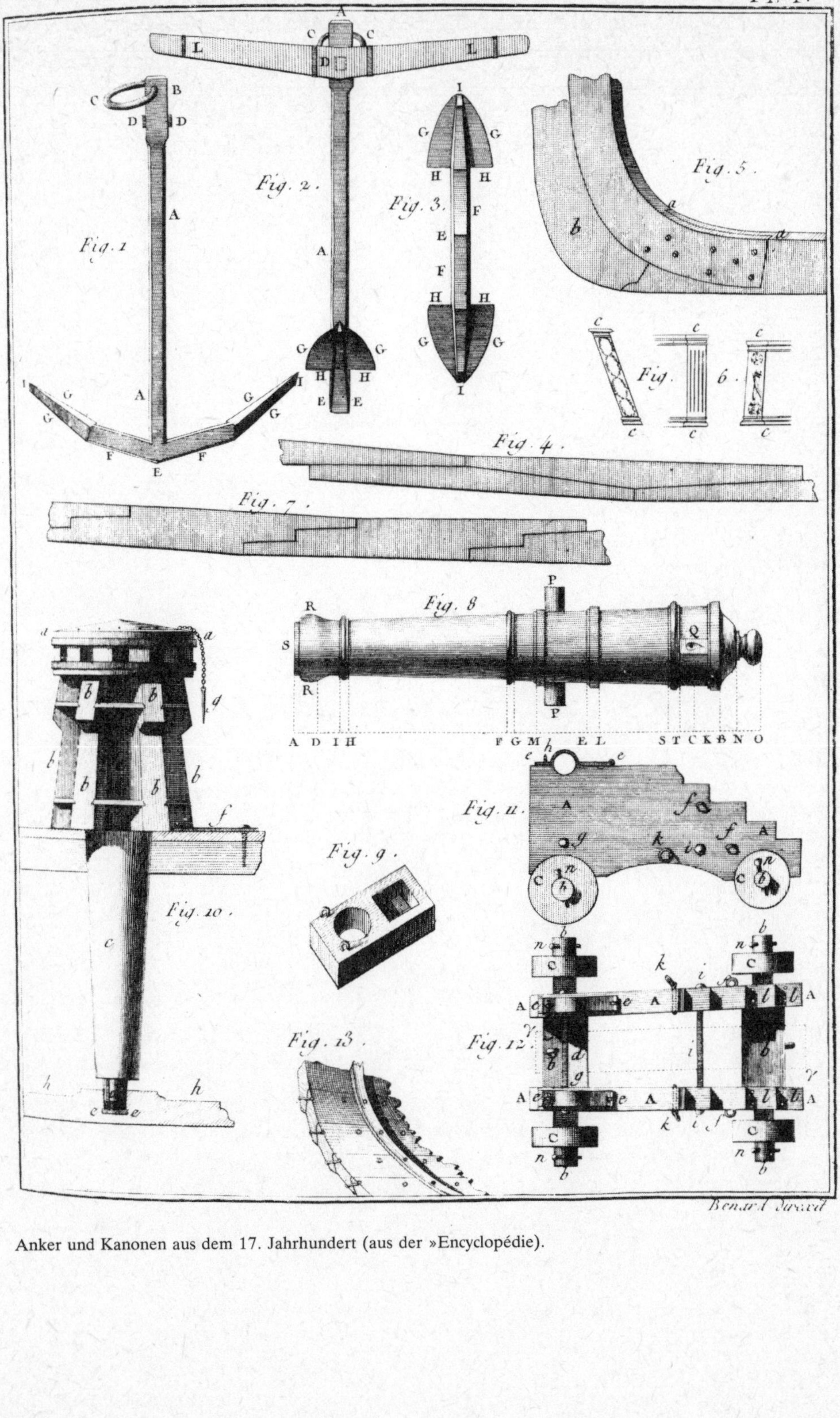

Benard direxit

Anker und Kanonen aus dem 17. Jahrhundert (aus der »Encyclopédie).

Glossar

Achtersteven. Der Achtersteven ist ein massiver Holzpfosten von derselben Breite wie der Kiel. Er befindet sich am Heck des Schiffes und dient auch zur Befestigung des Steuerruders.

Acropora (Geweihkoralle). Die *Acropora* (zoologisch auch als *Madrepora* bezeichnet) ist eine koloniebildende Steinkoralle von gelber, brauner, grüner, malvenfarbener oder blauer Färbung, die sich zu geweihartig verästelten Formen entwickelt. Sie gehört zur Ordnung *Skleractinia* = *Madreporaria* und kommt in wärmeren Gewässern sehr häufig vor.

Albemarle, Henry Christopher Herzog von. Albemarle war der Sohn von General George Monk, der nach dem Tode von Oliver Cromwell eine wichtige Rolle bei der Wiedereinsetzung von Charles II. als König von England gespielt hat.
Henry Christopher (1653–1688) erbte den Titel und das riesige Vermögen seines Vaters und wurde ein Gönner von William Phips. Am Ende seines kurzen Lebens war er Gouverneur von Jamaica. Der Titel »Herzog von Albemarle« erlosch mit seinem Tod.

Antillen. Die Antillen werden auch Westindien genannt und umfassen die Bahama-Inseln, die Großen Antillen (Kuba, Jamaica, Hispaniola = Haiti und Dominikanische Republik, und Puerto Rico) sowie die Kleinen Antillen mit den Inseln Über und Unter dem Winde, Trinidad, Barbados und den holländischen und venezolanischen Inseln. Sie erstrecken sich von Florida bis Venezuela und grenzen das Karibische Meer gegen den Atlantischen Ozean hin ab.
Die Gewässer um die Antillen weisen eine starke Strömung auf, die durch die Straße von Yucatán zum Golf von Mexiko verläuft. An einigen Stellen (vor allem zwischen Kuba und Jamaica) ist das Meer bis zu 8 500 Meter tief, nördlich von Venezuela fast 7 000 Meter.
Im 18. Jahrhundert bildeten die Antillen eine blühende wirtschaftliche Einheit, deren Hauptprodukte in Indigo und Zuckerrohr bestanden; doch auch Tabak und Baumwolle wurden reichlich angepflanzt. Die Antillen waren für Europa der Hauptlieferant von Zucker und Rum. Santo Domingo bildete damals das Zentrum dieses regen Wirtschaftslebens.

Asiento. Der spanische Ausdruck für »Vertrag« und »Kauf« bezeichnete ein Abkommen der spanischen Regierung mit einer ausländischen Handelsgesellschaft über die Lieferung

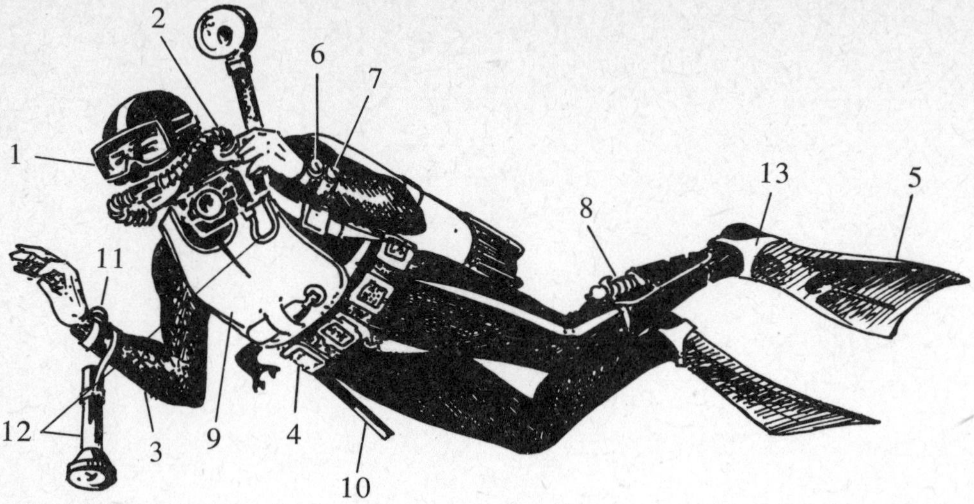

Freitaucher-Atemgerät von Cousteau und Gagnan, Typ »Mistral«, und Tauchzubehör.

Unentbehrlich
1 Maske
2 Luftzufuhr und
3 Tauchanzug
4 Ballastgürtel
5 Flossen

Notwendig
6 Tiefenanzeiger
7 Uhr
8 Messer
9 Schwimmweste
10 Schnorchel

Nützlich
11 Kompaß
12 Blitzlichtgerät
13 Knöchelbindung

von afrikanischen Sklaven in die spanischen Überseebesitzungen.
Da Spanien selbst an der afrikanischen Westküste keinen Stützpunkt besaß und seine Flotte noch nicht einmal für den Transport der wichtigsten Nachschubgüter für die spanischen Kolonisten in Amerika ausreichte, trat es sein Handelsmonopol in manchen Bereichen gegen entsprechendes Entgelt an andere europäische Länder (wie etwa Frankreich oder England) ab.
Der erste *Asiento* wurde im Jahre 1517 mit einer Genueser Handelsgesellschaft abgeschlossen. Danach hatten die Portugiesen das Handelsmonopol, bis sie 1640 von den Niederländern abgelöst wurden. Die Holländer betrieben den Sklavenhandel bis 1695. Im Jahre 1701, also zur Zeit des Spanischen Erbfolgekrieges, fiel das Monopol an die französische Handelsgesellschaft von Guinea. Nach dem Utrechter Frieden ging es 1713 für die Dauer von zunächst dreißig Jahren an eine englische Gesellschaft, die Südseekompanie, über und verblieb bei dieser über die festgesetzte Zeit hinaus bis 1759.
Die Vertragspartner der Spanier unter dem *Asiento* waren verpflichtet, jährlich 3000 bis 4000 Negersklaven an die spanischen Kolonien in Amerika zu liefern.

Atemgerät (SCUBA). Das SCUBA-Atemgerät, das als eine von außen unabhängige technische Einheit den Aufenthalt des Menschen unter Wasser wesentlich erleichtert, wurde 1943 von Jacques-Yves Cousteau und Emile Gagnan entwickelt. Das vollautomatische Gerät ist ebenso sicher wie einfach in der Handhabung und hat das Meer einer eingehenderen Erforschung und einem breiten Publikum zugänglich gemacht. Die SCUBA-Unterwasserausrüstung erlaubt es dem Taucher, bis in eine Wassertiefe von 50 Meter vorzudringen.
Das Gerät besteht aus einem oder mehreren Zylindern mit komprimierter Luft, die auf dem Rücken des Tauchers befestigt werden. Eine besondere Vorrichtung gewährleistet bei jedem Atemzug eine dem Wasserdruck entsprechende Luftabgabe. Die verbrauchte Atemluft wird durch den sogenannten »Entenschnabel«, der in einem Metallgehäuse im Nacken des Tauchers befestigt ist, abgegeben. Zwei biegsame Leitungen für die Ein- beziehungsweise Ausatmung verbinden das Gerät mit einem Mundstück.

Barrakuda. Die Barrakudas *(Sphyraenidae)* sind hechtähnliche, tropische Raubfische mit einem langen, schlanken, stahlfarbenen Körper und rasiermesserscharfen Zähnen in einem großen Maul.
Barrakudas werden bis zu zwei Meter lang und leben in »Schwärmen« von drei bis vier Tieren. Auch die kleineren Exemplare schließen sich, nach Alter und Größe genau geteilt, in solchen Gruppen zusammen. Das berüchtigte Tier wird in manchen Gegenden noch mehr gefürchtet als der Hai. Dies mag vor allem an seinem Aussehen liegen: Der

Britisches Flaggschiff des 17. Jahrhunderts.

Barrakuda hat kleine, kalte Augen, ein furchteinflößendes Gebiß und gelegentlich reichlich beängstigende Verhaltensweisen. Er folgt dem Taucher oft lange Zeit und mit großer Hartnäckigkeit im Wasser nach; schwimmt man direkt auf ihn zu, so weicht er zunächst zwar aus, kehrt aber kurze Zeit später zurück und läßt sich nicht »abhängen«. Der Barrakuda trägt seinen schlechten Ruf allerdings weitgehend zu Unrecht.

Beplankung. Bei Holzschiffen versteht man unter Beplankung jede Schalung, die das Schiff nach außen abdeckt. Die dafür verwendeten Planken werden entweder übereinandergelappt oder seitlich aneinandergefügt und sind immer so geschnitten, daß sie den Rundungen des Schiffes folgen. Die dazwischen entstehenden Fugen werden durch Kalfatern abgedichtet.
Die im Inneren des Schiffes verwendeten Planken nennt man Wegerung.

Blockscheibe. Unter einer Blockscheibe versteht man eine Flaschenzugrolle, die mit einer Rille für das Seil des Hebezeuges versehen ist.

Brigantine (Briggschoner). Von allen Anfängen der Piraterie des 16. und 17. Jahrhunderts an zeigten die Seeräuber eine erklärte Vorliebe für kleine, schnelle und wendige Schiffe, vor allem aber für die Brigantine. Diese Bezeichnung wird allgemein für Schiffe von etwa 20 Meter Länge mit zwei Masten und mit Dreiecksegel gebraucht. Die Brigantine stammt ursprünglich aus dem Mittelmeerraum und wurde vor allem von den Berberpiraten benutzt. (»Brigantine« wie auch »Brigg« hat deutliche Anklänge an das Wort »Brigant« = Bandit, Räuber.)
Die Brigantine war außerordentlich schnell und wendig und hatte einen so geringen Tiefgang, daß sie Verfolgern dadurch entkommen konnte, daß sie einfach in flache Gewässer steuerte, wohin ihr ein größeres und schwereres Schiff nicht zu folgen wagte. Ihre vorteilhafte Takelage erlaubte es, hart am Wind zu segeln, während die anderen Schiffe mit ihren Vierecksegeln gezwungen waren zu halsen.
Die Seeräuber verwendeten auch die *Bark,* die größer war als die Brigantine, jedoch nur einen Mast und ein Segel führte. Der sehr hohe Mast war leicht nach hinten geneigt und erlaubte mit seinem großen Dreiecksegel der Bark beträchtliche Geschwindigkeiten. Das Segel wurde durch eine große Klüvfock ergänzt, die man zu jener Zeit *Trinquenin* nannte.
Gegen Ende des 17. Jahrhunderts kam bei den Piraten noch eine andere Schiffsart, die Korvette, in Gebrauch. Dieser Zweimaster konnte mit schwereren Geschützen ausgerüstet werden. Die Korvette führte am Kreuzmast ein Vierecksegel und am Großmast das gleiche große Dreiecksegel wie die Bark. Dazu kam noch eine große, dem Hauptmast aufgesetzte Fock. Das Ganze stellte bereits eine relativ »moderne« Takelage dar.

Bugspriet. Unter Bugspriet versteht man einen schräg oder waagrecht am Vorschiff angebrachten Baum, an dessen äußerstem Ende im 16. Jahrhundert noch ein kleinerer Mast mit einem Vierecksegel befestigt war. Dieser kleinere Mast war aber infolge seiner Position nicht sehr stabil und wurde bald wieder aufgegeben, während man das Bugspriet selbst samt seinem viereckigen Segel bis weit ins 19. Jahrhundert hinein beibehielt.

Rekonstruktion der *Wasa* (1628) von Nils Stodberg (Wiedergabe mit freundlicher Genehmigung durch Nils Stodberg und P. O. Norstedt Forlag).

Bukanier. Der Name »Bukanier« stammt von einer Übersetzung des Tupi-Ausdruckes *mocaem* für Fleisch, das im karibischen Raum nach besonderen indianischen Rezepten geräuchert wurde. Die Bezeichnung galt ursprünglich Abenteurern, die ihren Lebensunterhalt damit verdienten, daß sie auf den Antillen wilde Rinder und Wildschweine jagten, deren Fleisch räucherten und die Häute ihrer Beute verkauften.

Diese Abenteurer kamen meist aus Europa und waren holländischer, englischer oder französischer Abstammung. Sie lebten in der Neuen Welt aber wie die Eingeborenen und ernährten sich von dem, was das Land ihnen gab. Oexmelin beschreibt sie folgendermaßen: »Ihre Kleidung bestand nur aus einem kurzen Stoffwams und einer Art Lendentuch, das nur bis zur Mitte des Oberschenkels reichte. Man mußte schon genau hinsehen, um das dafür verwendete Material als Stoff zu erkennen, denn die Kleidung war gewöhnlich von Tierblut völlig verfärbt. Die Männer selbst waren von der Tropensonne dunkel gegerbt und trugen ihr Haar teils kurz und wirr, teils lang und in einen Knoten zusammengebunden. Sie hatten lange Bärte und trugen am Gürtel eine Art Scheide aus Krokodilleder, in der vier Messer und ein Bajonett steckten.« Ihre Hauptwaffe aber bestand in einer langläufigen Flinte, mit der sie so hervorragend umzugehen verstanden, daß sie bald als die besten Schützen des karibischen Raumes galten.

Diese Bukanier hatten ihre Jagdgründe zunächst auf den Bahama-Inseln, von wo sie 1629 von den Engländern vertrieben wurden. Sie flüchteten sich auf die Insel St. Christoph, wurden aber schon 1630 von den Spaniern wieder verjagt. Da schlossen sie sich auf der Insel Tortuga mit den französischen Piraten zusammen und betrieben fortan Seeräuberei.

1665 eroberten 4000 bis 5000 von ihnen den Westteil von Santo Domingo – im Namen des französischen Königs.

Conquistadores a lo Divino. Diesen Namen gab man den Priestern und Mönchen, die seit Beginn der Eroberungszüge in die Neue Welt bemüht waren, die Eingeborenen zum

Christentum zu bekehren. Einige dieser Missionare – so etwa Peter de Gand – sollen 200000, die Franziskanermönche sogar sieben Millionen Indianer getauft haben.
Unter den *Conquistadores a lo Divino* gab es eine Reihe von abenteuerlichen Gestalten, aber auch viele Märtyrer und große Prediger. Einer von ihnen, Bartholomeo de Las Casas, war ein streitbarer Kämpfer für die Rechte der Indianer und gegen die spanische Gewaltherrschaft, Sklaverei und Zwangsarbeit in den Silberbergwerken.

Die Westindische Handelsgesellschaft. Diese Organisation wurde 1664 von Colbert, einem Minister unter Ludwig XIV., gegründet und hatte ihren Sitz in Le Havre. Bei einem Kapital von sechs Millionen *Livre* hatte sie ein auf 40 Jahre festgesetztes Monopol auf die Erschließung aller afrikanischen Gebiete zwischen Kap Verde und dem Kap der Guten Hoffnung sowie auf Louisiana, Akadien, Guayana und die Antillen in der Neuen Welt.
Colberts Hoffnung, daß die Westindische Handelsgesellschaft Nantes, Saint Malo und Bordeaux zu Zentren zuckerverarbeitender Manufakturen machen würde, erfüllte sich allerdings nicht, denn die Gesellschaft war ihren Aufgaben nicht gewachsen und löste sich bereits 1674 wieder auf.

Fall. Eine über einen Flaschenzug laufende Leine zum Setzen von Segeln, Rahen oder Flaggen.

Fächerkorallen. Die Fächerkorallen oder auch Seefächer *(Gorgonia, Eunicella* und *Rhipidogorgia)* haben ihren Namen von ihren fächerartigen Verzweigungen und kommen in den Farben Gelb, Rosa und Malvenfarben vor. Ihre »Zweige« bestehen aus zahllosen winzigen Korallenpolypen, die um sich ein flexibles Kalkskelett abgelagert haben; sie bilden so eine Tierkolonie. Die Fächerkoralle setzt sich am Meeresgrund oder auf Felsen fest und bildet häufig wahre »Wälder« unter Wasser. Das Fußende bleibt durch starke Kalkausscheidungen fest mit seiner Unterlage verhaftet.
Fächerkorallen finden sich in Meeresgebieten mit tropischen oder gemäßigten Temperaturen. In den Tropen können diese Tierkolonien bis zu 2 Meter hoch werden; sie gehören zu den schönsten und grazilsten Erscheinungen der festsitzenden Meeresfauna. Die Fülle und Verschiedenartigkeit der Fächerkorallen wurde erst mit der Entwicklung des SCUBA-Atemgerätes wirklich entdeckt.

Feuerkorallen *(Milleporidae).* Diese Nesseltiere *(Cnidaria)* gehören zur Klasse *Hydrozoa* und sind Polypen mit einem Skelett aus Kalkstein. Die koloniebildenden Tiere leben nur in warmen Gewässern. Sie sind weder Madreporen noch echte Korallen, jedoch wie die Steinkorallen in starkem Maß an der Bildung von Riffen beteiligt.

Filibuster. Der Ausdruck »Filibuster« bezeichnet die Piraten des karibischen Raumes im 17. und 18. Jahrhundert und stammt von dem holländischen Wort *vrijbuiter* – »einer, der freie Beute macht«.
In der ersten Hälfte des 17. Jahrhunderts hatten die Filibuster ihre große Blütezeit und beherrschten praktisch alle Gewässer der Antillen und der venezolanischen Küste.
Filibusterexpeditionen waren hervorragend organisierte Unternehmungen und vereinigten meist eine Reihe verschiedener Piratenbanden. Die meisten Filibuster kamen aus England und Frankreich. Man traf sich auf offener See zwischen den kleinen Inseln um Tortuga und Jamaica, plante einen gemeinsamen Coup, regelte die Verteilung der zu erwartenden Beute und wählte sich einen Anführer.
Mit dem Spanischen Erbfolgekrieg, in dem sich Spanien und Frankreich 1701 verbündeten, und der Ludwig XIV. veranlaßte, die spanische Schiffahrt vor Angreifern zu schützen, begann der rasche Verfall des Filibusterwesens.

Fingerling. Seemannsausdruck für einen Drehzapfen. Der Fingerling bildet mit der Ruderöse des Achterstevens jenen Drehmechanismus, der die Funktion des Steuerruders regelt.
Fingerlinge gibt es auch an Masten und Spieren.

Fockmast (Vortopp). Der Fockmast ist der vorderste Mast eines Schiffes.

Freibeuter. Freibeuter, auch Korsaren genannt, waren Kaperkapitäne, die von ihren jeweiligen Regierungen die Genehmigung erhalten hatten, feindliche Schiffe anzugreifen. Viele dieser offiziellen Piraten, vor allem französische Freibeuter, gehörten der Marine ihres jeweiligen Landes an, so etwa Jean Bart, Duguay Trouin und Forbin. Die Legalität der Überfälle und der Beute wurde gewöhnlich von einem besonderen Tribunal bestätigt, das man in Frankreich *Cour des Prises* nannte. Die Freibeuterei stand einige Zeit in so hohem Ansehen, daß unter Ludwig XIV. und Ludwig XV. sogar königliche Minister und Angehörige des Hochadels derartige Unternehmungen ohne Scheu durch Investitionen mitfinanzierten und sich auf diese Weise beträchtliche Profite verschafften.

Gehirnkoralle *(Maeandra).* Wegen ihrer hirnähnlichen Windungen hat eine bestimmte Gattung von massiven, runden Steinkorallen (Madreporen) den Namen Gehirnkoralle erhalten.

Guajak. Der Guajakbaum kommt in Amerika vor und zeichnet sich durch außerordentlich hartes und harziges Holz aus. Der Stamm erreicht einen Durchmesser bis zu 1 Meter, wächst jedoch so langsam, daß er Jahrhunderte braucht, um diese Größe zu erreichen.
Guajakholz wurde in Santo Domingo und Kuba besonders hoch geschätzt und viel verarbeitet. Wegen seiner Härte und Stabilität wurde es im Zeitalter der Segelschiffe zur Herstellung von Mörsern, Stößeln und Flaschenzugrollen verwendet.

Glücksspiele. Die Piraten beschäftigten sich in ihren Schlupfwinkeln auf Tortuga und Jamaica »nach der Arbeit« unter anderem mit dem Würfelspiel und längst aus der Mode gekommenen Glücksspielen wie Siebenkönigstarock oder Lasquenet. Ihre Karten waren weitaus komplizierter als unsere heutigen und enthielten wesentlich mehr Bildkarten. Es gab beispielsweise einen Kaiser und eine Kaiserin, einen

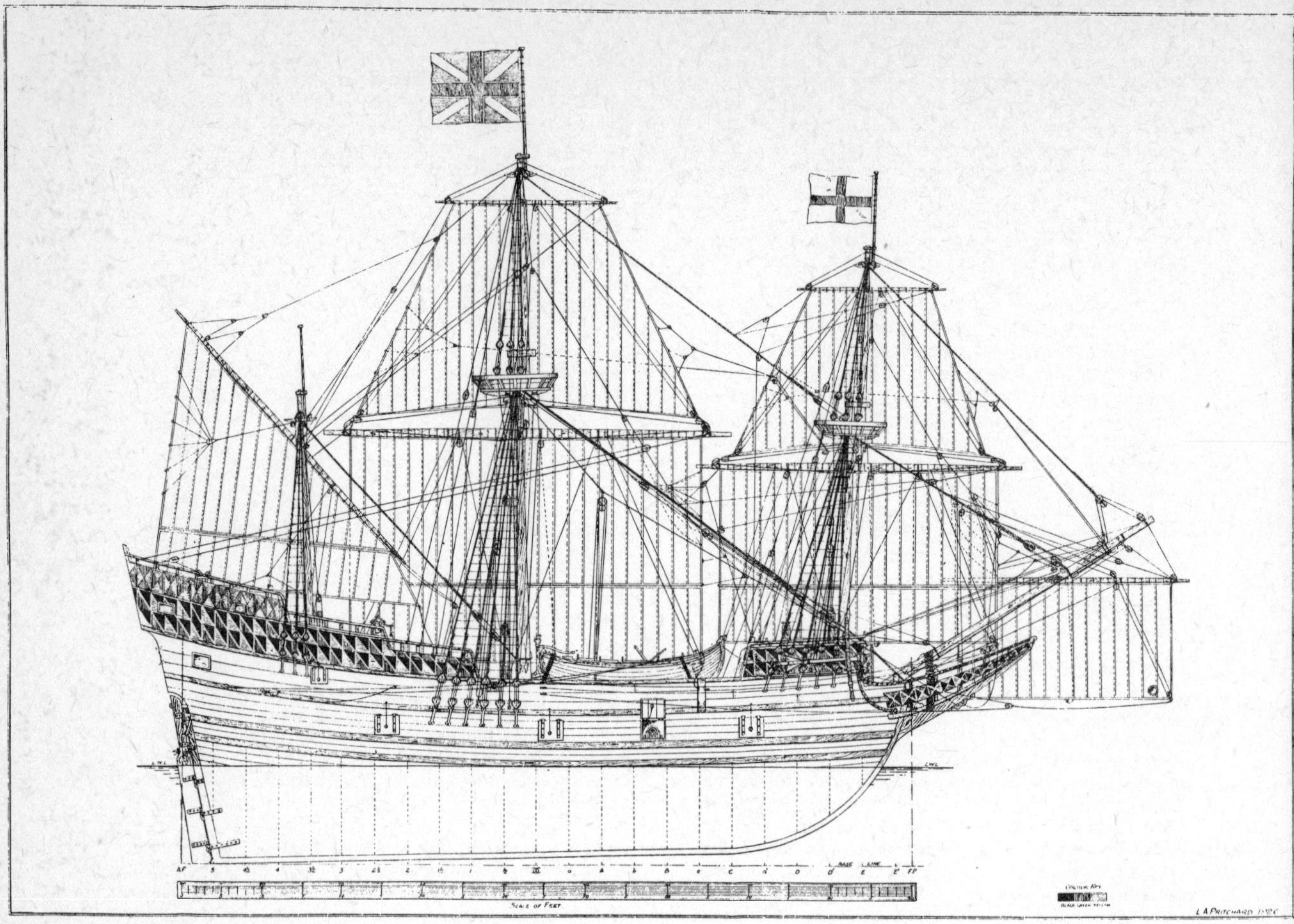

Rekonstruktion eines Handelsschiffes, das der *Mayflower* sehr ähnlich ist. Zeichnung von L. Pritchard nach einem Schiffsriß von Dr. R. C. Anderson.

Zauberer und einen Liebhaber, einen Papst – und eine Päpstin!

Einem zeitgenössischen Bericht aus der Seeräuberära zufolge gewann ein Franzose beim Spiel 1200 Escudos, 100000 Pfund Zucker, eine Zuckerrohrmühle und sechzig Negersklaven. Er spielte so lange, bis er alles wieder verloren hatte – einschließlich seiner Kleider – und als gemeiner Matrose auf einem Piratenschiff anheuern mußte.

Grand Congloué. Grand Congloué ist eine Mittelmeerinsel in der Nähe von Marseille, bei der die Taucher der *Calypso* in einer Tiefe von 40 Meter fünf Jahre lang Ausgrabungen an einem mit Amphoren und Töpferwaren beladenen römischen Schiff vorgenommen haben (1952–1957). Das gesunkene Schiff hatte einem gewissen Marcus Sestius gehört, der in der zweiten Hälfte des dritten Jahrhunderts vor Christus auf Delos lebte.

Hispaniola. Kolumbus, der am 4. Oktober 1492 bei den Lucayas als erster in der Neuen Welt Land erblickte, landete am 5. Dezember auf einer Insel, die von den Eingeborenen Haiti genannt wurde. Die Spanier waren von der Schönheit der Insel so bezaubert, daß sie Haiti Hispaniola – Klein-Spanien – tauften. Anschließend machten sie sich daran, die Bevölkerung auszurotten.

Zunächst tötete man alle haitianischen Häuptlinge, die Kaziken. Die Bevölkerung revoltierte jedoch so ausdauernd gegen die Spanier, daß man sie nach und nach so gut wie ausrottete. Infolgedessen schaffte man für die Plantagenarbeiten Sklaven aus Afrika herbei. Von 1664 an wurden einige Gebiete der Insel von Franzosen besiedelt, so Santo Domingo, das sich bald zu einer blühenden Stadt entwickelte. Im Frieden von Rijswijk wurde Frankreich die Oberhoheit über Santo Domingo zugestanden.

Unter dem Einfluß des Gouverneurs Bernard d'Ogeron (1661) nahm auch Port au Prince einen raschen Auf-

Negersklaven werden an Bord des Sklavenschiffes *Marie Seraphique* genommen. Der Heimathafen dieses Schiffes war Nantes, von wo aus man entlang der afrikanischen Küste profitreichen Handel trieb.

schwung. In der Folgezeit entwickelte sich die ganze Kolonie zu einem blühenden Wirtschaftsraum. Ihre drei Hauptprodukte waren Tabak, Zuckerrohr (das in großen Mengen geerntet werden konnte, aber den Boden rasch auslaugte) und Indigo. 1688 gab es in diesem Gebiet 15 Indigo-Manufakturen; 1730 waren es schon 29.
Im Jahre 1725 wurde der Kaffeestrauch auf der Insel eingeführt und nahm an Bedeutung für die einheimische Produktion ständig zu. 1770 erreichte die Kaffeeproduktion einen ersten Höhepunkt.

Indigo. Die Indigopflanze *(indigofera tinctoria)* wird in China, Westindien, Java und Mittelamerika angebaut, wo sie eine Höhe von 1 bis $1^1/_2$ Meter erreicht.
Der Indigofarbstoff wird aus den Blättern dieser Buschpflanze gewonnen. Er war im Orient schon Jahrhunderte bekannt, bevor er im 16. Jahrhundert nach Europa gelangte. Indigo wurde in kurzer Zeit das wichtigste Ausfuhrprodukt der spanischen Kolonien für den europäischen Markt.
Im Naturzustand ist der Indigofarbstoff dunkelblau mit rötlich-violetten Schattierungen. Er erleidet durch die Einwirkung von Licht und Luft keine Veränderungen. »Indigo« stammt aus dem Spanischen und bedeutet »indisch«.

Innenplanken (Wegerung). Bei Holzschiffen bezeichnet man als »Wegerung« die Verschalung des Holzrahmens im Inneren des Rumpfes, während die äußere Verschalung der Schiffswand Beplankung genannt wird. Wegerung und Beplankung zusammen ergeben die »Seiten« des Schiffes.

Kielholen. Vor der Erfindung des Trockendocks mußte man Schiffe für Reparaturarbeiten am unteren Rumpf kielholen. Man schaffte die Ladung, die Bordgeschütze und sonstigen

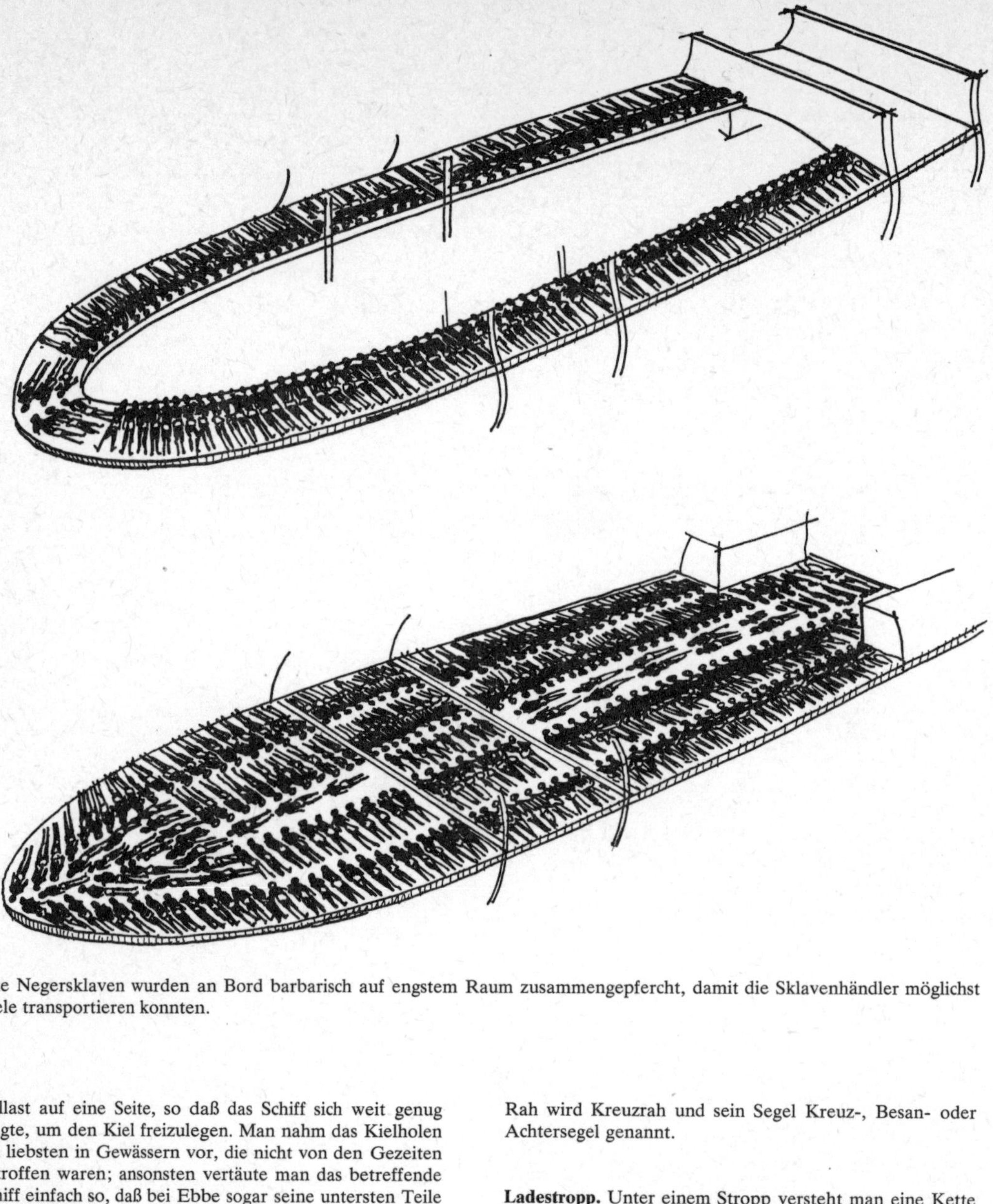

Die Negersklaven wurden an Bord barbarisch auf engstem Raum zusammengepfercht, damit die Sklavenhändler möglichst viele transportieren konnten.

Ballast auf eine Seite, so daß das Schiff sich weit genug neigte, um den Kiel freizulegen. Man nahm das Kielholen am liebsten in Gewässern vor, die nicht von den Gezeiten betroffen waren; ansonsten vertäute man das betreffende Schiff einfach so, daß bei Ebbe sogar seine untersten Teile aus dem Wasser ragten.

Koschenilleschildlaus. Diese Insektenart lebt als Parasit auf *Opuntia*-Kakteen. Ihre Körperflüssigkeit enthält eine Substanz, die zur Herstellung von rotem Farbstoff verwendet wurde. Koschenille wurde vor allem in Mexiko gewonnen und jahrhundertelang verwendet. Erst die Erfindung synthetischer Farbstoffe machte diese Substanz überflüssig.

Kreuzmast (Besanmast). Der Kreuzmast, Achtermast oder Besanmast ist der dritte vollgetakelte Mast bei drei- und mehrmastigen Schiffen und steht sehr weit achtern. Seine Rah wird Kreuzrah und sein Segel Kreuz-, Besan- oder Achtersegel genannt.

Ladestropp. Unter einem Stropp versteht man eine Kette oder ein Kabel, mit dessen Hilfe Gegenstände angehoben werden, die für einen Flaschenzug oder eine Winde zu schwer sind. Der Stropp ist an einem Ende mit einer Öse versehen, durch die das andere Ende geschoben wird; man legt die so entstandene Schlinge um den anzuhebenden Gegenstand.

Mayflower. Die *Mayflower* ist wohl eines der berühmtesten Schiffe, die je gebaut wurden, und soll hier als besonders typisch für ihre Zeit erwähnt werden. Trotz ihrer Berühmtheit ist eigentlich recht wenig über die *Mayflower* bekannt. Sie war zu der Zeit, als ihre historische Fahrt nach Amerika begann, schon ein reichlich betagter Kahn, denn sie war bereits

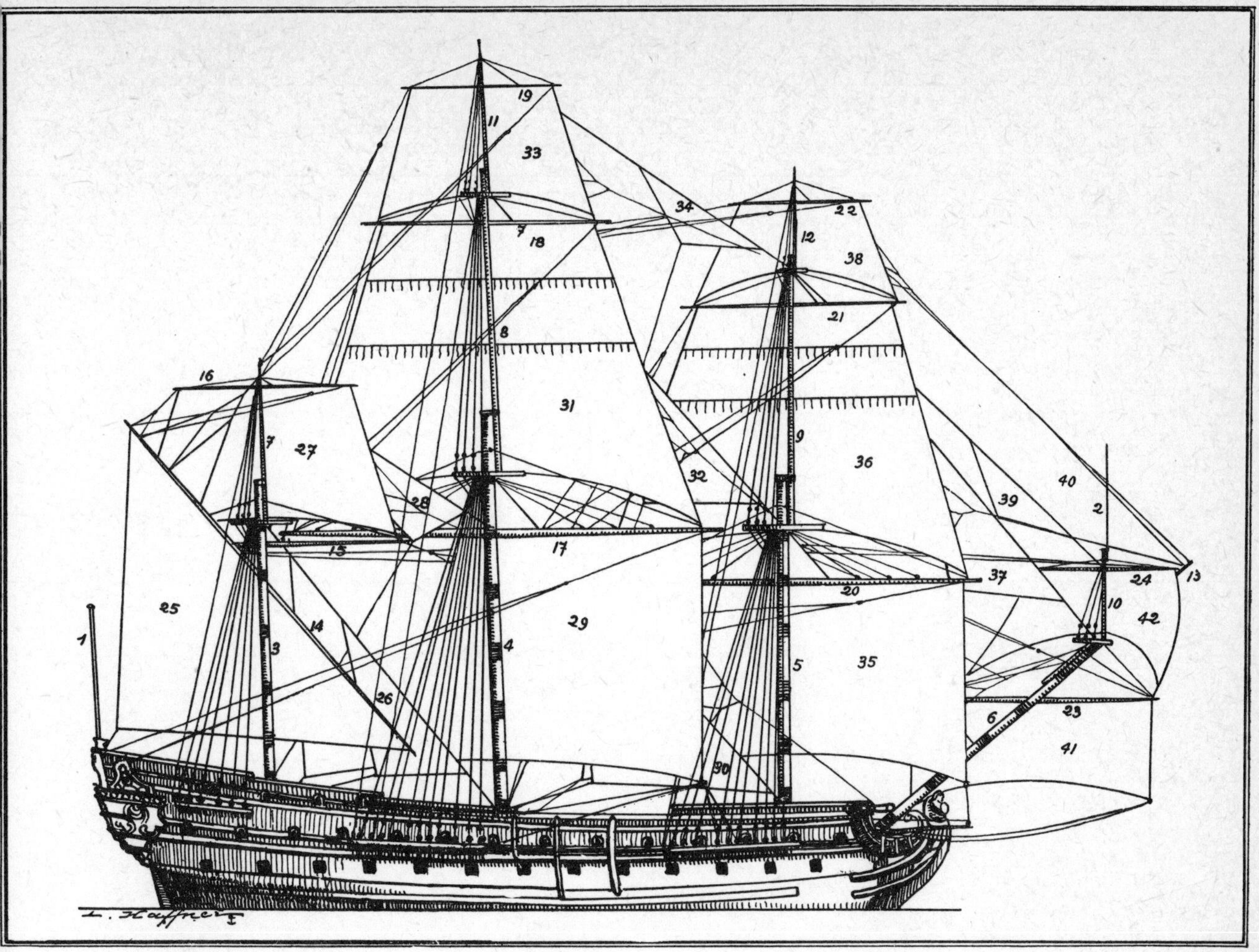

Die Takelage eines Schiffes von 1719 (von Leon Haffner).

1 Flaggstock
2 Bugsprietstock
3 Kreuzmast
4 Großmast
5 Fockmast
6 Bugspriet
7 Kreuzbramstenge
8 Großmarsstenge
9 Fockmarsstenge
10 Bugsprietbramstenge
11 Großbramstenge
12 Fockbramstenge
13 Klüverbaum
14 Besanbaum
15 Kreuzmarsrah
16 Kreuzbramrah
17 Großrah
18 Großmarsrah
19 Großbramrah
20 Fockrah
21 Vormarsrah
22 Vorbramrah
23 Bugsprietrah
24 Bugsprietbramrah
25 Besansegel
26 Besanstag
27 Achterbramsegel
28 Achterbramstag
29 Großsegel
30 Großstag
31 Großmarssegel
32 Großstagsegel
33 Großbramsegel
34 Großbramstag
35 Focksegel
36 Vormarssegel
37 Vormarsstag
38 Vorbramsegel
39 Vorbramstag
40 Klüver
41 Civadiere
42 Civadiere-Bramsegel

1588 als Handelsschiff zwischen England und Frankreich eingesetzt gewesen und hatte Häfen wie La Rochelle und Bordeaux angelaufen.
Die *Mayflower* segelte im September 1620 von Southampton aus nach Amerika, wo sie wegen schlechten Wetters zunächst in Provincetown bei Cape Cod anlegen mußte. Erst am 26. Dezember 1620 erreichte sie ihren Zielhafen Plymouth und setzte ihre Passagiere dort an Land.
Die zuerst im »Mariners Mirror« veröffentlichte und auch hier abgebildete Rekonstruktion der *Mayflower* von R. C. Anderson dürfte trotz des Mangels an Dokumenten so genau sein wie unter diesen Umständen möglich. Das Schiff hatte etwa 180 Tonnen und eine Gesamtlänge von 33 Meter; es führte fünfzehn Kanonen an Bord und war ein für diese Zeit typisches Handelsschiff.
Nachdem die *Mayflower* ihre 102 Passagiere in der Neuen Welt an Land gesetzt hatte, segelte sie im April 1621 nach England zurück, wo sie auch wohlbehalten ankam und bis 1624 weiter als Handelsschiff eingesetzt wurde. Von diesem Zeitpunkt an ist von der *Mayflower* nichts mehr bekannt.

Morgan, Henry John. Morgan war ein berühmter englischer Seeräuberkapitän. Er wurde 1637 in Wales geboren und starb 1690 auf Jamaica.
Morgan machte sich durch Bravourstücke wie die Eroberung der spanischen Stadt Portobelo in Panama einen Namen. Er zerstörte den Hafen von Maracaibo, brannte einen Teil der spanischen Flotte nieder und kehrte, mit ungeheuren Schätzen beladen, nach Jamaica zurück.
An der Spitze von 37 Schiffen und einer 2200 Mann starken Truppe (der größten Piratenstreitmacht, die sich je zu einem Beutezug zusammentat) führte er 1670 einen Angriff auf Panama City, das von 8000 Soldaten verteidigt wurde. Er nahm die Stadt im Sturm, plünderte sie, brannte sie nieder und folterte die gegnerischen Führer. Seine Beute bei diesem Raubzug betrug an die 440000 Pfund Sterling.
Als der englische König mit Spanien Frieden schloß und die Übergriffe englischer Piraten auf spanische Schiffe zu mißbilligen begann, ließ sich Morgan auf Jamaica nieder, gründete eine Familie und wurde Beamter der Admiralität. König Karl II. schlug ihn sogar zum Ritter. Morgan starb einige Zeit später auf Jamaica einen friedlichen Tod.

Meerbrassen. Die Meerbrassen der Familie *Sparidae* sind seitlich stark abgeflachte Fische; beide Rückenflossen sind zu einer einzigen verschmolzen. Die zweizipfelige Schwanzflosse ist mehr oder weniger gegabelt. Die Bezahnung ist kräftig, mit starken, spitzen Zähnen und breiten Mahlzähnen. Die etwa 100 Arten bewohnen fast durchweg die tropischen und subtropischen Meere.

Oexmelin, Alexandre Olivier, arbeitete für die Westindische Handelsgesellschaft und wurde als Schiffbrüchiger auf die Insel Tortuga verschlagen, wo man ihn für 30 Escudos verkaufte. Von 1669 bis 1674 diente er als eine Art Schiffsarzt auf einem Seeräuberschiff und beteiligte sich 1697 an der Eroberung von Cartagena. Er wurde bekannt durch seine »Geschichte hervorragender Abenteurer in Westindien mit einer Beschreibung des Lebens sowie der Sitten und Gebräuche der Bukanier«. Dieses Werk Oexmelins ist eine wahre Fundgrube an Information über Seeräuber und Seeräuberei.

Pilzkoralle *(Fungia)*. Sie ist ein stets solitär, also nicht in Kolonien, sondern einzeln lebender Steinkorallen-Polyp, der bis 25 cm Durchmesser erreicht. Von Zeit zu Zeit stößt der Polyp das scheibenförmige Gebilde ab, das um den Mund (in der Mitte, wo die radiären Lamellen zusammenlaufen) entsteht; es wird von der Strömung fortgeführt.

Riesenmuschel. Die Riesenmuschel *(Tridacna gigas)* ist die größte der zweischaligen Mollusken und erreicht bei einer maximalen Schalenlänge von 130 Zentimeter ein Gewicht von 5 Zentnern. Die Schalen werden durch äußerst kräftige Muskeln geöffnet und geschlossen. Man hört gelegentlich Geschichten (oder Seemannsgarn!), nach denen Taucher mit einer Hand oder einem Fuß in die Muschelschalen eingeklemmt wurden und sich nicht mehr befreien konnten.
Die Riesenmuschel vermag Veränderungen des Lichteinfalls und damit das Herannahen eines fremden Objektes wahrzunehmen, woraufhin die relativ langsam arbeitende Schließmuskulatur in Bewegung gesetzt wird, obwohl der Eindringling noch weit entfernt ist.

Röhrenwurm. Der Röhrenwurm oder Seeringelwurm gehört zur Klasse der Vielborster *(Polychaeta)* und lebt in einer senkrechten Röhre, aus deren oberem Ende ein farbenprächtiger »Federbusch« hervorragt, der Kiemenfunktion hat und mit dem das Tier das Wasser in Bewegung hält, um sich Nahrung in die Mundöffnung zu strudeln. Bei Gefahr werden die feingefiederten Kiemen in die Röhre zurückgezogen.

Ruderhacke (oder Ruderskeg). Unter Ruderhacke (oder Ruderskeg) versteht man den starr und waagrecht im Wasser verlaufenden Teil des Steuerruders, der je nach der Position des beweglichen Blattes die Fahrtrichtung des Schiffes bestimmt.

Ruderöse. Eine metallene Halterung am Achtersteven, in der die für die Steuerruderbewegung erforderlichen Drehzapfen befestigt sind.

Rum. Rum wird aus Melasse, dem Saft des Zuckerrohrs, hergestellt. Die sehr rasch einsetzende Gärung vollzieht sich in Fässern, in denen man die Mischung aus Zucker, Sirup und Zuckerrohrschaum lagert. Nach etwa acht Tagen ist der Gärungsprozeß abgeschlossen.

Saumriff. In seichten Gewässern der tropischen Meere bilden die Korallen häufig relativ lange, zusammenhängende Riffe entlang der Küste oder auf einem unterseeischen Plateau auf hoher See (wie auch an der Silberbank). Diese Korallenbildungen nennt man Saumriffe.

Schnapper *(Lutianidae)*. Die Schnapper sind Raubfische und kommen in den Küstengewässern tropischer und subtropischer Meere sehr häufig und in großer Individuenzahl vor. Man erkennt sie sehr leicht an ihrer dreigliedrigen Afterflosse und an dem schuppenlosen Kopf. Es gibt mehr als 250 verschiedene Arten Schnapper.

Schwoiraum. Unter Schwoiraum versteht man den Spielraum, den ein vor Anker liegendes Schiff infolge des Windes oder der Gezeitenströmung braucht.

Seeanemone. Die Seeanemone ist ein Nesseltier und gehört zu der Klasse der Blumentiere und zu der Unterklasse der Sechsstrahler *(Hexacorallia)*. Sie setzt sich als skelettloser Einzelpolyp am Meeresboden oder an Felsen und Steinen unter Wasser fest. Sie kann sich jedoch durchaus auch fortbewegen.
Der zylindrische, reichlich mit Muskeln ausgestattete Körper der Seeanemone hat am oberen Ende, umgeben von einziehbaren Tentakeln, eine Mundöffnung. Die Tentakel (sechs an der Zahl oder ein Vielfaches von sechs) enthalten zahlreiche Giftzellen, die sogenannten Nematoblasten, mit denen die Seeanemone ihre Beutetiere bewegungsunfähig macht. Das gelähmte Opfer kann dann mit Hilfe der Tentakel in die Mundöffnung geschoben werden.

Sklavenhandel. Mit billigen Handelswaren beladen, verließen die Sklavenschiffe ihre europäischen Heimathäfen und machten sich auf den Weg nach Guinea. Sie fuhren oft bis an die Küsten Angolas hinunter und legten dabei mehr als 2200 Meilen zurück. Die westafrikanische Küste war in viele Einzeldistrikte mit je einer Handelsniederlassung aufgegliedert, wo man die mitgebrachten Waren gegen 300 oder 400 Negersklaven eintauschte. Es handelte sich dabei um Eingeborene, die bei Stammesfehden gefangengenommen worden waren und die von den siegreichen Häuptlingen als gewinnbringende Ware an die Europäer verkauft wurden. Man trieb die schwarzen Sklaven in die überfüllten Laderäume der Schiffe und nahm Kurs auf die Neue Welt. Die Bedingungen an Bord waren so unmenschlich, daß zwischen 12 und 15 Prozent der Negersklaven die lange Seefahrt nicht überlebten.
In Amerika wurden die Sklaven entweder gegen Handelswaren eingetauscht oder gegen Schuldbriefe an die Siedler abgegeben. Die Sklavenhändler erhielten erst dann Bargeld, wenn sie die »Kolonialwaren« in Europa verkauft beziehungsweise ihre in Zahlung genommenen Schuldbriefe in der Alten Welt eingelöst hatten.
Bis zum Ende des 18. Jahrhunderts hatte man auf diese Weise mehrere Millionen afrikanische Neger nach Amerika gebracht, wo sie – vor allem in den tropischen Gebieten – beim Aufbau der einheimischen Produktion eingesetzt wurden. Ihre Zwangsarbeit trug entscheidend dazu bei, den wachsenden europäischen Markt mit Produkten aus der Neuen Welt zu versorgen, und brachte den großen Umschlagplätzen des Sklavenhandels in Europa (vor allem Nantes) große Profite ein.
Mit der Französischen Revolution, durch den Wiener Kongreß (1815) und durch den Kongreß von Verona (1822) kam es zu einer Verurteilung des Sklavenhandels, den man euphemistisch »Handel mit Ebenholz« nannte.

Stachelmakrele. Stachelmakrelen (Familie *Carangidae*) kommen vor allem in tropischen Gewässern mit vielen verschiedenen Arten vor. Sie halten sich meist in Küstennähe auf, sind aber auch häufig auf hoher See zu finden.
Stachelmakrelen sind auffallend schöne Fische, deren blauer oder seegrüner Rücken und golden und silbrig glänzende Flanken wie blanker Stahl schimmern. Sie haben eine sehr klar gezeichnete Rückenlinie, die in einer starken Biegung nach hinten verläuft und einen stark eingeschnittenen Schwanz, der sich unmittelbar nach dem Ansatz teilt. Dieses Merkmal ist sehr auffallend und läßt einen die Stachelmakrele auch dann sofort erkennen, wenn sie im dichten Schwarm durch das klarblaue Wasser der tropischen Lagunen zieht.

Tafia. Ein Kreolenausdruck für ein alkoholisches Getränk, das aus einer Mischung von Melasse (dem Saft des Zuckerrohrs) und einigen Nebenprodukten der Zuckerherstellung gewonnen wird.
Auf den Französischen Antillen bedeutet Tafia im Unterschied zum Rum eine Art Zuckerrohr-Likör.

Tonnage. Die Tonnage gibt entweder die Wasserverdrängung oder die Ladefähigkeit eines Schiffes an. Zusätzliche Unklarheiten schafft die Tatsache, daß sich die moderne Maßeinheit Tonne (= 2,83 $Meter^3$) erheblich von den in früheren Jahrhunderten gebräuchlichen unterscheidet.
Diese Maßeinheit hat ihren Ursprung im Mittelalter, als man das Fassungsvermögen eines Schiffes an der Zahl von Fässern bemaß, die sich in ihm unterbringen ließen (z.B. in den Häfen von Bordeaux und La Rochelle). Eine »Tonne« entsprach zu jener Zeit dem Inhalt von vier Fässern.

Tortuga. Die Insel Tortuga diente den Bukaniern der Antillen nach ihrer Vertreibung von der Insel St. Christoph durch die Spanier als Hauptquartier und Stützpunkt für ihre Unternehmungen im Karibischen Meer. Tortuga wurde 1638 ebenfalls von den Spaniern erobert, doch noch im gleichen Jahr mit Hilfe der Piraten zurückgewonnen. Von dieser Zeit an wurde praktisch auch kein Unterschied mehr zwischen Bukaniern und Seeräubern gemacht.
Von 1655 bis 1659 befand sich die Insel wieder in spanischem Besitz. Tortuga verlor mit der Besiedelung durch die Franzosen mehr und mehr seine Bedeutung als Piratenschlupfwinkel.

Unterwasser-Kabinen. Kapitän Cousteaus erstes Experiment mit Unterwasser-Kabinen fand 1962 im Mittelmeer vor der Küste von Marseille statt. Bei dieser Gelegenheit blieben zwei Taucher acht Tage lang in zehn Meter Wassertiefe.
Der zweite Versuch dieser Art wurde 1963 im Roten Meer bei Shab Rumi durchgeführt, wo zwei Aquanauten eine Woche lang in 25 Meter Tiefe lebten; weitere acht Taucher hielten sich einen Monat lang in zehn Meter Wassertiefe auf.
Das vorläufig letzte Experiment wurde »Precontinent III« genannt. In seinem Verlauf blieben 1965 sechs Aquanauten drei Wochen lang in ihren Unterwasserquartieren in 100 Meter Tiefe. Die Kabinen befanden sich auf offener See vor Kap Ferrat.

Wasa. Am 10. August 1628 lief in Stockholm unmittelbar nach dem Gebetsläuten das großartige Segelschiff *Wasa* vom Stapel, das auf Befehl von König Gustav II. Adolf gebaut worden war und 64 Kanonen an Bord hatte.
Auf ihrer Jungfernfahrt durch die mit Schäreninseln übersä-

ten Gewässer vor der schwedischen Küste wurde die *Wasa* von einer plötzlichen Sturmbö erfaßt und schlug um. Wasser strömte in den Schiffsrumpf und drückte den mächtigen Dreimaster nur wenige Meter vor Beckholmen auf Grund. Die *Wasa* sank dreißig Meter tief. Die Anzahl der Todesopfer bei diesem Schiffsunglück ist nicht bekannt, doch der Untergang der *Wasa* war für Schweden eine nationale Katastrophe.
Es wurden mehrere Bergungsversuche unternommen, die jedoch alle wegen der unzulänglichen technischen Hilfsmittel jener Zeit scheiterten.
1958 machte sich Anders Franzen, ein schwedischer Meeresarchäologe, an die Bergung der *Wasa*. Er fand das Wrack in bemerkenswert gutem Zustand vor, denn die Gewässer in diesen Breiten sind für den Schiffsbohrwurm viel zu kalt. Zunächst entfernte man Aufbauten, Kanonen und Ladung und hob das Wrack auf etwa 15 Meter Wassertiefe an. Am 24. April 1961 wurde die *Wasa* nach 333 Jahren vom Meeresgrund an die Oberfläche gehievt.
Das gehobene und restaurierte Schiff ist für uns eine wertvolle Informationsquelle über den Bau und die Bewaffnung von Kriegsschiffen im 17. Jahrhundert. Die Gefäße, Spinde, Kleider, Waffen und tausend andere in den Offizierskajüten und Mannschaftsräumen gefundenen Gegenstände erlauben uns wichtige und detaillierte Rückschlüsse auf das Leben, das man zu jener Zeit an Bord eines Schiffes führte. Die *Wasa*, die gleich bei ihrer ersten Fahrt im Meer versank, ist heute eines der berühmtesten Segelschiffe aller Zeiten.

Zuckerrohr. In Indien wurde schon vor langer Zeit Zuckerrohr angebaut. Der Name leitet sich aus dem alten Sanskrit-Wort *sakhara* her. Das Zuckerrohr war den Chinesen bereits im 2. Jahrhundert vor Christus bekannt, wurde später von den Arabern nach Ägypten eingeführt und gelangte von dort nach Sizilien und Südspanien. Zucker galt im Mittelalter als Medizin und wurde unzenweise verkauft.
Vor Kolumbus gab es in der Neuen Welt kein Zuckerrohr. Die Pflanze wurde erst 1503 nach Madeira und auf die Kanarischen Inseln gebracht und gelangte im Laufe des 16. Jahrhunderts nach Brasilien. 1644 wurde das Zuckerrohr in Guadeloupe und 1650 in Martinique eingeführt.

Zündloch. Durch das Zündloch der Kanone wurde Feuer an das Pulver gelegt.

Bibliographie

Claude Artaud, François Hébert-Stevens, François Cali: *L'art des Conquistadors,* 1960

William C. Atkinson: *Geschichte Spaniens und Portugals,* 1962

Jean Babelon: *Les monnaies racontent l'Histoire,* 1963

Georges Blond: *Histoire de la flibuste,* 1969

E. Cagner und B. Kihlberg: *Seefahrt – Nautisches Lexikon in Bildern,* 1967

Commandant Charcot: *Christophe Colomb vu par un marin,* 1938

G. Charpentier: *Les relations économiques entre Bordeaux et les Antilles au XVIIIe siècle,* 1937

Jacques Chastenet, de l'Académie Française: *Elisabeth Ière,* 1953

Cuzacq: *Les faiences de Samadet,* 1940

Jean Descola: *Histoire d'Espagne,* 1967

Philippe Diolé: *Le trésor du Banc d'Argent,* 1956

Curt W. Eichler: *Vom Bug zum Heck – Seemännisches Hand- und Wörterbuch,* 1964

Victor Forbin: *L'or dans le monde,* 1941

Anders Franzén: *The warship Vasa,* Stockholm 1960

Tim. Green: *Die Welt des Goldes,* 1968

Marcel Griaule: *Les grands explorateurs,* 1948
Robert Gruss: *Petit dictionnaire de marine,* 1952
Victor W. v. Hagen: *Sonnenkönigreiche – Azteken, Maya, Inka;* Knaur-Taschenbuch 1970
Hoeckel, Jorberg, Loef: *Risse von Schiffen des 16. und 17. Jahrhunderts,* 1970
Hamm. Innes: *Die Konquistadoren,* 1970
Jal: *Glossaire nautique,* 1848
Pierre Jeannin: *Les marchands au XVIe siècle,* 1967
Björn Landström: *Das Schiff,* 1970
Björn Landström: *Segelschiffe,* 1970
Julien Le Clère: *Glossaire des termes de marine,* 1960
Hans Leip: *Bordbuch des Satans – Geschichte der Freibeuterei,* 1969
Léon Lemonnier: *Sir Francis Drake,* 1932
Salvador de Madariaga: *Christophe Colomb,* 1952 (dt.: Kolumbus, 1951)
Salvador de Madariaga: *Hernán Cortés,* 1953 (dt.: Cortés, Eroberer Mexikos, 1951)
Th. Malvezin: *Histoire du Commerce de Bordeaux,* 1892
Erich Marcks: *Königin Elisabeth von England,* o. J.
Alfred Métraux: *Les Incas,* 1968
F. Michel: *Histoire du Commerce et de la navigation à Bordeaux,* 1870
James A. Michener: *Iberia,* 1969
Carleton Mitchell: *Zu unbekannten Horizonten,* 1967
A. Oexmelin: *Histoire des aventuriers flibustiers,* 1744
R. Picard, J. P. Kerneis, Y. Bruneau: *Les Compagnies des Indes,* 1966
William H. Prescott: *Die Welt der Inkas,* o. J.
Charles de la Roncière: *Histoire de la marine française,* 1933
Guieux La Roerie: *Navires et marins,* 1946
Robert Stenuit: *La chasse aux galions,* o. J.
A. Thomazi: *Histoire de la navigation,* 1947
A. Thomazi: *Les Flottes de l'or,* 1937
Kip Wagner und L. B. Taylor: *Millionen auf dem Meeresgrund – Moderne Schatzsuche vor Florida,* 1968
Nev. Williams: *Elisabeth I. von England,* 1969

Dank

sagen die Autoren den nachstehend genannten Persönlichkeiten für großzügig erteilten Rat:

Madame Nadine Gasc, Musée des Arts Décoratifs, Paris
Monsieur H. P. Fourest, Kurator am Musée Céramique, Sevres
Monsieur Metman, Kurator am Service de Sigillographie des Archives Nationales, Paris
Mademoiselle Perreux, Musée de Samadet
Monsieur Y. Plessis, Stellvertretender Direktor des Laboratoriums für Fischerei in Übersee beim Musée d'Histoire Naturelle

Stichwortregister

Die mit * gekennzeichneten Seitenzahlen verweisen auf die Abbildungen